한국과
동부 유라시아
교류사

한국과 동부 유라시아 교류사

2015년 4월 13일 초판 1쇄 인쇄
2015년 4월 17일 초판 1쇄 발행

지은이 이용범 · 조영록 · 윤명철 · 이도학 · 이재성 · 김장구 · 서인범 · 김승일
펴낸이 권혁재

편집 권이지
출력 CMYK
인쇄 한일프린테크

펴낸곳 학연문화사
등록 1988년 2월 26일 제2-501호
주소 서울시 금천구 가산동 371-28 우림라이온스밸리 B동 712호
전화 02-2026-0541~4
팩스 02-2026-0547
E-mail hak7891@chol.net

ISBN 978-89-5508-326-2 93910
ⓒ 이용범, 조영록, 윤명철, 이도학, 이재성, 김장구, 서인범, 김승일 2015
협의에 따라 인지를 붙이지 않습니다.

표지 이미지 제공: 동북아역사재단
요한 마티아스 하스(Johann Matthias Hass), 평사 투영에 의한 아시아 지도(Asia secundum legitimas
Projectionis Stereographicae regulas et juxta recentissimas observation), 1744

한국과
동부 유라시아
교류사

이용범

조영록

윤명철

이도학

이재성

김장구

서인범

김승일

학연문화사

　돌아보면, 동국대학교 사학과는 1946년 설치된 이래 오랫동안 한국 역사학계 발전에 커다란 역할을 담당해왔다. 훌륭하신 여러 선생님들이 강의 뿐 아니라 연구 분야에서도 우수한 성과를 내셨으며, 역사학계가 나아갈 방향에 지표 역할을 담당하였다. 그 분들 가운데 취아(醉鵝) 이용범(李龍範) 선생님은 동국대학교 사학과를 제1회로 졸업하고 만주·몽골 공간 등 동양의 역사와 한국 과학사상사 등 연구의 불모지를 개척하셨다. 뒤이어 한국 불교사의 새로운 영역을 개척하셨으나 안타깝게도 일찍 작고하신 안계현(安啓賢) 교수님도 계셨다. 그리고 조영록(曺永祿) 선생님은 정년하신지 15년이 되었음에도, 전공 분야인 명·청 시대사 연구를 뛰어넘어 해양불교사라는 새로운 영역을 개척하면서 매년 성과를 발표하고 계신다. 이런 선생님의 모습은 제자와 후학들에게 학문에 열중하는 힘과 사학과에 대한 자부심을 갖게 한다. 이 분들을 선생님으로 모시면서 각 분야에서 헤아릴 수 없는 후학들이 배출되었으며, 괄목할 만한 연구업적을 내면서 학자로서의 위상을 지켜나가고 있다.

　2016년 사학과 설립 60주년을 눈앞에 두고 몇몇 후학들이 여러 선생님들의 뜻을 기리고, 가르침을 심화시키는 계기로 삼기 위해 학지(學智)를 모으기로 하였다. 우선 그 첫 번째 작업으로 동국대학교 사학과의 학문적인 전통과 특성인 '동아시아 교류사'라는 주제와 관련된 논문집을 펴내기로 하였다.

이에 따라 한국 동양사학계의 신기원을 열었던 고(故) 이용범 선생님의 논문 '처용설화(處容說話)의 일고찰'과 '고구려의 요서(遼西) 진출기도와 돌궐(突厥)' 두 편을 각각 1부와 2부의 첫 번째 논문으로 게재하였다. 뒤이어 1부에는 조영록 선생님의 '혜소(慧昭)의 입당구법과 도의(道義)와의 동행순력고(同行巡歷考)'를 실었으며, 뒤이어 논문의 주제와 시대를 고려하여 윤명철 '발해 유역의 역사문화와 동아시아 세계의 이해', 이도학 '백제의 해외 활동기사에 대한 검증'을 실었다. 2부에는 이용범 선생님의 논문에 이어 이재성 '대하거란(大賀契丹)에 관한 기존학설의 비판과 새로운 견해', 김장구 '대몽골국 초기 이문화(異文化)와 궁정의 외교전례', 서인범 '조선 사행의 해로조공로(海路朝貢路)와 해신신앙', 김승일 '한중일 삼국의 근대화 좌절과 성공의 사상적 배경에 관한 연구'를 실었다.

그리고 편집위원들의 논의 과정을 거쳐 책 제목을, 기존의 '동양', '동아시아'와는 또 다른 함의를 지닌 '동부 유라시아'라는 단어를 찾아 '한국과 동부 유라시아 교류사'라고 정했다. 처음 논문집 발간을 발의하고 출판에 이르기까지 6개월의 세월이 흘렀다. 그 동안 조영록 선생님의 적극적인 이해와 지원이 있었고, 논문을 게재하는데 흔쾌히 동의한 동료·후배 학자들의 열정이 큰 역할을 담당했다. 또한 이용범 선생님의 학맥을 이어받아 각각 거란사와 몽골사 연구에 전념하는 이재성 선생과 김장구 박사의 노력이 있었다. 그리고 이 책의 출판을 맡아준 권혁재 한국출판협동조합 이사장의 후의가 있었다. 모두에게 깊은 감사를 드린다.

동국대학교 사학과는 앞으로 한 해가 더 지나면 60주년, 인생으로 치면 환갑이 된다. 이 시간은 개인에게는 긴 세월일 수 있지만, 장구한 역사에서는 찰나와도 같다. 이제는 새롭게 환골탈태할 시점이다. 앞으로도 동국대 사학과라는 터에서 공부한 학자들이 뛰어난 실력을 갖추고, 모교의 성장뿐만 아니라, 한국 역사학의 발전에 크게 기여하리라 믿는다.

2015년 4월
필자들을 대표하여 윤명철 씀

목 차

Ⅱ부 | 한국과 동부 유라시아와의 상호 교류

고대 한국의
대외 교류상

한국과 유라시아

동부 유라시아

교류사

I

處容說話의 一考察

-唐代 이슬람 상인과 新羅-

故 이용범(李龍範) 동국대학교 교수

Ⅰ. 序言

新羅古歌에서 處容歌는 그 감정 표현이 너무도 솔직·대담하여 國文學에서는 확실히 이색적인 작품이라고 하겠으나, 더 흥미를 끄는 것은 이 鄕歌의 작자인 處容의 출현과 이 一首의 향가가 읊어진 경위에 대한 『三國遺事』의 설명이라고 하겠다.

『三國遺事』에 실려 있는 '處容說話'는 너무도 잘 알려져 있기에 구태여 여기에 인용할 필요는 없으나 기억을 되살리기 위하여 그 요점만 간추려 보면, 新羅 제 49대 憲康王이 開雲浦를 巡遊하고 還駕하려 할 때 돌연 雲霧의 天變을 겪게 되어 천변을 일으킨 東海龍을 위하여 그 근경에 佛寺를 창건케 하였더니 東海龍이 기뻐하여 일곱 아들 데리고 駕前에 나타나 讚德歌舞하기에 한 아들을 王京에 데리고 와서 王政을 보좌케 하니, 龍의 한 아들이 바로 處容이었다. 處容의 마음을 안정시키기 위하여 결혼시킨 美女가 그 미모를 흠모한 疫神과 동침하는 것을 보고 處容이 읊은 것이 處容歌라고 한다.[1]

이와 같이 處容의 출현이 신비적이었고 處容歌의 읊어지는 경위가 또 매우 엽기적이었을 뿐 아니라, 다시 處容舞는 그 후 길이 辟邪祓魔의 영험을 지닌 것으로 전승되어 내려왔던 까닭에 우리 학계에서는 이 전설에 관한 적지 않은 연구가 이루어진 바 있었다.

먼저 이 설화에서 疫神이 處容妻의 미를 흠모하여 간통하였다는 부분만을 들어 미의 추구에 있어 신도 인간과 같은 형식으로 희노애락의 감정을 표현하

---

[1] 『三國遺事』(卷 2) 紀異 第2 處容郎 望海寺.

는 고대 그리스의 신화와 비슷한 것이라고 설명하고, 이 설화를 통하여 新羅
人의 審美欲을 역설한 李丙燾 박사의 독특한 논문이 발표된 바 있으나[2] 處容
說話 전반에 대한 고찰은 아니었다.

處容說話 전반에 대해 이를 韓國巫俗의 견지에서 설명한 金東旭·金暎遂 양
박사와 金烈圭 씨의 연구가 있다. 즉, 處容은 龍神司의 覡이었으나 龍神의 司
祭者로서 新羅 서울에 내방하였으며, 그의 처와 疫神과의 간통을 巫俗社會에
서 흔히 볼 수 있는 賣淫行爲로 해석하고, 간통에 대한 處容의 寬宥까지도 胡
鬼拜送 같은 주술적 의의로 설명한 金東旭 박사의 新說과[3] 民俗學的 테두리
안에서 설명하려는 것은 金東旭 박사와 다름없으나, 더 전진하여 處容의 출현
은 龍子 출현의 祭儀的 再演이며, 龍神의 아들로 재연한 男巫를 處容으로 이
름지어 接神한 巫婦와 결혼케 하였다는 요지로 되어 있는 金烈圭 씨의 학설은
[4] 이미 李佑成 교수가 소개·비판한 바 있어 여기서 더 상세히 소개하지 않겠
다.

한편 恩師 金暎遂 박사는 '處容'의 語義를 古代韓國의 辟邪大神 '터알이'로
해석하고, 處容歌는 處容의 所唱歌曲이 아니라 熱病患者가 이 '터알이'에게 올
린 祈祝發願文에 지나지 않은 것으로[5] 이 설화의 구성보다도 민속학적 견지
에서 辟邪大神의 의의를 깊이 파고 들어간 논문이 발표된 바 있다.

疫神의 處容妻 간음이라는 건전한 심리 상태에서는 믿어지지 않는 설화의
줄거리에 다시 『三國遺事』에 '因此 國人門帖處容之形 以辟邪進慶'이라고 덧붙

---

2) 李丙燾 '新羅人의 肉體美'(『李相佰博士 回甲紀念論叢』, 1954) 174~178面 參照.
3) 金東旭 '處容歌研究'(『韓國歌謠의 研究』) 123~155面.
4) 金烈圭 '處容傳承試攷'(『駱山語文』第2輯) 7~10面.
5) 金暎遂 '處容舞와 處容歌'(『佛教學報』第3輯) 133~160面.

인 설명만 본다면, 이 설화는 民俗學의 관점에서 해명을 시도하는 것이 신비에 싸였던 이 설화의 수수께끼를 벗기는 첩경인 것을 누구나 느낄 수 있을 것이다.

그러나 민속학의 테두리 안에서 설명한 김동욱·김열규 교수의 학설에서 공통된 결함은 처용이 출현하였다는 羅末의 시대적 배경을 전혀 고려에 넣지 않았다는 점을 들지 않을 수 없다. 즉, 처용이 신라 제 49대인 헌강왕에 '隨駕入京'하여 '輔佐王政'하였다는 것으로 되어 있는 만큼 만약 처용을 覡으로 본다면 신라는 헌강왕대까지도 제정일치의 원시적 통치 형태를 蛻脫하지 못한 극동의 낙후 지대인 것이 전제로 되어야 하겠다.

우리가 알고 있는 국사의 지식으로서는 처용이 출현한 헌강왕대는 盛唐의 문물제도가 물밀리듯 밀려와 정치·경제·사회 생활에 변혁을 일으킨 시대였다. 이미 왕호가 次次雄으로 불리어지던 시대를 탈피한 지 오래되었고, 盛唐문물의 전래로 일어난 급격한 변혁을 뒤따르는 데 분주하던 당시에 있어서 유능한 國士의 초빙은 이해되나 國巫를 초빙하여 왕정을 보좌케 하였다는 것은 부자연하기 짝이 없다.

이에 처용설화에 대한 필자 나름의 견해를 밝혀 보려고 사료를 수집하고 있던 무렵, 우리 학계에는 이 문제에 대하여 다시 李佑成 교수의 '三國遺事 所載 處容說話의 一分析'이라고 題한 새로운 역작이 첨가되었다.

『삼국유사』에 보이는 처용설화에서 처용이 '隨駕入京'하여 '輔佐王政'하였다는 구절을 중시한 이교수의 논문은 전기 諸氏의 민속학적 해석과는 시각을 달리하여 羅末의 정치·사회·문화 현상을 이 설화를 빌어 표현한 것으로 파악하려고 시도하였던 것이다. 즉, 이교수는 신라의 용을 두 가지로 구분하여 중앙을 佑護하는 황룡사의 용은 신라왕을 정점으로 하는 경주 중앙골품제 귀족 정권의 상징이며, 동해용 같은 변경의 용들은 신라 일대를 통한 지방의 잠재 세력-

호족집단의 상징으로 추단하고, 처용의 정체는 바로 이 반중앙적인 지방호족의 아들이며 헌강왕대에 신라에 포섭되어 질자로 입경하여 '輔佐王政'한 역사적 현실을 설화화한 것으로 보았다. 그리고 처용처를 간통한 역신에 대해서도 이를 병든 도시 문화에 젖어 있던 遊閑公子를 대표하는 것으로[6] 해석함으로써 전기한 諸氏의 견해와는 전혀 해석을 달리하고 있다.

이미 국학연구에서 많은 업적을 남긴 이우성 교수가 이제 다시 종래의 史眼으로 보아서는 사학연구의 대상에서 벗어난 설화를 통하여 羅代의 정치·사회·문화 변천의 비밀을 밝히려는 시도는 학계에서 높이 평가되어야 하겠다.

그러나 이와 같은 설화에서 어떤 역사적 현실의 반영을 파악한다는 것은 그것이 어떤 정치한 논리로 전개되어 있어도 鐵案에 가까운 성과를 거둔다는 것은 어려운 일이다. 이교수가 보내 준 별쇄를 통독하고 새삼 설화해석의 어려움을 재인식하고 처용설화에 대한 私見의 일단을 이교수에게 밝혔던 바, 同敎授로부터 격려와 발표의 종용을 받게 된 데 용기를 얻어 여기서 이 설화에 대한 필자 나름의 견해를 개진하게 되었다.

마치 螳螂의 斧로 戰車에 抗하는 결과를 초래하게 될는지 모르나 선배 동학 제위의 指正을 바라 마지않는다.

---

6) 李佑成, '三國遺事 所載 處容說話의 一分析'(『金載元博士 回甲紀念論叢』) 89~127面.

Ⅱ. 고대 중국인에 반영된 '용'

이 처용설화에서 처용의 정체를 밝히는 실마리가 되는 것은 신라인의 심리에 반영된 용이 어떤 것이었으며, 또 용이 발휘할 수 있는 것으로 생각되던 능력을 충분히 파악하는 데서부터 출발하여야 하는 것으로 믿는다. 그것은 처용이 龍子였다는 데서이며, 따라서 처용설화에 대한 해석을 시도한 諸氏가 다투어 용의 해석에 초점을 맞추어 각자의 논지를 전개하는 경향이 많았던 것도 당연한 일이라고 하겠다.

이우성 교수는 처용설화의 해석에 있어서 용에 대해서 가장 역점을 두었으나 羅代인의 용에 대한 관념을 엿볼 수 있는 『삼국사기』나 『삼국유사』를 살펴본다면, 고대인에 반영된 용의 개념은 복잡다양하여 어떠한 획일적인 것으로 규정지어 설명할 수 없다는 것을 느낄 수 있을 것이다. 이해를 돕기 위하여 우선 용이라는 상상상의 동물을 창안한 漢民族의 용에 대한 설명을 들어 보면, 『說文』(제11 下)에 용은 '鱗蟲之長 能幽能明 能細能巨 能短能長 春分而登天 秋分而潛淵'이라 하여 형태를 걷잡을 수 없는 것이다. 때로는 鱗·翼·角·昇天의 유무와 그 체구의 대소에 따라 蛟龍·應龍·虯龍·螭龍·蟠龍 등으로 나누어 설명되고,[7] 또 용으로 변신하기 전의 原質에 따라 黃龍·靑龍·赤龍·白龍·玄龍으로 구

---

7) 예로는 『楚辭』(권 1) '離騷經'에 '摩絞龍以梁津兮'의 朱子註에 '小曰絞龍 大曰龍'이라 하고, 同書(권 3) 天文에 '焉有虯龍'이라는 一句의 朱注에 '有角曰龍 無角曰虯'로 되어 있으며, 다시 '應龍畫何'라는 句의 朱注에 '有鱗曰蛟龍 有翼曰應龍'이라고 되어 있다. 응룡은 『文選』(권 45) '答賓戱'에 '故夫泥爾而天飛者 應瘉之神也'로 되어 있는 등 용의 종류와 형태는 지극히 복잡하다. 상세한 것은 『太平御覽』(권 930) 鱗介部 2, 龍條 참조. 용에 대한 중국인의 관념은 고대뿐 아니라 『瀛涯勝覽』의 滿剌加國(Malaka)의 설명에서 이 지방의 동물 '龍傷人 其龍高三四尺 四足 滿身鱗甲 背刺排生 龍頭撩牙 遇人

분되어 설화상에서 제각기의 능력을 발휘하고 있다.

班固의 '答賓戱'에 보이는 '應龍潛於潢汗'라는 一句의 주에 인용된 정대의 말에 '천유구룡'이라고 한 것은8) 결국 이와 같이 잡다한 형태의 용이 제각기의 특징을 가지고 있었다는 것이며, 이것은 곧 용의 정체를 구체적으로 설명할 수 없다는 의미로 받아들일 수 있다고 보아야 하겠다.

중국에 있어서의 이와 같은 용에 관한 설명의 多岐性은 宋의 太平興國 8년 (983)에 撰進된『太平御覽』의 鱗介部 龍(上·下)에 보이는 당시까지의 문헌과 그 기사 내용을 비롯하여『續惑應錄』『異文集』『神仙惑遇傳』『集異記』등의 소설류에서『法苑珠林』『抱朴子』등의 佛書·道藏에 이르기까지 용에 관한 설화만 81종을 수집한『太平廣記』용(1)에서 용(8)까지만 훑어 보아도 알 수 있을 것이다.

이러한 점에 비추어 일찍이 黃華節 씨가 고대 중국인에 반영된 용을 설명하여 '가장 怪癖한 성질의 동물로서 祥瑞의 영물인 동시에 兇殘한 醜類이며, 風雨를 주재하는 동시에 狂濤駭浪의 兇徒다'라고 요약하고, 이어서 霖雨를 주재하여 蒼生의 造福者인 동시에 暴風駭浪을 일으켜 인간 생활을 파괴하는 상반되는 양면을 구유하고 있으며, 누구도 겨룰 수 없는 無比의 역량을 지니고 있는 까닭에 인류는 이를 경애하는 반면 또 극도로 畏懼하고, 그 庇護를 얻기 위

卽嚙'이라 하여 鰐魚를 용으로 오인하고 있으며, 또『星槎勝覽』上集 龍涎嶼의 설명에서는 龍涎香이 '每至春間 群龍所集 於上交戱 而遺涎沫'한 龍涎(Ambergris)을 재료로 한 것이라는 황당한 설명을 붙이고 있는 것으로 보아 明代까지도 용의 정체가 뚜렷하지 않았다. 한편『左傳』僖公 5년의 '龍尾伏辰' 또는 桓公 5년의 '龍見而雩'라는 용에 관한 기사는 고대 중국의 천문학에서 씌어지던 용어 '蒼龍'인 까닭에 여기서 설명하지 않겠다.

8)『文選』(권 45) '答賓戱'

하여 梵香祭拜하는 것이라는[9] 요지로 설명하고 있는 것은 경청할 만한 설명
이었다. 즉, 중국에서는 용이 지니고 있는 것으로 생각되는 여러 속성에서 상
서의 영물로서의 일면은『易經』乾卦彖傳에 '大明終始 大立時成 時乘六龍以御
天' 또는 同書 文言 乾에 '飛龍在天 位乎天德' '九一五曰 飛龍在天 利見大人'이
라는 데서 용은 '천자'·'군주'의 상징으로 표현되고 있다. '龍顔'·'龍駕'·'龍旂'·'龍
帷'·'龍袍' 등의 단어들이 모두 용에 대한 중국인의 이와 같은 관념에서 만들어
진 단어인 것은 물론이다.

그러나 용은『역경』通卦驗에 '立夏淸風至 而龍昇天'이라 하고, 또 앞에서 인
용한 바 있던 설문의 一句에도 '春天而登天 秋分而潛淵'이라고 한 것을 보면
용은 계절에 따라 천지간을 출몰하는 것으로 생각되었던 것이나,『설문』에 보
이는 바와 같이 지상에 내려오면 潛淵하여 그의 능력을 발휘하는 것이었다.

『呂氏春秋』(권 20) 恃軍覽 召類에 '以龍致雨'라 하고, 그 註에 '龍水物也'로
되어 있을 뿐 아니라, 반고의『答賓戲』에 '故夫泥蟠而天飛者 應龍之神也'라고
한 것 등은 모두 淵沼에 숨어 있는 용의 조화를 보여 주는 예다.

특히『태평광기』에 수록된 용에 관한 설화가 거의 대부분이 용을 井底·深淵·
沼澤·河川·海中의 정령으로 하여 때로는 風雨雷霆을 제멋대로 할 수 있는 짓
궂은 醜物로 나타내고 있는 것은 바로 '龍水物也'라는 용이 지닌 것으로 생각
되던 특성의 일면을 잘 보여 준 것으로 보아야 하겠다. 이는『淮南子』(권 8) 本
經訓의 '伯益作井 而龍登玄雲 神樓崑崙'이라는 一句에 註한 高誘의 舜을 보좌
한 伯益이 作井鑿池하여 물을 구하게 되자 '龍知將決川谷瀨陂池 恐見害'한 까
닭에 登雲한 것이라는 설명을 통해서도 고대 중국에 있어서는 물과 용이 不可

---

9) 黃華節 '舞龍'(『中國古今民間百戲』, 臺北, 1967) 124~131面.

離의 관계에 있었다는 것을 엿볼 수 있을 것이다.

이미 용이 '水之物'로 생각되고 있는 이상 인문생활에서 빠뜨릴 수 없는 항해와도 무관할 수는 없다. 그 著例로서는 역시 『회남자』 본경훈에 보이는 '龍舟鷁首'의 一句에 註한 高誘가 龍舟는 '大舟也'라고 하고 있다. 따라서 張平子의 '思玄賦'[10]에 보이는 '櫂龍舟以濟予'라는 一句의 龍舟도 大舟로 해석되며, 항해에 있어서 '水物'인 용이 발휘하는 위력에 의존하려는 고대 중국인의 심리를 이 雅名에서도 찾아볼 수 있을 것으로 믿는다.

비록 龍舟뿐 아니라 隋煬帝가 건조한 船艦名에 보이는 '黃龍' 같은 것도 이와 같은 심리 작용에서일 것이나, 航行에 있어서의 용의 조화에 관한 설화에 이르러서는 일일이 열거할 수 없을 정도로 많이 전하여지고 있다.

그 일례는 우리에게 가장 잘 알려지고 있는 『高麗圖經』에도 3월 16일에 明州(寧波)를 출발한 徐兢 일행이 19일에 定海縣에 도착하였던 것이나, 먼저 이곳에 파견된 인원이 總持院에 道場을 세우고 七晝夜의 祭를 올려 드디어 神物이 출현한바, 그 神物이라는 것이 '狀如蜥蜴 實東海龍君也'라 하고 있다.[11] 생사를 賭하는 중세까지의 항해에는 수중의 정령인 동시에 항해에는 결정적 조건이었던 風雨雷霆의 주재자로 생각되던 용의 비호를 받는다는 소박한 신앙이나마 가지지 않고서는 출항을 주저하는 심리를 이 一事에서도 충분히 엿볼 수 있다.

이상은 용이라는 상상상의 동물을 창안하고 거기에 여러 특성과 그 특성에 알맞은 능력을 부여한 중국인의 용에 대한 관념에서 논문전개에 필요한 것만 간추려 보았으나, 중국에서의 용에 대한 관념을 원천으로 하는 우리 고대 및

---

10) 『文選』(권 15) 所收.
11) 『高麗圖經』(권 34) 海道(1) 招寶山條.

중세 사회에서의 용에 대한 관념도 이와 대동소이하다.

즉,『龍飛御天歌』(권 1)에

'海東 六龍이 ᄂᆞᄅᆞ샤 일마다 天福이시니 古聖이 同符ᄒ시니'

라고 하는 '六龍'은 그 전에서도 설명되고 있다시피『역경』乾卦의 '時乘六龍以御天' 또는 『역경』文言乾의 '飛龍在天 利見大人'에서 차용한 것이며, 용이 지니고 있는 특성의 일면인 것으로 생각되던 '상서의 영물'이며 군주의 상징이 된다.

그러나 고대부터 한민족이 지니고 있던 용에 대한 관념이 결코 군주의 상징에만 그치지 않았던 것은 중국과 마찬가지다. 그 예로서는 『삼국사기』에 진평왕 50년에 있었던 大旱에 移市하고 '畵龍祈雨'하였다는 기록이 남아 있다. 기우의 '畵龍'은 확실히 용이 지니고 있는 것으로 한민족이 생각하고 있는 여러 특성에서 前引한『여씨춘추』의 '以龍致雨'와 같은 관념인 것이 틀림없다.

특히 成俔이 설명한 조선왕조 초기의 기우제를 보면 종묘·사직·사대문에 이어 祭官으로 하여금 3일간에 걸친 五龍祭를 거행한 것은 용이 '水之物'인 까닭이었을 것이나, 흥미있는 것은 이 오룡제에 이어 다시 昌德宮後池·慶會樓·慕華館 池邊의 3처에서의 蜥蜴을 水甕中에 넣어 둔 기우행사였다. 즉, 靑衣童子 수십 인이 큰소리로 '蜥蜴蜥蜴 興雲吐霧 俾雨滂沱 放汝歸去'라고 외치고 '獻官與監察 整冠笏而立 三日而止'였다고 하는[12] 이 의례에서 蜥蜴에 기대한 것은 앞에서 언급한『고려도경』에 東海龍君이 '狀如蜥蜴'와 같은 蜥蜴을 용으로 의정

---

12) 成俔『慵齋叢話』(권 7).

한 후의 의식 진행이었던 것이 거의 틀림 없다.

　한편 우리 고대의 항해와 용과의 관계에 대해서는 본고의 논지 전개에 따라 자연 밝혀질 것이므로 구태여 여기서 설명하지 않겠으나, 이상의 논지만으로도 『삼국사기』나 『삼국유사』에 보이는 용의 기사를 통치 권력의 상징 또는 한국 특유의 토속종교에만 초점을 맞추어 논지를 전개시킬 수 없다는 점만은 이해되었을 것으로 믿는다.

Ⅲ. 羅代의 東海龍과 西海龍

『삼국유사』에 보이는 처용설화에 관한 이우성 교수의 연구에서 용이 통치층의 상징이라는 일면에만 유의하고 '龍子'인 처용의 정체를 지방호족의 아들로 유추하는 과정에서 『삼국유사』에 보이는 용에 관한 여러 설화를 모두 통치층으로 해석하였으나, 이제 고대인에 반영된 용이 비단 통치층의 상징에 그치지 않고 '水之物'답게 風雨雷霆을 주재하여 이에 영향받는 항해 및 선박에 이르기까지 관련 있는 것으로 생각된 것이 밝혀진 이상에는 처용의 정체에 대한 해석도 바뀌어질 가능성이 없지 않다.

이제 처용의 정체를 더 선명히 부각시키기 위해서는 다소 우회의 느낌이 없지 않으나, 먼저 『삼국사기』와 『삼국유사』에 보이는 용의 출현과 발휘한 능력의 기사를 검토하여야 하겠다.

먼저 『삼국사기』에서 용의 출현 기사를 정리하여 보면,

(ㄱ) 赫居世五年春正月 龍見於閼英井…(赫居世妃閼英出生傳說)

(ㄴ) 赫居世六十年秋九月 二龍見於金城井中 暴雷雨 震城南門

(ㄷ) 儒理尼師今三十三年 四月 龍見金城中 有頃暴雨自西北來 五月 大風拔木

(ㄹ) 阿達尼師今十一年 春二月 龍見京都

(ㅁ) 沾解尼師今七年四月 龍見宮東池……五月至七月不雨

(ㅂ) 味鄒尼師今元年三月 龍見宮東池

(ㅅ) 炤知麻立干四月 暴風拔木 龍見金城井 京都黃霧四塞

(ㅇ) 法興王二年春正月 龍見楊山井中

(ㅈ) 景德王三月 龍見楊山下 俄而飛去

(ㅊ) 景文王夏五月 龍見王宮中 須臾雲霧四合飛去 七月八日 王薨

이라는 기사가 보인다. 이제 『삼국사기』에 보이는 용의 출현에 관한 상게의 기사를 보면 (ㄹ)·(ㅈ)·(ㅊ)의 3조를 제외하고는 모두 井中·池塘에서 출현하고 있으며, 그 출현에는 暴風雨·雲霧·旱害 등 기상상의 괴변이 뒤따르고 있다.

구태여 여기에서 용의 출현이 군왕의 성쇠와 연관성이 있는 기사를 가려낸다고 하면, 이우성 교수도 지적한 바 있던 기사 (ㅊ)항, 즉 5월에 용이 왕궁에 나타나더니 7월 8일에 경문왕이 훙거하였다는 1조뿐이나, 그것마저 5월에 용이 출현하자 '須臾雲霧四合飛去'라는 천변을 겪고 부차적으로 7월 8일에 왕의 薨變을 보게 된 것이다.

용에 관한 『삼국사기』의 상게 기사가 모두 역사적 현실을 그대로 표시한 것으로 믿기는 어려우나 고대 韓族도 용이 '水物'이라는 특성을 인정하여 風雨雷霧를 주재하는 것으로 생각하고 있었다는 점만은 충분히 인정하여도 좋을 것이다.

『삼국사기』에 비하여 우리 고대에 반영된 용의 특성을 광범위하고 구체적으로 표현하고 있는 것이 『삼국유사』에 보이는 설화들이다. 즉, 『삼국유사』에 박혁거세의 출자를 설명하여 '初王生於雞井 故或云雞林國 以其雞龍現瑞也'[13]라는 것을 비롯하여 脫解王 전설에서 阿珍浦에 표착한 탈해가 그를 건져 준 老嫗 阿珍義先에게 그 자신의 출자를 설명하여

'我本龍城國人 我國嘗有二十八龍王 從人胎而生 自五歲六歲繼登王位……'

---

13) 『삼국유사』(권 1) 紀異 제2 신라시조 혁거세왕.

라든가,[14] 또 백제의 무왕이 '貧母與池龍 通交而所生'이었다고 한 것은[15] 용이 왕위의 상징이라는 관념이 뚜렷이 보이는 것이다.

따라서 신이 자장에게 '黃龍寺護法龍 是吾長子'라고 하였다는 설화로써 황룡사의 용은 왕권을 정점으로 하는 신라 귀족 사회를 상징한 것이라는 요지로된 이우성 교수의 입설은[16] 근거가 인정되어야 할 것이나, 이에도 上記의 용에 관한 신라 설화를 다시 살펴보면 혁거세설화의 '鷄井'·'鷄龍'과 무왕설화의 '池龍' 등 용이 모두 물(水)과 관련되고 있다. 특히 석탈해의 아진포 표착의 경우는 『삼국유사』에 해상에 방류된 櫃內의 탈해가 아진포에 표착하는 데는 '便有赤龍 護舡至此矣'였던[17] 것을 보면 용은 항해의 향도가 되어 있다.

한편 『삼국유사』에 의하면 경주에는 황룡사의 용뿐 아니라 東池·靑池와 芬皇寺에도 용이 있었던 것으로 보아, 이러한 용들이 반드시 모두 왕의 상징 또는 지방 호족 같은 정치 권력을 뜻한다고만 볼 수는 없을 것이다. 그것은 오히려 이러한 용돌은 용이 지니고 있는 여러 기능에서 특히 어느 일면을 발휘하는 능력이 있는 것으로 생각되었던 까닭에 畏懼와 돈독한 신앙의 대상이 되었던 것으로 믿어지거니와, 羅代에 흔히 출현하던 해룡 같은 것은 역시 해상에서 일어나는 여러 현상과 결부시켜 설명하는 것이 자연스러운 해석일 것이다.

이제 『삼국유사』에서 그 뚜렷한 몇 가지 예를 간추려 보면 먼저 '萬波息笛'의 유래 및 『漢南管記』에 실려 있다는 彭祖逖의 詩跋文과 居陀知說話 등을 들 수 있다.

---

14) 『삼국유사』(권 1) 紀異 제2 탈해왕.

15) 上揭書(권 2) 紀異 제2 무왕.

16) 이우성 '三國遺事 所載 處容說話의 一分析' 93~94面.

17) 註 14)와 同.

이 靈笛을 불면 '則兵退病愈 旱雨雨晴 風定波平'의 영력을 가졌던 까닭에 신라 三寶의 하나가 된 만파식적의 유래[18]는 너무도 널리 알려져 있을 뿐 아니라, 이미 三品彰英씨의 논문 '脫解傳說考-東海龍王と倭國'에서 탈해전설의 유형전설로 거의 중국의 龍蛇傳說 및 불교의 용왕전설에 윤색되고, 또 당시의 호국적 국가개념과 결합된 해룡전설의 하나로 파악되어 주로 민속학적 견지에서 설명된 바 있다.[19]

『삼국유사』所引의 寺中記에

'文武王 欲鎭倭兵 故始創此寺 未畢而崩 爲海龍 其子神文立 開耀二年畢排 金堂9
下 東向開一穴 乃龍之入寺旋遶之備 盖遺詔之藏骨處 名大王岩…東海中 有小寺
後見龍現形處'

라고 한,[20] 즉 문무왕이 '欲鎭倭兵'하여 창건하였던 감은사는 1959년 11월에 있었던 조사 보고서에는 寺中記에 보이는바 용이 들어가 旋遶하도록 '金堂 砌下 東向開一穴'한 자취를 찾아볼 수 있는 것으로 되어 있을 뿐 아니라,[21] 평시부터 사후에는 호국용이 되어 邦家를 수호하리라던 문무왕의 유언에 따라 마련된 사상 유례 없는 海中陵 大王巖이 黃壽永 교수에 의하여 1967년 5월 감은사에서 마주 바라보이는 해상에서 발견되어 학계를 놀라게 한 사실 등에 비추어 보면, 이 감은사가 사건의 중심지가 된 만파식적의 설화는 三品彰英씨의

---

18) 『삼국유사』(권 2) 紀異 제2 萬波息笛.
19) 三品彰英 '脫解傳說考-東海龍王と倭國'(『靑丘學叢』第5號) 84~88面.
20) 註 18)과 同.
21) 金載元·尹武炳 '感恩寺', 1961년, 83~84面.

추단대로 동해용왕에 대한 羅代의 俗信과 호국신앙의 발전에서 이루어진 설화인 것이 거의 틀림없는 것으로 보인다.

그러나 원래 용이라는 상상상의 영물에 무한한 신비력을 부여하였고 또 그 성격의 多岐化를 인정하고 있는 까닭에 이와 같은 설화는 그것을 아무리 합리적으로 설명하더라도 시각에 따라서 얼마든지 이견이 나올 수 있는 것은 만파식적설화에 대한 三品彰英 교수와 이 설화에 보이는 용들을 왕권과 지방 호족을 상징한 것으로 보려는[22] 이우성 교수의 판이한 해석을 시도하여 보아야 하겠다.

이에 필자도 상기 두 교수와는 시각을 전혀 달리하여 불교 사상으로 일관된 國民史라고도 볼 수 있는 『삼국유사』에 보이는 동해용에 대한 해석을 시도하여 보아야 하겠다.

먼저 이우성 교수가 지방호족의 상징으로 해석한 水路夫人說話에 보이는 동해용은[23] 慶州에서 江陵太守로 부임하는 純貞公의 행차를 보고 그 부인의 미를 탐내어 掠取하였다가 태수측의 '作歌唱之 以杖打岸'하는 주술에 '奉夫人 出海獻之'하였다고 한다.

이 해룡이 수로부인을 海中으로 掠去하였다는 臨海亭은 경주에서 강릉까지의 동해안이었을 것이다. 경주에서 동해를 따라 강릉까지의 景勝地는 花郎徒들이 즐겨 巡遊하였을 뿐 아니라 融天의 彗星歌에

네 시ㅅ 믌ᄀᆞᆷ 乾達婆이 노론 잣홀란 바라고

---

22) 李佑成 '三國遺事 所載 處容說話의 一分析' 97~98面.
23) 이우성 上揭論文 95~96面. 水路夫人 설화는 『삼국유사』(권 1) 紀異 제2에 있다.

倭人 軍두 옷다 燧슬얜 금 이슈라.[24]

라고 한 것으로 보아 왜구가 자주 출몰하는 지역이었다.

용이 정치적 통치력의 상징일 뿐 아니라 風雨雷霆을 주재하는 영물인 까닭에 이의 영향을 직접 받는 항해 및 선박과도 불가분의 관계를 지니고 있었다는 점은 앞에서 설명한 바 있다.

따라서 예고 없이 출현하여 태수의 행차를 급습하고 부인을 해상으로 掠去한 怪船 같은 것이 있었다고 하면 당시 공포의 대상으로서 해룡의 장난에 견주어 표현될 만한 일이었다. 이 불상사가 경주에서 강릉까지 동해안에서의 突發事였던 만큼 이러한 괴선은 당시 동해안에 출몰하여 인구와 財産掠去를 일삼던 倭海賊船인 것이 거의 틀림없을 것이다.

倭海賊의 夫人掠去에 당황하여 육지에서 '作歌唱之 以杖打岸'하였다는 주술은 바로 설득 또는 威嚇 등으로 그 반송을 요구하였던 것이며, 이에 용으로 표현되는 怪船側에서 '奉夫人出海獻之'한 사건을 원시 종교적인 사유 방식과 태평양 연안 민족에게 널리 분포되어 있는 용궁설화를 첨가하여 설화한 것이 이 '수로부인설화'라고 볼 수 있을 것이다.

說話學 또는 민속학에 전혀 문외한인 필자의 억단인 것이나, 만약 '수로부인설화'에 보이는 해룡이 倭海賊이었다는 것이 용인될 여지가 있다고 하면, 文武王과 金庾信의 '護鎭三韓의 陰助'를 빌어 '無價大寶'를 얻기 위하여 바로 문무왕이 '欲鎭倭兵'하려고 창건한 감은사에 親幸하여 용만이 발휘할 수 있는 능력이지만 실전을 방불케 하는 '天地振動 風雨晦暗七日' 한 후 '風霽波平'하기에 왕이 泛海하고 감은사를 향하여 浮來하는 산으로 들어가 보니 '有龍奉黑玉

<hr />

24) 梁柱東『古歌硏究』561面에 보이는 解讀을 옮겼다.

帶來獻'하였고, 다시 '作笛吹之'하면 天下和平하다는 그 산의 대나무를 잘라 作笛한 것이 소위 만파식적이었다는 이 설화에 얽힌 이상한 용도 또 三品彰英 씨나 이우성 교수의 견해와는 전혀 다른 해석이 나올 여지가 있다.

私見으로는 문무왕이 변신한 동해용과는 다른, 즉 浮來하는 산에서 '奉黑玉帶來獻'한 용은 역시 倭寇이며, 이에 대한 신문왕의 親伐이 바로 이와 같은 설화의 형태로 전하여지지 않았나 한다.

신문왕에 대한 倭寇親伐의 기사를 다른 사료에서 찾아볼 수 없는 까닭에 이와 같은 억단이 너무 대담한 것일지 모르나, 羅代의 倭寇親伐은 이미 助賁尼師今 3년 4월에 있었다는 『삼국사기』의 기사를 비롯하여 實聖尼師今 7년 2월에는 당시 왜구의 근거지였던 對馬島의 토벌 계획이 있었다는[25] 점으로 보아 문무왕과 김유신에 의한 삼국통일의 여세를 몰아 신문왕이 동해안에 있던 그 근거지를 강타했다는 것은 전혀 실현성이 없는 것은 아니었다.

원래 철의 생산 기술이 부족하여 죽창 같은 것이 주무기였던 倭海賊의 무력을 해제하여 이로써 作笛하여 '천하화평'을 기대하고, 무력 뿐 아니라 다시 그들이 선망하던 '五色錦彩金玉'을 줌으로써 평화적인 교역의 길을 열어 주었던 것은 신라의 海防策으로서는 빛나는 성과였던 것이며, 그 전승기념품인 만파식적은 족히 국보의 하나가 될 만하였고, 기적적인 성과는 신비적으로 윤색되어 이와 같은 설화가 나올 만한 일이었다.

이와 같이 시각을 바꾸어 羅代의 용을 본다면, 이우성 교수가 羅代 지방 호족의 상징으로 해석한 東泉寺의 靑池에 '往來聽法'하였다는 동해용 및 首露王에 얽힌 萬魚山의 東海魚化石의 설화와 惠通이 퇴치하였다는 毒龍 등에 대해

---

25) 『삼국사기』(권 3) 新羅紀 實聖尼師今 7년 2월조.

서도[26] 필자 나름의 사견이 없는 바 아니나, 본고의 목적이 羅代의 용에 관한 專論이 아닌 까닭에 논지 전개에 결정적인 영향을 미치지 않는 것은 그 해석을 생략하여야 하겠다.

한편 羅代에 있어서는 용이 동해에만 있었던 것이 아니라 서해에도 자주 출몰하였던 것이다. 그 著例가 『삼국유사』所引의 彭祖逊의 詩跋에 보이는 普耀禪師의 대장경 搬來에 얽혀 있는 용이었다. 즉,

'昔普耀禪師 始求大藏於南越 泊旋返次 海風忽起 扁舟出沒於波間 師即言曰 意者
神龍欲留經耶 遂呪願乃誠 兼奉龍歸焉 於是風靜波息'

이라고 하는 것이 그것이다.[27] 즉, 普耀禪師가 江南인 吳越國에서 선편으로 대장경을 搬來할 때 해룡과 만나게 된 것이나, 오월에서 신라에 통하는 常道는 揚子江口의 해안에서 黑山島로 가는 항로인 까닭에 이 神龍은 한반도에서 본다면 서해용인 것이다.

이와 같은 항로상에 정치적 세력을 구축할 호족도 없을 것이거니와 구태여 이 서해용을 어떤 사건의 반영이라고 우겨 본다면 唐末의 정치 혼란기에 한반도 부근에까지 신출귀몰하던 중국해적을 표현한 것이라고 볼 수밖에 없다.

여기서 '구태여'라는 용어로써 이 서해용의 정체를 억단한 것은 이 설화가 불교에서 가장 뜻깊은 대장경의 搬來에 대한 意義闡揚과 신비화를 필요로 하는 사건에 얽혀 있는 까닭에 그러한 사건이 없었다고 하더라도 이러한 설화가 附會되기 마련인 까닭이다.

---

26) 李佑成 '三國遺事 所載 處容說話의 一分析' 94~97面.
27) 『삼국유사』(권 3) 塔像 제4, 前後所藏舍利 所引의 漢南管記 彭祖逊 詩跋.

그러나 설령 이 설화가 대장경의 권위와 그 搬來의 신비를 위한 가공적인 사건이었다고 하더라도 서해용도 또 만파식적이나 수로부인의 설화에서 보아왔던 동해용이 지녔던 風雨雷霆을 주재하는 능력인 '海風忽起'와 항해의 향도력을 충분히 발휘하고 있었다.

서해용의 이와 같은 작용과 능력을 가장 뚜렷이 보여 주는 것으로는 『삼국유사』에 보이는 '居陀知說話'를 들 수 있다. 진성여왕의 季子 阿飱良貝를 따라 弓士의 한 사람으로 唐에 건너가던 거타지 일행이 鵠島에 정박하였을 때 '風濤大作'하여 항해가 불가능하게 되어 그 곳 池上에 제사하니 '池水湧高丈餘'하고, 한 노인이 現夢하되 善射人 한 사람만 남겨 주면 '可得便風'한다고 하기에 거타지가 이 섬에 남게 되었다는 줄거리로부터 용에 관한 이야기가 시작된다.

이 夢中 노인의 청을 받아들이자 '便風忽起 舡進無滯'하였던 것으로 보아이 노인은 風濤와 항해를 자유로이 할 수 있는 능력을 가졌던 것이나, 이어

忽有老人從池而出謂曰我是西海若每一沙弥日出之時從天而降誦陁羅尼三繞此池

我之夫婦子孫皆浮水上沙弥取吾子孫肝腸食之盡矣唯存吾夫婦與一女爾來朝又必

來請君射之……居陀伏而待 明日扶桑旣暾 沙弥果來 誦呪如前 欲取老龍肝 時居

陀射之中 沙弥即變老狐 墜地而斃 於是老人出而謝曰……請以女子妻之 居陀曰

見賜不遺 固所願也 老人以其女 變作一枝花 納之懷中 仍命二龍 捧居陀知及使舡

仍護其舡入於唐境 唐人見新羅舡有二龍負之 具事上聞…(下略)

이었다고[28] 한 것으로 보아 이 夢中의 노인은 다름아닌 서해용이었다.

---

28) 『삼국유사』(권 2) 紀異 제2, 居陀知.

거타지가 '西海君'으로 자칭하는 老龍의 청을 받아 僧으로 변신하여 老龍의 자손을 食盡하여 거의 멸종케 한 老狐를 퇴치하자 老龍은 그의 딸을 결혼케 하여 一支의 花로 變作시킨 다음 2龍으로 하여금 거타지와 그의 배를 唐鏡에 까지 호송케 하였다는 것이다.

거타지가 老龍의 청으로 老狐를 퇴치하였다는 鵠島는 禮成江口에서 山東半島로 가는 항로상에 들리기로 되어있는 白鵠島의 옛 이름이다.[29]

이 설화에서도 '水之物'답게 老龍이 '從池而出'하였을 뿐 아니라 '仍命二龍 捧居陀知及使舡 仍護其舡入於唐境'하였다는 용이 항해 때 향도의 임무를 하는 것이었으나, 羅末에 있어서 이와 같은 내용의 설화는 비록 이에 그치지 않는다. 즉, 고려 태조 王建의 世系를 서술한 金寬毅의 『編年通錄』을 보면, 왕건의 7대조 虎景의 증손녀인 辰美가 潛邸時에 東來한 唐의 肅宗과 동침하여 탄생한 作帝建(王建의 曾祖)이 그의 아버지인 당의 숙종을 찾으려고 唐商船에 편승하여 당으로 가다가 海島에서 서해용의 조화로 '雲霧晦暝 舟不行三日'하기에 부득이 홀로 하선하여 如來像으로 변신 출몰하며 서해용을 괴롭히던 老狐를 사살하고 용녀를 娶한 후 예성강구로 되돌아왔다는[30] 설화의 내용과 거의 동일하다.

이우성 교수는 이 『편년통록』에 보이는 왕건의 世系를 분석하여 7대조 호경과 同遊하던 平那山의 9인의 土豪를 死後 '九龍'이라 하였고, 다시 李齊賢의 『聖源錄』에는 왕건의 증조부인 작제건(昕康大王)이 결혼한 용녀가 실은 '平州人豆恩坫角干之女子也'라는, 즉 角干의 딸이 용으로 상정되고 있다는 점에서

---

29) 『世宗實錄』 地理志 黃海道 長淵縣 및 康翎縣條 參看.
30) 『高麗史』의 卷頭 '高麗世系' 所引.

이 세계에 나오는 용도 모두 지방 호족의 상징인 것으로 해석하였다.[31]

그러나『편년통록』에 백두산에서 扶蘇山(松嶽) 左谷으로 옮겨 가정을 마련한 호경을 '富而無子'였다고 하였을 뿐 아니라, 호경의 아들 康忠과 결혼한 배우자가 또 '西江永安村富人女'였으며 그는 '家累千金'이었다고 한다.

世系 같은 것은 그 왕실의 존엄이 凡人과 유별한 점을 과장 분식한 것인 만큼 대개의 경우는 무공과 정치적 역량이 높이 찬양되고 윤색되는 것이 특색이나, 이 호경 부자의 경우는 시종 富力과 불가리의 관계에 있었다.

특히 潛邸時의 당 숙종의 도래에 대해서는 天寶 12載(753) 湨江西浦에 着船하였으나,

 …方潮退 江渚泥淳 從官取舟中錢布之 乃登岸 後名其浦爲錢浦

였다는 것이다.

舟中에 돈을 깔고 登岸하였기에 이름지었다는 錢浦는『東國輿地勝覽』에 예성강구 碧瀾渡와 同方面의 同里數인 '(開城)府西三十六里'로 되어 있으며,[32] 황수영 교수의 敎示에 의하면 현재도 이 부근 일대를 '돈개'로 불러 내려오고 있다 한다.

어쨌든 潛邸時라 하더라도 숙종이 예성강구까지 왔다고는 믿어지지 않거니와, 한편『동국여지승람』에 인용되어 있는 '周官六翼'에는 渡來한 것이 潛邸時의 숙종이 아니고 약 100년 후인 宣宗(847~859)이었다고[33] 한 것으로 보아 연

---

31) 李佑成 '三國遺事 所載 處容說話의 一分析' 105面.
32) 『東國輿地勝覽』(권 4) 開城府(上) 山川 錢浦條.
33) 上同.

대조차 신빙성이 없는 가공적인 사건이었다.

그러나 이 가공적인 사건을 통해서 羅末부터 돈을 많이 가진 唐船이 예성강 구로 내왕하였으며, 이 唐船이 그 지방의 부호였던 世系時代의 왕씨와 밀접한 관계를 가지고 있었던 것이 분명하다.

이러한 점으로 보아 일찍이 稻葉巖吉 박사가 高麗王氏를 자본가적 무역업 자로 규정짓고, 왕건의 先系가 흔히 용왕 용녀설화에 부착된 것은 교역업자인 왕씨의 發迹이 해상과 불가분의 관계에 있었던 까닭이었을 것으로 억단한 것은[34] 탁견이라고 하겠다. 즉, 『편년통록』에는 예성강구에서 부를 축적하여 당 숙종의 落胤이라고 하는 작제건에 이르러 서해용녀와 결혼함으로서 개성 貞州(예성강구)·鹽州(延安)·白州(白川)·江華·喬棟 등 지방민에 추앙되었으며, 다시 작제건의 처가 된 서해용녀가 松嶽新第의 寢室窓外에 우물(井)을 파고 이를 통하여 비밀리에 서해용궁과 내왕하였다는 왕씨설화는 용이 지닌 것으로 생각되는 항해에 있어서의 능력에 비추어 보아 예성강과 강화일대에서 해상 무역을 축적한 상업 자본의 힘으로 정치 권력에 파고 들어가는 과정을 분석한 것이라고 하겠다.

그렇다고 하면 작제건의 용녀결혼과 거의 내용이 동일한 거타지 설화는 羅末 강화·예성강 하류 일대가 국제 무역항으로 성장되는 시기에 이 지역의 주민들 사이에 먼저 있던 항해 설화이며, 여기에 보이는 곡도(백령도)의 서해용은 이 항로상에서 선박을 배경으로 삼은 유력자였을 것이다. 정치적 야심을 가졌던 지방 호족이 있었다면 절대로 백령도 같은 孤島에만 머물러 있을 수는 없다.

---

34) 稻葉巖吉『朝鮮史』85~86面, 平凡社, 1941年版.

Ⅳ. 處容의 出現과 開雲浦

上節에서 『삼국사기』와 『삼국유사』에 보이는 용에 대하여 필자 나름의 견해를 밝혀 보았으나, 이 지루한 작업은 처용이 龍子였다는 데서 일어난 여러 연구 효과의 엇갈리는 주장에 대하여 시각을 바꾸어 설화를 재음미하여 보려는 데 있었다.

여기까지의 서술만으로 처용에 대한 필자의 견해는 대략 알 수 있을 것이나, 이제 다시 이 설화를 『삼국유사』에 보이는 줄거리의 추적에만 그치지 않고 널리 다른 기사를 살펴보면 먼저 『삼국사기』(권 11) 신라기 헌강왕 5년 춘 3월 조에

'(憲康王) 三月巡幸國東州郡 有不知所從來四人 詣駕前歌舞 形容可駭 衣巾詭異
時人謂之 山海精靈'

이라고 하는 기사를 찾아볼 수 있다.

『삼국유사』보다 약 149년이나 앞서 撰修된 『삼국사기』에는 설화가 아니고 역사적 현실로서 '形容可駭'하고 '衣巾詭異'한 일군의 인물들이 헌강왕의 駕前에 출현하여 歌舞하였다는 것이다. 이 一群이 처용과 무관한 것이 아니라는 점은 어렴풋이 추측되나 그 출현장소가 밝혀져 있지 않고, 또 당시의 사람들이 이들을 '山海精靈'이라고 하였을 뿐 처용의 이름이 보이지 않은 까닭에 잠시 그 추단을 보류할 수밖에 없다.

다만 『삼국사기』의 이 기사의 小註에 '古記謂王即位元年事'라는 이 인물들의 출현 연대에 대한 異說이 '古記'에 있었던 것으로 보아, 이 기사가 단순히

傳聞만을 근거로 한 것이 아니라 여러 자료 중에서 金富軾이 가장 확실성이 있다고 믿었던 자료에 의거한 기사인 것이었다는 점만은 믿어야 하겠다.

이에 다시 이와 비슷한 종류의 기사를 살펴보면『益齋亂藁』4 小樂府에

新羅昔日處容翁 見說來從碧海中 貝齒頳脣歌夜月 鳶肩紫袖舞春風

이라 하여『삼국유사』에 龍子로서 開雲浦에 나타났다는 신라 때 처용이 碧海 중에서 나타나 그 '貝齒頳脣'의 남다른 용모와 '鳶肩紫袖'로 歌舞하였다는 사실을 밝히고 있으나, 이에 비하여 더 직접적인 것은 개운포에 관한 鄭誧의

……人言昔日處容翁 生長碧海中 草帶羅裙綠 花留醉面紅 佯狂玩世意無窮 恒無 度春風

이라는 시였다.[35]

즉, 처용에 관한 정포의 시는 그 大意에 있어서는 李齊賢과 크게 다른 것이 없으나, 이제현이 서적을 통한 傳聞에 그친 것과는 달리 충혜왕 때 司諫大夫였다가 일시 蔚州에서 謫居生活을 보내며 개운포를 두루 살핀 바 있던 그의 현지에서의 傳聞이었던 만큼 처용의 정체를 밝히는 데 있어서는 신빙성이 있는 자료일 것이다.

이제현이 밝히지 않았던 처용의 출현지가 정포에 의하여『삼국유사』의 기사와 동일한 개운포였던 것이 확인되었으나, 처용의 출현에 대해서는 다시 한국

---

35)『東國輿地勝覽』(권 22) 蔚山郡 山川.

의 지리서로서는 가장 오래된 『慶尙道 地理志』에

　　(蔚山)郡之南三十七里 有浦日開雲 中有一巖 日處容巖 新羅時有人出其上 狀貌奇
　　怪 時人謂之處容翁

이라 하고 있을 뿐 아니라,[36] 이 기사는 또 『세종실록』 지리지에도 거의 수정 없이 그대로 채록되어 있다.[37] 즉, 대동여지도에 뚜렷이 표기되어 있는 處容巖이 처용의 출현지라고 한다.

　이제 前揭한 헌강왕 때 출현한 정체불명의 一群에 관한 기사를 처용에 관한 『益齋亂藁』 이하의 여러 기사와 비교하여 공통된 점을 찾는다고 하면, 그 표현은 다르나 모두 용모와 착의가 수상한 자연인이 출현하였다는 점과 『삼국사기』와 『익재난고』, 정포의 시에는 이들이 가무하였다는 점, 그리고 정포의 시와 『경상도 지리지』 등은 그 출현지가 울산 개운포였다는 점이었다. 이와 같이 처용에 관한 『익재난고』 이하의 여러 기사를 종합하여 보면 『삼국사기』에 '산해정령'으로까지 신비화된 용모와 착의가 수상한 일행에 대한 기사는 곧 처용과 그 동반자에 대한 기사였던 것이 거의 확실하다.

　개운포 碧海 중에서 출현한 처용을 『삼국유사』에서 동해용의 1子로 한 것은 용의 조화로 생각되던 '忽雲霧暝曀'하여 '迷失道路' 하였을 때 마침 용이 살고 있는 것으로 믿어지던 해중에서 '形容可駭'하고 '衣巾詭異'한 일행이 돌연 출현하여 가무한 충격적 사건은 시대의 下行에 따라 점차 불교의 용왕사상 같은 것으로 윤색되고 신비화한 것을 승려인 일연이 채록한 것이 틀림없다. 그리고

---

36) 『慶尙道 地理志』 蔚山郡.
37) 『世宗實錄』 地理志 慶尙道 蔚山郡.

『삼국유사』를 제외한 爾他의 기사에 의거하는 한 처용은 결코 초인간적인 인물이 아니었다는 점에서도 이 설화의 소재는 결코 가공적인 사건은 아니었다.

이제 『삼국유사』에 보이는 처용설화에서 처용의 출자가 龍子로 분식된 부분을 제거하고 그를 자연인으로 다루어 본다면 처용은 개운포에 출현한 '容貌怪異'의 인물이었다는 것이 특징이었다.

확실한 사료에 의하여 서술한 것으로 믿어지는 『삼국사기』에서 이를 '山海精靈'이라고 하였다는 것은 당시 사람들이 보아 '形容可駭 衣巾詭異'한 인물들이 해중에서 돌연 출현하였던 것이 주인이었을 것인데, 그렇다고 하면 이들은 결코 신라인들이 흔히 목격할 수 있었던 인종은 아니었던 것이 분명하다.

이제 후세에까지 엽기적 사건으로 전하여진 처용의 정체를 밝히기 위하여 먼저 그들이 출현한 개운포의 지리적 조건부터 살펴보아야 하겠다.

처용이 출현하였다고 전하는 개운포는 『삼국유사』의 주에 '在鶴城西南 今蔚州'라고만 설명되어 있으나 『경상도 지리지』, 『세종실록』 지리지 『동국여지승람』에 모두 울산에서의 방위와 거리가 자세히 설명되어 있다. 이들 지리서에 거리가 다소 엇갈리는 점[38]이 있으나 그 방위는 모두 울산의 치소에서 南이라고 하는 것만은 일치되고 있는 점으로 보아 울산 항구로 추측되거니와, 다시 대동여지도를 보면 望海寺 正東의 해안이 개운포이며 그 前面의 海中에 처용암이 표시되어 있다. 5만분의 1 지도의 蔚山郡 大峴面 處容洞 일대가 바로 이 개운포인 것이다.

개운포가 동해에서의 입구로 되어 있는 울산만은 大和江流가 入海하는 지점에는 북에서 남으로 魴魚津을 돌출부로 하는 반도가 일직선으로 그어져 大

---

38) 『경상도 지리지』와 『세종실록』 지리지 울산군에는 모두 '郡南三十七里'로 되어 있으나 『동국여지승람』(권 22) 울산군 산천에는 '郡南二十五里'로 수정되어 있다.

海의 심한 풍랑을 가로막는 천연적 부두를 형성하고 있는 良港으로서의 조건을 갖추고 있을 뿐 아니라, 다시『동국여지승람』에는 慶州府界까지 동으로 48리, 북으로는 37리이며, 남으로 機張縣까지 70리, 서로 彦陽縣界까지 30리로 되어 있다.[39]

『동국여지승람』에 보이는 경주와의 거리는 경주의 행정 구역까지의 것이나, 울산시에서 신라수도였던 경주시까지는 북으로 鵄述嶺을 넘어 南川의 계곡을 통과한다면 32~33粁이어서 도보로 1일 정도밖에 되지 않는다. 한편 울산은 낙동강 하류에서 경주까지의 道程에서 반드시 거쳐야 하던 羅代의 揷良縣(梁山)과 인접하고, 동으로는 기장까지 통하는 지점이어서 통일기 이전의 小新羅 時代에 있어서는 내륙 교통의 중심지이기도 하였다.

고대에 있어서 울산만의 번영은 이와 같은 해상과 내륙의 교통 조건만이 아니었다. 국내의 소비뿐 아니라 한이 대방·낙랑, 왜에까지 교역되어 일찍부터 中國史家도 유의하였던 弁辰의 철이라고 하는 것은 대규모의 현대적인 시설을 갖추고 大鑛區에서 함유량이 많은 鐵石을 채굴하는 기업화된 제련이 아니고 砂鐵을 根氣 있게 긁어모아 爐에 넣고 風尾로 送風하는 직접 제련법을 사용하는 수공업적 생산에서 제련된 산품이었다.

일본의『古事記』에 보이는 '韓鋤劍'과『續日本記』의 '韓鍛冶'는 변진의 철과 이를 제련하는 기술 전파였던 것이나,[40] 이제『세종실록』지리지를 살펴보면 철의 세공지인 경주 甘恩浦를 비롯하여 盈德·安東·龍宮·陝川·山陰 등 전국에 산재하는 鐵場 중에서 가장 공급량이 많은 것은 울산 達川里의 12,500근이며,

---

39)『동국여지승람』(권 22) 울산군.

40) 田村專之助 '上代日本文化の構築者としての朝鮮人の藝術·技術('『東洋人の科學と技術』淡路書房新社, 1958) 所收 117~118面 參照.

이 밖에 울산에는 白銅의 생산도 著錄되어 있다.[41]

정체적인 성장 과정을 밟았던 우리 광업계를 되돌아보면 세종대의 이와 같은 철생산의 비율은 신라시대의 상황에서 크게 벗어나지는 않았을 것이며, 그렇다고 하면 신라가 한반도의 東南隅에서 능히 백제·고구려와 겨루어 버틸 수 있었던 비밀은 경주·영덕 등과 더불어 울산의 鐵銅生産을 바탕으로 한 무기와 생산 기구의 확보에 있었을 것이다.

배후에 신라왕국의 정치 중심지인 경주를 두고 다시 이 왕국의 산업 심장부를 형성하고 있었다는 조건만으로도 당시에 있어서는 그 번영이 당연하였던 울산은 앞에서 설명한 바와 같이 또 천연적인 항구로서의 좋은 조건과 내륙 교통선상의 요지였다는 조건까지 갖추고 있어 경주 중심의 소신라시대에 있어서는 국제항으로서의 성격마저 띄게 되는 것은 당연한 일이었다.

蔚山灣이 羅代에 있어서 국제항으로서의 위치를 지니고 있던 좋은 예로서는 朴堤上이 渡倭의 명을 받자 그 출발지를 『삼국사기』에서는 '抵栗浦 汎海向倭'[42]라 하였고, 『삼국유사』에는 '不入家而行 直至於栗浦之濱'으로[43] 울산만 내의 율포였던 것이며,[44] 다시 제상의 詭計로 왜에서 逃還한 美海(삼국사기의 未斯欣)에 대하여 『삼국유사』에 '王驚喜 命百官迎於屈歇驛'이었다 한다. 屈歇驛은 『동국여지승람』에 울산의 옛 치소지이며 '(蔚山)郡西十五里地'로 되어 있는 堀火驛인[45] 것이 거의 틀림없는 바, 그렇다고 하면 미사흔의 逃還시에도

---

41) 『세종실록』 지리지 경상도 울산군.

42) 『삼국사기』(권 45) 朴堤上傳.

43) 『삼국유사』(권 1) 紀異 제2 金堤上.

44) 『삼국사기』(권 34) 雜誌 제3 地理(1) 臨關郡 東津縣을 '本栗浦縣 景德王改名 今合屬 蔚州'라고 함.

45) 『동국여지승람』(권 22) 울산군 驛院 참조.

울산만에서 상륙하였을 것이다.

晴天에는 육안으로도 대마도를 조망할 수 있는 울산만은『동국여지승람』에 개운포에 있는 加里山烽燧가 '北應慶州府大岾'이었고, 柳浦烽燧가 '北應慶州府下西知'였다고 할 뿐 아니라 동래 부산포에서 개운포로 옮긴 左道水軍節度使營을 비롯하여 울산만 내에는 '有恒居倭戶'였다는 鹽浦營의 설치 등 조선 왕조 시대의 시설로 미루어 보아도[46] 울산만은 羅代에 있어서도 倭商과 해적의 내왕으로 붐비던 항구였던 것으로 추측된다.

그러나 만약 울산만이 對倭交往에만 이용되었다고 하면 그 국제항으로서의 면목이 손상될 뿐 아니라 처용설화의 구명에 있어서도 그 출현에 관한 부분은 그리 흥미있는 것이 되지 못한다.

이에 다시『삼국유사』를 살펴보면 新羅三寶의 하나인 黃龍寺丈六의 내력을 설명하여 황룡사가 준공된 직후의 일로서

海南有一巨舫來泊於河曲縣之絲浦(今蔚州 谷浦也) 撿看有牒丈云西竺 阿育王聚

黃鐵五萬七千斤黃金三萬分 將鑄釋迦三尊像未就載舡泛海而祝曰願到有緣國土

成丈六尊容……

이었다고 한다.[47]

船上에서 拾得한 諜文의 내용에 이를 阿育王의 염원에 결부시키고 있는 것부터가 부자연하기 짝이 없으나, 종교의 세계는 상식을 초월하는 것이기에 종교설화를 여기에서 일반 상식에 맞추어 穿鑿하지는 않겠다.

---

46)『동국여지승람』上揭書 山川·關防·烽燧 참조.
47)『삼국유사』(권 3) 塔象 제4, 黃龍寺丈六.

그러나 통속화한 緣起論으로 丈六의 신비를 고취하려는 의도가 역연히 엿보이는 이 불교설화에서도 異國 '巨舫'의 입항을 울산만으로 잡고 있을 뿐 아니라, 金克己의 <詩序>에는 울산 대화사의 창건을 설명하여 慈藏이 당에서의 귀국을 '東遷于絲浦之地 因卜此地 立此寺 焉'라고 하여[48] 울산만의 사포라는 것으로 보아도, 또 처용이 출현하였다는 개운포가 입구를 이루고 있는 울산만은 羅代에 있어서 국제항으로서의 면목을 충분히 갖추고 있던 것이다.

이와 같이 당에서 자장의 歸航船이 울산만의 사포를 종착지로 하였던 것이나, 다시 李肇의 『唐國史補』를 보면,

元義方使新羅 發鷄林府 遇海道中有泉 舟人皆汲携之 忽有小蛇自泉中生 海師遽

日龍怒 遂發未數里 風雲雷電皆至 三日三夜不絕 乃霽見遠忻城邑 乃萊州

였다고 한다.[49] 즉, 鷄林府를 출발한 唐船이 海島 중에서 용을 發怒케 하였더니 風雨雷電이 三晝夜나 계속되어 산동반도의 萊州에 漂着하였다는 이 唐使의 경험담에서도 용이 風雨雷電을 제멋대로 하여 항해를 지배하는 짓궂은 醜物의 일면을 발휘하고 있으나, 다시 국제항으로서의 울산만을 이해하기 위하여 여기서 唐使가 發船하였다는 계림부에 대하여는 좀 더 설명해 두어야 하겠다.

元義方이 항구가 아닌 계림부에서 發船할 수 없는 만큼 계림부에서 發船하였다고 하는 것은 계림에서 근거리인 迎日灣이나 울산만에서 발선하였던 것을 唐使가 그렇게 표현하였을 것이다.

---

48) 『동국여지승람』(권 22) 울산군 樓亭, 大和樓條 所引.
49) 『海東繹史』(권 40) '海道' 所引의 것에 의함.

이제『삼국사기』나『삼국유사』를 살펴보면 영일만이 왜구의 침입 기사 외에는 외국 선박의 내왕, 특히 入唐者가 이 항구를 이용한 흔적이 거의 없었던 데 반하여 이미 앞에서 설명한 바와 같이 왜와 당의 내왕이 울산만을 경유한 數例에 비추어 이 계림부는 또 울산만을 지칭한 것으로 보고 싶다.

그렇다고 하면 羅代의 울산만은 風雨雷霆과 항해를 지배하는 것으로 생각되던 용이 번번이 출입할 만한 지대인 것은 틀림없다. '尙武藝 好商賈'라고 한『동국여지승람』의 風俗評은[50] 또 고대부터 이와 같은 용의 시련 속에서 성장한 국제 무역항인 울산에 어울리는 적평일 것이다.

---

50)『동국여지승람』 울산군 風俗.

V. 羅·唐 航路와 古代 大食商人

前節에서 신라에 내왕하던 唐船이 울산에 출입한 사실을 밝혔으나, 나·당 양국간의 항로는 賈耽의 『道里記』에 의하면 산동반도 登州府에서 出船·廟島列島를 통과, 요동반도 서남단인 旅順에서 신라로 향하는 것은 대동강구인 椒島를 거쳐 長山串을 넘어 다시 황해도의 南岸을 따라 경기도의 서해를 南航, 德積島에서 南陽灣으로 들어간다.[51]

백제 義慈王이 신라 西境 40여성을 공격하고 고구려와 共謀하여 '欲取黨項城 以絕歸唐之路'였다는[52] 당항성은 바로 남양만 내의 항구였다.[53]

그러나 이들 항구를 이용하는 것이 통일 이전의 신라에 있어서는 백제·고구려의 방해라는 정치적인 조건만이 아니라 그 수도가 경주에 고정되어 있어 적지않은 불편이 있었다. 그것은 가탐의 '도리기'에 당에서 남양만 내의 唐恩淵에 입항한 후 신라 왕도까지 가려면 '乃東南陸行七白里'라는 육로교통의 장애가 적지 않은 부담이 되었기 때문이다.

화물을 지니지 않은 보행이라고 하면 또 모르되 적지 않은 國信物을 지닌 사신 또는 화물을 지닌 상인에 있어서는 船便에 비하여 육로는 안전과 수송능력에 적지 않은 부담이 있었을 것이다.

나·당 양국간의 이와 같은 교통상의 불편은 신라에서 한반도의 서남 해안을

---

51) 『新唐書』(권43 下) 地理志 所引.
52) 『삼국사기』(권 5) 新羅紀 善德王 11년조.
53) 津田左右吉 '眞興王征服地域考' 『朝鮮歷史地理』, 1913, 南滿洲鐵道 제1권 123~124 面.

통과하여 흑산도에서 서남으로 揚子江口에 직행하는 항로를 이용함으로써 해소될 수 있었으며, 이 항로에 대한 상세한 설명은 徐兢의 『高麗圖經』에 보이고 있다.

『고려도경』에는 江南의 明州(寧波)를 출발하여 5월 28일에 放洋한 서긍일행이 3일 후인 6월 1일에 '華夷以此爲界限'이었다는 夾界山을 통과하고[54] 6월 3일에는 흑산도에 도착한 것으로 되어 있다.

『고려도경』의 이 일정은 계절풍을 이용하면 명주에서 불과 4일에 흑산도에 도달한다는 『續資治通鑑長篇』(권 339)元豊 6년 9월 庚戌條의 설명 또는 이를 5일정으로 잡은 『宋史』 고려전의 기사와도 대체로 일치된다.

명주에서 흑산도까지의 航程에 소요되는 이 일정은 『고려도경』에 6월 3일 흑산도에 도착한 서긍 일행이 6월 6일에 群山을 거쳐 12日에야 예성강에 도착하였다는, 즉 흑산도와 예성강까지의 9日程보다 월씬 日數가 짧게 걸리고 있다.

한반도 西南海에서의 이 항로를 통일 후 신라에서 활발히 이용하였다는 것은 李重煥도[55] 지적한 바 있으나, 『續高僧傳』(卷 13)에 圓光法師의 入唐이 '乘舶造于金陵'으로 되어 있고, 또 義湘도 '會唐使虹 有西還者 寓載入中國 初止揚州[56]'이었다는 것으로 보아, 이미 통일 이전의 신라가 이 항로를 통하여 당에 來往한 사실이 충분히 입증된다. 즉, 원광은 선편으로 金陵(現 南京)에 직행하였던 것이나, 그러기에는 백제가 남조와 交往하는데 이용하였던 항로인 흑산도 부근에서 양자강구를 직항하여 양주·명주 등 당시의 국제항에 상륙하

---

54) 『고려도경』(권 35) 海道(2) 夾界山條.
55) 李重煥 『擇里志』 全羅道.
56) 『三國遺事』(卷 4) 義解 第5 義湘傳敎.

여 금릉으로 갔던 것이 확실하다.

의상의 입당이 '初止揚州'였다는 것도 이 항로를 이용하였을 때문일 것이나, 그렇다고 하면 신라가 아직 한반도의 서남해안을 자유로이 사용하지 못하던 통일기 이전에도 이 항로를 이용하였을 것이다.

통일기 이전의 신라가 이 항로를 이용하려면 그 출항지는 자국 영토 내의 국제항으로 보는 것이 무난할 것이며, 그러한 경우 앞에서 인용·설명한『삼국유사』또는『唐國史補』의 예로 미루어 보아 그 국제항은 울산만이었던 것이 거의 틀림없다.

신라가 한반도의 서남해를 장악한 후 이 항로의 거점을 점차 흑산도로 옮기게 되는 것은 자연의 추세였으나, 그렇다고 울산만의 번영이 일시에 무너진 것은 아니었다. 그것은 비록 麗関水道를 回航하여야 하는 불편이 없지는 않았으나 울산이 수도 경주항 내의 산업 심장이었고, 또 수도의 물자를 수송하는 데는 船便이 육로에 비하여 이점이 많았기 때문이다.

한편 울산만 또는 흑산열도에서 도항할 수 있었던 명주·양주 등지에는 신라의 난민과 이주민들이 집단 생활을 하고 있었으며, 이들의 활약은 圓仁의 기행문에 의거하여 이미 今西 龍 박사의 상세한 논문이 발표된 바 있었고,[57] 다시 라이샤워 교수도 언급한 바 있어서 여기에서는[58] 蛇足을 가하지 않겠으나, 명주·양주 등지는 신라인이 활약하던 唐末부터 중국사에서는 이색 지대로서 널리 알려지고 있다.

그것은 당의 중기 이래 쟈바·馬來半島 暹羅·버마 등 동남아 지방에서 교역

---

57) 今西 龍 '慈覺大師入唐求法巡禮行記を讀みて'(『新羅史硏究』, 1933, 近沢書店. 復刻版 国書刊行会 1988) 330~352面.

58) Edwin O. Reischauer, *Ennin's Travels in T'ang China*, New York, 1955, pp.277~302.

의 주도권을 장악한 大食商人들이 다시 東進하여 廣州(廣東)에서 洪州(南昌)을 거쳐 錢唐(杭州)으로 나와 운하로써 蘇州·揚州까지 연결되는 구간은 아라비아·페르시아계의 商胡가 붐비며 번영을 이루고 있었기 때문이다.

Ibn Khurdadhbah의 『道里 및 郡國志』에 보이는 항구명 "Kantu"가 양주였음을 주장하는 桑原隲藏 박사는 이들 商胡의 출입으로 唐代부터 富庶와 번영에 있어서 양주가 천하제일이라는 뜻의 '揚一'이라는 俚諺과 또 全唐詩에 보이는 崔涯의 '雖得蘇定方 猶貪玳瑁皮 懷胎十箇月 生下崑崙兒'라는 '嘲妓'의 시 등을 들어 국제적 歌樂境인 양주의 번영을 흥미있는 필치로 소개한 것으로 보아도 [59] 국제 항구로서의 양주 일대의 모습을 엿볼 수 있을 것이다.

'비단길'이라는 그 미칭에 어울리지 않는 좁고 험난한 '東西六千里'의 길을 따라 駱駝隊商에 의하여 교환되던 동서의 문물은 이제 아라비아의 조선 및 항해술의 발달에 따라 해상 수송으로 그 수단이 바뀌어지면서 당의 문물은 西亞의 요소를 폭넓게 그리고 다량으로 받아들이게 되어 일상생활에 적지 않은 변화를 일으켰으며, 그 여파는 당과 밀접한 국교를 맺고 있던 신라왕국에도 미치지 않을 수 없었다.

특히 이슬람 상인이 군집하고 있던 양주·명주 등과는 해상으로 단시일에 내왕할 수 있는 서남해안의 항로가 개척되었고, 이 항로를 통하여 적지 않은 유민이 양자강 하류에 거주하게 된 羅末에 있어서는 이들 商胡의 손을 거쳐 당에 소개된 西亞의 문물이 신라인의 생활에 영향을 미치게 될 조건이 갖추어지게 되었다.

대식상인의 손을 거쳐 당에서 교역된 西亞 및 동남아 산출의 문물이 신라

---

59) 桑原隲藏 'イブン=コルダ-ドベ-に見えたる支那の貿易港 殊にジヤンフウとカンッウに就いて'(『東西交通史論叢』, 弘文堂書房, 1933) 415~512面.

인의 생활에 미친 영향은 『삼국사기』(권 33) 雜志(2)에 설명된 '色服'·'車騎'·'器用'·'屋舍'의 각 기사에 뚜렷이 나타나 있다. 즉, 眞骨女에서부터 品階에 따라 裬·梳·車騎·屋舍 등에 그 사용의 금지 또는 제한을 규정한 孔雀尾·翡翠毛·瑟瑟·玳瑁·紫檀·沈香·毬毻·氀毻 등 『삼국사기』에 보이는 당시의 외래 사치품을 비롯하여 유물로서 그 애용이 밝혀진 琉璃杯·乳香(balm of Gilead), 그리고 불교의 酷信에 따라 신라에서도 사용된 듯한 段成式의 『酉陽雜俎』에 보이는 安息香(Boswellia) 등에 대하여 이미 그 산지와 용도에서부터 入手法에 걸쳐 비견을 개진한 바 있어[60] 여기서는 재론을 피하여야 하겠다.

다만 이해를 돕기 위하여 그 산지만을 간추려 소개하면, 孔雀尾는 인도·아프리카·동남아 일대에 棲生하는 珍鳥 孔雀의 尾部이며, 翡翠毛는 원산지인 캄보디아에서도 難獲이어서 희소가치로 진중되던 翡翠鳥의 背毛인 것은 누구도 알 수 있으나, 羅代에 玳瑁·梳 및 女冠에 鈿하던 '瑟瑟'은 동서 문화 교류면에서도 여러 가지 희비극을 남기고 있는 반면에 그 정체가 밝혀지지 않은 물품이다.

이제 Laufer씨의 설명에 빈다면 슬슬은 이란계의 단어 Se-Se의 표음이며, 보석으로서의 瑟瑟은 에메랄드인 것으로 추단하고 있다.[61] 唐·宋代의 瑟瑟 수요는 거의 아랄海에 유입하는 아무다리야河 부근에서 산출되며, '비단길'을 통하여 夾帶되는 것으로 충족시키고 있는 것으로 보아도 당시에 있어서 희귀한 귀중보석이었던 것은 말할 것도 없다.

한편 梳를 만드는데 사용하였을 뿐 아니라 車材와 床의 장식품에도 쓰여지

---

60) 拙稿 '三國史記에 보이는 이슬람商人의 貿易品'(『李弘稙博士 回甲紀念 韓國史論集』) 近刊.
61) B. Laufer, *Sino-Iranica*, Chicago, 1919년, pp.516~519.

던 玳瑁은 보르네오(渤泥國), 比律賓群島의 三嶼·蒲哩嚕, 쟈바가 생산지이며, 역시 車材·床의 장식으로 사용되던 紫香·沉香 등은 주로 쟈바·수마트라·南印度 등지에서 산출되는 有香特殊材였으나, 흥미있는 것은 '毾㲪'와 '氍㲪'이었다.

'毾㲪'와 '氍㲪'은 漢籍에 '氍㲪'·'氍㲪'으로 쓰여지는 것이 보통이며, '氍㲪'은 중세 페르시아어의 taptan, tapetan 등 tab(to spin)을 語根으로 하는 물품이라고 한다.[62]

藤田豊八 박사의 연구에 의하면 '氍㲪'와 '氍㲪'은 모두 羊毛를 주성분으로 하며, 雜毛를 濕織한 문양 있는 페르시아의 직물이며 그 용도가 榻에 까는 坐具라는 점은 양자가 동일하나, 氍㲪이 氍㲪보다 섬세하게 직조된 것이라고 한다. 이 兩種의 榻上坐具 직물은 北印度 지방에서도 산출되나 로만 오리엔트의 것이 가장 색채가 선명하다고 한다.

이 좌구용 직물이 중국에 전래된 것은 페르시아어 takht(a throne, a chair of state), takhta(a plank, a board, a bench)의 漢字對音인 榻이라는 坐具가 인도를 경유하여 불교의 東傳과 더불어 전래한 것이며, 後漢 초에 일반에게 알려졌다는 것이[63] 그 논지의 大要다.

불교왕국인 신라에서 사찰의 필수품인 榻에 까는 氍㲪·氍㲪 같은 직물을 수입한 것은 물론이지만, 品階 있는 官人 뿐 아니라 평민에 이르기까지 그 사용을 금지한 것으로 보아 이 외래품이 신라인의 생활 속에 넓고 깊게 파고 들어가 있다는 것을 엿볼 수 있다.

『삼국사기』 잡지에 보이는 상기 물품 사용의 禁令은 모두 신라문명의 爛熟

---

62) B. Laufer: ibid, pp. 492~493.

63) 藤田豊八 '榻及び氍㲪氍㲪につきて'(『東西交涉史の研究』南海篇, 1932, 岡書院) 611-627面.

期였던 興德王 즉위 9년(834)에 내린 것이다. 즉, 문무왕을 전후하여 盛唐문물의 섭취에 적극적인 태세를 갖추게 되었고, 다시 통일 이후의 전쟁이 없는 安逸을 즐기게 된 신라의 귀족들은 당의 長安생활을 모방하는데 급급하여 수도 金城은 이우성 교수가 표현한 바와 같이 '병든 도시 문화'로 달리고 있던 자취가 이『삼국사기』잡지에 여실히 보이고 있다.

한편 장안 귀족의 사치품이었던 琉璃杯는 아라비아·페르시아산으로 경주의 귀족들도 애용하였던 것이며, 팔레스타인의 乳香과 아라비아 남단 시바에서 산출되는 安息香은 사찰에 발걸음을 옮기는 香火客의 신앙심을 돋우었을 것이다.

'一千三百六十坊''五十五里'였다는 수도 경주에서도 그 부귀가 알려진 소위 '三十五金入宅'을[64] 비롯하여 신라의 遊閑貴族들이 瑟瑟·翡翠毛 등 大食상인이 당에 搬來하는 사치품에 눈을 돌리게 된 것은 아시아 세계의 문화 조류에서 소외된 채 협소한 반도 東南隅에서 성장하다가 통일을 계기로 문화면에서 개방된 세계를 지향하는 신라인이 숙명적으로 거쳐야 하는 과정이었으며, 또 新奇를 즐기는 것이 인간의 상정인 만큼 누구도 이를 탓할 수는 없다.

동남아에서 다시 경주를 거쳐 양자강 하류 지역까지 무역권을 확대한 唐末의 이슬람 상인측에서 본다면, 이 지역에 교거하던 신라인을 통하여 그들이 다루고 있는 상품이 신라에서도 환영받을 수 있는 전망이 서는 경우 부자간에도 商利에 분수를 다툰다는 그들에게 있어서 신라는 개척할 만한 상품시장으로 보였을 것이다.

신라에 대한 大食商人의 흥미는 상인들의 견문 또는 기타 인사들의 인도여

---

64) 『삼국유사』(권 1) 紀異 제2 辰韓.『삼국유사』의 숫자는 다시 검토되어야 할 것은 물론이다.

행 등을 통하여 얻은 지식으로 엮어진 極東地域의 항로·풍속·산물 등을 소개한 여러 저서에 신라에 관한 언급이 자주 있었던 사실에서도 엿볼 수 있다고 본다.

이들 回教徒들에 의하여 9세기 중엽부터 9세기 말까지 사이에 씌어진 신라에 관한 서술에는 일고의 가치조차 없는 가공적인 것도 없지 않으나, 소위 'Suleiman의 書'로 알려진 문헌이라든가 Ibn Khurdadhbah에 보이는 'Sila'의 서술은 유의할 만한 것이 있다.

중국에서 진중되던 海東靑飼育을 설명하여 '그들(新羅)은 白色鷹을 가지고 있다'[65]고 한 'Suleiman의 서' 같은 것은 정확한 견문을 토대로 서술한 것이었으나, 처용설화를 설명하는 데 흥미있는 것은 Ibn Khurdadhbah에 보이는 신라에 관한 서술이라고 하겠다.

9세기 말경에 씌어진 Ibn Khurdadhbah의 신라에 관한 서술은 동서양의 학계에서 수차 인용된 것이나 논지 전개의 필요상 煩을 무릅쓰고 여기에 다시 인용하면 중국의 교역항 Kantu의 상황 설명에 이어,

---

65) 9世紀 末에서 10世紀 초에 걸친 아라비아人의 雜纂이 포함되어 있어 소위 'Suleiman 의 書'를 수록한 Abbé Eusebius Renandt: *Anciennmes Relation de l'Iinde et de la Chine de deux. Vayageurs Mahometans qui y allèrent dans le IX ieme Siècle*(1718) 또는 1845년 파리에서 佛譯 된 M.Reinaudt의 아라비아語에서의 譯本은 우리의 형편으로서는 볼 수 없다. 그러나 Reinaudt 本은 1733년 런던에서 *Ancient Accounts of India and China by two Mohammedan Travellers*라는 書名으로 重譯된 것을 1910년 東京의 재팬 타임스社에서 翻刻하였다. 內田銀藏 'シラの島及びゴ—レスに就きて'(『藝文』 6의 8), 37~38에 인용된 것은 東京本이다. 한편 高柄翊 교수의 'Korea's Contacts with The Western Regions in PreModern Times' 에는 Shannon McCune; *Arab Accounts of Geograhpy of Korea Research Monograph son Korea*, Series G. Number 1. 1948 에서 그 일부를 인용하고 있다. (『社會科學』 第2號 60面, 註 21 參照).

中國을 지나면 그 저쪽에는 어떤 곳이 있는지를 알 길이 없으나 Kantu의 前面
에는 山脈이 높이 솟아있다. 이 山들은 金이 많은 Sila의 나라에 있다. 이 나라를
찾는 回敎徒는 이 곳이 대단히 利益이 많은 곳이기에 흔히 定住하게 된다. 輸出
되는 生産品은 ghoraib·水溶性 樹膠·蘆薈·樟腦·帆布·馬鞍·磁器·綢緞·肉桂·高良薑
등이다

라 하고 있다.[66]

여기에 보이는 당의 교역항 Kantu는 동서의 학자간에 가장 異說이 많아 아
직 정설이 없으나 양주가 江都縣에 속하고 있으며, 이 '江都'의 중국음 Kiang-
tou와 Kantu는 음이 가장 근사하다는 점, 양주는 당대 교역항 중에서도 大食商
人의 활동이 著聞되고 있다는 점 등을 들어 Kantu, 즉 양주설을 주장한 桑原隲
藏 박사의 설[67]은 Ibn Khurdadhbah의 『道里 및 郡國志』가 저술된 9세기 반경
의 흑산열도와 양주와의 항해 급증에 비추어 가장 합리적인 비정으로 믿는다.
한편 Ibn Khurdadhbah가 지적한 Sila국의 금은 신라의 對唐國家交易에서
금이 수출되고 있었던 사실에 비추어 보아도 無根한 서술은 아니었다. 아라비
아인들이 신라의 金産出을 실제보다 엄청나게 높이 평가하였던 것은 신라가
멸망한 지 오래된 12세기 반경의 Edrisi조차 '금이 너무 많아 국민들은 개의 쇠
사슬까지 금으로 만드는……Silah의 섬'[68]이라는 어처구니없는 서술을 하고

---

66) H. Yule and H. Cordier; *Cathay and The Way Thither* Vol. 1., 1915, Paris, p.137에 의함.

67) 桑原隲藏 上揭論文, 한편 아라비아인의 著述에 보이 는 'Sila의 나라에 대한 著說을
소개비판한 것으로는   藤田元春 'シラの島及びゴーレスに就きて'(『史學雜誌』第47編
第2號) 227~265面 參照.

68) H. Yule and H. Cordier. Vol. 1, p.131. note 3에서도 要旨만 인용되어 있으나, 內田銀藏
上揭論文(『藝文』) 第6의 10號(第4回) 8~9面에 인용되어 있는 *Géographie d'Edrisi. Traduite l'
arabe en français par P. Amédé Jaubert*. Tome 1. Paris, 1836, pp. 93~94 參照.

있을 정도였다.

다시 Sila국의 수출품으로 되어 있는 ghoraib는 Richthofen씨에 의하여 인삼으로 추단된 바 있었던 것은 주지의 사실이다. 확증을 제시한 추단은 아니었으나 그렇다고 이견을 제시할 만한 논거도 없다.

이상과 같이 Ibn Khurdadhbah의 Sila국에 대한 서술은 믿어도 좋을 것이 있으나 때로는 전혀 믿어지지 않는 것도 있다. 그 예로서는 Sila의 수풀품으로 되어 있는 '熱風煩悶'·'小兒癲癎驚風'의 特效藥 '蘆薈' 같은[69] 것이 그것이다. 원산지가 아라비아와 아프리카이며, 그 漢名도 그리스어 aloe에서 아라비아어 alua, 페르시아어 alwa로 轉音한 것을 중국에서 蘆薈·奴會·訥會 등으로 寫音되었던 것이며,[70] 역시 Sila의 수출품으로 되어 있는 아열대 지방의 樟腦와 더불어 절대 신라의 생산은 아니다.

이러한 점에서 보아도 신라에 대한 아라비아인들의 지식이 부정확하였던 점은 숨길 수 없다.

그러나 이 천박한 지식에서도 아라비아 상인이 무역상의 흥미를 느낄 수 있는 대상지로서의 'Sila의 나라'가 막연한 희망 같은 형태로 반영된 것이 엿보이는 것 같다. Ibn Khurdadhbah에서 '이 나라를 찾는 회교도는……흔히 정주한다'는 一句는 편의상 뒤에서 다시 설명하여야 하겠다.

그러나 이상까지의 설명으로서 다행히도

(가) 羅代설화에서 보이는 용이 수중의 정령으로 항해와 불가분의 관계가 있었다는 것이 인정되어도 좋다는 점,

---

69) 李時珍 『本草網目』(卷 34) 本部 蘆薈條.
70) Laufer: ibid, pp.480~481. F. Hirth and W.W. Rockhill, *Chau Ju-Kua*, pp.225~226, St. Peterburg, 1911 參照.

(나) 처용설화를 『삼국유사』에 보이는 줄거리를 벗어나 다른 자료에서 살펴보면 처용은 착의·용모가 수상한 실재 인물이었다는 점,

(다) 처용이 출현하였다는 개운포가 아라비아 상인들이 운집하던 唐末의 국제항인 양주까지 航行이 용이하였다는 점,

(라) 금이 많이 산출된다는 Sila국은 또 족히 唐末 대식상인의 商路開拓慾을 유발할 만하였다는 점

등이 용인된다고 하면, 처용설화에 대한 정체는 어느 정도 명백히 되었다고 믿는다.

Ⅵ. 異邦人으로서의 처용

上節에 요약한 바와 같이 처용의 정체를 밝힐 수 있는 것으로 보이는 몇 가지 점을 염두에 두고, 다시『삼국유사』에 보이는 처용설화를 精讀하면 우리는 이 설화를 통하여 의외의 사실을 발견할 수 있을 것이다. 즉,『삼국유사』에 용의 조화로 이루어지는 것으로 생각되던 기상의 급변을 치르고 출현한 용과 龍子는 울산만에 표착한 선박과 탑승원의 출현을 粉飾하여 표현한 것으로 보는 것이 보다 진실에 가까운 해석일 것이다.

『삼국유사』에는 龍子를 7인으로 하였으나, 처용의 출현과 동일 사건을 서술한 것이 확실한『삼국사기』에도 '어디서 왔는지 모르는 4인'이라고 한 것으로 보아 상륙한 인원은 결코 1인이 아니라 여러 명이었다.

즉,『삼국사기』에 이 4인이 모두 '形容可駭 衣巾詭異'한 것으로 표현된 인물들이었으나 그 후의 소식은 전하여지지 않고 겨우『삼국유사』『익재난고』및 최보의 시 등을 빌어 그 한 사람이 처용이었음을 알 수 있을 뿐이었다. 어쩌면 나머지 인물들은 곧 사망 또는 逃還하여 처용만이 '隨駕入京'의 몸이 되었는지 모를 일이다.

이미『삼국사기』에 처용 일행의 용모와 착의가 심상치 않았다는 점에 대해서는 앞에서 처용에 대한 당시까지의 전승을 토대로 이제현의 '貝齒頳脣歌夜月 鳶肩紫袖舞春風'이었다는 표현을 빌어 설명한 바 있으나, 이제 다시 처용에 대한 麗末文人들의 표현을 살펴보면 李穀은『稼亭集』에서 畵面에 보이는 처용이 '簪花瀾慢紅'[71]이었음을 알려 주고 있으며, 李穡은 『牧隱集』에 '新羅處容帶 七寶 花枝壓頭香露零…'[72]이라 하여 그 容姿를 설명한 바 있다.

麗末文人들이 당시까지의 전승을 토대로 묘사한 처용의 容姿는 이러한 극히 단편적인 표현을 통하여 보더라도 처용에서 韓·中·日인이 지니지 않았던 몇 가지 특색을 찾아볼 수 있을 것이다. 즉, 『익재난고』에 처용을 '貝齒頳脣'이라고 한 것은 『樂學軌範』에 처용의 容姿를 설명하여 '紅桃ㄱ티 붉거신 모야해……白玉琉璃ㄱ티 ㅎ여신 닛바래…'로, 또 『稼亭集』의 '簪花瀾慢紅', 『牧隱集』의 '花枝壓頭香露零'은 '滿花揷頭계오샤 기울어신 머리에'로 바뀌어 표현되었던 것이다.

그리고 『목은집』의 '新羅處容帶七寶'는 『악학궤범』에 '…七寶계우샤 숙거신 엇게에'라는[73] 어구가 되었다.

이상은 난해하고 단편적인 麗末文士들의 처용에 대한 묘사를 『악학궤범』의 표현을 빌어 이해를 도운 것이나, 麗末文士들의 표현에 처용이 '簪花瀾慢 紅 花枝壓頭香露零'이라 한 一句는 그리스풍의 화관 Corona 또는 페르시아의 Diadem을 연상케 하는 데 족하다고 본다.

조선왕조 초까지의 전승을 충실히 참작한 『악학궤범』의 '처용가'에 표현된 처용은 '山上이슷 깅어신 눈섭에 愛人相見ㅎ샤 오ᄋᆞᆯ어신 누네', '五香미티샤 웅긔어신 고해'라 하여 眉·眼·鼻의 특이한 묘사는 同書에 첨부된 처용의 假面 圖와 맞추어 보면 '深目高鼻'에 속하는 종족을 표현하려는 구절인 것이 틀림없으며, 앞에서 설명한 처용의 頭飾과 아울러 고려할 구절이다.

---

71) 李穀 『稼亭集』(卷20).
72) 李穡 『牧隱集』 驅儺行.
73) 『樂學軌範』(권 5) 處容歌.

한편 처용이 지니고 왔다는 칠보는 불경에 따라 그 내용이 약간씩 다르나 『무량수경』의 경우를 보면 金·銀·琉璃·頗梨·珊瑚·瑪瑙·車渠등으로 되어 있다. 琉璃와 頗梨(玻璃)는 중국어에서는 혼동해서 사용되어 구별짓기 어려우며, 車渠는 大蚌殼에서 뽑아낸 白玉 같은 것이다.

이 칠보는 앞에서 설명한 고려세계설화에서 작제건과 결혼한 서해용녀가 '乘漆船載七寶與豚'이라고 하여 예성강구로 들어왔던 것으로 되어 있으나, 唐代에 그 무역이 이슬람 상인들에게 독점되었던 산호와 유리 등의 칠보를 지니고 울산만에 표착한 深目高鼻의 처용이었다고 하면, 그는 당이 양주·명주 등의 양자강 하류 여러 항에서 무역에 종사하다가 '금이 많은' 그리고 '그 토지가 대단히 이익이 많은…' Sila의 나라를 찾아온 아랍상의 일원으로 추단할 수 밖에 없다.

한편 최치원의 『鄕樂雜詠』 5首의 詠題로 되어있는 新羅五伎에 대해서는 우리학계에서도 의견이 구구하나[74] 필자의 연구는 아직 그 문제에 개입할 만한 경지에 이르지 못하고 있다. 그러나 그 중에서 '遠涉流沙萬里來'라는 구를 起句로 하는 '狻猊'. 즉 사자의 가면무가 당대를 풍미하던 胡舞胡戲에서 전래된 것만은 '假面胡人假獅子'를 起句로 하는 白樂天의 '西京伎'[75]와 비교하여 보아도 절대로 부정하지 못할 것이다.

辟邪祛魔의 妙法으로 믿어지던 이와 같은 西亞의 가면무는 주로 당에 내왕 혹은 僑居하던 자국인을 통하여 받아들일 수 있던 신라가 처용이 王前에서의 격에 맞는 순수한 西亞의 歌舞實演에 감격과 어떤 영감마저 느꼈을 것은 충분

---

74) 梁在淵 '新羅五伎研究序說(『趙潤濟博士 回甲記念論文集』, 1964, 신아사) 269~296面 참조.
75) 『全唐詩』(권15) 白居易 新樂府.

히 추측된다.

특히 이방인을 보지 못한 當時人들에게 있어 용모에 변화가 많은 深目高鼻의 아리안족을 처음 접했을 때는 '形容可駭'일 수밖에 없었을 것이며, 이와 같은 인종의 可駭한 용모를 빌어 수호자의 상징으로 삼아 보려 했을 만한 일이었다. 이것은 元聖王陵으로 추측되는 掛陵의 石造 무사상이 모두 深目高鼻의 아리안계의 석상인데서도 그 예를 찾아볼 수 있다.

辟邪袪魔의 위력을 가진 것으로 생각되는 深目高鼻한 인종의 入京은 신라인으로서는 확실히 충격적인 사건이었을 것이며, 碧海에서 출현한 이 珍客을 龍子에 견주어 이에게 미녀를 짝지어 줄 관대의 뜻도 표할 만하였다.

그러나 타의에 의하여 '形容可駭'한 정체불명의 이국인과 결혼한 처용처가 그 夫君과 금슬이 맞으리라는 것은 당초부터 보장하지 못할 일이었다. 하물며 남녀 관계를 엄격히 규제하는 유교윤리가 아직 깊이 민중에게 물들지 않았던 羅代의 비교적 개방된 남녀 관계에서 處容妻의 행동은 자유분방할 수도 있었다.

處容妻와 간통한 疫神을 경주의 遊閑公子를 상징한 것이라는 이우성 교수의 견해를[76] 따른다면, 이 유한공자와 처의 부정행위를 목도하고 격분의 정을 넘어 오히려 일종의 체념 같은 것을 느낀 이 深目高鼻의 처용이 읊었던

東京 발기달에 밤들이 노니다가
들어서 자리 보곤 가르리 네히어라.
둘흔 내해었고 둘흔 뉘해언고

---

76) 이우성 前揭論文 121~122面.

본ᄃ 내해다마ᄅᆞᆫ 아사ᄂᆞᆯ 엇디 ᄒᆞ릿고.

　라 하여[77] 官能을 자극하는 대담한 표현을 쓰는 데 서슴지 않았던 처용가도 언젠가는 다시 검토되어야 하겠다. 불행히도 아라비아·페르시아 문학에 대하여 寡聞인 까닭에 처용가를 대비하여 설명할 수는 없다. 그러나 8세기 초부터 메카·메디나 같은 곳은 상업 경기를 타고 환락적 도시로 성장하여 연애시와 풍자시의 범람을 보게 되었으며, 특히 9세기 중엽부터는 노골적인 표현을 서슴지 않은 것으로 著聞된 인도의 性欲文學까지 받아들인 이슬람 문학의 수법이 처용가 같은 奇文을 우리 문학사에 남기게 되었는지도 모를 일이다.

　한편 앞에서 인용한 Ibn Khurdadhbah 뿐 아니라, 처용이 울산만에 출현한 것으로 되어 있는 헌강왕과 거의 때를 같이한 9세기 말의 Mausdi의 '황금의 목장'에도 Sila의 나라는 '그 곳을 찾는 이락 및 그 밖의 외국인들은 (그 곳의) 공기가 건강에 좋고 물이 투명하며 토지가 비옥하여 모든 것이 충족한 까닭에 되돌아가는 것을 모르게 되는 것이 보통이다'[78]고 서술한 바도 있다. 이슬람교도의 이 같은 桃源鄕에 가까운 신라에 대한 환상만 보더라도 당대의 중국에서 신라를 향하여 출범한 처용과 같은 이슬람계인이 전혀 없었다고 단언할 수는 없을 것이다.

---

77) 양주동 『古歌研究』 378면.
78) Shannon McCune: p.2. 같은 아라비아인의 서술이지만, 851년 최초로 신라에 관해서 언급한 Suleiman이 '아랍인이 아직 가 보지 않았던' 나라로 한 것과는 대조적이다.

Ⅶ. 處容의 輔佐王政

끝으로『삼국유사』에 처용에게 級干의 官階를 주고 '王政을 補佐'케 하였다는 데 대하여 설명해 두어야 하겠다.

처용의 국정 참여는 오로지『삼국유사』에만 보이는 것이나, 深目高鼻의 이방인에게 官階를 주어 국정을 보좌케 하였다면 거기에는 상당한 이유가 있어야 하였을 것이다.

이제 그 이유를 밝히는 방안으로 통일 이후에 일어난 신라 사회와 경제의 급변을 살펴봄으로써 이 이방인에게도 참여할 기회가 있었던 것을 설명하여야겠다.

통일 이전의 신라가 능히 고구려·백제와 대항할 수 있었던 경제적 역량은 慶州·蔚山·盈德 등의 철생산에 있었던 것은 앞에서도 언급한 바 있다. 철생산으로 인한 농업생산의 급증과 병행하여 羅代의 목축업도 우리가 상상하고 있는 이상이었던 것은 知證麻立干 3년에 우경법이 始用되었고 대당교역에 牛黃이 빠져서는 안 되는 것으로 되어 있었다는 사실에서도 畜牛의 사육상황을 엿볼 수 있을 뿐 아니라, 아라비아 말의 사료로서 著聞된 苜蓿이 전래되자 白川·漢秪·蛟川·本彼에 苜蓿典을 두어[79] 이 신종사료의 재배에 힘썼던 것이다.

한편 지증마립간에서 眞平王에 걸쳐 이룩한 수륙교통의 개선은[80] 신라왕국

---

79)『삼국사기』(권 39) 雜志 第 8 職官(中).
80)『삼국사기』(권 4) 新羅紀 知證麻立干 3년 冬 1月條에 '…又制舟楫之制'라는 기사를 비롯하여 진평왕 5년 春正月에는 '始置船部'라 하고, 그 다음해인 6년 3月條에는 '置乘府令一員, 掌車乘'이라 하고 있다.

의 정치·경제의 중심이었던 경주·울산과 각 지방을 연결하는 動脈線의 정비였
다고 볼 수 있을 것이다. 이와 같이 경주·울산 일원을 심장부로 하던 신라의 경
제 체제가 통일 이전의 小新羅國에 있어서는 과히 동요될 우려는 없었다. 그
러나 삼국의 통일과 더불어 심한 동요가 일어나는 것은 필연적인 추세였다.

과장된 숫자인 것은 인정되나 '京中十七萬八千九百三戶'라는 戶數에도 나
타나 있듯이 경주의 급속도적인 팽창과 長安文物의 전래는 이 수도의 巨體를
유지하기 위한 많은 영양을 필요로 하였으며, 울산을 門戶로 한 생산적인 경
주는 사치성 물자의 막대한 소비 도시로 변모해 가고 있었다. 소위 '三十五金
入宅'을 비롯한 中央貴族의 호화로운 표면적인 생산의 번영은 경주와 울산 일
원의 경제 체제를 퇴색케 하는 요소를 내포하고 있었으며, 불교의 酷信으로
佛像·梵鐘에 소요되는 철·황동·금의 소비도 막대한 양에 달하여 일본금의 수입
이란[81] 불건전한 현상이 보이기도 하였다.

통일 후의 이와 같은 신라경제의 변모에 따라 왕실과 중앙 귀족의 낭비를
부담하여야 하는 국민, 특히 울산을 비롯한 왕실의 지주였던 동남해 일대의
지방민의 고심은 컸을 것이다.

이미 神文王代에 小五京을 置하고 六徒眞骨을 분산 거주케 하는 등의 시책
을 보면, 신라의 위정자들도 변모하여 가는 신라경제의 이와 같은 추세를 인
식하지 못한 바도 아니었을 것이나, 慶州至上의 폐쇄적 사회에 연연하던 신라
귀족에게 해결의 근본책을 기대할 수는 없었을 것이다.

즉, 憲德王 7년 8월에 '西邊州郡大飢 盜賊蜂起'라는 기사를 비롯하여 '年荒

---

81) 例로서는 『삼국사기』(권 10) 新羅紀 哀莊王 5년 夏 5月條 및 憲德王 8년 夏4月條 참
조.

民飢'로 바다를 건너 浙東에까지 求食하러 떠나고,[82] 또 굶주림에 '賣子孫自活'[83] 또는 '穀貴人饑'[84]였다는 기사가 處容이 출현하는 憲康王 이전부터 『三國史記』에 자주 보이게 된 것으로 보아도 신라경제는 점차 균형을 잃은 불건전한 방향으로 움직이고 있었다는 사실은 부인할 수 없을 것이다.

신라 하대에 있어 골품귀족제가 와해에 직면한 정치적 격동기였던 것은 주지의 사실이나, 이것을 대중의 이해와 직결되는 경제면에서 본다면 사치성 소비 도시인 경주에 영양을 공급하는 데만 급급하던 울산 중심의 경제만으로는 왕국을 유지할 수 없는 단계에 도달한, 즉 경제 체제의 전환이 강요되는 시기이기도 하였다.

비록 12分野說 같은 추상적인 관념에서였지만 한 국가의 全疆域을 俎上에 놓고 綜觀한 예로는 『新唐書』 天文志에 중국이 배출한 최대의 천문학자 일행이 唐帝國이 전역을 大三分하여 대체로 山西·甘陝·四川을 用武의 땅, 황하유역을 用文의 땅, 양자강 유역을 貨殖의 땅으로 당시의 실정에 맞추어 그 지역의 특수성을 설명한 바 있다.

이제 신라의 경우에 있어서는 통일 이전의 用文·用武·貨殖을 겸비했던 경주와 울산은 통일과 더불어 소위 地氣의 소재가 바뀌어져 반도 전역을 俎上에 놓고 보면 문물집산의 중심은 점차 대륙국가에 면한 서해안으로 옮겨가는 경향이 현저히 보이게 되었다.

張保皐 같은 미천한 출신이 서남해안을 기반으로 한 신흥의 해상상업자본을 무기로 文聖王을 옹립하는 등 엄격한 골품귀족제 사회에서는 상상할 수 없

---

82) 『삼국사기』(권 10) 헌덕왕 8년 春正月條.
83) 上揭書(권 10) 헌덕왕 13년 봄.
84) 上揭書.

었던 사건에서도 그 일례를 찾아볼 수 있다.

이 사건은 주로 수도권 내에 기반을 두고 있는 골품귀족제의 붕괴와 귀족 계층만이 독점하던 정치 권력이 점차 경제적 기반을 가진 지방의 실력가에게 분산되어 가는 뚜렷한 예라고 하겠다.

처용이 울산만을 거쳐 '輔佐王政'하기 위하여 '隨駕入京'한 헌강왕 초는 바로 신라가 사회·경제 변혁의 진통을 겪고 있던 시기였다.

헌강왕대라고 하면 『三國史記』에는 宣德王 이후 빈번히 되풀이되던 大飢·群盜·離鄕의 불길한 기사는 씻은 듯이 사라지고, 경주는 '民屋相屬'하여 초가라고는 찾아볼 수 없었던 수도였으며, 炊事에도 '以炭不以薪'[85]의 태평성세 같은 외관만 보더라도 헌강왕대를 사회·경제 변혁의 진통기로 보는 것은 적절하지 못할는지 모른다. 그러나 『삼국사기』를 보면 그로부터 불과 5년 후인 定康王 즉위년 8월에는 '國西旱且荒'이라는 기사에 이어 眞聖王 3년에는 '國內州郡 不輸貢賦 府庫虛竭 國用窮乏'이었다는 것으로 본다면, 헌강왕 때의 외관상의 번영은 한낱 落照의 美에 지나지 않았던 것이다.

무너져 가는 경제체제를 수년간의 풍작만으로 만회할 수는 없는 까닭이다. 그 著例가 국내 諸州郡의 貢賦杜絶로 府庫가 虛竭하게 되었다는 진성왕 초기의 현상은 바로 생산적 수도에서 소비적 수도로 변모한 경주의 경제적 고립의 위기가 漸高되고 있던 모습을 여실히 보여 준 것이라고 하겠다.

이와 같은 경제적 격동기 때 울산만에 출현한 처용에게 헌강왕이 級干의 官階를 주었던 것은 결코 그 용모에 대한 호기심 또는 歌舞讚德에 대하여 베풀어진 賞典이나 辟邪祓魔의 效用을 믿은 우대만으로는 믿어지지 않는다.

---

85) 『삼국사기』(권 11) 헌강왕 6년 9월 9日條.

侍中 敏恭으로부터 왕의 즉위 이래 '陰陽和 風雨順'하여 '民定食'한 太平의 기상이 넘치게 된 것은 '聖德之所致'이라는 奏言에 대하여 그 공을 신하의 '輔佐'에 미루는[86) 겸양의 미덕과 국정의 '輔佐'가 미치는 영향을 충분히 분별할 수 있는 善識의 헌강왕이었다. 이방인으로 하여금 국정을 보좌케 하는 데는 반드시 어떤 재능을 인정한 결단이었을 것이며, 만약 처용이 漂着한 이슬람 상인이었다는 억단이 용인된다면 이 처용에게 기대하였던 것은 그들이 지녔던 理財術이었을 것이다.

그러나 이미 신라의 경제 추세는 비범한 몇몇 理財家의 힘으로도 만회할 수는 없었다. 실의 속에 悶悶하다가 사라진 처용이었으나, 그는 辟邪祓魔에 효력이 있는 것으로 생각되는 남다른 용모와 정통적인 西亞의 歌舞로 후세에까지 길이 전설적인 존재 가치가 유지되었던 것으로 믿어진다.

---

86) 『삼국사기』(권 11) 헌강왕 6년 9월 9日條.

Ⅷ. 結言

　『三國遺事』에 보이는 처용설화에 대하여 종래의 견해와는 시각을 달리하여 필자 나름의 견해를 밝혀 보았다. 즉, 처용에 대한『三國遺事』의 설화에서 처용의 정체를 밝히는 실마리가 되는 것으로 믿어지던 용에 대하여 항해와의 관계를 밝히고, 다시 이 설화 전반의 해석을『三國遺事』에 보이는 줄거리에서 벗어나『三國史記』및 처용에 대한 麗末文人들의 설명을 빌어 자연인이면서도 특수한 용모의 소지자였던 처용을 부각시키고, 이는 필시 唐末 廣州에서 揚州 일대까지의 지역에서 해상무역권을 장악하고 있던 이슬람 상인의 漂着傳說일 것이라는 결론을 얻게 되었다.

　이 처용이 '輔佐王政'한 것은 신라왕국의 흥망을 판가름하는 경제적 변혁기를 맞이하고 있던 당시의 상황에 비추어 보아 이 이방인의 理財術이 높이 평가되었을 것이나, 통일 후에도 여전히 생산 도시에서 사치성의 소비 도시로 변모한 경주와 이를 뒷받침하던 蔚山至上만을 墨守하던 신라의 경제 체제는 소생의 길이 기대될 수 없었다.

　신라경제의 지주였던 까닭에 팽창하는 경주에 끊임없이 영양을 수탈당하던 울산에서 朴允雄 같은 호족이 재빨리 왕권을 정점으로 하는 경주귀족에 반기를 들고 그 질곡에서 벗어나 王建에 협조한 것은 당연한 일이었다.

　울산에 이어 동해안 일대를 상실한 신라의 운명은 그 왕국의 종말을 뜻하는 것이었으나, 이에 비하면 대륙에 면한 한반도의 서해안을 근거로 새로운 경제 체제를 개척하여 착실한 성장 과정을 밟고 있던 세계시대의 高麗王氏의 생리는 확실히 생기가 감돌고 있었다.

　이러한 점에서 본다면 신라의 종말을 예견하고 전국을 巡遊하다가 松岳에 이르러 왕건의 아버지에게 新第를 교시하였다는 것으로 麗代를 토하여 고려 왕실의 돈독한 신망을 얻었던 羅末·麗初의 道銑은 확실히 先見의 明이 있었 다.

고려왕실의 돈독한 신앙의 대상이 되었던 까닭에 唐의 일행으로부터 地理 法을 전수받았다는 터무니 없는 假作을 비롯하여 후세에 내려올수록 도선에 게는 신비적 요소가 附會되어 韓國地理圖讖說의 宗祖가 되었으나 해상으로 양자강 하류 및 산동반도와 통하여 중국대륙에서 충분한 문물의 영양을 흡수 할 수 있었을 뿐 아니라, 육로로 호남과 영남은 물론이거니와 동으로 철원을 거쳐 북으로는 함경, 남으로는 강원과 영남, 그리고 서북으로는 평양과 연결되 는 개성은 비단 도선이 아니었더라도 한반도를 통일하는 실력자의 출현을 예 견할 수 있었을 것이다.

唐商 王昌瑾이 '狀貌怪偉 鬚髮皓白'의 한 居士로부터 입수한 古鏡에 새겨져 있는 鏡文이 송악과 왕건을 상징하는 2龍으로 정권교체가 이루어지리라는 讖 文과 서해를 토대로 한 唐商과의 해상 무역에서 두각을 나타낸 세계시대의 왕 씨 및 왕건에 어울리는 附會假托에서도 도선 아닌 外商에까지 이미 경주지상 주의의 폐쇄적인 신라의 종말과 상업 자본의 축적을 토대로 한 신흥 세력의 교체가 느껴졌다는 것을 알 수 있을 것이다.

이제 羅末·麗初의 이와 같은 경제 체제의 추세를 어떤 왕조의 흥망이라는 관점을 떠나 거시적인 안목으로 한국사 전반에서 본다면, 폐쇄적인 지역적 偏 在性을 감수하던 구시대의 경제 체제에서 한반도 전역을 대상으로 하는 발전 과 새로운 경제 체제로의 개편을 서두르는 분기점인 것으로 보여진다.

처용설화에 대한 필자의 견해가 어느 정도까지 타당성이 인정될는지는 先 輩同學 제위의 指正을 기다려 보아야 할 것이나, 만약 필자의 견해가 용인될 여지가 있다면 처용의 입국과 '補佐王政'은 또 한반도의 경제 체제 변혁기에 있어서 그 도래를 예고하는 한 사건이었다고 하겠다.

(『震檀學報』 32, 1969; 『韓滿交流史 研究』, 同和出版公社, 1989)

慧昭의 入唐求法과 道義와의 同行巡歷考

-『宋高僧傳』「唐州 神鑑傳」과 관련하여-

조영록(曺永祿) 동국대학교 명예교수

I.서언

혜소(774~850)의 생애를 알려주는 문헌으로는 최치원의『河東 雙溪寺 眞鑑 禪師 大空靈塔碑文』[1]이 가장 자세하며, 따라서 그에 관한 연구도 주로 여기에 의존하고 있다. 우선 이 비문에 보이는 재당 구법순례 과정을 살펴보면, 처음 그가 804년 31세의 나이로 입당하여 滄州에 이르러 神鑑大師에게 法을 얻은 다음 嵩山 少林寺 琉璃戒壇에서 具足戒를 받고 다시 창주로 복귀하였다. 그리 고 다음으로 고국의 道義와 만나 四方 먼 지역으로 同行 巡禮하였으며, 도의 의 귀국 후에는 6년 동안 홀로 終南山 등지를 두타행으로 순력하고 26년만인 830년에 귀국했다는 내용이 골자를 이룬다.

그러나 이러한 그의 在唐 求法과 巡禮行程에 대해서는 아직도 불분명한 문 제들이 남아있다. 먼저 혜소가 法을 얻은 滄州 神鑑대사에 대한 人的 내지 居 住 지역에 대한 정보가 애매한 점이며, 그 후 道義와 만나 동행 巡歷했다는 行 程 등에 관한 구체적 지역범위도 전혀 알려져 있지 않아 이에 대한 연구들은 서로 異說이 있거나 혹은 모순된 주장이 나오게 된 것이다. 이제 이들 문제를 대략 다음과 같이 세 가지로 나누어 요약해 볼 수 있겠다.

첫째 신감대사에 대한 인적 정보에 관한 문제로서 비문에서는 혜소가 六祖 혜능의 玄孫이라고 하면서도 그 스승 신감이 혜능 이후 南嶽과 靑原 두 계열 중 어디에 속한다거나 또는 혜소가 그에게서 얻은 禪法에 관한 언급이 없다. 그리고 그의 주석처가 외진 渤海西岸의 창주라고 하면서도 그에 따른 아무런

---

1) 崔致遠 찬,『河東雙溪寺眞鑑禪師大空靈塔碑文』. (이하『慧昭碑文』)

정보조차 주지 못하고 있다. 신감대사가 남종선의 남악-마조 계열임을 알려주는 최초의 기록은 혜소의 비문(886) 보다 80년이 늦은 李夢游의 『聞慶 鳳巖寺 靜眞大師 圓悟塔碑文』(965)에서이다. 여기에는 고려 靜眞大師 兢讓(876~956)의 先代 法系가 혜능에서 시작하여 南岳-馬祖-滄州 神鑑을 거처 혜소로 이어졌음을 처음으로 명기하였으며,[2] 이것이 근거가 되어 이후 신감이 마조의 法嗣로서 일반에 널리 알려지게 된 것이다.[3]

둘째 신감의 生長과 行化地 등 연고지역에 관련된 문제이다. 혜소의 비문에서는 그가 처음 창주의 신감문하에서 승려가 된 6년 후 嵩山 少林寺 琉璃戒壇에서 구족계를 받고 창주로 復歸하여 신감을 시봉하다가 다시 서쪽으로 본격적인 순력의 길을 떠났다고 한다. 그러나 渤海 西岸의 창주와 內陸 嵩山과의 사이가 그렇게 쉽사리 내왕할 수 있는 거리가 아니다. 더구나 최근의 학계 일각에서는 『宋高僧傳』에 등장하는 河南省 唐州 神鑒[4]과 동일시하는 주장들이 나오고 있어[5] 혼란을 가중시키고 있다. 만일 혜소가 처음 신감을 찾아간 곳이

---

2) 최치원 찬, 『曦陽山鳳巖寺智證大師寂照塔碑文』에서는 智證大師 道憲은 北宗 神秀系의 선풍을 이은 慧隱의 계열이라고 하고 있으나 李夢游 찬, 『聞慶鳳巖寺靜眞大師圓悟塔碑文』에서는 慧能에서 懷讓-道一-神鑑-慧昭-道憲을 거처 兢讓으로 이어 진다고 하여 南宗 馬祖의 계열이라고 고쳐서 쓰고 있다.

3) 예컨대, 崔英成(1987), p.109에는 "神鑑: 마조도일의 80제자 가운데 한 사람"이라하고, 이지관(1993), p.141에는 "신감대사:중국 당대의 마조도일의 선맥을 이은 선승"이라 하고있다. 이는 고려 진정대사의 비문 이래 최근 石顚 朴漢永 등 여러 선학들에 의한 사산비문의 역주에서도 구산선문 가운데 초기 求法禪師들이 대부분 洪州 馬祖系의 법을 계승하였던 사실에 비추어 그렇게 확정적으로 보게 되었던 것 같다.

4) 『宋高僧傳』卷20, 感通篇, 「唐州 雲秀山 神鑒傳」, (이하 『宋高僧傳』『唐州 神鑒傳』)

5) 정성본(1995) p.31에 "신감은 마조의 제자이며, 『송고승전』 권20에 전이 있다"하여 『宋高僧傳』『唐州 神鑒傳』의 주인공과 동일인물로 보고 있다. 이후 김정권(1999) p.9, 주27)과 김복순(2000) p.220 주20)에도 이를 답습하여 『宋高僧傳』의 제목을 평면적으로 대치시킴으로써 창주 신감과 당주 신감이 동일한 인물이라 하면서도 그렇게 되는 이유에 대해

唐州였다고 하면 당주와 숭산은 같은 하남성으로 가까이 위치하기 때문에 그 사이를 왕복했다하여도 별다른 의문이 제기되기 어려운 것이 사실이다.

셋째 혜소가 향승 도의를 西南에서 만나 친구가 되어 사방으로 參訪했다(西南得朋 四遠參尋)"고 한 '서남'이나 '四遠'이 어느 지역에 해당될 것인가에 대해서도 불분명하다. 이 문제도 만일 혜소의 스승 신감이 창주가 아닌 당주에 거주했다면 혜소와 道義의 同行巡歷한 지역범위를 추적하는 데도 일정한 도움을 얻을 수 있다. 왜냐하면 『宋高僧傳』 신감전에 보이는 생장과 출가 및 행화지를 비롯한 여러 연고지역이 주로 江西省 북부와 湖北省 그리고 河南省 남부 내륙으로서 禪佛敎의 유행지역에 해당한다. 따라서 혜소의 비문에 보이는 그와의 관련된 내용, 예컨대 범패의 유행과 같은 내용들을 그 지역에서 찾아볼 수 있는 것이다.

필자는 1990년대 후반 이래 라말여초 구산선문의 원류를 찾아 현지를 답사하는 과정에서 『宋高僧傳』 감통편에 입전된 唐州 神鑑傳에 대하여 주목해 왔다.[6] 이제 이 연구에서는 당주 신감전을 위주로 하여 혜소의 재당 구법 및 巡禮行程에 대한 일정한 해답을 도출하려고 하며, 그러기 위해서는 신감의 住錫處가 창주라고 하는 혜소비문의 문제부터 먼저 검토한 다음 그의 순력에 대하여 살펴보는 것이 순서가 될 것이다.

이 연구가 위에 제시한 몇 가지 문제점들에 대한 해답을 구하려는 시도는 다른 한 편으로는 혜소의 禪思想을 이해하기 위한 점에서도 의미가 있을 것

서는 아무런 설명을 하고 있지 않다.

6) 조영록(2000년 11·12월호) p.179에서도 중국 남종선의 발상 및 유행지역을 답사하고 쓴 답사기 가운데, '구산선문원류계도'에서 당주 신감과 혜소가 師弟관계임을 밝힌 바 있으며, 조영록(2010)의 서문과 결어에서도 이에 대한 논고를 조만간 발표할 것을 약속한 바 있다.

이다. 특히 唐州 神鑒(?~844)의 생애를 살펴봄으로써 혜소와의 불교사상의 영향관계를 이해하는데 도움을 주며, 또한 道義와 상당 기간 同行求法한 실상과 그에 따른 영향관계를 더듬어봄으로써 그의 선사상의 기초적 이해에도 한 층 접근할 수 있을 것으로 기대하기 때문이다.

Ⅱ. 入唐 후 神鑑門下의 求法

1. 『慧昭碑文』 神鑑의 法系問題

眞鑑 慧昭禪師는 9세기 전반, 道義를 필두로 한 南宗禪의 초기 도입에 커다란 족적을 남긴 선구적 구법승 가운데 한 사람이다. 그가 得法한 후 귀국한 것은 830년으로서 도의보다 9년, 實相寺 洪陟보다 5년이 늦으며, 桐里山 慧徹에 비해서는 9년이 앞섰으니, 모두 20년 미만의 일이다. 그러니 굳이 순서를 따지면 도의에 이어 홍척, 그리고 그 다음이 혜소가 된다.[7] 이와 같이 짧은 기간 동안 이들의 적극적인 노력으로 南宗頓悟禪法이 도입되기 시작함으로써 이전까지 敎學佛敎가 지배해오던 신라 불교계에 커다란 변화를 초래한 것은 물론이다.

혜소는 全州 金馬사람으로 집안이 가난하여 생선을 잡아 생계수단으로 삼았으며, 양친의 상을 당한 뒤 비로소 중국 유학의 길에 오르게 되었다. 그가 바다를 건너 스승 신감을 만나게 된 경위는 이렇다.

드디어 貞元 20년(804)에 歲貢使에게 가서 뱃사공이 되기를 청하여 배를 타고

---

7) 최치원 찬, 『曦陽山鳳巖寺智證大師寂照塔碑』에는 남종선법을 도입한 선사들에 대하여 "신라에 돌아온 사람으로는 앞에서 서술한 北山의 道義와 南岳의 洪陟, 그리고 조금 내려와서 大安寺의 惠徹國師, 慧目山의 玄昱, 智力寺의 聞, 雙溪寺의 慧昭 … 崛山寺의 梵日, 兩朝國師인 聖住寺의 無染和尙 등"이라 하였다. 정성본(1995)은 pp.27~33에서 선법의 전래와 선문의 형성을 시대적으로 전기와 후기로 나누어 고찰함에 있어, 이들을 전기(809년에서 878년까지 약 60년간)에 해당시키고 있으며, 특히 이들 가운데도 혜소의 차례(귀국)를 도의와 홍척의 다음에 두어 논하고 있다.

서쪽으로 항해하였다. 비루한 일에 너그럽고 험로를 평지같이 보아 자비의 배를 노 저어 고통의 바다를 건넜다. 중국에 이르러 國使에게 고하기를 "사람마다 각각 뜻이 있는 것이니, 여기서 서로 헤어지기를 청합니다."라고 하였다. 이에 떠나 滄州에 이르러 神鑑大師를 알현하였다.[8]

이 기사에서 보면 신라사신의 배가 처음 도착한 곳은 하북성 渤海 西岸의 滄州에 멀지 않은 山東省 登州 연해의 어느 지역이었을 것으로 보인다. 당시 등주는 장보고세력이 대두하기 얼마 전 고구려 유민 계의 李正己 一家의 반독립적 지배지역으로서 이 일대는 일찍부터 한반도로부터 이주해온 삼국인들에 의하여 형성된 이른바 신라인촌락들이 산재해 있었던 환경과도 관계가 있었을 것이다.[9]

혜소의 성은 崔씨로 그의 선조는 산동지방의 벼슬아치 집안이었으나 隋나라 군대의 요동 정벌에 가담하였다가 형세가 불리하자 뜻을 굽혀 우리나라 백성이 되었으며, 唐나라 때 四郡이 통일되자 전주 金馬사람이 되었다. 그가 사신의 배사공이 되어 중국 유학의 꿈을 실현하는 데는 가정형편으로 젊어서 해변에서의 어부생활을 했던 경험이 도움이 되었을 가능성은[10] 추측하기에 어렵지 않다.

다음으로 혜소가 창주에서 神鑑大師를 만나 삭발하고 그 문하에 입실하는 과정과 함께 대중들에 의하여 추숭되는 장면을 보자.

---

8) 『慧昭碑文』, 혜소의 출가전 가정사에 대한 일반적 기술은 대체로 비문에 따른다.
9) 김문경(1975), pp.25~51 : 김문경(1997) pp.139~140.
10) 김복순(2000), p.209.

드디어 떠나 滄州에 이르러 神鑑大師를 뵙자 몸을 던져 절을 반쯤 하였을 때 대사가 기뻐하면서 "반갑다. 이별한지 얼마 되지 않았는데, 기쁘게 다시 서로 만났구나."라고 하고는 즉시 머리를 깎고 승복을 입게 하였다. 갑작스레 인가를 받으니 마치 불길이 마른 쑥에 붙고 물살이 낮은 언덕으로 흐르는 듯하였다. 이에 僧徒들도 "동방의 성인을 여기서 뵙는구나"하였다. 선사의 얼굴이 검어 대중들이 이름을 부르지 않고 黑頭陀라고 하였다.[11]

이 인용문의 주 내용은 혜소가 상륙하자 세공사와 헤어져 발해 서해안에 가까이 있는 창주에서 신감대사를 처음 알현하고 바로 스승으로 모시게 되었으며, 혜소가 워낙 뛰어나 단번에 삭발하고 인가를 받았다는 것이다. 그 인물의 출중함이 이와 같았으므로 동문의 僧徒들로부터 東方聖人이라는 칭호를 얻게 되었다고 한다.

혜소의 인물됨이 이와 같이 출중하였다는 사실을 강조하면서도 그의 스승 신감대사에 대한 기술은 너무나 소략한 것은 무엇 때문일까? 도대체 그는 어떠한 인물이며, 그 활동은 어떠하였는가 하는 인적 정보의 소략함은 창주 신감의 존재에 대한 궁금증과 함께 혜소의 재당 구법 내용을 이해하는데 한계를 들어 내 주고 있다.[12] 내용상으로 보아 신감이 선종 계열의 승려라는 사실이나 또한 혜소가 스승으로부터 인계 받은 것이 南宗頓悟禪法이었다는 사실조차 인지하기 어렵다.

---

11) 『慧昭碑文』
12) 혜소가 '곧바로 창주 신감선사에게 수학하리라한 것은 사전에 계획된 일로서, 이는 그의 선조가 漢族이기 때문에 정보를 얻고 漢語를 구사할 줄 알았기 때문이라'고 보는 견해가 있다. 김복순(2000) p.210. 그러나 이러한 견해는 창주 신감과 당주 신감이 동일인이라는 사실이 판별되기 전에는 성립하기 어렵다.

하지만 혜소를 선승으로 볼 수 있는 뚜렷한 근거는 충분하다. 그가 신감을 알현한 뒤 嵩山 少林寺에서 구족계를 받고 왔다는 다음 기록이 그것이다.

元和 5년(810)년 嵩山 소림사의 琉璃戒壇에서 구족계를 받았으니,[13] 어머니가 전에 꾼 꿈과 완연히 부합하였다. 이미 戒律의 구슬을 빛내고 나서 다시 橫海로 되돌아가 시봉하는데, 하나를 들으면 열을 알았으니(復歸橫海 聞一知十), 꼭두 서니보다 붉고 남빛보다 푸르러 가르쳐 준 스승보다 더 뛰어났다.[14]

이에 따르면 그가 신감대사에게 알현한 후 6년째 되는 810년에 숭산 소림사 유리계단에서 계를 받고, 다시 橫海節度의 治所인 滄州로 되돌아가 신감의 문하에서 수행했다고 한다. 그러나 여기서도 신감과 혜소 두 사제 사이에 선문답이나 남종선의 수행에 관한 이야기는 전혀 보이지 않는다. 대부분 高僧傳의 경우, 師資相承의 系脈에 대해서는 분명히 밝혀주는 것이 일반적인 예에 속하는 일인데도, 정작 신감이 어느 계열에 속한다는 先代系譜에 대한 언급은 보이지 않는다.

그러나 혜소가 귀국한 뒤 본국에서는 大禪師로서 깍듯한 예우를 받고 있다. 심지어는 국왕까지도 대선사라 하여 극진한 언사로서 우대하면서 다음과 같이 찬양하고 있다.

---

13) 여기 '復歸橫海 聞一知十'에 대한 번역을 이지관(1993)은 "계를 받고나서 다시 學舍로 돌아가 經을 배웠는데, 하나를 들으면 열을 알았다."라고 했으며, 이우성(1995)은 "다시 學舍로 돌아옴에 하나를 들으면 열을 알았다."라고 하였다. 이들을 비롯한 대부분의 연구는 橫海를 學舍라고 하고 있으나, 이는 당시 하남성 지방행정단위인 橫海節度(治所는 滄州)의 오역이다.
14) 『慧昭碑文』

太和 4년(830)에 귀국하여 불교의 最上乘의 道理로 우리나라를 비추었다. 흥
덕대왕이 편지를 보내 환영하고 위로하며, "道義禪師가 전날에 이미 돌아왔고,
선사께서 이어 돌아오시니 두 보살이 되었구려."하였다.[15]

혜소는 한 걸음 먼저 귀국한 도의와 함께 당나라에서 불교의 최상승의 법을
얻어와 신라를 비추었던 두 보살이라고 하여 남종선사로서의 지위를 분명히
들어내 주고 있다. 그러면서도 신감과 혜소, 두 師弟가 육조 혜능에서 비롯하
는 南宗의 法系 상에서의 위치에 대해서는 여전히 침묵으로 일관하고 있다.[16]
혜소는 귀국 후 처음에는 尙州 長栢寺(南長寺)에 잠시 머물다 장소가 협소하
여 다시 지리산 花開谷으로 들어가 玉泉寺를 창건하였다. 그리고 경내에 六祖
의 影堂을 세움으로써 남종선의 등불을 높이 달았다.

> (혜능의) 法統을 손꼽아 헤아려보니 선사는 조계의 玄孫이다. 이에 육조의 影
> 堂을 세우고, 채색 단청하여 衆生을 인도하고 깨우치는데 널리 이바지하도록
> 하였다.[17]

여기서 법통이라 함은 혜능에서부터 이어진 法嗣와 法孫이 누구인지에 대
해서는 不問에 붙이고, 증손자 신감을 거쳐 玄孫인 혜소 본인에 이르게 된 것

---

15) 『慧昭碑文』
16) 陳景富(1999) p.250에서는 "단지 신감의 法系가 불명하다. 한국의 불교사에 있어서 비
 록 당시에 이름을 얻어 榮譽가 후세에 떨쳤다하더라도 도리어 韓國禪宗九山과는 관계
 가 없었으니, 반드시 연구되어야할 인물이다"하고 있다.
17) 『慧昭碑文』

을 말한 것이다. 여기에 정작 신감이 남종의 계열에 속한다는 중간 系譜에 대한 언급이 없으므로 혜소 역시 육조에서 신감까지의 중간은 불분명한 채로 남게 되는 것이다.[18] 이는 매우 이례적인 기술임에 틀림없다. 신라 초기의 구법승 도의를 비롯한 洪陟(直)과 慧徹은 모두 西堂智藏을 이었으며, 玄昱은 長敬懷暉, 無染은 麻谷寶徹, 道允은 南泉普願, 梵日은 鹽官齊安과 같이 남북으로 포진해 있던 마조의 쟁쟁한 직계들로부터 洪州宗의 정통을 각각 계승하고 있는 것과는 달리 혜소에게는 그 경우를 달리하고 있다.

대부분의 초기 선사들의 경우와는 달리 혜소의 스승 신감은 중국의 문헌상으로 전혀 알려져 있지 않으며, 그가 분명히 육조 혜능의 현손이라고 하면서도 그의 父祖에 대해서는 불분명한 채로 남겨져 있다. 혜소처럼 본국에서의 자취가 크게 들어난 선승으로서 師父로부터 印契를 받은 師資相承의 계보가 저처럼 구체성이 없다는 사실은 일반적 예에 벗어난 일이다.

그런데 신감이 홍주종의 宗祖인 馬祖의 계보에 소속된다는 최초의 기록이 고려 초기에 나왔다는 사실은 서언에서 잠시 언급한 바 있다. 즉, 광종연간에 兢讓선사가 입적하자 왕은 靜眞이라는 시호를 내리고 비문을 짓게 하였는데, 여기서는 사자관계를 四祖 도신계와 北宗 神秀系를 아울러 이은 慧隱-道憲의 계보를 南宗으로 바꾸어 '홍주종을 이은 혜소가 道憲에게 전하여 楊孚를 거쳐 긍양에 이르게 된 것'으로 하고 있다.

당시 중국, 즉 당말오대에는 남종선의 두 계열인 南岳-馬祖系와 青原-石頭系 가운데 후자의 우세 현상이 두드러져 선종오가 중 3가가 여기서 나왔으며,

---

18) 이능화(1918) p.109의 『慧昭碑文』 '六祖影堂' 注와 이우성(1995) p.132, 주74)에서는 각각 '신감을 鹽官齊安의 法嗣'라 하고 있다. 그러나 제안과 신감은 『송고승전』에 따르면 졸년이 각각 회창 2년과 4년으로 2세 터울의 동년배이며, 제안의 주석처는 절강성 염관으로서 두 사람은 결코 師弟관계가 될 수 없는 사이다.

이에 따라 羅末麗初의 구법승들 대부분이 후자의 계열에 활발하게 참예하였다.[19] 그러나 국내에서는 초기에 자리 잡은 홍주종에 속하는 7개 산문들이 세를 형성한 가운데 기존의 지위를 고수하려는 태도로 일관하였던 데서 긍양비문에서 보여주는 바와 같이 희양산파의 새로운 계보가 돌출하였던 것으로 보인다.[20] 다시 말하면 고려초 九山의 마지막 일파인 희양산 선파의 성립에 석두계 선법을 계승한 정진 긍양을 마조계로 바꾸어 놓는 결과를 가져온 것이다. 긍양의 비문에 의하면, 그의 도해구법의 첫걸음은 福州 雪峰山을 찾는 것으로부터 시작하여 다음에는 호남성 潭州 谷山으로 가서 石霜慶諸의 嫡嗣 道緣에게서 법을 받았다. 그리고 그 뒤에도 담주의 雲蓋와 강서의 洞山 등 약 25년에 걸친 행각의 대부분을 석두계 선법을 구하여 利嚴의 수미산파와 함께 구산 중 2개 파를 이룩하였다.[21] 그럼에도 불구하고 정진대사비문의 찬자는 서문에서 그의 법계가 마조-신감-혜소로 계승되었다고 하고, 다시 내용에서는 석두계의 선법을 구하였던 사실을 구체적으로 서술하고 있으니, 이는 분명히 전후 모순된 일이 아닐 수 없다.[22]

---

19) 唐末五代의 禪宗五家는 潙仰·臨濟·曹洞·雲門·法眼宗으로, 이들 중 처음 2家는 馬祖系, 나머지 3家는 石頭系로서 중국 남종선의 시기적 盛行樣相이 단적으로 나타나고 있으며, 이에 따라 우리나라 禪佛敎界의 판도도 후기로 오면서 석두계의 禪法이 우세한 현상을 보이게 되었다. 필자는 10여 년 전에 九山禪門의 길을 따라 求法僧의 활동현장을 답사하고 작성한 傳法系圖에서 홍주 마조계가 20명, 석두계가 32명으로 2:3의 비율을 나타내주고 있다. 조영록(2000년 11·12월호) pp.179~180 '구산선문원류계도 1, 2' 참조.

20) 희양산파 계보의 출현에 대하여 최병헌(1972), p.98에서 '지금까지 중국선종을 직수입하던 단계를 벗어나 국내에서 綜合 折衷하는 단계로 접어들었다'고 하고, 김영태(1979), pp.33~36에는 '법계의 단순한 代替라고 하기 보다는 改訂이라고 하는 편이 적절하다'고 하고 있다.

21) 한종만(1996), p.61, '入唐禪僧의 曹洞禪 傳來圖': 조영록, 본문 주 19) 참조.

22) 긍양의 '先代法系의 改訂'에 대하여 김영태(1979)는 위의 글에서 '이미 세력을 잃은 北

이와 같이 희양산 선파가 문제성을 지닌 새로운 계보로 등장한 이후 일반에서는 이를 무비판적으로 수용한 것이다. 이리하여 최근 일부 연구자들에 이르러『宋高僧傳』에 등장하는 당주 운수산 신감대사를 바로 '창주 신감'과 동일 인물이라고 주장하기에 이른 것이다. 이러한 주장은 당주 신감이 일찍이 마조에 참문한 사실에 주목하는 한편 다른 한편으로는 정진대사비문의 새로운 계보 등장에 보조를 맞춘 것이다. 하지만 '창주 신감'을 '당주 신감'으로 이같이 평면적으로 代入시키기에는 여전히 문제가 남는다. 혜소가 신감의 문하에 입실한 지 6년 후 숭산 소림사 금강계단에서 수계한 뒤 다시 창주 신감의 문하로 돌아가 시봉했다는 내용이 쉽사리 이해가 가지 않기 때문이다. 아예 귀국하는 길이라면 몰라도 그가 내륙으로의 본격적인 순례행각을 시작하기도 전에 멀리 떨어진 동쪽 발해연안까지 왕복해야 할 적극적인 이유가 있었던 것일까? 다소라도 지리에 대한 관심을 가지고 보면, 당시 河北道의 滄州(河北省 滄縣)와 숭산 소림사 사이의 거리가 너무 멀어, 그같이 쉽게 내왕할 수 있다고 보기에는 아무래도 무리가 따르는 것이다.

『宋高僧傳』感通篇에 입전되어 있는 唐州 雲秀山 神鑒大師가 비문에 나오는 '창주 신감'과 동일인일 가능성이 전혀 없는 것은 아니다. 신감이 창주와 당주 사이를 옮기며 주석하였을 가능성이 없지 않다. 한 승려가 거처를 옮겨 주석하는 경우는 僧史나 燈史를 불문하고 그의 소속 山寺를 달리 표기하는 예를 얼마든지 찾아볼 수 있기 때문이다. 그러나 '창주 신감'과 '당주 신감'이 동일인

漸禪의 정리를 위한 남종선파의 현실적 필요성 때문'이라고 하고 있다. 그러나 이 시기 선불교계의 현실적 필요성이란 南頓, 北漸禪의 문제에 머물렀던 것이 아니다. 오히려 남종선파 가운데 비홍주종에 속하는 石頭 계파를 홍주종으로 정리한 남종선의 내부적 계파 정리 상의 문제에서 혼선을 초래하였다는 사실에 유의해야 할 것 같다.

물이라는 가설이 성립되기 위해서는 양자 사이를 잇는 내적 관련성을 입증할 만한 작업이 뒤따라야 할 것이다.

2. 『宋高僧傳』 神鑒傳의 관련성 검토

『송고승전』 신감전의 내용은 매우 간략하게 구성되어 있으나 사실관계로 보면 전반과 후반으로 구분되어 있어 그의 생애를 파악하는데 상당한 도움을 준다. 그 전반은 출생과 성장 그리고 승려로서 불법을 이수하는 과정으로 구체적 지명과 인물들이 등장하고 있으며, 후반 부분은 그의 승려생활에 일어났던 奇行과 異蹟 등 흥미 있는 이야기들로 꾸며져 있다. 따라서 여기에 등장하는 주요 사항들은 『慧昭碑文』에서 추상적으로 보이던 일들이 구체적 모습으로 나타나 혜소의 구법활동과 서로 내적인 연관성을 가져야 할 것이다.

이제 傳記가 간략한 까닭에 전문을 먼저 인용하고, 그 생애를 분석적으로 검토하면서 특히 혜소의 구법 행정과 관련하여 비교 고찰해 보기로 하겠다.

釋神鑒은 성이 韓氏로 潯陽(江西 九江)사람이다. 어려서 조용한 성격으로 아이들과 섞여 놀지 않았다. 부친은 齊安(湖北 黃州)의 掾吏였는데 마음을 불교에 두어 항시 관청에 불상을 안치하고 僧徒들에게 讚唄揚音하며 불교음악을 하게 하니, 鑒은 희색이 만면하여 승려를 따라 출가하기를 원함에 부모로서도 말리지 못하는 사이 몰래 東林寺 貞素律師에게 가서 배웠다. 뒤에 大涅槃經義에 講通했으며, 다시 남쪽 豫章(南昌)으로 가서 大寂禪師에 참문하였다.

이어 (섬서성) 懷安(慶州) 西北山에 가서 사니, 이 산은 이전에 猛獸들이 출몰하여 많은 해를 끼쳤는데, 鑒이 살면서부터 虎患이 줄어 원근이 칭송했다. 갑자기 平幘을 쓴 남자가 法座를 바라보며 공손히 절하고는 홀연히 사라졌다. 7일 만에 衣冠을 달리한 자가 方丈앞에 나타나 공중으로 솟아오르며, "이 大師는 진짜 法寶입니다. 사람과 하늘의 안목을 열어주려고 왔으므로 와서 알립니다."라고 하니, 그 徒衆들이 견문하고 鑒의 도가 높음을 알았다.

회창 4년(844)에 입멸하여, 8월 15일에 (유골을) 탑 속에 간직했다. 무릇 득도한 사람은 地神이 空神에 알리고, 展轉하여 有頂에 이르게 됨을 여기서 보게 된다.

위의 신감전에서는 河南省 唐州 雲秀山에 관하여 제목 이외에는 전혀 언급하고 있지 않고 있지만 그곳이 사실상 終身 도량이었음을 미루어 짐작할 수 있다. 그리고 그가 844년에 입멸하였다고 하니, 만일 이 사람이 창주 신감과 동일인으로 80세를 살았다고 하면 혜소를 처음 만났을 때가 40세 정도로 추정할 수 있다.[23]

그런데 생애의 전반기도 세밀하게 나누어 보면 그가 승려가 되기 이전과 이후로 나누어 몇 가지 유의해 보아야할 점 들이 있다. 먼저 출가 동기에 관한 문제로서 그가 어렸을 때 부친이 齋安의 掾吏로 있었는데, 불교에 관심을 두어 항시 승려들로 하여금 범패와 불교음악을 하게 하였으므로 여기에 신감이 빠져들어 출가하게 되었다는 것이다. 이 대목은 혜소가 귀국하여 일으킨 이른바 玉泉魚山派 禪門의 특징이 범패에 있다는 점[24]에서 우리나라 전통음악사에서 특히 주목할 만한 일이 아닐 수 없다.[25]

먼저 신감과 혜소의 출가 동기의 유사성에 대하여 살펴볼 필요가 있다. 두

---

23) 당주 신감이 입멸한 해가 회창4년(844)이라고 하니, 만일 80세를 살았다면 765년에 태어났으며, 혜소가 31세에 입당하였던 804년은 그가 40세로 약 10세정도 연상이 된다.
24) 고익진(1984) pp.32~33 : 김복순(2000) p.224.
25) 박범훈과 권오성(2000)도 『송고승전』「당주 신감전」에 보이는 신감의 범패와 혜소가 귀국 후에 대중교화의 수단으로 했다는 범패를 전연 연결시키지 못하고 있다.

사람은 가정환경부터 승려의 모습에 이르기까지 비슷한 점이 적지 않다. 신감의 아버지가 佛心이 돈독하여 官廳에 佛像을 안치한다던지, 또는 승도들에게 梵唄 등 불교음악을 하게 한 것이 영향을 주어 아들의 출가동기가 되었다는 이야기 역시 그렇다. 혜소의 아버지 역시 在家信徒이면서도 出家僧과 같이 수행하였으나 逝世하자, "(혜소는) 길러주신 은혜는 힘으로 갚아야 하지만, 오묘한 진리는 어찌 마음으로 구하지 않으리오? 내 어찌 매달린 조롱박처럼 한창 나이에 발자취를 묶어 두겠는가?"하고 出家를 결행하였다고 한다.[26] 그들 師弟가 함께 부친의 好佛의 영향아래 출가하게 되었다는 것이다.

다음으로 신감의 출가 후 불교 공부에 관한 일이다. 처음에 그는 東林寺 貞素律師에게 율을 배우고, 다음에 『대열반경』의 뜻에 통달하였으며, 마지막으로 홍주 마조도일에게 禪을 물었다는 내용으로 이 대목 역시 혜소의 불교사상에 끼친 특징으로 보이는 중요한 요소라 할 것이다. 그가 계율에 관심을 가졌던 것은 승려로서 당연한 일이지마는『대열반경』의 大義에 통달하였다는 것은 그의 학자적 수준이 상당하였음을 말하는 것이다.

이러한 수행은 혜소와 비교해 볼 때 일부 先後의 차이가 있을 뿐 내용상 유사성이 있음을 알게 된다. 혜소가 처음 신감에게 선을 익힌 다음 嵩山 소림사 琉璃戒壇에서 구족계를 받고 다시 창주의 신감 문하로 돌아가 계속 시봉하였다. 그런데 이러한 과정, 즉 "다시 횡해로 돌아가 하나를 들으면 열을 알았다 (復歸橫海 聞一知十)"는 구절에 대하여 학계 일부에서는 '다시 횡해(창주)로 돌아가 經傳을 읽었다'고 의역하고 있다. 혜소가 신감의 문하에서 '경전을 읽었다'는 이러한 해석은『송고승전』당주 신감이 불교를 履修한 과정과 유사한

---

26) 『혜소비문』

내용으로서 우리 학계에서도 대체로 수용하여 일반화된 견해로 자리 잡은 것 같다.[27] 흥미있는 사실은 혜소의 본국 향리 金馬지역이 일찍이 고구려에서 온 승려 普德이『열반경』을 중심으로 교화에 임하였던 영향아래 있었다는 사실과 관련하여 이러한 견해가 제출되고 있다.[28] 심지어 혜소가 일찍부터『열반경』에 관심을 가져 도당유학을 사전에 계획하였다가 입당 즉시 창주 신감문하로 들어가 경전공부를 하게 되었을 것이라는 견해가 있지만,[29] 만일 혜소가 처음 찾아간 신감의 처소가 창주가 아니라 당주였다면 이러한 견해는 성립되기 어려운 것이다.

이와 같이 혜소도 스승 신감의 修學과정과 같이 처음에 戒律을 배우고 다음에 經義를 익혔던 과정을 대체로 밟은 것으로 볼 수 있다. 그런데 사실 洪州宗이 한창 천하를 누비던 당시의 상황에서 소림사 琉璃戒壇에서 계를 받은 선사로서 다시 스승 문하에서 經典工夫를 했다는 것은 초기 선승들의 일반적 경우에서는 자주 볼 수 있는 일은 아니다.[30] 그럼에도 불구하고 당주 신감이 그랬던 것처럼 혜소가 그러한 과정을 겪었다는 것 역시 별로 이상할 일이 아니다. 그것도 어느 宗派의 所依經典이 아니라 일찍이 신감이 읽었던 대승경전에 속하는『대열반경』류의 경전은 혜소로서는 굳이 피하지 않았을 것으로 보아도 좋을 것이다.

---

27) 이지관(1993)은 "다시 학사로 돌아가 경을 배웠다"고 해석하고 있는데, 이는 이후 일반 연구자들에게도 대체로 그대로 답습되고 있다.

28) 김정권(1999), p.9.

29) 김복순(2000), p.223.

30) 김정권(1999), p.11에서 "(혜소의) 이러한 敎學硏究는 마조계 선승의 일반적 修行科程이라"고 하고 있으나 이는 지나친 표현이다. 江西 禪脈의 특색은 敎外別傳에 있으니, 이는 前身이 座主나 律師로서 홍주종에 입문한 禪僧의 경우와는 그 예를 달리하는 것이다.

이제『송고승전』신감전의 후반부 내용을 살펴볼 차례다. 분량상으로 보면 전반과는 반반이며, 그 내용은 神異한 이야기들로 구성되어 있다. 신감과 혜소, 그들 두 사제 사이에 보이는 유사한 설화 한 두 가지를 비교해 보자.

첫 번째 이야기는 虎患을 없앴다는 신통력에 관한 것이다. 즉, 신감이 大寂 (馬祖)을 참문한 후 거처하게 된 懷安 西北山은 본래 맹수들의 피해가 많았으나 그가 입산한 뒤로는 호환이 크게 줄어 일반의 칭송이 자자했다는 것이다. 이러한 신통력의 이야기는 혜소가 귀국하여 처음 尙州 長栢寺에 잠시 머물다가 협소하여 지리산 花開谷으로 절터를 찾아 갈 때도 다음과 같은 비슷한 현상이 나타났다고 한다.

(혜소가) 드디어 걸어서 康州 지리산에 이르니 두어 마리의 호랑이가 으르렁 거리면서 앞길을 인도하였는데, 위험한 길은 피하고 평탄한 길로 가니 앞에서 이끄는 길잡이와 같았다. 따르던 사람들도 두려워하지 않고 가축처럼 여겼다. 이는 곧 善無畏三藏이 靈山에서 夏安居를 할 때 맹수가 앞에서 길을 인도하여 산의 동굴로 깊숙이 들어가 석가모니의 立像을 본 事跡과 꼭 같고, 저 竺曇猷가 조는 호랑이의 머리를 쳐서 經을 듣게 하였는데, 또한 그것만이 僧史에 아름 다운 것은 아니다.[31]

라고 하여 혜소의 경우에도 고승의 도력으로 호랑이를 가축처럼 부렸다고 한다. 다시 말하면 신감의 문하에서 수련한 혜소에게도 도력으로 호랑이의 화를 없앴다는 스승 신감의 이야기가 변형된 형태로 나타나고 있는 것이다.

---

31)『혜소비문』

두 번째 이야기는 平幘을 두른 남자와 의관을 정재한 자가 차례로 대두하여 벌이는 극적인 행동들이다. 평책을 두른 남자가 절하고 홀연히 물러난 것과 의관을 정재한 자가 하늘로 솟아올라 '신감대사는 진짜 法寶'라고 도중에게 선언적으로 알려준 것은 각각 地神과 空神의 행위로서 신감과 같이 득도한 사람에게 일어나는 神異現狀이라는 것이다.

신감에게 나타난 이러한 신이현상은 혜소에게는 입적할 때 보여주고 있다. 그때 솜틀구름 한 점도 없는데 바람과 천둥소리가 갑자기 일어나고 호랑이와 이리가 울부짖으며, 삼나무와 향나무도 변하여 시들었다. 얼마 후 자주 빛 구름이 하늘을 가리더니 공중에서 손가락 퉁기는 소리가 났는데, 장례에 모인 이들의 귀에 들리는 등 성스러운 감응이 보이지 않게 나타났다는 것이다.[32] 그는 순수한 선승으로서의 면만이 아니라 스승 신감에게서 볼 수 있듯이 율과 선 그리고 아마도 열반경의 독해까지 두루 거친 대사로서의 면모를 갖추었으며, 심지어는 신이함과 감통의 면까지 비슷한 양태를 보여주고 있는 것이다. 고승 신감이 평소 기행을 즐겼던 그러한 면모를 혜소에게서도 일부 발견할 수 있는 것은 별로 이상할 것이 없다고 하겠다.

신감대사는 마조에게 참문한 홍주종 계열의 선승이지만 오히려 신통술이나 기이한 행동 등으로 널리 알려졌으므로 贊寧은 그를 習禪篇이 아닌 感通篇에 立傳시키고 있는 것이다. 『宋高僧傳』에는 그러한 예를 얼마든지 찾아볼 수 있다. 혜소 역시 숭산 소림사에서 구족계를 받은 선승이면서도 스승 신감의 가르침에 따라 경전을 읽는다던지 범패로서 대중을 교화하는 일을 마다하지 않았던 것은 초기 선승들의 일반적인 경우와는 분명히 趣意를 달리하는 것이다.

---

32) 『혜소비문』

이러한 까닭에 신감의 경우, 남종선에 한 발을 들여놓았으면서도 순수한 선승으로서 평가되기에는 문제가 있는 것이며, 제자 혜소의 경우에도 도의선사를 만나 순력하기 이전까지는 동일한 선상에서 평가되어야 할 것이다.

Ⅲ. 長江流域 및 四川 等處 巡歷

1. 長江中流地域의 佛跡 巡歷

『송고승전』 신감전을 중심으로 살펴보면 그의 생애와 관련 있는 지역은 크게 둘로 나누어 강서성 북부지역과 호북성 일대 및 하남성 남부지역으로 대별해 볼 수 있다. 우선 그의 출생지가 潯陽(九江)으로 여기를 비롯한 강서 북부지역은 승려가 된 이후에는 정소율사에게 율을 배운 여산 동림사와 마조에게 참문한 豫章(南昌 혹은 洪州) 개원사 등이 분포되어 있다. 이 지역은 장강 중류 이남의 교통상 요충지로서 위진남북조 이래 불교를 포함한 중국문화의 심장부 역할을 담당해 왔음은 재언을 필요로 하지 않는다.

그 밖의 신감의 연고지역으로는 호남성 齋安(黃州)과 하남성 남부의 唐州(泌陽)로서 장강 중류 이북지역이다. 황주는 그가 어렸을 때 아버지가 掾吏로 있으면서 불교를 좋아하여 관청에 불상을 모시고 승도들로 하여금 범패를 하게 한 것이 계기가 되어 신감이 출가하게 되었으며, 당주 운수산은 그 뒤 그가 활동한 중심 도량이었다.

이와 같이 그의 출생과 성장을 비롯한 그 밖의 연고지 내지 행화지 대부분이 하남성 남부의 당주에서 호북성 제안(황주)에 걸치고, 여기서 다시 장강을 건너 강서성 구강과 남창에 이르는 내륙의 중심부분이다. 장강을 사이에 두고 남북으로 이어지는 장강의 북안에는 육조 혜능이 東山法門을 얻은 黃梅 五祖寺가 고래로 내륙교통의 근간에 위치할 뿐만 아니라 선불교를 포함한 중국문화의 무대를 이루어 온 중심지역의 하나이다.

신감의 생장과 활동의 중심무대인 이 장강중류지역은 그의 신라인 제자 혜소의 구법 및 순례 지역과 밀접한 관계가 있으리라는 것은 추측하기에 어렵지 않다. 실제로 혜소가 귀국한 뒤 범패로서 대중을 교화하였다는 이야기는 신라 선종사에 있어서도 특징적인 한 장을 이루고 있다는 것은 너무도 잘 알려진 사실이다. 혜소의 범패에 관한 다음 기록을 보자.

> (혜소는) 평소에 범패를 잘하였는데, 그 소리가 금옥과 같았다. 구르는 곡조와 날리는 소리가 상쾌하면서도 슬프고 우아하여 모든 천상계의 모든 신불들을 기쁘게 할 만하였고, 길이 멀리까지 전해지니 배우려는 자가 당에 가득 찼으나 가르치는 것을 권태롭게 여기지 않았다. 지금까지 우리나라에서는 魚山의 妙音을 익히려는 사람들이 다투어 콧소리를 내는 것처럼 옥천사의 남긴 음향을 본뜨려하니, 어찌 소리로서 (그들을) 제도하는 교화가 아니겠는가.[33]

스승 신감에게는 출가할 계기를 만들어준 범패가 제자 혜소에게는 대중교화의 방편으로 활용되었다는 사실은 매우 특징적이고도 흥미 있는 일이 아닐 수 없다. 혜소가 범패를 잘하였다는 것은 그가 음악적 재질이 뛰어났음을 말하거니와 그것을 배워 본국에 처음으로 전파시킨 것은 특이하면서도 대중교화의 의의가 대단히 크다는 사실을 최치원은 높이 평가하고 있는 것이다. 혜소가 당주 운수산에서 신감을 시봉하는 동안 아마도 사찰 행사에 범패가 자주 연주되었을 것이며, 이에 따라 혜소도 범패를 스승으로부터 배울 기회가 있었을 것이다.[34] 이러한 과정에서 범패가 대중 교화에 유용한 수단이 된다는 사

---

33) 『혜소비문』
34) 최헌(2000)은 혜소의 구법과 관계가 있는 우리나라의 범패 연구가 아직도 본격적 해명이 이루어지지 못하고 있음을 비판하고 있다. 같은 책에 발표한 김복순의 논문에서 아

실을 확인하자 그는 스승 신감이 어려서 몰두했던 범패의 유행지역인 황주로 내왕하며 열심히 학습하는 적극성을 보였을 것으로 추측하기에 어렵지 않다.

혜소는 신감의 행화지 唐州를 근거로 하여 동남쪽으로 黃州를 거치고 계속하여 황매 동산에 이르기는 용이한 길이다. 다시 長江을 건너 스승 神鑑의 고향 九江을 중심으로 修學하였던 강서성 북부지역의 여러 명찰을 찾아 순례행각을 점차 넓혀갔을 것이다. 귀국한 뒤 지리산에 옥천사를 수행도량으로 세운 것은 그가 일찍이 장강을 건너 유력할 때 廬山 東林寺를 참방하고 이를 모방하여 축조한 것이 분명하다. 다음 기록을 보자.

> 일찍이 중국을 유람했던 사람들이 이곳에 이르러서는 모두 놀라 바라보며 말하기를, "慧遠의 東林寺가 우리 땅(海表)에 옮겨온 듯, 蓮花世界를 평범한 상상으로 비겨볼 수 없지만, 항아리 속에 있는 별천지라는 말은 믿을 만하다"라고 하였다.
> 대나무를 걸쳐서 물길을 끌어다가 계단을 둘러 사방에 흐르게 하고는, 비로소 '玉泉'으로 사찰의 이름으로 삼았다.[35]

이 기록에서 중국에 갔다 온 사람들이 새로 지은 사찰에 와 보고 "혜원의 동림사가 우리 땅에 옮겨온 듯하다"고 한 것은 그 경관이 우연의 일치로 여산 동림사를 닮았다는 것이 아니라 절을 세울 때 계획적으로 그렇게 꾸몄다는 의미

마도 처음으로 『송고승전』 신감전에 주목하여 혜소가 스승 神鑑에게서 범패를 배웠을 것으로 보고 있다. 신감이 어릴 때 유행했다는 호남성 황주지역의 범패가 아직도 존속하는지 유의해 볼만한 일이다.

35) 『혜소비문』

인 것이다. 여산 동림사는 스승 신감이 일찍이 정소율사로부터 공부한 연고지로서 자신이 순례하면서 사찰의 구조를 눈여겨보았다가 귀국 후 이를 지리산에 재현해 놓은 것이 분명하다.[36] 여산 혜원의 동림사를 역방하고 특히 이를 본 따서 화계곡에 옥천사를 지었던 것은 念佛結社를 통해 儒佛道 三敎의 일치를 이루려고 한 東晉 慧遠의 덕을 숭모하였다는 뜻을 동시에 지니는 것으로 보아야 한다. 최치원이 비문에서 이러한 사실을 반복하여 평가하고 있는 점에서도 그러한 사정을 짐작할 수가 있는 것이다.[37]

여기서 또 한 가지 고려해 볼 것은 혜소가 동림사를 모방하여 짓고 절 이름을 옥천사라고 한 것이니, 이는 그가 혹시 일찍이 역방하였을지 모를 호북성 荊州의 명찰 옥천사와 관계된 일이었을 가능성을 점쳐볼 수 있다. 알려진 바와 같이 형주 옥천사는 天台智顗(534~597)가 일찍이 『법화현의』와 『마하지관』 등을 강의한 천태종의 전문도량이었을 뿐 아니라 그 뒤 儀鳳연간(676~678)에는 五祖 弘忍의 제자 神秀가 주지가 됨으로써 北宗禪의 중심도량이 된 명찰이다.[38] 사실 문제의 관심을 북종선으로 돌려보면 혜소가 구법한 당주와 낙양 그리고 황주 등지는 달마에서 비롯하여 신수계의 帝都佛敎가 주류를 형성하는 권역이었다. 이러한 사실에 비추어 혜소의 구법 순례는 북종선과도 적지 않은 접촉이 있었을 것이라는 점도 유의해볼 일이다.

그러나 귀국 후 혜소가 옥천사에 육조당을 세운 것은 南宗 最上乘의 도리를

---

36) 김복순(2000), p.216에서 "진감의 스승 신감선사가 여산의 동림사 정소율사에게 수학한 바 있었으므로, 진감은 遊行을 하면서 당연히 동림사를 참배하고 머물렀을 것이다"하고 있다.

37) 최치원은 『혜소비문』 서론 부분에서 廬峰 慧遠의 이러한 삼교합일의 주장을 긍정적으로 평가한 것 역시 사상 경향에 있어 혜소와의 유사성을 염두에 둔 것으로 이해할 수 있겠다.

38) 정성본(1993), pp.385~393.

실현하려는 의지를 분명히 보인 것이다. 이 화계곡의 당우는 옛날 三法和尙의 절터였다는『혜소비문』의 기록이 후세에 와서 六祖頂相塔說로 연결되어 설화로 꾸며진 것은 또 한 가지 흥미 있는 일이다. 河東 雙溪寺 六祖頂相塔의 유래에 관한 이 설화[39]는 南宗禪의 東傳과 관련하여 강서 북부지역이 선승들의 활동무대가 되고 있었다는 점에서 흥미를 더해준다. 그러나 이 六祖頂上說은 원래 남종의 神會가 北宗을 공격하기 위해 꾸민 것으로서 南宗系 초기 문헌으로 전해 오다가 9세기 초에 성립된『寶林傳』에 이르러 홍주 개원사에 주석하였다는 신라승 金大悲를 중심으로 하는 이야기체계를 갖추게 된 것이며, 그 뒤 다시 지리산 三法和尙과도 연관시켜 육조의 정상을 신라로 모셔와 탑을 세웠다는 내용으로 확대되기에 이른 것이다.[40]

이처럼 이야기가 과장 날조되었다고 하더라도 여기에는 신라 불교의 新禪宗에 대한 신앙열이 얼마나 강하였으며, 또한 강서 마조의 홍주종이 일어나기 이전부터 이 지역을 중심으로 신라 구법선승들의 활동이 매우 활발하였다는 사실을 뒷받침 해주는 것이다. 강의 북쪽 黃梅와 남쪽의 九江과 南昌을 중심으로 한 장강중류지역은 남종선의 燈火가 일찍부터 밝혀져 온 곳이어서 新禪宗을 익히기 위해서 집중적으로 순력해야할 곳이었다.

중국 측 초기 禪宗史書에는 개원연간에 六祖의 頂相 문제와 관련하여 신라의 김대비 선사가 홍주 개원사에 주석하였다는 사실을 알려주고 있으며, 마

---

39)『智異山雙溪寺記』에 의하면, 지리산 三法和尙이 入唐, 洪州 開元寺에 우거하면서 大悲禪伯을 만나 상의하여 중국인 張淨滿에게 2천금을 주고 혜능의 頂上을 취하여 오게 하여 귀국, 지리산 花開谷에 탑을 세웠다고 한다. 최치원의 비문에는 혜소가 귀국하여 三法師의 蘭若 遺基에 禪宇를 세웠다는 사실만을 기록하고 있는 점에서도 육조정상 將來說은 사료적 가치가 떨어짐은 물론이다. 최병헌(1972), pp.88~89 참조.
40) 정성본(1987) ; 동씨(1995) 부록 및 자료 참조.

조 이후에는 홍주종을 익히기 위하여 신라 선승들의 발길이 다시 이 지역으로 몰려들었다고 한다. 도의보다 한발 먼저 서당지장을 참문한 신라의 恒秀선사가 있었다고 한다. 다음 기록이 그것이다.

이보다 먼저 향승인 항수선사가 일찍이 海西에 도달하였다. 江表지방으로 유학하여 西堂智藏에게 묻기를 "서당의 법이 東夷로 흘러간다면 어떤 아름다운 징조가 있는지 들려주시겠습니까?"라 하였다. 지장이 답하되 "불교의 敎義가 쑥대밭 속에 깊이 묻혀있는 것을 찾아내어 그 꽃 봉우리에서 왕성하게 불타니, 靑丘의 讖(도의선사)이 그 기운을 이어받아 선법을 전파하고, 萬叢이 스스로 화창하리라"고 하였다. 그리하여 그 聖文을 追認하였으니, 이는 道義의 이름을 드러낸 것이다. 그로부터 백년 후 이 말이 전해졌으니, 마치 羽客이 서로 만남으로써 丹丘의 字를 알게 된 것과 같았다.[41]

이와 같이 眞空大師 恒秀가 도의보다 먼저 지장의 문하로 들어갔다면 아마도 지장이 虔州 公龔山에 西堂을 개당하기 이전 즉 洪州 開元寺에서 馬祖를 시봉하고 있을 무렵이었을 것으로 보인다. 그러나 그가 서당에게서 법을 얻은 뒤 귀국하여 雪岳山寺에 머물면서 남종선법을 드날렸다고 하니,[42] 어쩌면 도의와 이웃하여 있었는지도 모를 일이다. 어떻든 도의나 혜소 이전에도 김대비나 항수와 같은 본국의 선승들이 돈오선법을 익히기 위하여 장강 중류지역으로 드나들고 있었던 것이다.

그런데 신감이 처음 陝西省 西北山에 주석할 때 호환이 없어졌다는 이야기

---

41) 李桓樞,「豊基毘盧庵眞空大師普法塔碑文」, 이지관(1994), p.104.
42) 黃有福·陳景富 편저, 최현각(2008), p.148.

의 무대 懷安은 수도 長安의 서북방 關內道 慶州 管內에 위치하여[43] 그가 활동한 중심무대로부터 훨씬 서북쪽으로 치우쳐 있다. 여기는 혜소가 도해하여 처음 스승 신감을 알현하였다는 橫海節度(河北省)의 滄州와는 더욱 정반대편의 멀리 떨어진 곳이다.『송고승전』신감전을 통하여 보면, 渤海 西岸에 치우쳐 있는 창주지역은 신감의 전 생애에 있어 어떠한 연고관계도 찾아볼 수 없다. 혹시 그가 일찍이 懷安 西北山에 주석하다가 혜소의 입당 전에 창주로 옮겨 일정기간 머물렀던 것일까? 만일 그랬다면 804년에 혜소가 창주 신감에게 입문했다가 810년 숭산 소림사로 가서 구족계를 받고 다시 창주로 돌아가 스승의 문하에서 경전을 읽었으며, 그리고 그 몇 년 뒤에 다시 하남성 당주로 옮겨 갔어야 한다. 하지만 어느 기록에도 그들 두 師弟는 그렇게 먼 지역 사이를 분주하게 옮겨 살았거나 혹은 그렇게 했어야 할 이유를 찾아보기 어렵다.

지리적으로나 시간적 관점에서 보아 혜소가 처음 신감문하를 찾은 것은 당주 운수산이었을 것으로 추측해 볼 수 있겠다. 그러면 비문에서 창주 신감이라고 한 까닭이 어디 있는 것일까? 처음 최치원이 비문을 찬술하는 과정에서 그 저본에 초서로 쓰여 진 唐자가 滄자로 오기되었을 가능성을 생각해 볼 수 있다.[44] 다시 말하면, 최치원이 쓴 혜소비문의 신감이나 그 뒤에 편찬된『법화

---

43) 譚其驤(1982), p.40~41,「京畿道 管內道」⑦-5 참조. 그리고『혜소비문』에 등장하는 혜소의 구법행정과『송고승전』당주 신감전에 나오는 신감의 연고지 및 도의의 구법행로를 표시한 본문 지도 1 참조.

44) 唐州라는 지명은 唐河에서 얻어진 것으로 시대의 변천에 따라 溏州로 혼용되었을 가능성도 없지 않다.『中國地名辭典』이나 역사지도책을 보면, 당주는 때에 따라 泌陽 혹은 比陽縣이라 불렸는데, 이는 이웃에 比水(혹은 沘水)가 있어 행정구역이 통폐합되면서 지명이 그렇게 바뀐 것이다. 이러한 사정으로 미루어 보아 만일 처음 저본에 溏州로 쓰여 있었다면 이를 비문으로 찬술하는 과정에서 滄州로 誤記되었을 가능성이 더욱 높은 것이다. 이러한 고견은 지난 12월 22일 담양 미암문화재전시관에서 개최된 동양사고중세사학회에서 이 논문을 발표 토론할 기회를 얻었을 때 김병준 교수에게서 제출된 것

현의』에 입전된 신감에 대한 기록이 원래 동일한 문헌자료였으나 전자, 즉 비문이 轉寫되는 과정에서 이와 같이 다른 글자로 바뀌었을 가능성을 추측해 볼 수 있는 것이다.

이러한 관점에서 보면, 처음 혜소는 등주의 지역으로 상륙하여 누구인가의 소개에 따라 통역을 바꾸어가며 河南省으로 내려간 것이다. 드디어 당주 운수산 신감 문하에 입실하였으며, 그리고 다음 6년 째 되는 해에 숭산 소림사 유리계단에서 구족계를 받았다고 보는 것이 순리일 것이다. 唐州와 嵩山 사이는 같은 省內의 비교적 가까운 거리이다. 남종선이 점차 세력을 얻어가던 8세기 중기이후에는 숭산 소림사는 뒤에 설치된 會善寺의 계단과 함께 크게 번영하여 이 지역을 찾는 이들로 하여 크게 붐비고 있었다.[45] 혜소는 계를 받자 다시 당주 신감의 처소로 내려가 시봉하는 동안 스승의 지도로 經典을 읽었을 것이다. 그는 본국에서의 가정형편상 공부할 여유를 갖지 못했지만 이미 신감대사의 문에 입실하여 스승이 경험했던 학습 과정이나 방법을 충실히 익혔을 것으로 판단된다.

이다.

45) 會善寺 역시 南宗禪 계통의 사찰로서 그 戒壇은 소림사 규리계단 보다 60여년 늦게 설치되었으나 함께 禪僧들에게 숭앙의 대상이 되어 크게 붐볐다고 한다. 常盤大定(1938) pp. 326~329.

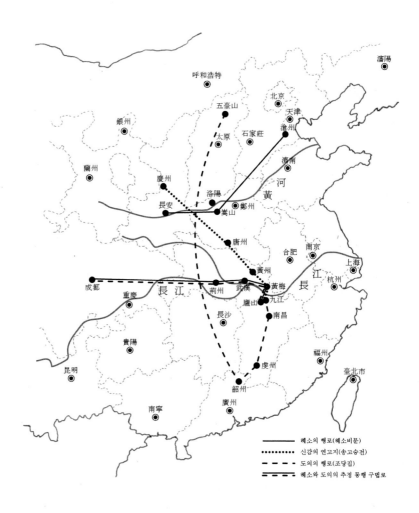

지도 1 문헌상에 보이는 신감, 혜소, 도의의 연고 및 구법행정도

2. 道義와 西南 等處 同行參尋

혜소가 호북성 唐州 雲秀山 신감의 문하에 입실한 후 6년째 되는 810년에 숭산 소림산에서 구족계를 받았다. 그리고 다시 당주 운수산으로 내려와 스승을 시봉하면서 때로는 경전을 읽는 등 그의 일취월장하는 총명성을 들어내 보이며 여러 해를 보내고 있었다.

이 무렵 신라 도의선사는 長江 남쪽 江西지역 일대에서 南宗 頓悟禪의 세계를 노닐고 있었다. 그는 784년, 혜소보다 20년 일찍 오대산을 비롯한 華北지역으로 구법하는 사이 남종선의 신기운에 매료되어 급거 嶺南으로 달려가 『法寶壇經』의 산실로 추정되는 寶壇寺(大梵寺)에서 구족계를 받았다.[46] 그리고 대유령을 넘어 강서성 남부도시 虔州(贛州) 公龔山 寶華寺로 가서 馬祖의 嫡長子 西堂智藏의 문하에 입실하였다. 지장은 홍주 마조가 입적하자 791년경 건주 보화사로 내려와 서당을 열고 있었으므로 도의는 서당의 문하에 들어 홍주종의 宗旨를 익히게 되었다.[47] 이제 그는 홍주종의 嫡長孫으로서 禪的 境地에 있어 스승 지장과 어깨를 나란히 한 고승이 되어 長慶初(821)에 고국으로 돌아오니,[48] 九山의 首門인 가지산문이 거기서 열리게 된 것이다.

도의가 서당을 시봉하고 있을 동안 大寂 馬祖는 이미 입적한(788) 뒤였지만 홍주(남창)로 올라가 祖庭 開元寺를 비롯하여 인근의 여러 宗系 禪刹들을 歷訪하였다. 예컨대, 백장산은 홍주에 이웃하고 있어 도의가 百丈 懷海선사

---

46) 『祖堂集』권17,「雪岳陳田寺寂禪師」. 조영록(2010), pp.148~156.

47) 조영록(2010), pp.166~170.

48) 최치원의 『사산비명』智證대사 道憲의 비문에 "長慶初에 승려 道義가 서당의 奧義를 體認하여 智慧의 빛이 서당과 같이 되어(侔西堂而還) 돌아왔다"하고 있다.

(749~814)의 처소를 찾아가 서당에게 하는 것처럼 하였더니, 백장이 탄복하여 말하기를 "강서(마조)의 선맥이 모두 동국으로 돌아가는구나!"하였다는 이야기[49]는 너무도 잘 알려져 있다. 그가 귀국하여 智遠 僧統과의 문답에서 禪宗의 우위를 들어내기 위하여 歸宗 智常선사의 설을 인용하는 것[50]을 보면 아마도 九江의 귀종사로 지상선사를 방문하였던 것으로 추측된다. 지상의 생졸년은 불명하지만 원화연간(806~820)에 석장을 廬山 歸宗寺에 머물렀다는 기록[51]으로 보아 그 문하에 있었던 신라 大茅화상[52]과의 사이에는 서로 연락을 취하며, 修道와 巡歷에 열중하고 있었을 것으로 보인다. 백장이나 지상은 서당의 法兄弟이며, 도의와는 師叔姪 사이로서 강서지역에 포진하고 있었으므로 순력을 게을리 하지 않았을 것이다. 그는 서당에게서 얻은 江西禪脈의 眞髓를 저들을 통하여 證得하는 계기로 삼았음에 분명하다.

혜소와 도의가 장강을 사이에 두고 서로 남북으로 나뉘어 있으면서 그들 스승의 가까운 연고지인 장강중류지역을 중심으로 巡行 도중에 우연히 해후하였을 가능성은 충분하다. 이제 혜소의 구법 行程과 그 시기를 자세히 검토해 보면서 동시에 道義의 구법 행정도 비교검토 할 필요가 있다. 우선 두 사람의 동행구법에 대한 다음 내용을 살펴보기로 하자.

(혜소는) 비록 고요한 물처럼 마음이 맑았지만 조각구름과 같이 찾아다니면서
묻고 배웠다. 그때 마침 고향의 승려 道義가 먼저 중국에 와서 道를 구하고 있

---

49) 『祖堂集』권17,「雪岳陳田寺寂禪師」
50) 天頙,『禪門寶藏錄』卷中의 인용문 : 최병헌(1972), 주 42)
51) 『송고승전』권17,「唐廬山歸宗寺智常傳」
52) 『전등록』권10,「新羅大茅和尙」, 조영록(2010), p.170.

었는데, 우연히 만나 반가워하였다.(邂逅適願) 西南에서 친구를 얻으며(西南得朋), 사방 멀리 參訪하여(四遠參尋) 불타의 知見을 증득하였다.[53]

여기서 보면 혜소가 운수행각을 벌이던 중 그보다 먼저 와서 구법에 임하고 있던 도의를 만나 두 사람이 함께 여러 지역을 순력하게 된 것이라고 한다. 그러나 그들이 언제 어디서 어떻게 만나서 어떤 지역을 순력하였는지에 대한 구체적인 내용은 알려져 있지 않다.

그들이 해후한 시기는 대개 814년 전후한 때로부터 821년 도의가 귀국하기까지 약 7년간 동행 구법하였을 것으로 보인다. 고국의 선배 도의는 784에 20세 무렵에 입당하여[54] 814년 스승 서당과 사숙 백장이 전후하여 입적하고, 자신은 이미 50세의 노경을 맞아 지금까지 걸어온 30여 년간의 구도행각을 총정리 할 단계를 맞이하고 있을 때였다. 도의보다 대개 9세정도 연하인 혜소는 810년 구족계를 수계한 후 수년간 스승을 시봉하면서 인근 지역에의 순력을 계속하고 있던 차에 도의를 만나 원방으로의 본격적인 순행에 임하였던 것으로 보인다. 이 기간 동안이 그들 두 사람이 동행구법에 열중할 수 있는 가장 적합한 시기였기 때문이다.[55] 구도의 일념에 찬 그들은 만나자 곧 의기가 투합하여 함께 '사방 먼 지역으로의 구도행각'을 단행하였다. 이 행각에 있어 혜소는 신감과 동년배의 도의선사[56]에 대하여 스승을 대하는 예우로 모셨을 것으

---

53) 『혜소비문』
54) 김두진(1996) p.48 : 조영록(2010) p.151.
55) 김복순(2000), p.220에서 혜소의 순행범위에 대하여 "신감이 거주하였던 당주 운수산과 懷安의 西北山, 大寂禪師 馬祖道一이 있던 龔公山 … 등을 遊歷하였을 것으로 생각된다."하고 있는데, 이는 다소 막연한 추측으로 보인다.
56) 도의는 784년 약관으로 추측되는 나이에 입당하였으며, 혜소는 그보다 20년 늦은 804년, 31세로 입당하였으니, 나이 차이는 약 10세가 된다. 혜소와 스승 신감의 나이 차이

로 보인다.

다음으로 그들이 '西南에서 친구를 얻어, 사방 멀리(四遠) 參尋'하였다는 '서남'과 '사원'을 어떠한 범위로 한정지을 것인가 하는 문제다. '서남'에 대한 해석을 '서남'으로 볼 것인가, 아니면 '서와 남'이라고 할 것인가에 따라 그 내용이 달라질 수 있다. 다시 말하면 지금까지 『四山碑銘』의 역주에서는 대체로 '서와 남'으로 해석하고 있어 그 뜻이 애매모호하다.[57] 그러나 만일 그냥 '서남'지역이라고 해석할 경우 그것은 중국의 四川省을 지칭하게 되므로[58] 도의와 혜소는 사천성 成都에서 해후하였다는 것으로 볼 수 있게 된다. 따라서 그들은 각각 신라 無相大師가 주석한 성도의 靜衆寺를 비롯하여 대사의 影堂이 소재한 梓州 慧義寺 등지를 찾아 참배하다가 거기서 만났다는 의미가 될 수 있는 것이다.

신라출신 도의와 혜소가 고국 출신의 왕족 무상대사의 영당을 비롯한 행화도량을 찾아 두루 순례하는 과정에서 해후하였다는 사실은 충분히 있을법한 일이다. 사천지역은 마조도일의 고향으로서 그의 만년(安史의 난 이후)에 수문제자 서당지장을 거느리고 無相과 無住에게 참문한 일이 있었으니,[59] 도의로서는 필시 사천지역의 순례를 사전계획에 따라 감행한 일이었을 것이다. 무상은 唐 玄宗의 숭신을 받을 정도의 고승으로서 오조 홍인의 제자 智詵의 법

역시 10세 정도였음을 감안하면 그가 도의에 대해서도 스승 대우를 했을 것이다. 본 주 23) 참조.

57) 이 글 앞에서 인용한 이지관, 이우성 등의『四山碑銘』주해는 대체로 '西南得朋'에 대한 해석을 '서와 남에서 친구를 얻었다'고 하여 만난 지역이 애매하게 되어있다.

58) '서남득붕'의 서남을 서남지역이라고 번역한 경우도 있으나(한국고대사회연구소 편,『역주 한국고대금석문』제3권 p.8), 이 경우에 있어서도 서남지역이 사천성을 지칭한다는 摘示가 없다. 현대 중국의 서남지역은 운남성을 지칭할 수도 있기 때문이다.

59) 郭輝圖(2006), pp.520~521.

을 이은 處寂(唐和尙)에 입문하여 독자적 수행방법으로 중국은 물론 티베트까지 그 이름이 알려져 있었으니, 본국의 선승들이야 말할 것이 없었다. 마조와 西堂智藏이 무상의 영당을 참배한 뒤 다시 그 적손 도의 일행이 뒤를 이어 참예했다는 사실은 현지의 선불교계로서는 기억될만한 일이었음에 틀림없다. 梓州의 지방관으로 있던 李商隱이 慧義寺측이 제공한 寺記에 따라 馬祖과 西堂이 사천의 禪脈을 계승한다는 사실을 비명에 특필한 것은 그러한 역사사실에 기초한 일로 보아 무리가 없을 것이다.[60]

사천지역의 순력 이후 '사방 멀리 참문했다'는 뜻은 장강중류지역을 중심으로 하여 남북만이 아니라 동서로도 주요한 명산대찰을 찾아 많은 지역으로 동반순력 했다는 의미로 보아서 좋을 것이다.

무상의 명성은 고국에까지 널리 알려져 신라의 入唐僧들은 韶州의 六祖靈塔과 함께 성도 무상대사의 영탑에 참배하는 기록들을 더러 찾아 볼 수 있다. 行寂이 오대산을 순력한 뒤 남방의 四川지역과 이에 이어 湖南을 거쳐 嶺南으로 六祖의 행화지를 찾아 순력하였다. 여기서 사천으로 가서 無相 影堂에 참배한 장면은 특히 눈여겨 볼만하다.

(행적은) 五臺山에 이르러 華嚴寺로 가서 문수보살의 감응을 구했는데,…신인이 대사에게 이르기를 "선재 불자여! 이곳에 오래 머물지 말고 속히 南方으로 가서 좋은 성지를 찾으면 반드시 달마의 비에 목욕하리라"하였다. 寂師는 슬픔을 머금고 頂禮한 뒤 작별하고 南行하였다.
여러 곳을 둘러 乾符 2년(875)에 成都府에 이르러 靜衆寺를 순례하고 무상대사

---

60) 鈴木哲雄(1984), pp.30~31에서 李尙隱이 唐 大中6년에 梓州 推官으로 부임하여 다음 해(853)『唐梓州慧義精舍南禪院四證堂碑銘』을 찬술하였다고 한다.

의 영당에 예를 드리니, 대사는 신라인이었다. 寫眞像을 배알하고 남기신 훌륭한 점을 모두 들으니, 한때 당제 玄宗의 스승이기도 하였다. 同鄕이면서도 시대가 달라 그의 가르침을 경청하지 못하고 단지 그 발자취만 좇음을 한탄할 뿐이었다.[61]

행적의 영당참배에 대한 이러한 기술은 마치 신라 구법승들이 사천지역으로 무상의 영당을 참배하였던 장면을 연상시켜 주는 것 같기도 하다. 초기 남종선 도입의 선구적 역할을 담당한 도의와 혜소는 일찍이 '西南으로 무상대사의 영당을 찾아 참배하는 일'을 결코 소홀히 하지 않았을 것이다.

도의는 남종선에 관한한 홍주종의 적통을 계승한 고승이었다. 그는 처음 화엄종 계통의 승려로서 입당하여 오대산 문수도량을 먼저 찾았으나 당시 유행하기 시작한 홍주종의 영향을 받아 서둘러 영남으로 달려가 육조 혜능의 행화도량에서 구족계를 받고, 다음 홍주종의 嫡統 서당지장의 문하에서 남종돈오선법을 계승한 적장손이었다. 따라서 남종선의 정통성이라는 시각으로 보면 당주 신감이나 그 법을 이은 혜소는 감히 비교 되지 못하는 사이다.

그 대신 혜소에게는 불교의 敎義的 측면이나 혹은 생활상에 있어서는 다양성의 추구와 함께 自適한 모습을 보여주고 있다. 그의 옥천사에서의 생활에 있어서도 많은 사람들과의 빈번한 관계 속에서도 여유로운 풍모를 보여주고 있다. 즉,

혹시라도 外國香을 갖다드리는 사람이 있으면 곧 질그릇에 잿불을 담아 환을

---

61) 崔仁渷,「朗空大師白月棲雲塔碑銘」

만들지 않고 태우면서 "나는 이것이 무슨 냄새인지 알지 못하겠다. 다만 마음을 정성스럽게 할 뿐이다"고 하였다. 또한 中國茶를 공양하는 사람이 있으면 돌솥에 섶으로 불을 지펴 가루로 만들지 않고 끓이면서 "나는 이것이 무슨 말인지 알지 못하겠다. 배를 적실뿐이다."고 하였다.[62]

하고 있는 것처럼 혜소에게는 많은 사람들이 그것도 외국을 다녀온 인사들이 찾아온다던지 혹은 이국의 향을 피우고 중국차를 마시는 등 이국풍의 멋을 담담하게 즐길 뿐이었다. 여산 동림사를 모방하여 절을 세우고, 범패를 배워와 대중을 교화하는 이채로움이 산사의 생활을 한껏 여유롭게 하였음에 틀림없다.

그는 빈한한 가문의 출신으로 늦은 나이에 유학의 길에 올라 이국에서 승려가 되었으며, 혜원의 삼교합일의 도를 사모하여 여산을 찾는가하면 율과 교를 함께 익혔다. 스승 신감의 행화도량이 위치한 당주를 비롯하여 장강 이북의 여러 지역은 본래 北宗禪의 근거지로서 혜소의 구법행각에 있어 접근하기 용이한 조건이었다. 따라서 그의 선 수행은 南 北宗을 兼修하는 폭넓은 성격의 것으로 초기 남종선사들의 단조로움에 비하여 일정한 차이가 있었음에 틀림없다.

그러나 그가 도의와 동행구법기간 동안 도의로부터 남종돈오선법을 본격적으로 익혔을 것이 분명하다. 적어도 6년간의 동행구법 과정에서 도의를 스승으로 섬기면서 남종선의 진수를 체득하였을 것으로 여겨진다. 도의는 이른바 홍주종의 적장손으로서 최초의 선종사서인 『寶林傳』을 저술하였을 것으로 추

---

62) 『혜소비문』

측될 만큼 그 방면의 대가가 되어 있었다.[63] 혜소는 남종선의 宗旨에 관한한 신감에게서 보다는 오히려 도의선사로부터 본격적으로 전수받았을 것으로 보아야 할 것이다.[64]

저들 두 신라승의 동행구법은 도의의 귀국으로 일단 끝이 났으나, 그 뒤 혜소는 종남산으로 들어가 혼자 독실한 수행을 계속하였다.

> 도의가 먼저 고국으로 돌아오고, 선사는 곧장 終南山으로 들어가 높은 봉우리에 올라 소나무 열매를 먹으면서 선정과 지혜를 닦으며, 적적하게 3년을 지났다. 그 후 紫閣峰으로 나와 네거리에서 짚신을 삼아 널리 보시하며 오가기를 또 3년을 보냈다.[65]

혜소는 홀로 종남산에 들어가 깊이 定慧의 세계를 노닐었으며, 다음에는 수도 장안지방을 중심으로 두타행으로 널리 베푸는 나날을 보내고 있었다.[66]

그가 당에 있을 동안에는 스승 신감의 문하에서 수행하면서 차를 마시고 범

---

63) 柳田聖山(1988), pp.116~119에서, 『寶林傳』과 『祖堂集』 같은 초기의 傳燈史는 도의와 같은 신라출신 선사들이 新羅禪의 원류를 밝히기 위하여 저술한 것으로 보고 있다.

64) 고익진(1984), p.90에서 "(혜소가) 도의의 영향을 받았을 것"이라고 하고 있다. 그러나 선에 관한한 그 영향의 정도는 신감이상이었을 것으로 보아야 한다. 식견에 있어서 뿐만이 아니라 나이에 있어서도 도의와 신감은 동 年輩였을 것으로 추측되기 때문이다.

65) 『혜소비문』

66) 조범환(2001), pp.32~33에 의하면, 낭혜무염이 822년 12월에 중국에 도착한 후 다시 終南山 至相寺에 이르러 얼굴이 검은 노인을 만나 비로소 禪宗으로 눈을 돌리게 되었다고 하는 대목에서, 그 얼굴 검은 노인은 慧昭일 가능성이 있다는 김복순의 연구를 인용하고 있다. 혜소가 도의의 귀국 후 長安 부근에 머물고 있었으므로 無染과 해후하였을 가능성이 없지 않으며, 만일 그랬다면 도의의 선사상이 무염에게 전해졌을 가능성이 있는 것이다.

패로서 敎化에 감성적 특성을 구사하는 지혜를 익혔다가 귀국해서는 이 멋을 대중 교화의 방편으로 삼았다. 그리고 지리산으로 들어가서는 육조의 영당을 세워 고국의 선배 도의로부터 깊이 깨친 남종의 등을 높이 달았던 것이다.

Ⅳ. 결어

혜소는 남종선을 초기에 전래한 구법승 가운데 한 사람으로서 최치원의『혜소비문』이 거의 유일한 자료이지만 여기에는 그의 스승 神鑑에 대한 인물 정보가 소략하다. 우선 신감의 남종선의 法系가 불분명하며, 行化地 또한 하북성 滄州에 치우쳐 있어 南宗禪師로서의 활동내용도 찾아보기 어렵다.

신감과 혜소의 師弟 사이에 연결 관계는 오히려 후대에 편찬된『宋高僧傳』당주 신감전에서 몇 가지 중요한 사실을 찾아볼 수 있다. 우선 신감은 馬祖에게 參問하였으며, 出家한 동기도 梵唄에 탐닉했기 때문이라는 것, 그리고 그의 출생 및 출가나 행화지역이 주로 선종의 발달 및 유행과 관계가 깊다는 사실 등이 그들 양자의 연결 관계를 설명해 주고 있는 것이다. 또한 홍주 마조에 참문하기 이전에 그는 南山律을 배우고,『대열반경』의 뜻에 통달했으며 또한 道力으로 西北山의 虎患을 없애는 신통력을 발휘하는가 하면, 때로는 그의 앞에 地神과 天神이 나타나 敬拜하는 등의 神異현상을 보여주고 있다. 이리하여『宋高僧傳』의 찬자 贊寧은 신감을 순수한 禪僧으로서 보다는 오히려 道僧으로 평가하여 그를 習禪篇이 아닌 感通篇에 立傳하고 있는 것이다.

『송고승전』의 신감전은 그 활동무대가 주로 長江 중류지역이기 때문에 제자 혜소의 구법 및 巡禮行程의 범위를 이해하는데 도움을 준다. 신감이 江西省 九江에서 출생하여 廬山 東林寺에서 율을 배우고, 홍주 마조에게 참문하였으며, 뒤에 湖北省 唐州(泌陽) 雲秀山에 주석하였다. 또한 어려서 아버지의 任地 齋安(黃州)으로 따라가 그 지역 僧徒들의 梵唄에 매료되어 출가할 뜻을 굳혔다고 하는 등 그의 연고지역이 주로 長江 중류지역에 해당하고 있다. 이 같이『송고승전』의 신감전은『혜소비문』에 신감의 주석처를 滄州라 한 것을 비롯하여 제자 혜소의 구법이 洛陽 嵩山과 終南山 등 주로 華北지역으로 국한되어 이루어졌다는 사실과 매우 대조를 이루고 있는 것이다.

위의 여러 사실들은 『宋高僧傳』의 당주 신감이 바로 혜소가 법을 얻은 스승에 다르지 않다는 사실을 짐작하게 한다. 만일 이러한 가정에서 본다면 혜소는 늦은 나이에 渡唐하여 당주 운수산 신감문하에서 律과 經과 禪을 익히면서 810년 少林寺 琉璃戒壇을 찾아 구족계를 받았으며, 道力 높은 스승으로부터 범패를 위시한 다양한 가르침을 받았던 것이다. 그는 스승 신감의 연고지를 순행하는 과정에서 慧遠의 三敎精神을 우러러 강남의 廬山 東林寺를 巡訪하였으며, 귀국 후 이를 모방하여 지리산에 玉泉寺(쌍계사)를 지어 필생의 행화도량으로 삼았다.

혜소가 당주 신감의 문하에 있으면서 長江 중류지역의 黃梅 五祖山이나 신감이 어려서 범패에 탐닉했던 黃州, 심지어 일시 北宗禪의 祖庭이었던 荊州 玉泉寺 등 호남성 남부의 여러 지역으로 순력의 범위를 넓혀갔을 것이다. 이러한 長江 北岸에서의 순례행각은 다시 강 건너 남안의 여산 동림사는 물론 九江의 歸宗寺, 南昌의 開元寺 같은 禪刹 등 인근 각지로 확대되기는 쉬운 일이다. 이 지역은 당시 洪州宗의 근거지일 뿐만 아니라 스승 신감이 생장하며 信行을 다졌던 연고지역이기도 하다.

이 무렵 고국의 선배 道義는 혜소보다 20년 먼저 入唐하여 韶州『육조단경』의 산실 보단사에서 구족계를 받았다. 다시 강서성 남부 虔州 공공산 보화사 西堂智藏 문하에 입실하여 그 奧義를 투철하게 깨쳐 스승과 어깨를 나란히 하였다. 서당 문하에서 수행하는 동안 홍주종의 祖庭 南昌 개원사를 비롯하여 百丈山과 歸宗寺 등 江西 북부지역 洪州宗의 여러 宗刹을 역방하고 있었다.

이와 같이 도의와 혜소는 長江을 사이에 두고 서로 南北 兩岸으로 오가며 각각 巡禮行脚을 넓히고 있었을 것이 분명하다. 그들이 운수행각을 펼치는 도

중에 우연히 해후하였을 가능성은 충분하다.『혜소비문』에 의하면 그들이 해후한 곳은 신라출신 無相大師의 影堂이 소재한 西南지역 즉 사천성 成都이며, 그 시기는 아마도 道義의 스승 西堂이 입적한 814년 이후부터 도의가 귀국한 821년 이전까지 약 6, 7년 사이였을 것으로 추측된다. 혜소는 810년 소림사에서 구족계를 받고 다시 唐州 신감의 문하로 내려와 修行(讀經을 兼行)하면서 몇 년을 보낸 뒤 본격적인 순례행각에 나섰던 시기에 해당하기 때문이다.

혜소가 고국의 선배 도의와 사천성 성도에서 만나 다년간 사방으로 동행 구법하는 과정에서 南宗頓悟禪法의 본격적인 傳授가 이루어졌던 것 같다. 도의야말로 洪州宗의 奧義를 투철하게 體認한 고승이었으므로 禪法의 傳授에 가히 절대적 영향을 미쳤을 것이다. 다시 말하면 혜소가 도의를 만나기 이전까지는 道僧 신감의 문하에서 禪敎를 兼習하고 범패를 배우는 등 폭넓은 불교를 수용하는데 주력하였으나 40대 초반이후에 道義를 만나 同行巡歷하면서부터 그의 영향아래 洪州宗의 禪旨에 대한 본격적인 傳習이 이루어졌다. 따라서 혜소의 귀국 후 옥천사를 중심으로 하여 洪州宗의 傳燈에 공을 세웠다면 거기에는 鄕僧 도의의 영향이 지대하였음이 분명하다.

위에서 살펴본 바와 같이 혜소가 입당 구법한 스승이『宋高僧傳』의 신감이라고 하면『혜소비문』의 신감과 동일 인물로서 당주와 창주의 두 지역을 내왕하며 주석하였을 가능성이 없지 않다. 하지만 그렇다고 하기에는 본문에서 검토한대로 지역적 거리나 시간적 조건에서 무리가 따른다. 따라서 최치원이 신감의 행화지역을 창주라고 쓴 것은 아마도 誤記에 기인한 것으로 보인다. 즉, 처음 草書로 된 비문의 底本- 그것은『송고승전』신감전과도 동일한 자료 -을 필사하는 과정에서 唐州의 唐字와 滄州의 滄字의 字形이 유사하여 창주로 誤記된 결과였을 것으로 조심스럽게 추정해볼 수 있을 것 같다.

참고문헌

崔致遠, 『河東雙溪寺眞鑑禪師大空靈塔碑文』

崔致遠, 『曦陽山鳳巖寺智證大師寂照塔碑文』

唐 李商隱, 『唐梓州慧義精舍南禪院四證堂碑銘』 『全唐文』 권780

崔仁渷, 『朗空大師白月棲雲塔碑銘』

李夢游, 『聞慶鳳巖寺靜眞大師圓悟塔碑文』

天頙, 『禪門寶藏錄』

『宋高僧傳』 권20, 感通篇, 「唐州 雲秀山 神鑑傳」; 동 권10, 習禪篇, 「唐洪州開
元寺道一傳」; 동 권17, 「唐廬山歸宗寺智常傳」; 동 권19, 「唐成都淨衆寺無相傳」

『祖堂集』 권17, 「雪岳陳田寺元寂禪師」

『景德傳燈錄』 권7, 「虔州西堂智藏禪師」; 동 권10 「新羅大茅和尙」

이능화(1918), 『朝鮮佛敎通史』 상편, 『眞鑑慧昭碑文』.

최영성(1987), 『註解四山碑銘』 『眞鑑慧昭碑銘』, 아세아문화사.

한국고대사회연구소 편(1992년), 『譯註 韓國古代金石文』 제3권.

이지관(1993), 『校勘譯註 歷代高僧碑文』 신라편, 『河東雙溪寺眞鑑禪師碑文』,
가산문고.

이지관(1994), 『校監譯註 歷代高僧碑文』 고려편1, 『豊基毘盧庵眞空大師普法塔碑文』
가산문고.

이우성(1995), 『校譯 智異山雙溪寺眞鑑禪師大空塔碑』 『新羅四山碑銘』, 아세아문화사.

정성본(1990), 『신라 선종의 연구』, 민족사.

민영규(1994), 『사천강단』, 우반.

조범환(2001), 『신라선종연구』, 일조각.

黃有福·陳景富 편저, 최현각 역주(2008), 『고승구법열전』, 보명.

譚其驤(1982), 『中國歷史地圖集』 第5册, 上海地圖出版社.

楊曾文(1999), 『唐五代禪宗史』 中國社會科學出版社.

陳景富(1999), 『中韓佛敎關係一千年』 北京 宗敎文化出版社.

楊曾文·蔣明忠, 主編(2006), 『馬祖道一與中國禪宗文化』, 中國社會科學出版社.

郭輝圖, 考證(2006), 「마조도일생평연보」, 『馬祖道一與中國禪宗文化』, 中國社會

科學出版社.

忽滑谷快天(1930),『朝鮮禪教史』, 東京 春秋社.

上盤大定(1937),『支那佛教史蹟踏査記』, 東京 龍吟社.

鈴木哲雄(1984),『唐五代の禪宗-湖南・江西篇』, 東京 大東出版社.

최병헌(1972),「신라하대 선종구산파의 성립」,『한국사연구』7.

김문경(1975),「당대번진의 한 연구 - 고구려 유민 이정기일가를 중심으로」
　　　　『성곡논총』6.

홍윤식(1978),「진감국사와 범패」,『비사벌』5, 전북대학교.

김영태(1979),「희양산 선파의 성립과 그 법계에 대하여」,『한국불교학』4.

고익진(1984),「신라하대의 선전래」,『한국선사상연구』, 동국대 불교문화연구소.

정성본(1987),「선종육조 혜능대사정상동래연기고」,『인도불교학연구』36권 1호.

柳田聖山(1988),「조당집해제」『효성조명기박사추모불교사학논문집』, 동국대학교
　　　　출판부.

한종만(1996),「입당선승의 조동선 전래」『수미산문과 조동종』, 불교영상회보사.

김두진(1996),「도의의 남종선도입과 그 사상」,『강원불교사연구』, 한림과학원총서.

김문경(1997),「7~10세기 신라와 강남의 문화교섭」, 조영록 편,『중국의 강남사
　　　　회와 한중교섭』(아산재단 연구보고서 39집).

김정권(1999),「진감혜소의 남종선수용과 쌍계사 창건 : 신라하대 남종선수용의 한
　　　　예」『호서사학』27.

표진희(2000),「진감선사의 생애와 그 역사적 배경」, 한국전통예술학회 편,
　　　　『진감선사의 역사적 재조명』, 대한불교조계종총무원.

정성본(2000),「진감선사 혜소의 선사상」상동.

박범훈(2000),「진감선사 범패의 음악적 특징에 관한 연구」상동.

김복순(2000),「진감선사(774~850)의 생애와 불교사상에 관한 연구」,『한국민족문화』
　　　　15, 부산대학교한국민족문화연구소.

최헌(2000),「진감선사의 범패에 관한 기존 연구 비판」상동.

조영록(2000),「중국속의 한국불적-구산선문의 원류를 찾아서」, 대한불교진흥원 간,
　　　　『불교와 문화』, 5・6월~11・12월호.

조영록(2004),「강소・절강성 지역의 신라불교유적」,『중국 동남연해지역의 신라유적
　　　　조사』2부, V. (재)해상왕장보고기념사업회.

조영록(2007), 「도해 구법승의 강남 각지의 발자취」, 『8~9세기 신라무역선단과
　　　강남』, (재)해상왕장보고기념사업회.
조영록(2010), 「도의의 재당 구법행정에 관한 연구」, 『한국불교학』 57.

(『한국불교학』 59, 2011)

渤海 유역의 역사문화와 동아시아 세계의 이해
-'터(場, field) 이론'의 적용을 통해서-

윤명철(尹明喆) 동국대학교 교수

I. 서론

근래에 들어서 발해(渤海)[1]의 중요성이 인식되고 있다. 이전에는 우리민족의 시원국가인 조선(古조선 또는 原조선)과 관련하여 관심이 많았으며, 필자는 연구분야인 해양과 관련하여 주목해왔다. 그리고 근래에는 소위 '요하문명론(遼河文明論)'[2]과 관련하여 그 발생터전인 발해유역에 대해 관심이 높아지고 있다.[2] 발해는 동아시아 전체는 물론이고, 우리문화와 민족 및 시원국가를 이해하는 데 필수적인 역사의 공간이다. 필자는 그동안 동아시아 역사와 우리역사를 해석하는 틀로서 '동아지중해(東亞地中海, EastAsian-Mediterranean-Sea)모델', '해륙사관(海陸史觀)',[3] '환류(環流)시스템' 그리고 '터'이론 등 몇 가지 이론을 제시했다.

본고에서는 이러한 이론들, 특히 '터이론'을 적절하게 활용하여 학술회의의 대주제이면서 필자의 발표주제인 발해유역[4]의 역사문화가 어떤 성격과 시스

---

1) 본고에서 말하는 발해는 국명이 아니라 후술하게 될 황해의 한 부분이면서 독자성을 지닌 자연공간·역사공간으로서 발해라는 바다를 말한다. 또한 발해와 발해만을 혼용하는 경우가 많은데, 발해에 속한 만 가운데 하나가 발해만임을 분명히 해야 이해에 혼란이 덜 생긴다.

2) 비록 요하문명론이라는 중국식의 논리포장과 용어로 소개되고 있지만, 이 부분에 대해서는 이미 이형구, 윤내현, 이지린 등의 소개와 연구가 있었고, 이 유역의 성격과 관련하여 우리문화 또는 국가의 성립과 관련해서 단재 신채호 등 선학들의 언급이 있었다. 앞으로 연구자들은 이러한 연구사를 무시하는 과오를 범하지 않기를 바란다.

3) 윤명철, 「海洋史觀으로 본 한국 고대사의 발전과 종언」, 『한국사연구』제123호, 한국사연구, 2003 ; 「한국사 이해를 위한 몇 가지 제언」, 『한국사학사학회보』제9집, 한국사학사학회, 2004, 3 ; 「한국 고대사 연구의 반성과 대안」, 『단군학연구』제11호, 단군학회, 2004, 9 참고.

4) 발해는 만이 아니라 渤海라는 바다(海)이다. 灣(gulf)과 바다(sea)는 다르다. 그 독자성을

템을 지녔으며, 동아시아 세계발전에 어떠한 영향을 끼쳤는가를 살펴볼 예정이다. 물론 홍산(紅山)문화 등 '요하문명론(遼河文明論)'과 관련하여 다양한 해석이 나올 수 있고, 특히 동아시아문명을 이해하는 데 필수적인 종족과 문화에 대한 언급이 필요하다. 하지만 본고의 목적과 필자의 한계로 인하여 발해유역의 자연환경, 역사, 문화 등에 비중을 두면서 언급할 예정이다. 당연히 해륙적(海陸的) 관점으로 접근하되 상대적으로 소홀히 한 해양에 비중을 두면서 구체적으로 설명할 예정이다.

그리고 기조발표인 만큼 발해유역을 한 부분 부분이 아닌 전체로서 보고, 또한 발해유역을 직접, 간접으로 연관된 동아시아세계라는 거시적인 틀 속에서 총론적으로 언급할 예정이다. 더구나 최근에 관심이 높아진 요하문명론의 논리적 함정에 빠지지 않기 위해서 발해 전체를 보는 총론을 이해할 필요가 있다. 그리고 총론을 토대로 하나의 가설을 제시하고자 한다. 가칭 '발해문명론(渤海文明論)'이다.

발해문명론과 관련해서는 이형구 교수와 현장답사를 하면서 시사받은 바가 크다. 이 교수는 일찍이 홍산문화연구를 시작하였고, '발해연안문명(渤海沿岸文明)'이라는 용어를 사용하면서 처음으로 발해유역 전체를 하나의 틀로서 유형화시켰다. '요하문명론(遼河文明論)'은 과거의 춘추필법처럼 지극히 중국중심(中國中心)의 논리로 규정한 것이다. 다분히 정치적인 목적을 지니고 있다.[5]

띠고 內海的 성격을 띤 발해 가운데에 요동만, 발해만, 래주만이 있다. 그리고 후술하겠지만 발해와 황해는 발해해협으로 구분되어 있다. 따라서 자연지리적인 관점에서 본고는 발해와 주변육지를 포함하여 발해유역이라고 부른다.
5) 요하문명론의 정치적인 배경과 실상을 구체적으로 인식하고 소개한 사람은 우실하이다.
『동북공정의 선행작업들과 중국의 국가 전략』, 울력, 2004. 이후 여러 차례에 걸쳐 이러한 논지를 전개하고 있다.

우리 입장에서도 이 역사공간(터)에 대한 문명적인 성격을 부여하고 유형화시키는 작업이 필요하다.[6] 필자는 여러 편의 글에서 '동방문명(東方文明)'·'동이문명(東夷文明)'·'조선·한공동체(朝鮮·韓共同體)' 등의 용어를 부여하면서 동아시아 내지 우리문화에 대한 유형화작업을 해왔는데, 거기에는 요서, 동몽골지역 및 산동지역을 추상적으로 접근했었다. 본고 역시 이에 대해서는 구체적인 분석을 하지 못했지만 동아지중해라는 모델 속에서 발해의 중요성을 주목하면서 동아시아 문명의 한 부분이면서 시원(始原)이고 중핵(中核)이었을, 특정한 시대에 발해유역에서 꽃을 피운 복합문명을 잠정적으로 '발해문명'이라고 유형화시키고자 한다. 따라서 본고에서 연구대상으로 삼고 있는 시대는 발해유역을 중심으로 형성하고 발전한 문명권이 그 중핵(中核)역할을 다하면서 동시에 전 동아시아 질서에 광범위하게 영향을 끼치게 되는 역사시대의 초기까지로 한정하였다.

---

6) 이전에 신채호, 안확, 정인보, 최남선 등 선학들이 이러한 틀을 제시했다. 근래에 신용하는 이 지역과 문화에 대해 '고조선 문명권'이라는 설을 제시했다. 복기대는 요서문명이라는 용어를 잠정적으로 사용하자는 견해이다.

Ⅱ. 역사해석의 틀인 터이론의 적용과 동아시아 문명의 성격

1. 터와 多核(field & multi-core)이론의 이해[7]

역사에서 공간이란 기하학적인 공간 혹은 자연적인 공간, 또 평면을 의미하지는 않는다. 자연지리의 개념과 틀을 뛰어넘는 역사와 문화 또는 문명의 개념으로 접근해야 한다. 그러려면 몇 가지 조건이 갖추어져야 한다. 공간은 우선 단순한 교류의 장소를 넘어서 긴밀한 접촉과 만남이 이루어져야 한다. 우발적, 일회적, 불연속적인 만남으로 끝나서는 안 되고, 목적의식을 지닌 채 연속적이고 지속적이어야 한다. 또한 만남의 양식이 단순하거나 편향적이어서는 불충분하다. 상호교차적인 단선적(單線的)인 만남을 넘어서 복선적(複線的)이어야 하며, 그 복선들은 입체적으로 구성된 몇 개의 거점(hub. I.C.)을 중심으로 다중적(多重的)이어야 한다. 또한 공간 내부에서는 자연지리와 인문지리가 소통되고, 내부의 인간 즉 주민들 간에도 활발한 교류와 습합이 이루어져야 한다. 서로를 존립의 필수적인 존재로 인식하고, 실재하면서 공동의 역사활동을 벌여나가야 한다. 주변의 자연환경, 문화적 환경, 역사적 환경 등에 침입을 받거나 충격으로 상처를 입는 등 공동의 이익에 문제가 생길 때에는 공

---

7) 터이론의 정식명칭은 터와 다핵(field & multi core)이론이다. 줄인다는 의미에서 또 터는 다핵을 포함한 개념이므로 약칭 터이론이라고 한다.
　그동안 발표했던 내용은 윤명철, 「東아시아의 海洋空間에 관한 再認識과 活用-동아지중해모델을 중심으로-」, 『동아시아고대학』제14집, 동아시아고대학회, 경인문화사, 2006, 12 ; 「동해문화권의 설정 검토」, 『동아시아 역사상과 우리문화의 형성』, 한국학 중앙연구원, 민속원, 2005, 9 참조.

동의 문제의식을 지닌 채 공동 대응하는 시스템을 갖추어야 한다. 이러한 조건들이 갖추어져야 비로소 자연의 공간에서 역사의 공간으로 변화할 수 있다. 하나의 역사공간에서는 비록 혈통과 언어,문화가 달라도, 또 중심부(中心部)와의 거리가 멀거나, 국부적인 자연환경에 차이가 있고, 정치체제의 차이가 있어도 느슨한 하나의 '통일체(統一體)' 또는 '역사유기체(歷史有機體)', '문명공동체(文明共同體)'를 이룰 수 있다.

그런데 통일된 역사공간이라 해도 모든 부분의 성분이 균질(均質)하고, 동일한 역할을 담당하는 것은 아니다. 하나의 공간에서도 중심부와 주변부를 구분하고, 시대와 역할에 따라 모습이 달라져야 한다. 그래서 역사공간은 영토나 영역, 정치장소로서가 아니라 총체적인 연결망, 즉 네트워크의 개념으로 접근할 필요가 있다. 필자는 역사공간을 전체이면서 부분인 터(場, field), 또 부분이면서 전체이기도 한 중핵(中核 : 恒星)과 주변의 몇몇 소핵들인 행성(行星)들, 그들을 싸고도는 위성(衛星)들이 있고(multi-core), 이 모든 핵들을 연결하는 중첩적인 선(線, line)들로 이루어졌다고 보면서 역사공간을 이해한다. 이러한 해석틀을 '터와 다핵(field & multi core) 이론'이라고 명명했다.

필자가 개념화한 '터'는 자연, 지리, 기후 등으로 채워지고 표현되는 단순한 공간은 아니고, 생태계, 역사 등이 모두 포함된 총체적인 환경이다. 전체로서 다른 전체와 비교되는, 독특하면서도 완벽한 터의 중심은 기본핵(中核)구조로 되어 있다.

그런데 핵은 일종의 길목이지만 직선(直線)이나 나무(tree)형이 아니라 방사상(放射狀)으로 퍼지는 일종의 허브(hub)형이다. 자체적으로도 존재이유가 있지만, 다른 상태로 전화가 가능하므로 필요에 따라 관리와 조정기능을 하고, 인체의 혈(穴, 경혈)처럼 경락들을 이어주는 역할을 하므로 집합과 배분기능도 함께 하면서 문화를 주변에 공급하는 능력도 있다. 그래서 거기서 발생한 파장이 주변으로 퍼져나가, 토착적인 원(原)문화에 영향을 끼치고, 중핵문화를 모방하거나 영향을 받은 원(原)문화들은 작은 핵들과 선을 형성한 후에 다시 중심으로 향하면서 영향을 끼친다. 즉 전입과 전파가 하나가 연결되어 환류하는 '환류(環流)시스템'을 이룬다. 역사공간에서는 이렇게 여러 요소들이 단절되고, 서로 무관하며 격절된 부분이 아니라 전체가 부분이 되고, 부분들이 다시 전체로 되가는 유기적인 관계에 있다. 늘 터, 중핵(中核), 소핵(小核)들, 선(線)들이 유기적으로 네트워크화 되어야 작동할 수 있다.

이러한 '터'이론으로 고대 동아시아 문명을 이해하면 다른 관점에서 이해할 수 있다.

우선 이질적이고, 분절되었던 각 지역, 각국 혹은 종족들의 문명 내지는 문화를 직접적이고 간접적으로 연결된 관계 속에서 파악한다. 표면적으로 드러난 현상의 차이를 통해서 분류하거나 또는 과거 역사기록을 근거로 유형화시키는 것이 아니라 내적인 논리의 비교를 통해서 본질에 더 쉽게 다가갈 수 있다. 동아시아를 통일적(統一的)으로 이해하는 데 유효하다.

또 하나 중요한 것이 있다. 과거에는 중국의 정치질서 속에서 동아시아의 모든 역사를 춘추필법을 통해서 중국중심(中國中心), 한족중심(漢族中心)으로 기술하고 평가하면서 재편했다. 자연스럽게 동아시아 세계가 사실과는 무관하게 1극중심(極中心) 체제로 인식됐을 뿐 아니라, 독자성, 고유성을 지닌 다른 문화와 지역, 민족의 위상이 약화되거나 부정됐다. 하지만 터이론의 관점에서 해석하면 우선 동아시아문명의 '계통화 작업(系統化 作業)'에 용이하다. 큰 문명들뿐 아니라 정치력의 우열로 인하여 큰 문명 속에 흡수되어 뭉뚱그려지거나 흡수된 소문명을 복원하여 계통화시킬 수 있다. 각각 고유한 지역 집단 민족의 역사 또는 문화 등을 설정하면서 큰 범주 내에서의 위상(位相)을 찾아주고 능동적인 주체자로서 역할을 부여할 수 있다. 동아시아 문명이라는 거대하고 다양한 터에서는 동일하지 않으면서도 유사하고, 상호존중하고 교호하면서도 다른 독특한 소문화권들의 설정이 가능하다. 또한 '터이론'을 통해서 보면 우주, 생명체, 인간과 마찬가지로 동아시아문명을 자체(自體)의 완결성(完結性)과 복원력(復原力)을 지니고 끝없이 부활하는 존재 혹은 유기체(초유기체)로서 인식할 수 있다. 과거 중국을 비롯한 몇몇 제국들이 그래왔고, 지금도 요하문명론처럼 강대국들이 추진하고 있는 일극중심(一極中心) 혹은 몇몇 다극중심(多極中心)의 역사기술 및 해석과는 차원이 다르다.

2. 동아시아의 자연환경과 문화

'터이론'을 통해서 동아시아의 자연환경을 살펴보고자 한다.

동아시아8)라는 역사의 '터'는 크게 보면 대륙과 바다가 만나는 해륙적 환경

---

8) 동아시아란 개념은 1970년대부터 본격적으로 사용이 되고 있으나 그 범위, 개념, 역할 등에 대해서 통설은 없다.

全海宗은 東亞의 지리적 범주를 기본적으로 중국, 한반도, 일본열도를 지적하는 것이라고 보고, 중국은 주로 중국본부, 일본열도는 本州와 四國, 九州와 그 부속의 島嶼로 한정하고 있다. 그리고 雲南이나 兩廣지방을 주변으로 보고 있다(全海宗, 「東亞古代文化의 中心과 周邊에 대한 試論」, 『東洋史學研究』제8·9합집, 1975, p.3).

井上秀雄은 고대의 동아시아는 중국왕조의 정치권력이 미치는 지역 혹은 중국문화의 영향을 받았던 지역 등을 가리키는 용어로 추측된다고 하였다. 특히 p.12에서는 지도를 그려서 동아시아의 범주를 분명하게 표현하고 있다. 이 분류는 아시아의 동쪽이 동북아시아, 동아시아, 동남아시아의 3부분으로 되어 있다(井上秀雄, 『變動期の東アジアと日本』, 日本書籍, 1983).

西嶋定生은 대륙의 역사, 특히 중국왕조를 중심으로 하는 역사를 동아시아 역사로 보고 있다(西嶋定生, 『日本歷史の國際環境』, 日本, 東京大出版社, 1985, pp.2~3).

佐伯有淸는 동아시아라는 범주를 막연히 설정하고 한반도 세력, 일본열도, 그리고 중국대륙을 동아시아로 보고 있다(佐伯有淸, 『古代の東アジアと日本』, 日本, 敎育社, 1987).

(海陸的 環境)의 지역이다.

역사를 이룩하는데 자연은 단순한 지리, 기후의 공간만은 아니다. 지리정치적(地理政治的, geo-politic)인 영토이며 지리경제적(地理經濟的, geo-economy)으로, 지리문화적(地理文化的, geo-culture)으로도 큰 의미가 있다. 생산물의 종류가 다르며, 생산방식이 다르다. 뿐만 아니라 소속된 주민들과 함께 문화 역시 흡수된다. 당연히 문화의 성격과 질의 변화가 온다. 뿐만 아니라 세계와 사물을 바라보는 관점, 인간과 집단의 가치관이 달라진다. 즉 신앙의 형태가 달라질 수밖에 없다. 동아시아는 지구상에서 가장 다양한 자연환경을 함께 갖추고 있는 지역이다.

흑룡강(黑龍江)·송화강(松花江)·눈강(嫩江)·요하(遼河)·대릉하(大凌河)·압록강(鴨綠江)·두만강(豆滿江)·우수리강·황하(黃河) 등 크고 길며 수심이 깊은 많은 강들이 바다로 흘러들고 있다. 동쪽으로는 백두산에서 연해주로 이어지는 대삼림지대가 있고, 타타르해협을 넘어 사할린과 홋카이도, 동해 너머로 일본

宮崎市定은 東아시아를 西아시아, 中央아시아 등과 구별하고 있다(宮崎市定,『中國の歷史』2,『秦漢帝國』, 講談社, 1974, pp.3~4).

佐佐木高明은 '照葉樹林 文化圈'이라는 틀을 제시하면서 일본열도와 중국의 雲南省·靑海省 등을 연관시켰다(佐佐木高明,『照葉樹林文化』,『續 照葉樹林文化』 등).

安田喜憲은 일본해문화권이라는 또 다른 공간의 유형화가 필요하다고 제기한다(安田喜憲,「日本海 めぐる 歷史の胎動」,『季刊考古學』15호, 日本, 雄山閣出版社, 1986, pp.14~16).

古廐忠夫는 동아시아 세계와 외연으로서 동북아시아라는 시점에서, 즉 동아시아의 서브시스템으로서 環日本海 지역을 보고 있다(古廐忠夫 編,『東北アジアの再發見』, 日本, 有信社, 1994, p.5, p.8).

중국은 '統一的 多民族國家' 혹은 '多地域文明起源說' 등을 통해서 전체 중국의 현재적 정치영토를 역사적 공간으로 범주화하고 있다. 시간에 대한 새로운 유형화작업도 추진하면서 '夏商周 斷代工程', '中華文明探源工程' 등을 병행하고 있다.

필자는 동아지중해론, 해륙사관 등 몇몇 이론들을 제기하고 있다.

열도까지 확장된다. 북쪽으로는 대흥안령과 홀론보이르 초원지대(呼倫湖·貝爾湖지역)를 지나 바이칼호 주변까지, 동북쪽으로는 소흥안령과 흑룡강 상류·중류유역의 대삼림지대, 남만주 일대의 소위 동북평원과 그 한 부분인 요동평원, 요서에서 동몽골을 지나 몽골초원에 이르는 대초원지대, 황하유역에 펼쳐진 화북평원과 그 너머로 이어지는 사막지대, 산동반도의 구릉과 평원들을 비롯한 남으로 이어지는 남쪽 일부지역의 논농사지대가 있다. 그리고 서로 이어진 몇몇 대해들을 가운데 두고 주변의 육지들이 둘러싼 지중해적 형태로서 육지와 거의 비슷한 넓이의 해양이 있다. 필자는 동아시아의 이러한 지리적이고 문화적인 특성을 설명할 목적으로 동아시아의 내부 터로서 동아지중해(東亞地中海)[9]라는 모델을 설정했다.

---

9) 동아시아는 아시아 대륙의 동쪽 하단부에 위치해 있으면서 중국이 있는 대륙, 그리고 북방으로 연결되는 대륙의 일부와 한반도, 일본열도로 구성이 되어 있다. 한반도를 중심축으로 일본열도의 사이에는 동해와 남해가 있고, 중국과의 사이에는 황해라는 內海(inland-sea)가 있다. 한반도의 남부와 일본열도의 서부, 그리고 중국의 남부지역(長江 이남을 통상 남부지역으로 한다)은 이른바 동중국해를 매개로 연결되고 있다. 그리고 현재 연해주 및 북방, 캄차카 등도 동해연안을 통해서 우리와 연결되고 있으며, 타타르 해협을 통해서 두만강 유역 및 북부지역과 사할린, 홋카이도 또한 연결되고 있다. 즉 완벽하지는 않지만 비교적 지중해적 형태를 띠고 있다. 多國間 地中海海(Multinational-Mediterranean-Sea)의 형태로서 모든 나라들을 연결시키고 있다. 이러한 자연공간 속에서 大陸的 성격과 함께 海洋的 특성을 가지고 있었고, 역사가 발전하는 데에 큰 역할을 하였다. 이러한 인식과 사실을 바탕으로 필자는 '동아지중해(EastAsian-Mediterranean-Sea)'라고 유형화시켰다. 동아지중해의 자연환경에 대한 검토는 윤명철, 「海洋條件을 통해서 본 古代韓日 關係史의 理解」, 『日本學』제14, 동국대 일본학연구소, 1995 ; 윤명철, 「黃海의 地中海的 性格研究」, 『韓中文化交流와 南方海路』, 국학자료원, 1997 기타 논문 참고.
千田稔, 『海の古代史-東アジア地中海考-』, 日本, 角川書店, 2002. 그는 서문에서 1996~98년까지 국제일본문화연구센터가 '동아시아지중해세계에 있어서의 문화권의 성립과정에 대해서'라는 연구를 수행하고 그 보고서로서 이 책을 출판한다고 쓰고 있다. 그리고 그들의 동아지중해는 남지나해, 동지나해, 일본해, 황해, 발해를 가리키는 용어

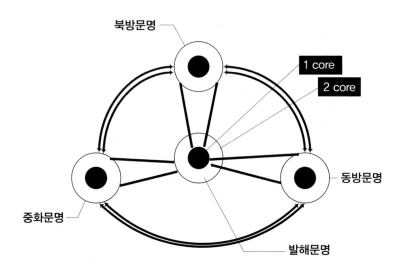

북방문명

1 core

2 core

동방문명

중화문명

발해문명

그림 1 터이론으로 재구성한 동아시아문명

　그 동아지중해의 한가운데에 있으면서 북으로는 육지와 직접 이어지고, 바다를 통해서 모든 지역들과 연결되는 지역이 바로 우리의 역사터였던 한반도[10]이다.

라고 규정하고 있다. 또한 이미 오래전부터 남방해양문화에 관하여 연구를 해 온 國分直一의 예로 들면서 그는 동아지중해를 4개의 지중해로 구성한다고 하면서 오호츠크해, 일본해, 동지나해, 남지나해라고 하였다. 동아시아를 동아지중해라고 부르고 연구를 진행하는 또 다른 학자는 독일 뮌헨대학의 중국사전공자인 Angela Schottenhammer 교수이다. 그는 동중국해, 황해, 일본해를 "동아시아 지중해"라고 설정하고 있다. Angela Schottenhammer, 「동아시아 해양국가의 양상: 1400~1800 동아시아 "지중해"에서의 한국인들의 활동」, 『21세기 동아시아 지역공존과 역사문제』, 동국대학교 건학 100주년 국제학술회의, 2007.
10)　엄격하게 필자의 역사관에 따르면 매우 부적절한 용어이다.

동아시아라는 역사와 문화의 터는 일민족사적(一民族史的)인 관점, 일지역적(一地域的)인 관점을 포함하면서 보다 더 거시적이고 확장된 문명사적(文明史的)인 관점에서 성격과 역할을 파악할 필요가 있다.

우선 가장 큰 단위인 '凡아시아'라는 터(場, field) 속에서 한 부분의 보다 작고 공간적인 특성이 압축된 동아시아라는 터이면서 중요한 핵으로 유형화시키고, 그 속에서 파악해야 한다.

동아시아라는 광범위한 역사의 터는 내부에 동방, 북방, 중국 등 3개의 작은 터와 그를 구성하는 3개의 중핵(中核 : 恒星)과 다시 그 주변의 작은 핵들(行星들)과, 독자성이 미약한 위성(衛星)들로 이루어졌다. 그리고 선을 이용하여 멀리 떨어진 인도 등 또 다른 터와 간접적으로 연결되었다. 이 3개의 터 가운데 대표적이며, 정치적으로 제국을 발전시켜온 터는 중화(中華)문명 또는 중국공간(中國空間)이다. 터 가운데에서도 특별하게 중요한 기운이 뭉치고, 연결하는 몇몇 선들이 교차하는 곳이 핵(core)이다. 비교적 성격이 압축되며 그 단위의 정체성에 충실한 곳이다. 문명에서는 독자적으로 유형화시킬 수 있는 주요한 특성이 집약된 곳의 역할을 한다. 그래서 각 문명 혹은 문화단위를 구분하면서 성격을 규명하고, 상호간에 비교할 때는 터와 터가 만나거나 중복되는 접변지역을 선택하면 명확하지 않고, 핵들을 비교해야 분명해진다.

초기에는 황하중류에서 발원한 앙소(仰韶)문화와 산동의 해안가에서 발원한 용산(龍山)문화가 중핵역할을 담당하였다. 그 문화는 점차 동서남북으로 팽창하여, 주변문화와 습합하였으며, 때로는 북방종족들의 침략을 피해 남쪽으로 도주하는 경우도 있었지만, 점차 거대한 핵을 이루었다. 초기주체들에 대해서는 '동이설(東夷說)'을 비롯한 다양한 주장들이 있었으나 역사시대에 들어온 이후에는 한족(漢族)들이 핵심역할을 했다. 하지만 다양한 종족들이 이합집산하는 과정을 거쳐 하나가 된 만치 다양한 문명과 문화들의 결정체라고 보는 것이 타당하다. 최근에 황하문명을 넘어서는 문명권의 존재가 양자강 유역, 감숙성 등 주변지역에서 드러나면서 중국학계는 '다지역 문명기원설(多地域文明起源說)', '통일적 다민족국가(統一的 多民族國家)'를 주장하고 중화문명의 범주를 확대하고 있다. 과거처럼 단일 중핵(恒星)을 중심으로 행성과 위성들이 둘러싼 '중핵방사상(中核放射狀)구조'로 가는 것이 아니라 다수의 중핵을 중심으로 다수의 행성들과 위성들이 포진해서 작동하는 '다중다핵방사상(多重多核放射狀)구조'로 수정한 것이다. 그런데 그 가운데에서 시원이 가장 오래됐고, 뛰어난 요서지역의 홍산(紅山)문화, 하가점(夏家店)문화 등은 발아기부터 중원의 앙소(仰韶)문화와 깊은 관계를 맺으면서 중화문명이라는 터를 만든 것은 아니다. 두 문화 간에는 자연환경이나 지역적으로 차이가 크며, 요서지역의 문화는 시원단계에서는 동방문명과 관계가 깊으며, 앙소문화와 달리 해양과 깊은 관련이 있다.

중화문명 안에는 이들 몇몇 중핵 외에도 각 지역과 종족을 중심으로 부중핵에 해당하는 몇 개의 행성들이 있었고, 그 외 먼 주변부에는 위성에 해당하는 지역문화들이 있으며, 중국문명을 다양하고 질적으로 우수하게 만드는 역할을 담당하였다. 예를 들면 서역, 토번, 운남, 월(越), 동남아 북부의 일부도 중국문화 형성에 중요한 영향을 끼쳤다.

북방(北方)문명은 현재 대흥안령(大興安嶺) 주변의 북만주 일부와 내외(內外)몽골지역 및 중앙아시아로 연결되고 있는 '터'로 삼고 활동한 유목종족들의 문명이다. 건조기후지역으로 초원과 사막으로 이루어졌다. 과거에는 현재 북만주지역과 동만주지역의 수렵삼림문화권, 대흥안령 주변 지대 및 흑룡강 상·중류지역도 북방문명의 범주에 넣었는데, 이는 검토해볼 필요가 있다. 종족들의 일부가 섞이는 경우가 있지만, 그것은 남만주 일대에 거주하던 동방문명권의 종족들에게게서도 마찬가지이다.

시대에 따라 주체세력이 흉노(匈奴)·동호(東胡)·오환(烏桓)·선비(鮮卑)·유연(柔然)·돌궐(突厥) 등으로 변하면서 몽골초원을 중핵으로 삼아 필요에 따라 터를 확대하면서 주변지역들을 행성과 바이칼호, 동시베리아, 알타이, 파미르 지역 등의 위성으로 재배치하면서 활용하였다.

하지만 유목종족들은 문명을 창조한 중심핵과 주변핵이 농경문화 지역처럼 뚜렷하게 나타나지 않는다. 초원은 범위는 넓지만 반면에 공간의 집약도가 낮을 뿐 아니라 활용도도 미미했다. 이동성(mobility)문화로 인하여 정착을 전제로 문화를 창조하거나 논리성이 강한 사상체계를 만들지 못했다. 생활상은 물론이고 언어와 심지어는 혈통들마저 심하게 섞여 종족들의 구분이 불분명하였다. 그들은 막강한 군사력을 바탕으로 화북지역으로 이동하여 중화문명에 업혀 정체성을 유지하는 방식을 취했으나 번번이 힘을 상실한 채 결국은 붕괴되어 버렸다. 터의 총체적인 이동이 아니라 핵(核)만을 부분적으로 이동한 것에 그친 탓이다.

동방문명(東方文明)은 현재의 한반도 북부와 남만주 일대를 중핵으로 출발하여 점차 확장해가면서 만주, 한반도전역, 일본열도에서 꽃을 피운 문명이다. 한반도 북부와 만주 일대는 냉대(冷帶)기후인데, 북부 한랭(寒冷)지역은 침엽수림이, 남부 한랭지역은 침엽수와 활엽수의 혼합림이 발달되어 있다. 물론 한반도 남부와 일본열도는 온대기후지역이다.[11]

최초의 원중핵(原中核)을 형성한 원(原 : 古)조선(朝鮮)은 주민구성에 대해서도 동이(東夷)·예맥(濊貊)·한(韓) 등 여러 설이 있고, 첫 중심지가 어디이며 어느 지역을 거쳐서 이동을 하였고, 단군조선·기자조선·위만조선의 국가적인

---

11) 千寬宇 편, 『韓國上古史의 爭點』, 일조각, 1975, p.81. 李燦의 말을 재인용.

성격과 각 국가들 간의 계승성에 관해서도 여러 견해가 있다. 하지만 지역적으로는 현재 남만주와 한반도 북부지역을 활동무대로 삼았고, 북방유목종족 및 한족들과는 다른 종족들로 구성되었으며, 문화의 성격도 다르다는 것에는 일치하고 있다. 그 시대에도 조선이 동방문명의 중핵역할을 하였음은 사료와 고고학적인 발굴을 통해서 나타난 중심유물의 분포도를 보아도 알 수 있다. 뿐만 아니라 조선이 멸망한 이후 그 터전에서 일어난 후발국가들은 조선계승성을 명분상으로 표방해 왔으며, 문화적으로도 계승하고 발전했다.

특히 고구려는 더욱 그러한 성격을 유지했다. 백제, 신라, 가야, 왜와의 관계를 중국지역이나 북방의 국가들과는 다른 관계로 여겼으며, 상호보완적이며 통일을 지향하는 존재로 인식했다. 그 외 초기단계의 동옥저(東沃沮)·부여(夫餘)·동예(東濊)·읍루(挹婁 : 勿吉, 靺鞨) 등도 행성의 역할을 하였다. 일본은 통일국가를 이룩하기 전인 고대에는 우리문화와 공질성(共質性)이 강했다. 일부에서는 일본문명이 독자적으로 존재했다고 하지만[12] 동방문명의 또 다른 부분터였다. 뿐만 아니라 중핵을 형성한 조선을 비롯하여 뒤를 이은 고구려 발해는 만주와 한반도, 바다를, 즉 해륙(海陸)을 하나의 통일된 영역으로 인식하였고, 활동하였다. 백제, 신라, 고려 등도 비록 대륙과 직접 닿지는 않았지만, 육지와 해양을 하나의 유기적인 역사공간으로 인식하면서 적절하게 활용하였다. 기본적으로 동방문명의 중심터는 동아지중해이고, 그 한가운데 한반도가 있기 때문이다.

그런데 필자는 동방문명의 범주에 대해서 기존에 언급한 내용들을 수정하

---

12) 최근에 새뮤얼 헌팅턴은 『문명의 충돌(The Crash of Civilizations)』에서 중국과 일본을 별개의 문명으로 설정하였다. 이는 동아시아를 분리시키려는 서구인들의 기본인식을 반영한다.

면서 확대할 필요를 느끼고 있다. 중핵과 행성 외에 위성 그리고 선을 설정해서 요동과 요서를 비롯하여 몽골고원을 제외한 동쪽의 동몽골 및 훌룬보이르 초원, 소흥안령의 서쪽 일부지역, 북방과 동방과 중국의 접경지역인 내몽골지역, 그리고 북만주의 흑룡강 중류주변, 연해주 일대까지 포함하여 동방문명의 터와 범주로 확장할 필요를 느낀다.

종족적으로는 부여의 지파인 두막루(豆莫婁)[13]는 물론이고, 선비(鮮卑)·오환(烏桓)·거란을 비롯해, 거기서 갈라져 나온 실위(室韋)·해(奚)·고막해(庫莫奚)[14]를 비롯하여 후대 사료에 나타나는 다호르 등의 몽골계 여러 종족들은 언어, 풍습 등에서도 유사한 점이 많다. 또한 숙신·읍루·물길·말갈로 명칭이 변하는 종족과 그들의 주변부에 거주했거나 가지를 친 에벤키(鄂溫克), 오로춘(鄂倫春), 우디거(兀底改, 赫哲, 나나이) 등 군소종족 등 북방 퉁구스계를 비롯하여 유귀(流鬼) 등 고아시아계통의 종족들 일부도 동방문명의 범주로 파악할 필요가 있다. 이들은 원조선이나 고구려의 입장에서는 위성의 위치에 있었지만 동방문명이 창조되는 데 일정한 자기역할을 한 존재이었다. 이렇게 보다 더 큰 '터'의 틀 속에서 종족, 언어, 경제형태, 문화 등의 성격을 규명하면서 우리와의 관계를 정확하게 설정할 필요가 있다.

동아시아 문명은 이러한 터들과 핵(核)들 간의 사이를 연결하는 것은 몇몇 중요한 선들이다. 역사의 터에서 선(線, line)은 핵들을 이어주는 역할을 하면서, 동시에 그 자체도 독립성을 지닌 채 문명의 일부분을 창조하는 역할을 한

---

13) 『北史』卷94, 「列傳」82, 豆莫婁國
  '豆莫婁國. 在勿吉 北千里, 舊北夫餘也.'
14) 『魏書』, 『北史』 室韋에 '실위어는 고막해, 거란, 두막루와 같다'(語典 庫莫奚 契丹 豆莫婁國同.)라고 했는데 거란어는 몽고어에 속한다. 그런데 『북사』에 奚는 宇文의 別種이라고 되어 있다.

다. 이 선 가운데 하나는 교통로(road 혹은 route)인데 결국 육로(陸路)·수로(水路)·해로(海路) 등의 도로로서, 이 성격을 이해할 때 유념해야 할 일은 선들의 움직임과 구성은 일종의 '다중방사상 형태(多重放射狀 形態)'라는 것이다. 특히 큰 선은 독자적인 동아시아문명과 외부의 독자적인 문명을 연결하는 교통로이다. 일종의 문화접변을 일으키는 수단이다.

그런데 동아시아의 역사공간에서 큰 역할을 담당해서 소홀히 다룰 수 없으며, 때에 따라서는 더욱 의미를 부여할 부분이 바로 해양(海洋)이다. 터이면서 선(sea-lane)인 해양은 북방문명과 마찬가지로 구조적인 특성상 이동성과 불보존성(不保存性)[15]으로 인하여 역사의 중요한 터였다는 구체적인 증거가 육지에 비하여 상대적으로 불충분하다. 그런데 앞에서 언급한 바처럼 동아시아의 일부는 지중해의 성격을 띤 만치 해양의 영향을 어떠한 형태로든 받을 수밖에 없었다. 특히 황해는 중국과 한반도의 서부해안 전체, 그리고 만주남부의 요동지방을 하나로 연결하고 인접한 각국들이 공동으로 활동하는 터(場, field)의 역할을 하고 있다. 때문에 일찍부터 인간과 문화의 교류가 빈번했고 그러한 공통성을 토대로 문화권이 형성되었다. 그 황해의 한부분이면서 문명의 근원이라고 할 수 있는 터가 발해(渤海)이다. 실제로 발해유역의 요서, 동몽골, 하북, 산동, 요동반도 지역은 역사시대 이전부터 많은 주민들 간에 교류가 빈번하고 갈등이 심각했으며, 현재도 동아시아에서 가장 오래됐고, 발달한 문명의 흔적들이 계속해서 발견되고 있다.

이렇게 해서 필자가 설정한 '터 이론'을 통해서 동아시아 문명의 기본성격을

---

15) 해양문화의 이러한 특성은 윤명철, 『동아지중해와 고대일본』, 청노루, 1996 이래 『한민족의 해양활동과 동아지중해』, 학연문화사, 2002 외에 여러 저서와 논문에서 상세하게 언급하였다.

살펴보았다. 문명의 구체적인 성격, 그것을 이루는 데 영향을 끼친 자연환경에 대한 검토, 실로 다양한 종족과 나라들의 성격, 그리고 그들이 영위해 온 생활 습속을 비롯한 문화 등에 대해서 구체적인 접근을 하지 못했다. 다만 발해유역의 문화성격을 총론적으로 이해한다는 목적에 걸맞게 동아시아 세계의 기본틀을 제시하는 원론적인 언급에 머물렀다. 계속되는 연구를 토대로 주어지는 기회에 맞춰 단계적으로 접근할 예정이다.

Ⅲ. 渤海유역의 자연환경 검토

발해유역은 놓여진 위치가 지리적, 지형적, 역사적으로 볼 때 동아시아 세계에서 중핵에 해당하는 역사의 터가 될 수 있음을 누구나 인식할 수 있다. 하지만 발해유역에서 생성한 문화의 성격을 생동감 있게 이해하고, 역사의 발전과정을 구체적으로 규명하기 위해서, 또한 발해유역이 중핵자격을 갖추고 있는지, 실제로 중핵역할을 담당했는지 자연환경을 구체적으로 살펴볼 필요가 있다. 선사와 고대사회에서 자연환경이란 역사와 밀접한 관련을 맺는다. 기후, 지형 등 자연환경에 따라 식생대가 형성되고, 이에 따라 생물학적 변화와 함께 인간의 이동이 발생하고, 생활양식이 결정되면서 문화적 변화가 일어나고, 사회제도와 정치조직이 형성되면서 역사적인 변동이 발생한다. 즉 자연시스템에서 문화시스템을 경유하여 정치시스템으로 변해가는 구조이다.

발해유역은 '만(灣, gulf)'·'내해(內海, inland-sea)'·'지중해(地中海, Mediterranean-Sea)'라고 불리는 발해를 둘러싸고 북·동·서·남으로 육지가 있다. 황해는 평균 수심이 44m로 낮고 해안선이 복잡한데다 섬들이 산재해 있다. 발달된 만(灣)에는 사람들이 모여 살았고, 연안을 따라, 많은 섬들을 징검다리 삼아 바다 멀리 진출하였으며, 바다 반대편에 있는 사람들과 직접 또는 간접 접촉을 할 수 있었다. 그래서 만을 사이에 두고 두 문화 간에는 모방성, 교류성이 강하며 주민들은 동일하거나 유사한 생활권을 만들기도 한다.[16]

특히 발해의 해양환경은 이러한 특성을 갖기에 매우 적합했다. 발해는 북

---

16) 윤명철, 『동아지중해와 고대일본』, 청노루, 1996 ; 윤명철, 『한국해양사』, 학연문화사, 2003 등 참고.

위 37도 11분에서 북위 41도에, 동경 117도 30분에서 동경 122도 사이에 걸쳐 있다. 바다가 계란모양으로 동북방향에서 서남방향으로 뻗어있는데, 남북이 550km이고, 동서는 330km로서 면적은 7.7만 평방km에 달한다. 해저지형은 평탄하며 보통 수심은 20~30m 정도이고, 연해안부근은 10m 내외로 얕다. 동부 북부해안은 바위벽으로 되어있고, 대부분의 해안은 모래해안으로 되어 있다. 해안선은 래주만(萊州灣)의 일부를 빼놓고는 리아스식 해안이 아니라 비교적 일직선에 가까우며 암초들은 적은 편이다.[17]

발해는 요동만(遼東灣)·발해만(渤海灣)·래주만(萊州灣) 등 3개의 큰 만과 군소 만들로 구성되어 있다. 요동반도가 북에서 남으로 뻗어오면서 내부에 구릉성의 천산(千山)산맥과 동북평원 지역의 일부가 발달하였다. 내몽골지역에서 발원한 시라무렌하(西拉木倫河)와 노합하(老哈河)가 합수한 서요하와 동요하가 각각 흘러오다 만나 다시 요하라는 이름으로 반산(盤山)에서 발해로 들어간다. 총 길이가 무려 1,430km에 달하는 긴 강이다. 요동만은 요하하구를 중심으로 서쪽에는 대릉하하구 금주만(錦州灣)·연산만(連山灣) 등의 작은만으로, 동쪽에는 복주만(復州灣)·보란점만(普蘭店灣)·진저우만(金州灣) 등으로 이루어져 있다. 요동반도의 해안을 따라 거대한 고인돌을 비롯한 적석총 등 고조선 계통의 역사와 문화흔적들이 촘촘히 분포되어 있다. 요동반도 남쪽 끝에서 동쪽 근해에는 장산군도(長山群島)라고 불리는 섬밀집지역이 있다. 이곳에서는 선사시대 유적을 비롯하여 해양관련 유적들이 많이 있다. 역사시대에 들어와 요동반도와 장산군도는 고구려의 진출거점 겸 방어진지로서 결정적인 역할을 담당하였다.[18]

---

17) 孫光圻, 『中國古代航海史』, 海洋出版社, 1989, pp.13~22.
18) 신형식·최근영·윤명철·오순제·서일범, 『고구려 산성과 해양방어체제』, 백산자료원, 2000.

발해의 북쪽에는 요서 및 그 위쪽의 동몽골지역이 있는데, 동아시아 문명의 핵심지역이다. 연산산맥(燕山山脈)의 양대 지맥이, 서남과 동남방향으로 뻗고 서에는 노노아호산(努魯兒虎山)이 동에는 의무려산(醫巫閭山)이 있다. 이 지역은 조양(朝陽)·오한기(敖漢旗)·적봉(赤峰) 등을 거쳐 동북으로는 멀리 대흥 안령 산맥 및 홀론보이르 초원과 연결되며, 서북부로는 고원지대를 거쳐 내몽골초원으로 이어지면서 북방유목종족들의 남하루트가 되었다. 이곳에는 대릉하(大凌河)·노합하(老哈河), 시라무렌하·서요하 등이 흐르고 있다.

발해의 서쪽은 하북성과 천진시 및 산해관(山海關)·진황도(秦皇島)·창려(昌黎)·갈석(碣石)·당산(唐山) 등의 고대해안가도시들이 있다. 란하(欒河)와 해하(海河)가 내려오다 발해의 발해만(海河)으로 들어간다. 특히 역사적으로 의미 있는 란하(欒河)는 내몽골동남부를 거쳐 연산산지를 뚫고 창려현(昌黎縣)에서 발해로 들어온다. 이곳은 하북평원이라고 부를 만치 밭농사에 적합한 농경지가 많다. 발해의 남쪽은 산동반도와 연결되는데, 청해성에서 시작해서 5,464km를 흘러온 황하가 산동성 간리(墾利)현에서 발해의 래주만으로 들어온다. 래주만은 삼면이 자루모양 육지로 둘러싸여 해양교통에 편리하다. 요동반도 및 압록강하구에 직접 연결된 역사의 무대인데, 후에는 고구려를 공격하는 수나라와 당나라의 수군이 출항한 곳이기도 하다. 동쪽으로는 묘도군도를 사이에 두고 황해와 접해있다. 산동은 평야가 넓으며 구릉이 있으나 그다지 높은 지형은 아니다.

발해유역은 선사시대에는 해안선이 지금과 달리 더 내륙으로 들어갔다. 하

윤명철, 「遼東지방의 해양방어체제연구」, 『정신문화연구』통권 77호, 한국학중앙연구원, 1999, 12.
19) 孫光圻, 『中國古代航海史』, 北京, 海洋出版社, 1989, p.15.

지만 내해적, 지중해적 형태에는 큰 차이가 없다. 발해는 육지에 둘러싸여 지문항법(地文航法)을 이용하는 근해항해가 가능했다. 즉 바다 위의 선박은 육지나 높은 산을 보면서 항해하기 때문에 선박의 위치를 쉽게 확인할 수 있다. 반면에 육지에 있는 관측자는 먼 바다에 떠 있는 선박을 관측할 수가 없다. 뿐만 아니라 적의 공격, 태풍 등의 악천후 같은 유사시에는 어느 장소로도 피항(避港)이 가능하다. 따라서 발해는 선사시대부터 해양활동이 활발했고, 해양을 최대한 활용

그림 2 빙하시대 후기 해침(海浸) 고조시 해안선[19]

하여 역사를 발전시키는 동력으로 삼았다. 특히 산동반도의 동북단인 봉래두(蓬萊頭)에서 요동반도의 여순(旅順)까지는 소위 묘도군도(廟島群島)가 점점이 이어지고 있다. 발해와 황해를 가르고 있으므로 발해해협(渤海海峽)이라고 부르는데 수심이 얕고 길이가 35해리이지만 섬들 간의 거리가 매우 짧아 초보적인 항해술과 조선능력만 갖추어도 항해가 가능했다.[20]

또 해류의 문제가 있다. 남중국해에서 동북방향으로 흘러 들어오는 쿠로시오(黑潮)의 한 지류는 대만을 거쳐 제주도로 북상을 하다 양쪽으로 갈라진다. 그 한 흐름이 서해남부해안으로 부딪쳐 서해연안을 타고 올라오면서 문물과

---

20) 이 부분에 대해서는 尹明喆, 「黃海文化圈의 形成과 海洋活動에 대한 연구」, 『先史와 古代』, 한국고대학회, 1998, p.142 참조.

21) 王雅軒·王鴻賓·蘇德祥 編, 『中國古代歷史地圖集』, 遼寧教育出版社, 1990, p.13.

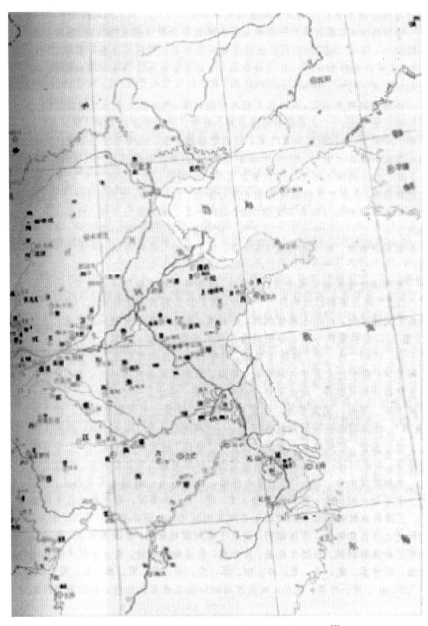

그림 3 西周시대 해안선(해양쪽 실선은 현재의 해안선이다)[21]

역사의 이동로가 된다. 서해를 타고 올라간 해류는 다시 서한만(西韓灣)과 발해(渤海)를 거쳐 황해서부 즉 중국동안을 타고 아래로 내려온다.[22] 한편 중국 연안을 남하하는 해류는 발해(渤海) 및 황해북부에서 기원하며 중국대륙연안을 따라 남하하다 남중국해 방면으로 사라지는데 동계에는 수온이 낮다. 발해에는 연안류가 흐르는데, 북에서 움직여 남으로 나온다. 유속은 여름에 강하고 겨울에는 약한 편이다. 발해만의 요동만 우측으로 돌면서 회전하고, 나머지는 좌로 돌아 회전한다. 그리고 마지막에는 발해해협의 남쪽을 통해서 황해로 빠져 나온다.[23]

한편 조류(潮流)는 연안항해에서 중요한 역할을 한다. 한반도의 서남해안과 중국의 동해안은 조류가 매우 빠르고 방향의 지역적 편차가 심하다. 발해 또한 조류의 흐름은 복잡했으나 전체적으로는 대양에 노출되어 있지 않고, 해역이 복잡하지 않아 항해에 용이했다. 선사시대와 고대에 해안가에 주민들이 집단으로 분포한 흔적이 있는 것은 의미심장한 일이다.[24]

바람(風) 또한 항해환경에 있어서 절대적이다. 동아시아는 계절풍 지대이다. 황해나 동중국해는 동계(冬季)에는 북서풍이며, 때때로 편북(偏北)에서 편북동풍(偏北東風)이 된다. 하계(夏季)에는 편남(偏南) 또는 편남동풍(偏南東

---

22) 윤명철, 「黃海海流의 歷史的 環境」, 『황해연안의환경과 문화』, 국제학술회의, 한국학술진흥재단, 1993 ; 바트 T 보크. 프츠란시스 W. 라이트 지음, 정인태 譯, 『基本航海學』, 대한교과서주식회사, 1963, pp.178~219 ; 이석우·김금식 共著, 『海洋測量學』, 집문당, 1984, pp.329~374 참조. 특히 pp.350~356에는 우리나라 潮汐에 대한 설명이 나와 있다. ; 茂在寅南, 『古代日本の航海術』, 小學館, 1981, pp.81~88.
23) <그림 4> 동아시아해양 월별 해류도, 4月·12月, 『韓國海洋環境圖』, 대한민국, 水路局에서 인용.
24) 이 부분에 대해서는 윤명철, 「海洋條件을 통해서 본 古代韓日 關係史의 理解」, 『日本學』제15, 동국대 일본학연구소, 1995 ; 「한반도 서남해안의 海洋歷史的 환경에 대한 검토」, 전주박물관죽막동 유적 학술회의, 1996 이래 여러 곳에서 언급.

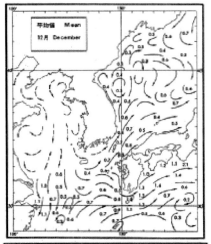

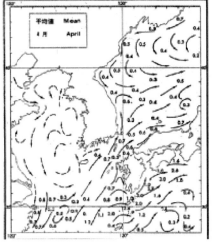

그림 4 동아시아 해양 해류도

風)이 많고, 4월 말에서 5월 초 및 9월에는 부정풍(不定風)이 많다. 그러나 때에 따라서 다르고 지역에 따라서 다른 것이 바다의 바람이다. 봄에서 여름에 걸쳐 부는 남풍계열의 바람은 한반도에서 산동반도 및 발해와 교섭을 가능하게 하며, 발해 내부에서는 산동반도 등에서 요서·요동반도로의 항해를 가능하게 한다. 반면에 가을에서 겨울에 걸쳐 부는 북풍계열의 바람은 발해연안과 우리 한반도 북부 또 발해와 중국의 중부 혹은 남부해안과의 교류를 가능하게 한다. 또한 발해 내부에서는 요동반도와 요서지역에서 산동반도나 하북성 해안지역으로 항해를 가능하게 한다. 이 때문에 갑골문의 '범(帆)'[25)에서 나타나듯 바람을 오래 전부터 항해에 이용했다.

모든 해양환경요소들을 고려할 때 동해·남해·동중국해·황해는 하나로 연결되고, 문화의 중심격인 그 황해의

---

25) 許進雄 著, 洪熹 譯, 『中國古代社會』, 동문선, 1991, p.336, p.354.

가운데에 소규모 내해(內海)로서 발해(渤海)가 있다. 따라서 발해의 발해만·래주만·요동만·산동만·서한만·경기만 등은 물길로 직접 이어지고, 나아가 동아지중해 전체로 확대될 수 있다. 그 항로 가운데 하나가 필자가 설정한 '환황해연근해항로(環黃海沿近海航路)'이다. 『신당서』권43 지리지에는 가탐(賈耽)이 쓴 도리기(道理記)에 다음과 같은 항로를 소개하고 있다. 즉, '登州東北海行, 過大謝島, 龜歆島, 末島, 烏湖島 三百里-浿江口 椒島 得新羅西北之長口鎮, 又過 秦王石橋, 麻田島, 古寺島, 得物島, 得物島 唐恩浦口, 東南陸行, 七百里至新羅王城.' 이 기록을 갖고 손광기(孫光圻)는 지부(芝罘)에서 봉래두(蓬萊頭)를 거쳐 묘도군도(廟島群島), 요동반도 남단의 노철산(老鐵山), 압록강구, 조선반도 서해안, 조선반도 동남연해(부산, 거제도), 대마도(對馬島), 충도(沖島), 오시마(大島) 북구주(北九州)연안, 관문(關門)해협, 세토나이가이(瀨戶內海), 오사카만(大阪灣), 와카야마신구정(和歌山新宮町), 구마노나다(熊野灘)로 이어진다고 논증하고 있다.[26] 환황해연근해 항로와 거의 일치하고 있으며, 첫 구간은 바로 발해항로이다.

이렇게 해서 주로 해양이라는 관점에서 발해유역의 해양환경을 검토해보았다. 발해유역은 대륙성기후와 해양성기후가 함께 작용한다. 온대 계절풍이 불어와 겨울에는 비교적 춥지만 여름에는 비가 자주 내리고 습도가 높다. 요서지방은 농경문화를 위주로 하며, 초원에서 목축생활을 하였고, 크고 작은 강들을 통해 해양과 연결되므로 어업과 소금생산을 비롯한 해양문화도 발달하였다. 한편 북으로 동몽골을 지나 대흥안령 지역으로 이어지면서 유목생활은 더욱 본격적으로 이루어졌다. 요동반도는 밭작물을 비롯한 농경문화가 발달

---

26) 郭泮溪,「中韓海上絲路與板橋鎮 市舶司」,『海洋文化研究』제2권, 靑島大學校 海洋文化研究所, 海洋出版社, 2000, 12, p.53.

그림 5 환황해 연근해 항로

하였고, 철을 비롯한 각종 지하지원이 풍부하였으며,[27] 역시 어렵을 비롯하여 무역 등 해양문화가 발달하였다. 발해만과 연변한 하북성지방은 토지가 비옥하여 밭작물 등 농경이 발달하였고, 산동반도 북부 또한 구릉성산지와 평원이 많아 농경문화가 발달하였으며, 어렵생활과 함께 요동반도 및 한반도와 무역

---

27) 漢나라가 鹽官과 鐵官을 두었던 平郭현은 요동군에 속했다. 고구려에서 건안현으로 불렸다.

을 활발하게 벌였다. 발해유역은 이렇게 초원, 삼림, 평원, 구릉, 해양이 만나고 교차하는 자연환경이므로 주민들 간의 이동이 빈번하며 갈등이 심각하고, 경제형태 또한 농사, 수렵, 목축, 어렵, 무역 등 다양할 수밖에 없었다. 특히 발해유역의 핵심지역인 요서(遼西)지방과 일부 동몽골지역은 한 터에 모든 요소가 복합적으로 구성되어 있었다.

Ⅳ. 渤海유역의 역사와 동아시아 문명의 생성

앞장에서 살펴본 바와 같은 지정학적(地政學的)·지경학적(地經學的)·지문화적(地文化的)인 환경 속에서 발해유역의 역사는 어떻게 전개되었을까?

발해유역은 육지로는 요동, 요서, 화북 및 산동을 포함한 4개 지역(地域)과 요동만, 발해만, 래주만의 3만(灣)이 포함된 발해라는 1개 해역(海域)으로 구성되었다. 이 터에서 출발하고 발전한 문화와 역사는 주변의 여러 지역, 여러 나라, 여러 종족들의 역사와 직접 연관되었으므로 동아시아라는 큰 범주와 국제관계라는 거시적인 틀 속에서 살펴보고 이해할 필요가 있다.

그동안 동아시아 전체에서 가장 시원(始原)이 오래됐고, 중심이라고 생각했던 문화는 황하(黃河)의 중류 유역에서 배리강(裵李崗) 문화, 자산(磁山)문화를 이어 꽃을 피운 앙소(仰韶)문화였다. 이른바 황하문명론의 근거가 된 문화이다. 그리고 용산(龍山)문화라는 신석기시대 말기의 농경문화가 있다. 이 문화의 존재는 1930~1931년에 산동성(山東省)·역성현(歷城縣)·용산진(龍山鎭)에서 성자애(城子崖)유적을 조사하면서 밝혀졌다. 이곳에서는 석기·패기·골각기 등과 함께 흑색토기가 발견되었다. 그래서 용산문화의 특징으로 성들과 함께 흑도(黑陶)문화를 든다. 그 가운데 기원전 4330년 정도로 추정되는 산동성 태안현의 대문구(大汶口)문화는 동이계(東夷系) 문화로 추정되고 있다.

그런데 최근에 소개되는 고고학적 발굴성과와 연구에 따르면 문명의 시원으로, 발전단계로 보아 동아시아 문명의 핵심은 발해유역의 하나인 요서지방에서 발전한 소위 '요하문명(遼河文明)'이다. 이 문화의 존재는 일찍부터 알려졌으며,[28] 국내에서도 이형구(李亨求)[29]가 연구한 이래 윤내현(尹乃鉉)[30]·한창균[31]·오순제[32]·복기대[33] 등이 연구성과를 발표하였으며, 최근에는 소위 '요하문명론'과 관련하여 우실하가 그 내적인 논리를 소개하고 있다. 현재 요서와 동몽골 지역에서 발전한 문화는 기원이 매우 오래다.[34]

흥륭와(興隆洼) 문화는 약 8000여 년 전에 발전한 신석기시대 문화이다. 넓이가 무려 4만 평방m에 달하는데, 130여 기의 주거지들이 도시처럼 배열되었고 주변에 타원형의 환호(環濠)가 있고, 이미 옥기가 사용되었고, 통형관 등 다양한 종류의 토기들과 함께 토제 인면상이 발견됐다. 옥수수밭으로 변한 유적지에서는 지금도 토기편들이 발견된다. 갈돌도 출토되고, 인골과 함께 돼지, 양 등이 함께 묻혀 농경(農耕)과 수렵(狩獵)·목축(牧畜)이 함께 이루어졌음을 알 수 있다. 조개도 발견된 것으로 보아 요하를 타고 내려가 주변 발해와 교류가 있었을 것이다.

---

28) 郭大順, 『龍出遼河源』, 百花文藝出版社, 2001에 종합적으로 정리되어 있다.
29) 李亨求, 「발해연안 석묘문화의 원류」, 『한국학보』50, 일지사, 1988 ; 「발해연안 빗살무늬토기문화의 연구」, 『한국사학』10, 한국정신문화연구원, 1989.
30) 尹乃鉉, 『고조선연구』, 일지사, 1994.
31) 한창균, 「고조선 성립배경과 발전단계 시론」, 『국사관논총』제33집, 국사편찬위원회, 1992.
32) 오순제, 「百濟의 東明과 高句麗의 朱蒙」, 『실학사상연구』12, 무학실학회, 1999에서 고구려족의 기원과 관련하여 언급하였다.
33) 복기대, 『요서지역의 청동기 시대 문화연구』, 백산자료원, 2002.
    복기대는 「한국상고사와 동북아시아 청동기문화」, 『단군학연구』14, 2006에서 요하문명론을 비롯해서 요동지역의 문화까지 폭넓게 소개하고 있다.
34) 필자는 소위 '요하문명'과 관련해서 몇 차례의 현지유적답사와 연구자들의 성과를 공부하였으나 고고학에 문외한이므로 몇몇 연구자들의 연구성과에 도움을 받으며 재인용했음을 밝힌다. 그리고 해양과 관련된 논리전개를 위해 간략하게 소개하는 수준으로 끝내고자 한다.

사해(査海)문화는 대체로 홍륭와문화와 비슷한 시대로 여겨지는데, 1976년에 유적이 발굴되었으며 대릉하 상류에 있다. 규모나 시설은 홍륭와보다 못하지만 주거유적이 60여 기 반듯하게 배열되어 있다. 다양한 형태와 문양을 지닌 토기들과 갈돌, 농기구와 옥기들이 발견됐다. 그 무렵에는 삼림지대로서 수량이 풍부한 곳이었다.

식생분포도를 보면 요하 이서는 온대초원으로 되어 건조지역의 풀보다 키가 크고, 밀생하는 초원이다. 유목하기에 적합한 지형이다.35) 이어 조보구(趙寶溝)문화를 거쳐 홍산(紅山)문화 시대로 접어든다. B.C. 4500에서 B.C. 3000년 사이에 발전한 문화로서 요하문명의 핵심이다. 대표적인 유적은 '우하량(牛河梁) 유적지인데, 길이 160m에 너비 50m의 규모인데, 거대한 적석총들과 내부에 석관묘들이 있었고 기원전 3500년경의 것으로 추정된 여신상의 파편들이 출토됐고, 제단도 발견됐다. 적석총 안의 석관에서는 다양한 형태의 가공수준이 뛰어난 옥(玉)제품들이 다수 나왔다. 조보구 문화의 뒤를 이어 채색토기가 출현한다. 청동제조도기, 청동슬래그들이 발견돼서 청동기시대에 돌입했다고 주장하는 학자들도 있다. 이미 국가단계에 들어온 고국(古國)이라고 말한다. 홍산(紅山)문화의 주체가 동이(東夷)라는 설이 중국학자들에게서 나오고 있음은 주목할 만한 일이다. 한편 이 무렵에 발해만의 동쪽인 요동반도에서는 신락(新樂)문화가 발전하고 있었다.

그런데 해양문화는 어떤 단계에 와 있었을까? 산동(山東)반도의 장도(長島) 북쪽인 대장산도(大長山島)의 유적지에서는 6600년 전의 바다생물을 식료로 하는 인간의 유적지가 발견되었다.36) 산동반도 대문구(大汶口)문화의 석기들

---

35) 千寬宇 편,『韓國上古史의 爭點』, 일조각, 1975, p.86에서 李燦의 말을 재인용.
36) 汶江,『古代中國與亞非地區的海上交通』, 四川省 社會科學院 出版社, 1989, p.6.

가운데에는 독목주(獨木舟)를 가공하는 공구들이 있어서 일찍부터 조선술이 발달했음을 알 수 있다.[37] 발해의 묘도(廟島)군도의 장도(長島) 대호촌(大浩村) 출토의 용산문화(龍山文化) 유지(4000여 년 전)에서는 선미(船尾)의 잔적(殘跡)을 발견하였는데, 선장(船裝·삿대)은 근대의 것과 크게 다르지 않다. 또 장도(長島) 북경(北慶)유지에서는 석망추(石網墜)를, 바다 가운데에서는 석묘(石錨)가 발견되었다. 장도열도가 신석기 시대 항해의 물증이다.

요동반도 끝의 대련시 대대산(大臺山)과 왕장채(王莊寨) 용산문화의 유적을 발견하였는데, 산동반도 서북부 연해에서 나타난 것과 기본적으로 동일하다. 대장산도(大長山島) 마석패구(馬石貝丘) 가운데에서 요녕(遼寧) 신락(新樂)문화의 비문도기(篦文陶器)를 발견하였는데 6600여 년 전의 유물이다. 발해의 동쪽 끝자락인 대련시 장해현(長海縣) 광록도(廣鹿島, 長山군도에 있다)[38] 오가촌(吳家村) 유지에서는 1945년 이전에 주형도기(舟形陶器)가 발견되었고, 대련시 여순구구(旅順口區) 곽가촌(郭家村) 신석기 유지에서(상층, 4870±100년, 하층, 5015±100년)도 주형도기가 발견되었다. 요동반도 황해연안 압록강하구의 신석기 유적인 단동시(丹東市) 동구현(東溝縣) 마가점향(馬家店鄕) 삼가자촌(三家子村) 후와(後洼)유지 아래층(6000년 이상 된 곳)에서 배모양의 도기(陶器, 주형도기) 3개가 발견되었다.[39] 이러한 상황들을 고려하면 요동반도에서는 이미 5000년 전에 해운업이 형성되었으며, 아마도 6000년

---

37) 彭德淸, 『中國航海史(古代航海史)』, 人民交通出版社, 1988, pp.5~6.

38) 이곳의 해양환경 등에 대해서는 필자가 답사하고 난 후에 작성한 「고구려의 요동 장산 군도의 해양전략적 가치 연구」, 『고구려연구』제15집, 학연문화사, 2003 참조.

39) 汶江, 『古代中國與亞非地區的海上交通』, 四川省 社會科學院 出版社, 1989, pp.5~6 ; 孫光圻 著, 『中國古代海洋史』, 海洋出版社, 1989에는 pp.34~36까지 중국지역에서 발견된 선사시대 통나무(獨木舟) 배 유적지 일람표가 상세히 되어있다.

전 내지 7000년 전, 신석기 중기에는 산동반도와 요동반도 연해를 오고가는 항해가 있었던 것으로 보인다.[40)

청동기시대에 들어오면서 요서지방은 이른바 하가점(夏家店)하층문화 시대가 된다.[41) 기후는 나무나 식물들의 분포를 볼 때 고온다습한 기후였으며, 후기에 들어가면 기온이 내려가기 시작했다고 한다. 농업이 발달한 시대였는데, 주거지와 함께 대략 70여 개에 달하는 석성들이 발견된 것이다. 대표적인 성은 지가영자성(遲家營子城)이다. 적봉시 외곽의 삼좌점성(三座店城)은 산의 윗부분에 석성을 둘러쌓고 내부에 규격화된 거주지를 마련하였다. 부분에 따라서 이중의 방어벽을 구축했고, 성돌 가운데에는 잘 다듬은 견치석들도 보이고 치(雉)가 무려 13개나 된다. 일종의 산상도시(山上都市)형태이다. 이 문화의 중요한 특징은 채색토기와 함께 본격적인 청동기 시대가 시작했다는 점이다.

발해의 발해만 쪽인 당산(唐山) 대성산(大成山)유적에서도 초기 청동기시대에서만 보이는 붉은색을 띤 순동(純銅, copper)으로 만든 장식이 2점 발견되었는데 기원전 2000년 무렵으로 추정한다. 요녕성 적봉현 하가점유적(하층), 소유수림자(小楡樹林子)유적 등에서도 이른 시기의 청동기가 발굴되었다. 오한기(敖漢旗) 대전자(大甸子)유적에서도 소형동기가 출토되었다. 이런 결과를 토대로 중국의 청동기가 발해연안 북부에서 자생했다는 추측하기도 한다. 이형구는 갑골문화와 더불어 발해연안 북부에서 기원한 것으로 추정되

---

40) 內藤雋輔 역시 濱田박사의 고고학적인 해석을 수용하여 남만주와 요동반도 사이에 항로가 있었다고 주장을 하고 있다(內藤雋輔, 『朝鮮史研究』, 東洋史研究會, 1962, p.378).

41) 하가점 하층 및 상층문화에 대해서는 복기대, 『요서지역의 청동기문화』, 백산자료원, 2002에 성격의 연구와 함께 연구사 및 쟁점들을 소개하고 있다.

는 초기 청동기문화는 동이족이 창조한 것인데, 이들 동이족들은 기원전 17세기경 황하하류지역으로 향하여 하(夏)를 멸하고, 은(殷 : 商)제국을 (은민족) 건설하였을 것으로 추측된다고 말하며[42] 문화의 동진(東進)이라는 입장을 표명한다. 이와 유사한 주장이 곽대순(郭大順)에 의해서 나왔고, 복기대는 최근에 하가점 하층문화가 상(商)문화에 영향을 주었다고 표현하였다. 북한의 김영근은「하가점 하층문화에 대한 고찰」에서 최근 북한학계의 견해를 반영하며 하가점 하층문화를 고조선주민들이 창조한 문화로 해석하고 있다.[43] 한국에서도 윤내현·한창균·복기대[44] 등이 정도의 차이는 있지만 이 문화는 고조선과 관련성이 깊은 것으로 주장하고 있다. 하가점 하층문화가 어떻게 소멸했는지에 대해서는 여러 설이 있는데, 이 시대 끝 무렵부터 기후가 변동하여 초원지대가 형성되면서 북방유목민들이 남하하고, 이들이 농업위주의 정주민이 합하여 형성되면서 소멸되고 하가점 상층문화로 변했다고 하는 환경변화설도 있다.[45]

이 무렵 요동반도는 고인돌 문화가 꽃을 피우고 있었다. 고인돌은 한국학계에서는 일반적으로 비파형 동검과 함께 고조선 문화권의 상징으로 보고 있다. 현재까지 조사된 바에 따르면 주로 요남(遼南)지구의 보란점(普蘭店)·와방점(瓦房店) 북부와 개주(盖州)남부의 구릉지대와 낮은 산기슭에 있다. 요하의 서쪽인 금주(錦州)·부신(阜新)·조양(朝陽)지구에서는 나타나지 않는다. 요동반도

---

42) 이형구,「고조선 시기의 청동기문화연구」,『고조선문화연구』(역사분야 연구논문집 99-1), 한국정신문화연구원, 1999, pp.80~81 참고.
43) 김영근,「하가점 하층문화에 대한 고찰」,『단군학연구』제14, 단군학회, 2006.
44) 복기대,「요서지역 청동기시대문화의 역사적 이해」,『단군학연구』5, 단군학회, 2001. 이후,『요서지역의 청동기 시대 문화연구』, 백산자료원, 2002.
45) 복기대,『요서지역의 청동기 시대 문화연구』, 백산자료원, 2002, pp.92~93 참고.

남쪽인 장해(長海)의 소주산 유적에서도 고인돌이 발견되었는데, BP 4000년 경으로 추정한다.[46] 적은 숫자지만 산동성 일부지역에서도 고인돌이 발견된다.[47] 이런 현상을 보면 발해유역의 여러 지역 간에는 해양을 통해서 문물과 주민의 이동이 있었다.[48] 하지만 고인돌이 요서지역에서 발견되지 않는 것은 이해하기 힘들다. 요서지역에 돌이 없는 것도 아니다. 그 시대에 발해를 사이에 두고 각각 다른 문화집단이 공존하고 있었을 가능성도 있다.

다음 단계인 하가점 상층문화는 노노아호산(努魯兒虎山) 이서에서 발달한 문화이다. 담당주체에 변화는 있지만 하층문화를 계승한 것으로 이해된다. 앞선 시기의 위영자문화(魏營子文化)와 뒤에 해당하는 능하(凌河)문화유형으로 구분한다. 이 문화층에서는 비파형동검이 나타난다. 비파형동검은 조양(朝陽) 12대영자(臺營子)지역에서 처음으로 발견되었다. 그래서 하가점 상층문화와 비파형동검을 일치시키는 공식이 등장한 것이라고 한다. 그런데 현재까지 가장 오래된 비파형 동검은 기원전 11세기 무렵의 길림성 성성초(星星哨)유적에서 발견된 것이며, 산동지역에서도 비파형동검이 발견되고 있다.[49]

---

46) 許玉林,『遼東半島石硼』, 遼寧科學技術出版社, 1994, p.74. 이 지역은 신석기 시대 유물들이 발견된다.
47) 하문식,『고조선 지역의 고인돌 연구』, 백산자료원, 1999.
48) 하문식은 고인돌의 분포현황을 고려해 '환황해고인돌 문화권'을 설정하는 일이 가능하다고 한다. 한류 p.297. 필자도 환황해문화권을 이야기 하면서 그 근거의 하나로서 고인돌을 거론한 적이 있다. 동아지중해라는 모델을 설정할 정도의 자연·역사적 환경이라면 비단 고인돌뿐만 아니라 대부분의 문물이 해양을 매개로 하였음은 당연한 일이다. 이 분야의 연구자들에게 당부하고 싶은 것은 해양문화에는 독특한 메커니즘이 있고, 특히 교류의 길(航路)이 따로 있다는 사실을 유념해 달라는 것이다. 그에 따라 교류의 길은 물론 양상, 심지어는 주체의 성격이 달라진다. 교류의 실상을 파악하거나 미리 예측하고자 할 때 해양의 메커니즘을 이해하고 활용하면 매우 효율적이다.
49) 복기대,『요서지역의 청동기시대문화연구』, 백산자료원, 2002 ;「요서지역의 청동기 시대문화와 황하유역문화와의 관계」,『고대에도 한류가 있었다』, 지식산업사, 2007,

비파형동검[50]은 산해관(山海關)과 요하(遼河) 사이의 대릉하(大凌河) 주변에서 집중적으로 나타나므로 중국 및 일본학자들은 이를 동호족(東胡族)[51]의 문화로 본다.『사기(史記)』흉노열전에는 연의 북쪽에 동호(東胡)와 산융(山戎)이 있다고 했는데, 대릉하 유역에는 산융이 분포했으며 하가점 하층문화의 담당자라고 본다. 하가점 상층문화의 분포범위는 시라무렌하 유역 및 그 이남지역이며, 한때는 더욱 서남지역까지 확대되어 동호족의 활동범위와 일치하고 있다. 사용시기 또한 주초(周初)부터 전국(戰國)까지로 동호족의 활동시기와 일치한다. 이지린은 고조선(古朝鮮) 시대에 동호족을 맥족(貊族)으로 본다.[52]

손진기(孫進己)는 '요녕지역에서는 동천해온 화하족(華夏族)과 그곳의 산융 및 동이 여러 족이 융합되어 한대의 한족으로 되었다. 이것이 곧 동북에서 최초로 형성된 고대민족이다'[53]라고 하여 복합적임을 시사하고 있다. 아울러 하가점 상층문화와 길림성 눈(嫩)강 하구유역의 백금보(白金寶)문화와의 유사성을 설명하면서 동호, 산융 그리고 예맥은 같은 민족은 아니지만 최고로 올라가면 원류상 관련은 있음을 설명해주는 현상일 뿐이라고[54] 말해 여운을 남긴다. 우리 학계에서는 이 동검을 고조선과 직결되는 것으로 본다. 김정학도 요서지역의 비파형동검문화시기, 즉 능하(凌河)문화시기의 문화를 고조선문

---

pp.396~400.

50) 비파형 단검은 遼寧式동검, 滿洲式동검, 曲句靑銅短劍, 渤海沿岸式 曲刃靑銅短劍 (이형구) 등으로 불린다.

51) 『山海經』권11,「海內西經」 '東胡는 큰 호수의 동쪽에 있으며 夷는 東胡의 동쪽에 있다.'

52) 이지린,『고조선연구』, 평양, 과학원출판사, 1964, p.398.

53) 孫進己, 林東錫 역,『東北民族源流』, 동문선, 1992, p.30.

54) 孫進己, 林東錫 역, 위의 책, p.222.

화로 이해하고 있다.[55]

하가점 하층문화와 상층문화 사이에 과도기적인 문화가 있는데, 시기적으로는 은(殷)말 주(周)초이다. 이 시기의 청동기 유물이 요녕성의 객좌현(喀左縣) 북동(北洞), 산만자(山灣子), 소전산자(小轉山子), 화상구(和尙溝) 등 주로 대릉하(大凌河)유역에서 출토된다. 이 현상을 근거로 이형구는 이 지역과 문화의 담당자를 기자조선(箕子朝鮮)과 연관시키는 주장이 있다. 그는 주(周)왕조의 무왕이 '기자(箕子)'를 조선(朝鮮)에 봉했다'고 하였는데, 그 시기는 은(殷)말 주(周)초인 B.C. 1,100~B.C. 1,000년경이므로 시기적으로 일치한다[56]고 하여 기자조선의 존재를 인정하고 있다. 또한 객좌현(喀左縣)에서 출토된 '기후(其候)'방정(方鼎)과 '고죽(孤竹)' 명뢰(銘誄)를 들어서 고죽국(孤竹國)의 터라고 주장하였다.[57] 물론 이 무렵 요녕지역에는 동이와 관련된 주민들이 거주하고 있었다. 그런데 하가점 하층시대부터 나타나는 석성은 고구려와 구조가 유사성이 매우 깊어 연관성면에서 적지않은 논란을 일으킬 것으로 보인다.

한편 그 시대 요동에서는 대련시(大連市) 여순구(旅順區)에 B.C. 8~B.C. 7세기의 것인 강상(崗上)무덤,[58] B.C. 7~B.C. 5세기의 것인 누상(樓上)무덤 등

---

55) 복기대, 위의 논문, p.399.
56) 李亨求, 『中國東北新石器及靑銅器時代之文化』, 1978 ; 이형구, 「고조선 시기의 청동기문화연구」, 『고조선문화연구』(역사분야 연구논문집 99-1), 한국정신문화연구원, 1999, p.81.
　　이형구는 이 주장을 위해 갑골문화와 더불어 발해연안 북부에서 기원한 것으로 추정되는 초기청동기문화는 동이족이 창조한 것인데, 이들 동이족들은 기원전 17세기경 발해연안 서남부 황하하류지역으로 향하여 하를 멸하고, 은상제국을(은민족) 건설하였을 것으로 추측된다는 견해를 밝혔다.
57) 이형구, 「발해연안 대능하유역 기자조선의 유적·유물」, 『고조선과 부여의 제문제』, 신서원, 1996, pp.65~75.
58) 필자는 이 무덤의 주인공들을 해양호족일 것으로 추정하는 논문을 발표하였다.

을 비롯하여 적석총들이 만들어졌다. 고인돌과 다른 양식이며, 비파형동검(琵琶形銅劍)이 출토되었다. 앞으로 하가점 상층문화와 어떠한 연관성을 맺고 있는지 주목할 만하다. 이어 기원전 5세기를 전후로 한국식 세형동검이 탄생하고, 이 검은 중국의 동북지방은 물론이고 한반도 거의 전역과 일본열도에서도 발견된다.

발해유역에서 하가점 문화시대 청동기 문화를 담당한 주민들은 주변의 거의 모든 지역의 문화와 교류를 하였다고 한다. 거리상 가까운 곳은 고태산문화 그리고 멀리로는 북방대초원지대문화까지도 교류가 있었던 것으로 보인다.[59] 마찬가지로 전시대와 마찬가지로 연안과 함께 해양을 통해서도 교류하였을 것이다. 『좌전(左傳)』, 『논어(論語)』, 『죽서기년(竹書紀年)』 등에는 하인(夏人)들이 해양활동을 했음을 보여주는 내용들이 있다.[60] 은(殷)시대에 들어오면 갑골문자(甲骨文字) 등에 선박과 관련된 글자들이 여러 종류 나타나며, 정(鼎)에는 범(帆)이 표현되어 있다.[61] 범선(帆船) 등 배의 종류가 다양해졌다는 것을 반증한다.[62] 이 시대의 항해술과 조선능력은 대단한 수준에 이른 것으로 평가된다. 춘추전국시대에 산동의 제(齊)와 장강(長江), 회하(淮河)유역의 오

<hr>

59) 복기대, 앞의 책, p.97.

60) 孫光圻, 『中國古代航海史』, 海洋出版社, 1989 ; 李永采·王春良·盖莉·魏峰 著, 『海洋開拓爭覇簡史』, 海洋出版社, 1990 ; 中國航海學會, 『中國航海史』, 人民交通出版社, 1988 참고.

61) 許進雄, 앞의 책, p.336, p.354 참조.

62) 殷墟에서 발굴된 청동기의 원료인 銅·錫 등은 중원에서 채굴된 것만은 아니고 華南, 인도차이나, 원산도 있다. 그리고 화폐로서 사용된 自安貝 역시 남방이 원산이다. 國分直一, 「古代東海の海上交通と船」, 『東アジアの古代文化』29號, 大和書房, 1981, p.39 참조. 이러한 사실들은 황해연안을 따라서 항해가 이루어진 것을 입증한다. 홍산문화와 하가점 하층문화에서도 자안패 같은 조개들이 발견됐는데, 이 원산지에 대해서는 관심이 필요하다.

(吳)·월(越) 등은 매우 뛰어난 해양활동을 했으며, 수군(水軍)이 수전(水戰)을 벌이는 단계에 이르렀다.『월절서(越絶書)』에 따르면 당시 동원된 배는 상당히 크고 운항능력이 뛰어났다. 전국시대에는 항해에 이미 계절풍을 이용했다.『주례(周禮)』에는 12풍(風)에 대한 분류와 기록이 있다.[63]

해양을 통해 교역범위가 확산되어『월절서』에 따르면 월인(越人)들은 베트남북부 지방까지 이동하면서 교역을 하였다. 제는 북쪽에 있는 연나라 등과 교역을 했고, 연은 더욱 북방에 있는 유목종족인 흉노와 교역하였다. 연은 동방에 있는 조선 등과 해상교역을 했다.『해내북경(海內北經)』에는 연(燕)이 발해를 나가 왜와 해상왕래한 사실이 기록되어 있다.[64] 이는 명도전(明刀錢)과 오수전(五銖錢) 등 화폐들의 분포도를 보아서도 확인된다.[65] 이 무렵 월인들은 한반도까지 진출했을 가능성이 크다. 기원전 473년에 월왕인 구천(勾踐)은 산동반도의 남안, 지금의 청도(靑島)에 가까운 낭야산(琅邪山)에 도읍을 정하였다. 이 탁월한 해양민들은 산동반도의 밑부분을 타고 올라가 산동의 제(齊), 발해로 들어가 하북의 연(燕)과 무역이 가능하다. 거기서 점점이 이어진 묘도군도의 섬을 따라가면 요동반도를 거쳐 서한만에 도달하고, 결국은 연안항해를 통해서 대동강구까지 갈 수 있다. 그들이 교역에 종사했을 가능성은 매우 많다.[66] 한편 요동반도, 남만주, 한반도 북부에 자리잡은 고조선은 춘추전국시

---

63) 李永采·王春良·盖莉·魏峰 著,『海洋開拓爭覇簡史』, 中國海洋出版社, 1990, pp.52~57 참조.

64) 李永采·王春良·盖莉·魏峰 著, 위의 책, pp.52~57 참조.

65) 이 화폐 분포도는 崔夢龍이「고대국가의 성장과 무역」『한국고대의 국가와 사회』, 역사학회, 1985, pp.71~73에서 작성 인용한 것이 널리 이용되고 있다. 기원전 2~3세기의 유적인 평안북도 영변군 세죽리 유적에서는 명도전 2,000여 매가 발견되기도 하였다.

66) 岡田英弘,「倭人とシルクロード」『東アジアの古代文化』17號, 日本, 大和書房, 1978, p.7.

대에 산동의 제(齊) 등과 교역을 하였다.『관자(管子)』에는 조선의 명산물인 문피(文皮)가 교역의 중요한 물품임을 기록했다. 산동반도의 동남단에 있는 영성시의 척산(斥山)은 그 무렵 문피의 집산처였다.[67] 모두 해양활동을 통해서 이루어진 일들이었다.

그런데 하(夏)·은(殷)·주(周) 및 춘추전국시대에 이루어진 해양활동은 황해 연안에 골고루 분포된 동이인들과 관계가 깊다.[68] 동이(東夷)는 학자들에 따라서 혈연적인 개념, 지연적인 개념, 혹은 문화적인 개념이란 등 다양한 설이 있다.[69] 시대에 따라 거주지역과 지칭하는 종족이 달라진다고도 한다. 그런데 진(秦)이 성립되기 전까지는 대체적으로는 산동(山東)·강소(江蘇)·절강(浙江) 특히 회하(淮河), 산동(山東)유역 등 황해연안에 골고루 분포되어 있었다.[70] 갑골문에서 범(帆)·선(船) 등의 글자가 발견되는 것은 그 글자를 만든 동이인 들의 해양문화가 발달했음을 의미한다. 그렇다면 이 무렵 발해만의 해양문화

---

67) 陳尙勝,『中韓交流三千年』中華書局, 1997, p.50.
68) 孫光圻는『中國古代海洋史』3章, p.69에서 夏代의 항해담당자를 東夷라고 하였다.
69) 金庠基,「韓濊貊 移動考」,『史海』창간호, 1948 ;「東夷와 淮夷·西戎에 대하여」,『東方學誌』12, 1953·1955 ;『東方史論叢』, 1984에 있다.
　　全海宗,「古代中國人의 韓國觀」,『震壇學報』46·47합, 1975 ; 金廷鶴,「中國文獻에 나타난 東夷族」,『韓國史』23, 1978 ; 傅斯年,「夷夏東西說」,『韓國學報』14, 1979 ; 徐亮之,『中國史前史話』, 臺北華正書局, 1977 ; 林惠祥,『中國民族史』上, 臺灣商務印書館, 1983 ; 何光岳,『東夷源流史』, 中國, 江西敎育出版社, 1990. 특히 최근에 집대성된 중국의 연구성과이다.
　　특히 해양활동과 관련한 최근의 연구업적으로는 金文經 등,『張保皐, 해양경영사연구』, 李鎭 출판사, 1993에 실린 尹乃鉉,「중국동부해안지역과 한반도·만주지역의 상호관계」, pp.61~75 참조.
70) 金庠基의「東夷와 淮夷·西戎에 대하여」,『동방학지』12, 1953·1955에서 상세히 언급되어있다. 金載元,『檀君神話의 新研究』, 탐구당, 1977에는 山東地方의 東夷 진출에 대해 논하고 있다.

를 담당한 주역들도 동이인일 가능성이 크다.[71] 주로 유목생활을 영위하는 흉노(匈奴)·동호(東胡)·선비(鮮卑)·오환(烏桓)일 가능성은 없다.

이후에도 발해를 이용한 해양활동은 동아시아역사에서 중요한 역할을 담당했다. 그러한 예를 중국의 역사에서 찾아볼 수 있다. 진시황은 26년(기원전 221년) 전국을 통일한 이후 37년(기원전 210년) 죽을 때까지 12년간, 4차에 걸쳐 연해순시(沿海巡視)를 했다. 제1차는 재위 28년(기원전 219년)에 이루어졌는데, 태산에서 봉선(封禪)의식을 거행한 후에 성산(成山), 지부(芝罘 : 연대), 낭아(琅邪) 등 해안가의 도시들을 방문하였다. 특히 산동반도 남단의 낭아(琅邪)에서는 3개월을 머물렀다. 소위 '명공회계령(銘功會稽嶺), 빙망낭야대(聘望瑯邪臺)'이다.[72] 이때 서복(徐福)의 일행이 동쪽으로 출발하였다. 제2차 순해는 29년(기원전 218)에 발해 서쪽의 박랑사(博浪沙)를 갔다가 지부에서 배를 타고 아래 바다로 나가 산동반도 동안 남안, 최후로 낭야대(琅邪臺 : 지금 諸城 膠南현부근)에서 3개월여를 머물렀다가 함양으로 귀환했다.[73] 3차 순행 때는 발해의 북안인 갈석항(碣石港 : 현 河北省 昌黎縣 境內, 燕國의 海港이다)에 있다가 발해를 떠나서 남으로 내려갔다. 그리고 제4차 순해는 재위 37년인 기원전 210년에 더 멀리 남쪽인 절강지방까지 이루어졌다. 4차 가운데 3번이 발해유역에 집중되었다는 사실은 진(秦)의 정치·경제적인 관심의 소재를 알려준다. 진시황이 서복을 파견한 것은 해양활동의 범위가 한반도나 일본열도까지

---

71) 孫光圻는 『中國古代海洋史』3장, p.69에서 夏代에 東夷를 해양활동의 담당자로 보고 있다.

72) 彭德清, 『中國航海史(古代航海史)』, 中國航海學會, 人民交通出版社, 1998, p.36에 순해일정이 소개돼있다.

73) 李鵬, 『秦皇島港史』(古, 近代部分), 人民交通出版社, 1985, pp.42~43.

미쳤음을 반증한다.[74] 『사기(史記)』에 따르면 진의 몽염(蒙恬)은 황하 이남의 44개 현을 수복한 후에 군대를 주둔시키고 있을 때에 대형선대를 산동 연해의 항구에서 출발시켜 발해를 건너 황하(黃河)로 들어와 북하(北河)를 향하여 양식을 운송했다. 이는 중국에서 최초의 해상조운(海上漕運)이었다.[75]

진나라의 통일과 해양활동은 동아시아질서에서 발해의 역할을 더욱 비중있게 하였다. 동이인들은 점차 일부가 한족에 동화되었고, 나머지는 진(秦)의 영역 밖으로 이동하였다(-諸夏侵滅小邦 秦幷六國 其淮泗夷皆散爲民戶-). 후대의 동이(東夷)가 황해서안에 있었던 회이(淮夷), 그리고 발해유역에 있었던 래이(萊夷), 도이(島夷) 등 전시대의 동이인들과 종족적, 혹은 문화적으로 연결된다고 할 때 그들에 의해 해양문화가 황해연안 전체, 나아가 동북아 전체로 확산될 가능성이 있다. 그들은 해양문화의 담당자가 되거나 최소한 해안지역 토착세력에게 자극을 주었을 것이다.

진이 멸망한 이후 동아시아는 한(漢)이 통일하면서 새로운 양상을 띠었다. 『한서(漢書)』 지리지(地理志)에는 한무제 시대에 남해와 교역한 기록이 있다.[76] 방직제품 등을 로마까지 수출하였는데, 물론 해양을 통한 교섭이었다.[77] 이러한 한(漢)은 발해를 통해서 요동지역을 경영하려고 했었다.[78] 한계(漢系)의 유물들이 황해의 연안지역은 물론, 심지어는 일본열도에서도 발견되는 것

---

74) 윤명철, 「서복의 해상활동에 대한 연구-항로를 중심으로-」, 『제주도연구』21, 제주학회, 2002, 6에서 진시황의 동방개척 정책의 일환이라고 논리를 전개하였다.

75) 張鐵牛·高曉星, 『中國古代海軍史』, 八一出版社, 1993, pp.18~19.

76) 藤田豊八 著, 池内宏 編, 『東西交涉史の研究』남해편, 岡書院, 1932.
   大林太良, 앞의 책, pp.83~88 참조. 특히 당시의 무역루트 및 정치상의 據點과 貿易振興에 대해서 논하고 있다.

77) 李永采·王春良·盖莉·魏峰 著, 앞의 책, p.55 참조.

78) 『史記』卷30, 「平準書」, '東至滄海郡……築衛朔方轉漕遼遠……費數十萬巨萬…….'

은 정치적인 교섭 외에 민간인들에 의한 사무역(私貿易)의 가능성을 보여준 다.[79]

　이러한 국제질서 속에서 위만조선과 한의 전쟁이 벌어졌다.[80] 이 전쟁은 동 아시아 질서재편을 위한 정치적인 대결과 황해의 교역권을 둘러싼 갈등이기 도 하였다. 전쟁은 해양전의 양상도 띠었다. 『사기』 조선열전에 의하면 한(漢) 의 침공은 수륙 양면으로 이루어졌으며, 양복(楊僕)의 지휘를 받은 제(齊)의 산동병(山東兵)은 한군(漢軍)의 침공로가[81] 되는 발해만과 요동만의 해양환 경에 익숙한 수군들이었다. 수도인 왕험성(王險城)을 공격하는 일에 수군과 루선(樓船)이 함께 동원되었다는 사실[82]은 왕험성(王險城)이 해안근처에 있 었으며, 위만조선이 해양활동능력을 보유하고 있었음을 반증한다. 아울러 발 해가 해양전의 주요한 무대였음을 알려준다. 조한(朝漢)전쟁이 끝나고 나서 동아시아와 발해유역에도 새로운 질서가 수립되었다. 한시적으로 한(漢)의 영 향력이 강해졌고, 발해를 포함한 황해의 일부는 한의 내해적(內海的)인 성격 이 강해졌고, 주변의 각국들은 한 세력에 의해 정치적이고 경제적인 교섭을 직접 통제받게 되었다.

　발해유역은 흉노에 의해 동호가 격파된 이후, 선비와 오환으로 나뉘어졌으

---

79) 江上波夫는 앞의 논문, p.59에서 國語와 戰國策, 史記 등의 기록과 明刀錢 등의 분포 도를 근거로 하여 황해를 무대로 하는 燕의 광범위한 경제권을 이야기하고 있다.

80) 아래 전개하는 논리는 윤명철, 「黃海文化圈의 形成과 海洋活動에 대한 연구」, 『先史 와 古代』, 한국고대학회, 1998, 12 참조.

81) 당시에 사용된 수군침공로에 대해서는 김재근, 「韓國 中國 日本 古代의 船舶과 航海 術」, 『環黃海韓中交涉史研究 심포지움』, 진단학회, 1989 ; 손태현, 「古代에 있어서의 海洋交通」, 『해양대 논문집』 15, 1980.

82) 『史記』 朝鮮列傳 第55, 元封2年秋, 遺樓船將軍楊僕從齊浮渤海, 兵五萬人, 左將軍 荀?出遼東,……樓船將軍將齊兵七千人先至王險……

며, 이들 간에 갈등이 심화되었다. 흉노 또한 한에 의해 북쪽으로 이동했다. 이후 발해유역은 동아시아 세계의 중핵 가운데 하나로서 역할을 상실해가며 복잡한 힘의 충돌이 벌어지는 터로 변해갔다. 북동쪽과 동쪽에 있었던 부여 및 고구려가 이 지역의 역사에 등장하기 시작한다.

V. 결론

본고는 발해유역의 역사문화와 동아시아 세계의 형성과 발전이란 제목에서
보듯이 미시적이고 각론적인 분석이 아니라 거시적이고 총론적인 틀을 제시
함으로써 발해 자체를 이해하는 도구로 삼고자 하였다. 이를 위해 먼저 필자
의 역사해석 모델인 '동아지중해모델'과 '터 이론'을 적용해서 발해의 자연환경
을 이해하는 데 비중을 두었다. 다만 발해유역이라는 지역범주에서 보이듯 육
지뿐만 아니라 해양을 함께 분석하였으나 논문의 목적과 필자의 연구 분야로
인하여 해양환경을 분석하는 데 더 비중을 두었다.

역사공간을 터(場, field)와 다핵(多核, multi-core), 선(線, line)이 동시에 작
용하는 유기적인 구조로 보는 '터 이론'을 적용해서 동아시아 세계를 범주화시
키면 다음과 같다.

동아시아는 범(凡)아시아라는 더 큰 범주 안의 중요한 터로서 동쪽 아시아
전체를 의미한다. 그 동아시아에는 동방(東方)·북방(北方)·중화(中華)라는 문
명권으로 분류되는 3개의 작은 터가 있으며, 그 터에는 각각 그 문명을 발아시
키고 발전시켜가는 데 결정적인 역할을 담당한 중핵(中核)들과 주변의 행성격
인 소핵(小核)들과 이어주는 선(線)이 있다. 그리고 터이면서 선(線) 자체인 해
양이 있다. 즉 동아지중해(東亞地中海)이다. 동아시아라는 하나의 터에서 모
든 지역과 요소와 문화들은 연결되면서 상호보완적인 유기적인 체계를 이루
었다. 필자는 동아지중해가 동아시아의 중핵범주라고 판단하며 동방문명과
중화문명의 형성과 발전에 직접 연관되고, 북방문명도 일부는 연관된다고 본
다.

이렇게 3지역(地域)과 1해역(海域)으로 구성된 동아시아라는 터 속에서 발

해유역의 해륙적 환경을 살펴보았다. 발해유역은 초원, 삼림, 평원, 해양 등 다양한 자연환경이 만나고 농경, 목축, 사냥, 어업 등 다양한 생활양식이 교차하며, 다양한 혈통과 언어와 역사적인 경험을 지닌 종족들이 갈등과 공존을 모색하는 복합문명의 터였다. 비록 후에 실체가 드러나는 3문명의 중핵은 아니지만 지정학적(地政學的)·지경학적(地經學的)·지문화적(地文化的)으로 모든 터들의 가장 중심에 있었다. 그래서 실제로 동아시아에서는 가장 먼저 문명의 중핵이 형성됐고, 모든 힘이 모이고 배분되는 곳으로서 동아시아 세계의 형성에 기본 틀을 제시했고, 나아가 발전에 영향을 주었다. 발해유역이 동아시아에서 이러한 위치와 역할을 할 수 있었던 배경 가운데 하나가 바로 해륙적(海陸的) 환경(環境) 때문이다. 발해유역이 발해라는 내해(內海)를 갖지 않았다면 전혀 다른 모습으로서 중핵의 역할을 할 수 없었을 것이다.

발해는 동아지중해에서 가장 활발하고 의미 깊은 역사의 터인 황해 가운데에서 가장 핵심인 곳이다. 6000년 전 이후부터는 큰 변화가 없는 발해는 '내해(內海)', '만(灣)', '소지중해(小地中海)'의 성격을 지니고 있다. 넓은 대해도 아니고 협소한 소해도 아닌 적당한 면적에 해양환경도 안정되어 해륙교통에 편리하고, 경제적으로 풍요로우며 대외관계에서도 비교적 안전성이 확보되있다. 여러모로 고대사회에서는 문명이 발전하기에 적합한 크기이다. 유럽, 아프리카, 아시아에 둘러싸인 지중해의 동쪽인 에게해와 거의 비슷한 넓이라는 것은 위치와 함께 크기의 중요성을 시사한다.

이러한 환경을 갖춘 곳에서 질적으로 우수한 문화가 탄생하는 것은 당연하다. 북쪽과 서쪽 해안에서는 이미 8000년 전의 흥륭와(興隆窪)유적에서 보듯이 높은 수준의 신석기 문화가 태동됐으며, 이미 고국(古國)이라는 명칭을 부여할 정도로 초기국가의 형태를 갖춘 매우 수준 높은 홍산(紅山)문화가 발전했다. 이어 초기 청동기시대라고 하지만 '방국(方國)'이라고 부르자는 견해가 있을 정도로 정교한 조직과 정치력을 갖춘 정치체가 탄생한 하가점 하층(夏家店下層), 뒤를 이은 하가점 상층(夏家店上層)문화가 발전했다. 동쪽 해안인 요동반도에는 신석기시대 해안과 섬의 해양문화를 비롯하여 신락(新樂)문화를 이어 고인돌, 적석총 등 고조선 문화가 발전했다. 그리고 남쪽 해안과 섬에서도 역시 해양문화가, 산동반도 내부에서는 용산(龍山)문화 등이 발전했다. 이렇게 발해유역에서는 독특한 자연적·인문적인 환경을 활용하여 신석기 시대부터 다양한 문명의 씨앗들이 태동하여 발전하면서 중핵을 이루었고, 주변에 배급하는 역할을 담당하였다. 뿐만 아니라 영향을 받으면서 각각의 자기 터에서 발전하고 유형화된 동방(東方)문명, 북방(北方)문명, 중화(中華)문명이 교차하고 재생산하는 거점(據點, I.C., heart)의 역할도 하였다.

이러한 발해유역의 문화를 성격을 부여하여 유형화시키는 작업은 매우 필요하다. 중국은 중화문명이라는 입장에서 '요하문명론(遼河文明論)'을 주장하고 논리화작업을 계속하고 있다. 그 논리가 가진 한계 가운데 하나가 발해라는 해양적 터의 성격과 영향력을 경시하고 육지중심으로 되어가는 것이다. 또한 동아시아 문명의 모문명적(母文明的) 위상, 여러 문명의 복합성(複合性), 문명들 간의 공존성(共存性) 등을 경시한 채, 현재 중국 중심의 1극체제(極體制)로 왜곡시킨다는 점이다. 역사공간은 전체이면서 부분인 '터'와 부분으로서 위치와 역할에 따라 달라지는 여러 핵(核)들과 연결하는 선(線)들로 구성되어 있다. 필자는 '터(場, field) 이론'이라는 틀 속에서 '발해문명론(渤海文明論)'을 제창하고, 동아시아 문명의 성격을 진실대로 규명하며, 아울러 우리문화의 정체성을 찾아가는 계기로 삼고자 한다.

이 글을 작성하면서 필자의 전문영역이 아닌 요녕고고학에 관해서는 이형구·복기대 두 학자의 글을 많이 인용했음을 밝힌다. 그리고 일일이 주를 달지는 않았지만 해양과 관련한 내용들, 몇몇 이론들에 관한 상세한 설명들은 필자의 연구성과를 참조하기를 부탁한다.

참고문헌

金載元,『檀君神話의 新研究』, 탐구당, 1977, pp.1~152.

복기대,『요서지역의 청동기 시대 문화연구』, 백산자료원, 2002, pp.1~336.

리지린,『고조선연구』, 과학원출판사, 평양 1963, pp.1~410.

신형식 · 최근영 · 윤명철 · 오순제 · 서일범 공저,『고구려 산성과 해양방어체제』, 2000, pp.1~724.

尹乃鉉,『고조선연구』, 일지사, 1994, pp.1~905.

윤명철,『한국해양사』, 학연문화사, 2003, pp.1~432.

_____,『동아지중해와 고대일본』, 청노루, 1996, pp.1~309.

이석우 · 김금식 共著,『海洋測量學』, 집문당, 1984, pp.1~384.

하문식,『고조선 지역의 고인돌 연구』, 백산자료원, 1999, pp.1~380.

許進雄 著, 洪熹 譯,『中國古代社會』, 동문선, 1991, pp.1~660.

藤田豊八遺 著, 池內宏 編,『東西交涉史の研究』南海篇, 荻原星文館, 1943, pp.1~700.

茂在寅南,『古代日本の航海術』, 小學館, 1979, pp.1~238.

盧其昌,『秦皇島港史』(古 · 近代部分), 人民交通出版社, 1985, pp.1~376.

汶 江,『古代中國與亞非地區的海上交通』, 四川省社會科學院出版社, 1989, pp.1~245.

齊 易,『中國航海史(古代航海史)』, 人民交通出版社, 1988, pp.1~350.

孫光圻,『中國古代航海史』, 海洋出版社, 1989, pp.1~665.

李永采 외 4인 著,『海洋開拓爭霸簡史』, 海洋出版社, 1990, pp.1~425.

孫進己,『東北各民族文化交流史』, 春風文藝出版社, 1992, pp.1~388.

張鐵牛 · 高曉星,『中國古代海軍史』, 八一出版社, 1993., pp.1~410.

許玉林,『遼東半島石硼』, 遼寧科學技術出版社, 1994, pp.1~236.

陳尚勝,『中韓交流三千年』, 中華書局, 1997, pp.1~257.

郭大順,『龍出遼河源』, 百花文藝出版社, 2001, pp.1~271.

김영근,「하가점 하층문화에 대한 고찰」,『단군학 연구』14, 단군학회, 2006, pp.103~126.

복기대,「요서지역 청동기시대문화의 역사적 이해」,『단군학연구』5, 단군학회, 2001,

pp.213~246.

_____,「한국상고사와 동북아시아 청동기문화」,『단군학연구』14, 2006, pp.67~102.

_____,「요서지역의 청동기 시대문화와 황하유역문화와의 관계」,『고대에도 한류가 있었다』, 지식산업사, 2007, pp.529~559.

오순제,「百濟의 東明과 高句麗의 朱蒙」,『실학사상연구』12, 무학실학회, 1999, pp.55~91.

윤명철,「海洋史觀으로 본 한국 고대사의 발전과 종언」,『韓國史研究』123, 한국사연구, 2003, pp.175~207.

_____,「한국사 이해를 위한 몇 가지 제언」,『韓國史學史學報』9, 한국사학사학회, 2004, pp.5~36.

_____,「한국 고대사 연구의 반성과 대안」,『단군학 연구』11, 단군학회, 2004, pp.231~250.

_____,「東아시아의 海洋空間에 관한 再認識과 活用-동아지중해모델을 중심으로-」,『동아시아고대학』14, 동아시아고대학회, 경인문화사, 2006, pp.323~358.

_____,「동해문화권의 설정 검토」,『동아시아 역사상과 우리문화의 형성』, 한국학중앙연구원, 2005, pp.1~44.

윤명철,「遼東지방의 해양방어체제연구」,『정신문화연구』22-4호(통권 77호), 1999, pp.125~148.

_____,「서복의 해상활동에 대한 연구-항로를 중심으로-」,『제주도연구』21, 제주학회, 2002, pp.31~58.

李亨求,「발해연안 석묘문화의 원류」,『한국학보』50, 일지사, 1988, pp.266~322.

_____,「발해연안 대능하유역 기자조선의 유적·유물」,『고조선과 부여의 제문제』, 신서원, 1996, pp.55~89.

_____,「고조선 시기의 청동기문화연구」,『고조선문화연구』, 한국정신문화연구원, 1999, pp.71~107.

한창균,「고조선 성립배경과 발전단계 시론」,『국사관논총』33, 국사편찬위원회, 1992, pp.1~40.

郭泮溪,「中韓海上絲路與板橋鎭 市舶司」,『海洋文化研究』2, 海洋出版社, 2000, pp.53~57.

岡田英弘,「倭人とシルクロード」,『東アジアの古代文化』17, 大和書房, 1978, pp.2~14.

(『동아시아 고대학』17, 2008)

百濟의 海外 活動
記事에 대한 檢證

이도학(李道學) 한국전통문화대학교 교수

Ⅰ. 머리말

백제를 '해양강국'이나 '교류왕국'으로 云謂하고 있다. 해양강국은 海上에 대한 경제·군사적 지배권의 비중이 주변 국가들 보다 지대해야만 할 뿐 아니라 海上으로부터 얻은 有·無形의 收益이 財政과 군사력의 일정 부분에 충당되어야 한다. 바로 이 점을 확인하기 위한 前提로서 관련 사료에 대한 분석과 검증을 시도하고자 했다.

이와 관련해 저명한 민족주의 사학자인 丹齋 申采浩는 일찍이 "朝鮮 歷代 이래로 바다를 건너 領土를 둔 자는, 오직 백제의 近仇首王과 東城大王의 兩代이다"[1]라고 설파한 바 있다. 그는 나아가 백제의 '海外植民地'를 云謂하기까지 했다.[2] 孫晉泰의 경우도 백제가 빼어난 항해술을 기반으로 중국 대륙 및 일본열도와 활발히 交易한 것으로 摘示한 바 있다.[3] 삼국 가운데 백제의 海運業이 가장 盛行했음을 알려준다. 백제는 기본 생산력의 근원이 農業이었다. 그럼에도 백제는 주변의 고구려나 신라 그리고 중국이나 倭 보다 항해 구간이 廣闊하였고, 해상활동도 훨씬 활발하였다.

그렇지만 정작 백제인들의 해외 활동에 대해서는 중국대륙과 일본열도에만 국한시켜 간주하는 견해가 지배적이다. 조선왕조의 경우는 중국대륙이나 일본열도는 말할 것도 없고, 暹羅(태국)나 琉球國(오키나와) 및 자바(인도네시아)

---

1) 丹齋申采浩先生紀念事業會,「朝鮮上古史」『改訂版 丹齋申采浩』上, 螢雪出版社, 1987, 224쪽.
2) 丹齋申采浩先生紀念事業會, 앞의 책, 224쪽.
   金哲埈,『韓國古代社會研究』知識産業社, 1975, 54쪽.
3) 孫晉泰,『國史大要』乙酉文化社, 1949, 36쪽.

와의 교류도 활발했다.[4] 이럴바에야 차라리 조선왕조를 '교류왕국'으로 말하는 게 합당하지 않을까 싶기도 하다. 그러나 海禁政策을 실시했던 조선왕조를 교류왕국이나 해상강국으로 일컫는 것은 걸맞지 않다.

그러면 많은 이들이 말하듯이 백제인들의 활동 공간은 과연 중국대륙과 일본열도를 벗어나지 못한 것일까? 더구나 백제의 요서경략이나 북위와의 전쟁 기사에 대해 회의적인 견해가 많았다. 그렇다면 백제인들의 중국대륙과의 교류는 기실 조공을 비롯한 외교 의례상의 명분적인 常例에 국한되어진다. 따라서 이 정도의 교류를 놓고 의미를 부여하기는 어렵다. 게다가 백제의 동남아시아 제국과의 교류도 비판적인 견해가 없지 않다.[5]

이렇듯 백제의 해외 활동과 관련한 상반된 인식과 평가가 엄존하였다. 그렇지만 백제가 넓은 세계를 운영했음은 숱한 기록과 물증을 통해 확인된다. 가령 最近 江蘇省 連雲港 周邊에서 確認된 無慮 789基에 달하는 石室墳의 성격은 백제의 남중국 진출과 무관해 보이지 않는다. 그러한 백제는 일본열도를 넘어 동남 아시아 지역과도 활발한 교류를 가졌다. 예컨대 6세기대에 접어들어 백제 僧侶 謙益은 中印度 즉 中天竺까지 항해하여 梵本의 佛經을 가져 왔다. 이러한 大航海는 단순한 求道의 열정만 가지고 되는 일은 아니었다. 백제로부터 인도와 인도차이나 半島에 이르는 거대한 바닷길이 열려 있고, 造船術이 뒷받침되었기에 가능했을 것이다.[6] 백제는 中印度를 비롯하여 扶南國과 崑崙 등 이 지역의 諸國들과 활발히 교섭을 가졌다. 이때 백제가 이용했던 통

---

4) 한영우, 『다시찾는 우리 역사』 경세원, 2010, 285쪽.
5) 이에 대해서는 李道學, 「백제금동대향로는 중국제인가?」 『이도학 역사 에세이-누구를 위한 역사인가』 서경문화사, 2010, 36~45쪽을 참고하기 바란다.
6) 李道學, 『백제 사비성시대 연구』 일지사, 2010, 291쪽.

로는 海上 실크로드로 지목할 수 있다.

본고에서는 지금까지 거론된 백제의 해외 활동에 관한 기록을 물증과 연관 지어 하나하나 짚어 보기로 했다. 그럼으로써 해양강국이나 교류왕국 개념의 정당성을 확인하는 동시에, 백제의 해외 활동에 관한 구체적인 사실을 구명하고자 한다. 아울러 본고는 필자가 최근까지 발표했던 관련 논문을 집대성했음을 밝힌다. 결국 이 작업을 통해 '교류왕국, 대백제'의 구체적인 실체가 파악될 것으로 기대해 본다.

참고로 본고에서는 백제인들의 활동 기록이 넘치는 일본열도와의 관계는 배제하였다. 이에 대해서는 연구 성과도 일정하게 이루어진 관계로 필자의 저서를 활용하면 좋을 것 같다.[7]

---

7) 李道學, 「백제문화의 일본열도 전파」 『살아 있는 백제사』 휴머니스트, 2003, 686~745쪽.

Ⅱ. 중국대륙과의 관련 기사

1. 遼西經略說의 실체

마한의 일원으로서 백제가 중국대륙과 교류하였음은 두루 알려졌고, 고고물증 역시 이 사실을 입증하고 있다. 특히 백제는 근초고왕이 동진으로부터 책봉됨에 따라 남조와 교류의 물꼬를 크게 텄다고 본다. 그런데 4세기말 백제는 고구려가 신라와 同盟線을 구축한 것에 대항하여 倭 뿐만 아니라 後燕과도 연계했을 가능성이다. 고구려의 남진 압박에 苦戰하고 있던 백제 개로왕이 북중국의 北魏를 통해 생존을 모색한 한 바 있다.[8] 5세기 후반에 백제는 목단강 유역의 勿吉과 함께 고구려를 협공할 계획을 가지기도 했다.[9] 이와 마찬 가지로 백제는 국가 생존 차원에서 고구려를 견제할 수 있는 가장 효과적인 대안 세력으로 後燕의 존재를 의식하고 연계를 시도했을 가능성이다. 396년에 고구려에 항복한 굴욕을 만회할 수 있는 보복 준비 차원에서 백제가 후연을 이용했을 가능성은 매우 높다.

이와 관련해 다음과 같은 사건이 주목된다. 즉 400년 정월에 광개토왕이 이례적으로 後燕에 사신을 보내어 조공했다. 그럼에도 불구하고 후연은 그 다음 달인 2월에 오히려 고구려를 기습·공격하여 西方 7백여 里의 땅을 略取하였다. 이 사건은 이해하기 어렵지만 백제와 왜가 연계하여 신라를 공격해서 고구려군을 낙동강유역 깊숙이 유인한 것이다. 그런 직후에 백제와 연계된 후연

---

8) 『三國史記』권 25, 개로왕 18년 조.
9) 『魏書』권 100, 勿吉國 條.

이 고구려의 후방을 급습한 데서 비롯되었을 정황이 농후하다.[10] 이 전쟁은 중국 전국시대의 사례가 이해를 도울 수 있다. 즉 魏가 韓을 공격하자, 韓은 합종의 약속에 따라 齊에 구원을 요청하였다. 그러자 齊는 곧장 魏를 침공하자 韓으로 진격했던 魏軍은 황급히 회군하여 齊軍을 뒤쫓았다.[11] 이와 마찬 가지로 고구려는 자국에 침입한 왜군을 격퇴해 달라는 신라의 요청에 따라 낙동강유역에 출병했다. 그와 동시에 고구려군은 후연의 본토 침공으로 인해 급히 회군하여 후연과 격돌했던 것이다. 여기서 고구려의 大軍을 황급히 철수하게 만든 後燕은 일련의 정황에 비추어 볼 때 백제와 연계했을 가능성을 짚어준다.

일단 백제와 후연간 교류의 산물인 人的 존재가 확인된다. 가령 백제 조정에는 將軍號를 지닌 王茂와 張塞 그리고 陳明과 같은 중국계 인물들이 존재한다.[12] 이와 더불어 西河太守에 임명된 馮野夫는 後燕 계통이 분명하다. 이 점 눈여겨 주시했어야 할 사안이 아닐 수 없다. 고고물증을 통해서도 백제가 後燕과 연계한 흔적이 확인된다.[13] 즉 중국 요녕성 北票 喇嘛洞 Ⅱ M71에서 출토된 것과 동일한 귀고리 양식이 석촌동 4호분 주변과 곡성 석곡 그리고 익산 입점리 1호묘에서 출토되었다.[14] 그리고 원주 법천리 등자와 천안 용원리 108호분 경판비와 두정동 고분에서 출토된 재갈은 북방 지역, 특히 鮮卑系 마구 특

---

10) 李道學, 「高句麗와 百濟의 對立과 東아시아 世界」『高句麗研究』21, 2005;『고구려 광개토왕릉비문 연구』서경문화사, 2006, 103~109쪽.
11) 『史記』권 65, 孫子·吳起傳.
12) 李道學, 「漢城末·熊津時代 百濟王位繼承과 王權의 性格」『韓國史研究』50·51合集, 1985, 9쪽.
13) 李道學, 앞의 책, 105~106쪽.
14) 이에 대해서는 李道學,『서울의 백제 고분, 석촌동고분』송파문화원, 2004, 232~234쪽에 서술되어 있다.

징을 잘 반영하고 있다고 한다.15) 이처럼 백제 지역에서 출토된 선비계의 귀고리와 마구류는 백제와 후연간의 교류를 입증해 주는 움직일 수 없는 물증인 것이다. 이와 더불어 충청북도 淸州 지역에서 출토된 鮮卑系 馬鐸과 鐵鍑은 백제의 기원을 암시해 주는 物證이지만16) 양국간의 긴밀한 연관성을 부정하기도 어렵게 한다. 이러한 여러가지 요인을 놓고 볼 때, 백제는 연계된 倭로 하여금 신라를 침공함으로써 고구려군을 낙동강유역으로 유인하는데 성공한 것 같다. 이 틈을 놓치지 않고 후연은 허를 찌르듯이 고구려의 후방을 急襲한 것이다. 광개토왕은 죽는 순간까지 자신이 백제의 誘因 덫에 걸려 든 것을 몰랐을 수 있다.

이러한 연장선상에서 요서경략 기사를 음미해 보지 않을 수 없다. 즉 「양직공도」에서 진나라 말기에 駒麗 즉, 고구려가 요동을 경략하자 낙랑 또한 요서 진평현을 점유했다는 기사이다. 이 기록의 연원과 관련해 『송서』와 『양서』 백제 조의 관련 구절을 인용해 보면 다음과 같다.

a. 백제국은 본래 高驪와 함께 요동의 동쪽 천여 리에 있었는데, 그 후 고려가 요동을 경략하자, 백제는 요서를 경략하였다. 백제가 다스리는 곳을 진평군 진평현이라고 했다(百濟國 本與高驪俱在遼東之東千餘里 其後高驪略有遼東 百濟略有遼西 百濟所治 謂之晋平郡晋平縣(『宋書』).

b. 백제는 옛날의 來夷로 마한의 무리이다. 晋末에 고구려가 요동의 낙랑을 경략하자, (백제) 역시 요서의 晋平縣을 (경략함이) 있었다(百濟舊來夷 馬韓之屬

---

15) 成正鏞, 「大伽倻와 百濟」 『大伽倻와 周邊諸國』, 2002, 101쪽.
16) 李道學, 「百濟의 起源과 慕容鮮卑」 『충북문화재연구』 4, 충청북도문화재연구원, 2010, 14~18쪽.

晋末駒麗略有遼東 樂浪亦有遼西晋平縣(『梁職貢圖』).

c. 그 나라는 본래 句驪와 더불어 요동의 동쪽에 있었다. 晋世에 구려가 이미 요동을 경략하자 백제 역시 요서와 진평 2군에 거처하였다. 스스로 백제군을 두었다(其國本與句驪在遼東之東 晋世句驪既略有遼東 百濟亦據有遼西·晋平二郡地矣 自置百濟郡(『梁書』).

고구려의 遼東經略 기사에 이어 백제의 진평군 설치 기사가 보인다. 백제의 요서경략 시점은 명시되지 않았지만 「양직공도」에서 '晋末', 『양서』에서 '晋世', 『송서』에서도 백제가 설치한 郡名을 晋平郡이라고 하여, 모두 '晋'의 존재가 거론되었다. 백제의 요서경략 기사는 488년에 편찬된 晋의 後身인 劉宋의 역사를 담은 『송서』에 제일 먼저 적혀 있다. 여기서 西晋과 東晋은 후대의 구분일 뿐 당시는 모두 '晋'으로 일컬어졌다. 그러므로 晋末은 東晋末로 지목하는 게 자연스럽다. 더구나 고구려가 요동을 완점한 시점과 결부 지어 본다면, 백제의 요서경략은 동진이 멸망하는 420년을 下限으로 한다. 대략 東晋末인 400년 ~420년 어느 시점으로 볼 수 있다.

이러한 배경하에서 당시 후연은 요동 지역의 지배권을 놓고 고구려와 격돌하는 상황이었다. 즉 400년에 후연은 기습공격으로 신성과 남소성을 비롯한 고구려 서방의 700여 里의 영역을 略取했다.[17] 이에 대한 일대 반격 과정에서 고구려군은 402년에는 대릉하유역의 宿軍城을 점령하였다.[18] 고구려는 요하 서쪽의 대릉하까지 진출한 것이다. 404년에 고구려는 깊숙이 후연의 內地

---

17) 『資治通鑑』 권 111, 隆安 4년 조.
18) 『資治通鑑』 권 112, 元興 원년 조.

까지 진격했다.[19] 405년에 후연은 고구려의 요동성을 공격했지만 이기지 못하고 물러갔다.[20] 406년에 후연군은 고구려의 목저성을 공격했지만 역시 패퇴하였다.[21] 후연은 고구려의 요동 지역을 공격했다가 연패한 것이다. 고구려는 이미 402년의 대릉하유역 진출과 더불어 404년에 지금의 北京에 소재한 燕郡을 공격했을 정도로 후연을 크게 위협하고 있었다. 고구려군의 燕郡 공격이 후연 몰락의 직접적인 요인이 되었다고 한다.[22]

그러할 정도로 고구려에 대한 후연의 위기감은 어느 때보다 高潮된 상황이었다. 후연과 고구려의 팽팽한 대결 구도 속에서 결국 후연이 몰리게 되었다. 이 상황에서 후연이 선택할 수 있는 길은 고구려와 적대 관계인 백제로부터의 지원이었다. 백제가 이러한 후연의 제의를 거절하기는 어려웠을 것이다. 백제가 내심 기다렸던 시나리오일 수도 있었기에, 백제군의 海外出兵이 단행된 것으로 보인다. 그럼에 따라 한반도 내에서 백제와 고구려의 군사적 대결이 이제는 공간을 훌쩍 뛰어넘어 요하 일대로까지 확대된 것이다.

그런데 408년에 後燕을 이어 갑자기 등장한 高雲의 북연 정권은 고구려와의 관계를 개선했다.[23] 그러자 요서 지역에 출병한 백제군은 입장이 모호해진 상황에 놓였다. 이제는 백제가 북연을 겨냥해야 하는 현실이 되었다. 결국 "自置百濟郡(c)"라고 하였듯이 백제는 출병했던 요서 지역에 진평군을 설치하여 실효지배 과정을 밟게 되었다. 遼西 지역의 백제군은 북위가 東進하여 北燕을

---

19) 『資治通鑑』 권 113, 元興 3년 조.
20) 『資治通鑑』 권 114, 義熙 원년 조.
21) 『資治通鑑』 권 114, 義熙 2년 조.
22) 池培善, 「고구려 광개토왕의 燕郡(北京) 침공원인에 대하여」 『白山學報』 83, 2009. 177~208쪽.
23) 『資治通鑑』 권 114, 義熙 4년 조.

압박할 때 협조했던 관계로 그곳에서의 '自置'를 묵인받았을 수 있었을 것이다.

그러나 북위가 북중국을 통일한 이후 어느 때부터 진평군은 북위에게 눈엣가시같은 존재였을 게 자명하다. 고구려와 대결하고 있던 백제는 사세가 다급하자 어쩔 수 없이 처음이자 마지막인 472년에야 북위에 지원을 요청하는 사신을 파견하였다. 백제가 북위에 지원을 호소한 시기가 너무 늦다는 것이다. 그 이유도 진평군을 에워싼 양자간의 이해가 상충한데서 그 원인을 찾을 수 있을 것 같다. 당시 백제가 이상하리 만치 南朝 일변도의 외교를 펼친 것도 북위 영역의 진평군으로 말미암은 불가피한 선택으로 보여진다. 진평군은 동성왕대인 488년과 490년에 백제와 북위의 전쟁 때까지도 존속했던 것 같다. 어쨌든 이 과정에서 확보한 중국인들의 백제로의 이주도 상당했을 것으로 추측된다.

2. 北魏와의 전쟁 배경

백제가 북위와 전쟁한 기사는 화북 진출이나 요서경략과 관련해 일찍부터 주목을 받아 왔다. 이와 관련하여 많은 논의가 제기되었지만 사료 중심으로 다음의 기사를 검토해 보기로 한다.

　　d. 위나라에서 군대를 보내어 와서 정벌하였으나 우리에게 패했다.[24]
　　e. 위나라가 군대를 보내어 백제를 쳤으나 백제에게 패하였다.[25]

---

24) 『三國史記』권 26, 동성왕 10년 조.
25) 『資治通鑑』권 136, 永明 6년 조

f. 이 해에 魏虜가 또 騎兵 수십만을 동원하여 백제를 공격하여 그 境界에 들어가니 牟大가 장군 沙法名·贊首流·解禮昆·木干那를 파견하여 무리를 거느리고 虜軍을 기습 공격하여 그들을 크게 무찔렀다. 建武 2년(495년 ; 동성왕 17)에 모대가 사신을 보내어 표문을 올려 말하기를 "지난 庚午年(490년)에 獫狁이 잘못을 뉘우치지 않고 군사를 일으켜 깊숙히 쳐들어 왔습니다. 臣이 沙法名 등을 파견하여 군사를 거느리고 역습케 하여 밤에 번개처럼 기습 공격하니, 匈梨가 당황하여 마치 바닷물이 들끓듯 붕괴되었습니다. 이 기회를 타서 쫓아가 베니 시체가 들을 붉게 했습니다. 이로 말미암아 그 예리한 기세가 꺾이어 고래처럼 사납던 것이 그 흉포함을 감추었습니다. 지금 천하가 조용해진 것은 실상 사법명 등의 꾀이오니 그 공훈을 찾아 마땅히 표창해 주어야 할 것입니다. 이제 사법명을 임시로 征虜將軍 邁羅王으로, 贊首流를 임시로 安國將軍 辟中王으로, 解禮昆을 임시로 武威將軍 弗中侯로 삼고, 木干那는 과거에 軍功이 있는 데다가 또 臺와 舫을 때려 부수었으므로 임시로 廣威將軍 面中侯로 삼았습니다. 엎드려 바라옵건대 天恩을 베푸시어 특별히 관작을 제수하여 주십시요"라고 하였다.[26]

위와 같은 사료 등에 근거해서 단재 신채호는 백제의 요서경략설을 본격적으로 제기하였다. 즉 "근구수가 기원 375년에 즉위하여 재위 10년 동안에 고구려에 대하여는 겨우 1차 평양의 침입만 있었으나, 바다를 건너 支那 대륙을 경략하여, 선비 모용씨의 燕과 苻氏의 秦을 정벌, 今 遼西·山東·江蘇·浙江 등지를 경략하여 광대한 토지를 장만하였다. 이런 말이 비록 백제본기에는 오르지 않았으나, 『양서』와 『송서』에 '백제가 요서와 진평군을 공략하여 차지하였다'고

---

26) 『南齊書』 권 58, 동이전 백제 조.

했고…근구수가 또 진과 싸우니, 今 山東 등지를 자주 정벌하여 이를 奔疲케 하였으며, 남으로 今 강소·절강 등지를 가진 晉을 쳐서 또한 다소의 州郡을 빼앗으므로, 諸書의 기록이 대략 이 같음이니라"[27]라고 하였다. 이러한 서술의 實證 與否를 떠나 백제가 중국 대륙 일각에 거점을 확보하면서 北魏 정권과 자웅을 겨뤘다는 기록은 의미심장한 일대 사건이 아닐 수 없다.

그러나 이와는 달리 백제가 해상 진출할 수 없다는 전제하에서 『남제서』에 수록된 동성왕대 北魏와의 전쟁 기사를 고구려와의 전쟁으로 단정하는 이들이 많았다. 이러한 주장은 일본 학자 岡田英弘이 처음 제기하였다. 즉 그는 동성왕이 남제에 보낸 국서에 등장하는 '獫狁'과 '匈梨'를 고구려로 간주하면서 고구려의 남진을 저지하는 전쟁으로 언급했다.[28] 여기서 한 걸음 나아가 '匈梨'를 '句梨'의 誤寫로 간주하여 고구려로 지목한다. 그렇지만 匈梨와 동일한 대상인 '獫狁'이나 '魏虜'는 北魏를 가리키고 있지 않은가? 따라서 이 문제는 岡田英弘과 後學들의 생각처럼 간단하게 해석할 수 있는 문제는 아니다. 북위를 구성하는 지배 종족인 鮮卑와 연관 짓는 종족이 흉노였다. 실제 '험윤'과 '흉리'는 흉노를 가리키고 있다. 가령 『魏書』 冒頭에서 獫狁을 山戎과 더불어 "匈奴之屬"이라고 하였다. 그리고 『남제서』 백제 조의 해당 구절 註釋에 따르면 "匈梨는 匈奴單于와 같은 말이다"[29]고 했다. 게다가 '魏虜'라고하여 분명히 백제와의 전쟁 대상을 명시했다. 그럼에도 이것이 '고구려'로 둔갑할 수 있는 지 자못 의아하다. 고구려를 '魏에 종속된 오랑캐'라는 의미로 魏虜로 지칭했다는

---

27) 丹齋申采浩先生紀念事業會, 앞의 책, 204쪽.
28) 岡田英弘, 『倭國』 中公新書, 1977, 143쪽.
29) 中華書局, 『南齊書』 3, 1983, 1020쪽.

혹자의 해석은 너무나 자의적이다.『남제서』는 "魏虜匈奴種也"[30]라고 하였듯이 魏虜를 匈奴와 일치시켜 인식했었다.

당시 남조에서 '虜'라고 표기한 대상은 북위였다. 이 것 역시 '魏虜'를 가리키는 것이다. 실제 상기한 인용에서도 위나라 군대를 '虜軍'이라고 했다. 그럼에도 백제가 고구려를 '魏虜'라고 지칭한 국서를 남조에 보냈다고 하자. 이 때 남조에서는 '魏虜'를 고구려로 받아들일 수 있었을까? 더구나『南齊書』에 魏虜傳까지 있다.[31] 동성왕 국서에는 일관되게 북위를 가리키는 '험윤'·'흉리'·'위로'라는 단어를 구사하였다. 실제 e의『자치통감』이나 d의『삼국사기』에도 백제와 북위와의 전쟁 기사가 게재되어 있지 않은가? 따라서『남제서』에 보이는 이러한 용어들이 북위를 가리킴은 재론할 여지조차 없다. 다만 지리적으로 볼 때 백제가 북위와 격돌할 가능성이 어려운 관계로 고구려로 바꿔서 해석하고는 했다. 그러나 이 자체가 백제의 해상 능력에 대한 無知에서 초래된 偏見으로 보인다.

그러면 위의 기사를 검토해 보기로 한다. 먼저 f의 '이 해에'는 동성왕의 "制詔行都督百濟諸軍事 鎭東大將軍百濟王牟大今以大襲祖父牟都爲百濟王 卽位章綬等玉銅虎竹符四 其拜受 不亦休乎"라는 책봉 기사에 바로 이어서 등장하는 기사이다. 그러므로 이와 동일한 해로 지목할 수 있다. 그런데『남제서』에서 동성왕이 남제로부터 책봉된 시점은 언급이 없다. 그러나 이 기사는『南史』영명 8년(490) 조에서 "백제왕 泰를 진동대장군 백제왕으로 삼았다"[32]고 한 기사와 부합된다. 그렇다면 f 기사는 '이 해에(490년)'로 시작하는 북위군 격파 기사

---

30)『南齊書』권 57, 魏虜傳.

31)『南齊書』권 57, 魏虜傳.

32)『南史』권 4, 永明 8년 조.

에 이어 '建武 2년(495년)'에 동성왕이 表文을 올려 예하 신하들의 授爵을 요청하면서 과거인 '지난 庚午年(490년)에'있었던 북위와의 전쟁에 대한 戰果가 구체적으로 수록된 것임을 알 수 있다. 여기서 '이 해에(490년)'로 시작되는 기사와 '지난 庚午年(490년)에'로 시작하는 기사는 동일한 사건을 가리킨다고 보겠다.

백제와 북위와의 전쟁은 "이 해에 魏虜가 또 騎兵 수십만을 동원하여"라고 한 구절의 '又'에서 알 수 있듯이 490년 이전에 이미 있었던 것이다. 이는 바로 d와 e의 永明 6년(488)에 있었던 전쟁을 가리킨다고 보면 지극히 자연스럽다.그런데 d와 e의 '騎兵 수십만'의 動員과 f의 경오년(490)에는 "시체가 들을 붉게 하였습니다"라고 한 만큼 육상전으로 보일 수 있다. 그런데 f에서 백제군 장수들의 전공에 "舫을 때려 부수었다"고 하였다. 그러므로 육상전과 해상전의 배합을 헤아릴수 있다. 이와 관련해 백제군이 때려부순 '臺'는 영토안의 접경 지역이나 해안 지역의 감시가 쉬운 곳에 마련한 초소라는 점과 舫의 파괴와 연계되어 있다. 이러한 점에 비추어 볼 때 백제는 육상에서 북위군의 공격을 받았지만, 臺와 舫을 때려부술 정도로 역습에 성공했다고 하므로, 戰場은 북위 연안에서의 상륙전을 가리킬 수 있다. 그렇다고 한다면 여기서 북위군 '騎兵 수십만'이 당초 침공해 온 백제 영역은 北魏와 陸續된 遼西 지역으로 지목하는 게 자연스럽다.[33]

이와 관련해 흔히 지적하는 문제가 백제 선단의 고구려 沿海 通過 件이다. 그런데 3세기대에 이미 고구려 동천왕은 東吳의 孫權과, 그리고 장수왕은 戰

---

33) 이상의 서술은 李道學, 「百濟의 海外 活動 記錄에 관한 檢證」 『충청학과 충청문화』 11, 2010, 3~11쪽에 의하였다.

馬 800필을 劉宋에 보내는 등 남중국과 활발하게 교류한 바 있다.[34] 고구려는 북중국 정권의 위협을 뚫고 남중국과 교류한 것이다. 백제의 해상 활동 역시 웅진성 도읍 초기에 단 한차례 고구려의 해상 통제를 받은 바 있지만, 그 밖에 는 없었다. 따라서 백제가 고구려의 해상 통제로 북중국 연안에 얼씬도 못했 으리라는 생각은 杞憂에 불과하다.

3. 南中國 거점 확보 문제

百濟는 중국 最南端의 廣西壯族自治區나 福州 등지에 교역망을 확보하고 있었다. 廣西壯族自治區 南寧市 邕寧區 百濟鄉에 속한 '百濟墟'의 존재가 그 것이다.[35] 그 밖에도 백제가 中國大陸과 긴밀히 연계된 기록이 보인다. 가령 崔致遠의 「上太師侍中狀」에서 "高句麗와 百濟의 全盛 時節에는 强兵이 百萬 이나 되어 南쪽으로는 吳越을 侵犯하였고, 北으로는 幽·燕·齊·魯 地域을 흔들 어서 中國의 큰 좀[蠹]이 되었다"라고 했다. 여기서 吳越은 『舊唐書』에서 百濟 의 西界를 "西쪽으로는 바다를 건너 越州에 이르렀다"고 하여, 지금의 浙江省 紹興市 부근이라고 한 기록과 연결되어진다. 물론 『舊唐書』에서 바다를 건너 백제가 고구려·倭와 각각 境界를 이루고 있는 문구를 거론하며 지배 영역과는 무관한 구절로 해석할 수도 있다. 그러나 이 구절은 백제 國界를 高句麗·倭라 는 國號가 아니라 中國 內의 越州라는 특정 地名을 거론하였다. 따라서 越州

---

34) 이에 대해서는 윤명철, 『한민족의 해양활동과 동아지중해』 학연문화사, 2002, 254~272 쪽 참조 바란다.
35) 李道學, 「中國 廣西壯族自治區의 百濟墟 探索」 『위례문화』 13, 하남문화원, 2010. 27~32쪽.

는 백제의 영향력이 미친 空間이라는 추정이 가능해진다.

이와 관련해 최근 江蘇省 連雲港 周邊에서 확인된 무려 789基에 달하는 石室墳의[36] 성격이 주목된다.[37] 지금까지의 연구에 따르면 連雲港 地區의 石室墳은 古代 韓國人의 墳墓일 가능성이 韓·中 兩國에서 유력하게 제기되었다. 즉 新羅人의 墳墓[38] 내지는 백제 멸망 직후 唐으로 押送된 百濟人들의 墳墓라는 견해이다.[39] 그런데, 이곳에 百濟 遺民들이 거주했다는 기록은 없다. 連雲港을 백제 유민들이 이주당한 공간이라고 하자. 그러면 故國인 백제로의 海外脫出이 용이한 海邊 지역에 徙民시킬 이유가 없다. 더구나 緣故地와 격절시킨다는 徙民의 通常 원칙과도 맞지 않다. 실제 連雲港 地區는 '百濟 遺民들의 痕迹이 확인된 지역'[40]과도 관련이 없다. 오히려 백제인들이 진출하기에 용이한 港口都市 連雲港에 백제 석실분이 소재하였다. 더구나 連雲港의 石室墳은 泗沘城 都邑期 백제 墓制와 부합하는 면이 많다고 한다.

그렇다면 連雲港의 석실분은 백제 멸망 이후가 아니라 백제 당시, 백제인의 분묘일 가능성은 없는 것일까? 이에 대해 신라인의 활동은 주로 江蘇省 揚州부터 山東省 威海에서 이루어진 것이 훨씬 많은데, 신라인의 분묘라면 連雲港의 中雲臺山에서만 封土石室墳이 발견되고 山東省에서는 발견되지 않는데 대

---

36) 張學鋒, 「江蘇連雲港'土墩石室'遺存性質芻議」『東南文化』2011-4, 108쪽.
37) 連雲港 주변 石室墳들은 白龍山 등지에 분포하고 있다. 필자는 중학교 교사 출신으로서 현지 민속학회 부회장인 최초 발견자의 안내를 받아 2014년 1월 10일에 현장을 폭넓게 확인했음을 밝혀둔다. 이에 대해서는 李道學 外, 『육조고도 남경』 주류성, 2014, 451~461쪽에 상세히 서술되어 있다.
38) 張學鋒, 「江蘇連雲港'土墩石室'遺存性質芻議」『東南文化』2011-4, 112~116쪽.
39) 박순발, 「롄윈강(連雲港) 봉토석실묘의 역사 성격」『百濟의 中國 使行路』충남대학교 백제연구소, 2012, 112~113쪽.
40) 양종국, 「의자왕 후손 찾기」『대백제, 백제의 숨결을 찾아서』부여군문화재보존센터, 2009, 173쪽.

한 의문이 제기되었다.[41] 대단히 銳利하면서도 적절한 지적인 것이다. 그 행간에는 이들 石室墳들이 백제 분묘일 가능성을 간파했음을 암시해준다. 이와 관련해 後唐에서 高麗 太祖를 册封한 詔에서 "卿은 長淮의 茂族이며 漲海의 雄蕃이다"라는 구절이 주목된다. 여기서 太祖를 가리켜 '長淮의 茂族'이라고 했다. 이와 더불어 『高麗史』 成宗 4年(984) 5월 조에 보면 宋 皇帝가 高麗 成宗을 册封하고 내린 詔書에 "恒常 百濟의 百姓을 便安하게 하고, 永遠히 長·淮의 族屬을 茂盛하게 하라(常安百濟之民 永茂長淮之族)"는 구절이 상기된다. 여기서 '長淮'는 揚子江과 淮水를 가리킨다. 이 곳과 '百濟之民'은 관련이 있다고 본 것이다. 곧 이들은 중국대륙의 百濟 百姓들을 가리키는 게 분명하다. 또 이들의 정치적 귀속성은 高麗와 연결됨을 암시하고 있다. 그렇지 않았다면 詔書에서 언급할 하등의 이유가 없기 때문이다.[42] 더욱이 중국 학자들도 소개했듯이 連雲港 주변의 中雲臺山 花果行 石室墳은 論山 表井里 百濟 石室墳과 구조적으로 연결된다.[43] 그 뿐 아니라 連雲港의 소재지인 淮河는 백제인들이 居住했던 '長淮' 가운데 淮水와 연결되고 있다. 따라서 連雲港 石室墳을 백제와 연관 짓는 게 가능해진다. 그리고 古墳群의 규모가 크다는 점에서 오랜 기간에 걸쳐 조성되었음을 알 수 있다. 동시에 이 곳이 백제인들의 대단위 常住 據點이었음을 암시해준다. 나아가 史書에 적힌 백제의 중국 진출 기록이 결코 虛辭가 아니었음을 입증해 주는 不動의 물증이 된다.[44]

---

41) 高偉·許莉, 「연운항시 봉토석실의 조사 보고」 『百濟의 中國 使行路』 충남대학교 백제연구소, 2012, 94쪽.

42) 李道學, 「해상왕국 대백제와 백제 왕도 부여」 『백제문화 세계화와 백제고도 부여』 대전일보사, 2009; 『백제 사비성시대 연구』 일지사, 2010, 509쪽.

43) 張學鋒, 「江蘇連雲港'土墩石室'遺存性質芻議」 『東南文化』 2011-4, 110~114쪽.

44) 이상의 서술은 李道學, 「윤명철, '해양사연구방법론'(학연문화사, 2012)에 대한 서평」 『고조선단군학』 28, 2013, 420~423쪽에 근거하였다.

Ⅲ. 東南아시아 諸國과의 교류 기사

1. 백제의 黑齒 진출

백제는 제주도 뿐 아니라 北九州와 지금의 오키나와를 중간 기항지로 삼고 대만해협을 지나 필리핀 군도까지 항로를 연장시켰다. 필리핀 군도는 黑齒國으로 알려졌던 곳이다. 중국 낙양의 북망산에서 출토된 흑치상지 묘지석에 의하면 그 가문은 부여씨 왕족에서 나왔지만 선조들이 '흑치'에 分封된 관계로 그 지명을 따서 氏를 삼았다고 한다. 왕족을 지방의 거점에 파견하여 통치하는 담로제의 일면을 엿볼 수 있다.[45] 즉 「黑齒常之墓誌銘」에서 흑치상지 가문의 내력을 적고 있는 다음의 敍述 體裁와 결부지어 살펴 보자.

g. 府君의 이름은 常之이고 字는 恒元인데 百濟人이다. 그 先祖는 扶餘氏에서 나와 黑齒에 封해진 까닭에 子孫이 인하여 氏를 삼았다(府君諱常之 字恒元 百濟人也 其先出自扶餘氏 封於黑齒 子孫因以爲氏焉).

h. 그 집안은 대대로 서로 이어서 達率이 되었다. 達率의 직책은 지금의 兵部尙書와 같다. 本國에서 二品官이다. 曾祖 이름은 文大이고, 祖의 이름은 德顯이며, 父의 이름은 沙次인데, 모두 官位가 達率에 이르렀다(其家世相承爲達率 達率之職 猶今兵部尙書 於本國二品官也 曾祖諱文大 祖諱德顯 考諱沙次 並官至達率).

i. 府君은 어려서부터 사나이답고 화통했으며…弱冠이 되지 않아 地籍으로서

---

45) 黑齒=禮山說의 문제점은 李道學, 「백제와 동남아 세계의 만남에 대한 逆比判」 『대백제/ 백제의 숨결을 찾아서』 동아시아국제학술포럼, 2009, 406~412쪽에서 詳論하였다.

達率을 제수받았다. 唐 顯慶 중에 邢國公 蘇定方을 보내어 그 나라를 평정하자 그 主인 扶餘隆과 더불어 함께 入朝했다. 붙여져 萬年縣人이 되었다(府君少而 雄爽…未弱冠 以地籍受達率 唐顯慶中 遺邢國公蘇定方 平其國 与其主扶餘隆 俱 入朝 隷爲萬年縣人也).

위의 인용은 흑치상지가 唐에 소위 入朝하기 전까지의 官歷이다. 당연히 가문의 내력을 필두로 백제에서의 官歷을 담고 있다. 그런데 h에 보면 흑치상지 선조들이 역임했던 달솔 관등을 설명하면서 唐에서의 官格을 언급하였다. 묘지명은 분명히 唐人 讀者를 염두에 두고 백제의 달솔이 지닌 관격을 설명한 것이다. i는 흑치상지가 당에 귀부하는 과정을 소개하면서 부여융의 존재를 '其主'라고 하여 흑치상지의 주군임을 밝혔다. 이 역시 唐人 讀者를 염두에 두고 흑치상지의 入朝 배경을 설명하기 위한 것이었다. 이러한 맥락에서 g의 흑치상지 가문의 내력 곧 氏의 기원이 되는 '흑치'에 대한 위치를 검토해 본다. 묘지명의 黑齒가 지명을 가리킴은 두 말할 나위 없다. 그런데 묘지명은 '黑齒'라는 지명에 대해 언급하지 않았다. 이것은 묘지명의 독자들을 궁금하게 하는 사안일 수 있다. 그럼에도 흑치의 소재지에 대해 전혀 언급하지 않았다. 이 사실은 唐人들이 '흑치'를 익히 알고 있거나 자신들의 세계관 속에서 포착된 지역임을 뜻한다. 그러니 애써 '흑치'에 대해 소개할 이유가 없는 것이다.

그러면 「흑치상지묘지명」이 작성된 唐代를 기준해서 중국인들이 예전부터 알고 있던 흑치의 위치를 추적하는 게 타당할 것 같다. 그 墓誌銘의 작성자는 중국인이었다. 黑齒常之 역시 중국의 唐에서 武將으로 활약하다가 사망했다. 그런 만큼 중국적인 세계관 속에서 黑齒의 위치를 찾는 게 지극히 온당하다고 본다.

이와 관련해 唐의 房玄齡(578~648)이 註釋한 『管子』에 따르면 黑齒를 "모두

南夷의 國號이다"[46]고 했다. 그렇듯이 唐代人들은 흑치가 東南아시아 지역이라는 공간적 인식을 지녔다. 이러한 맥락에서 볼 때 『삼국지』倭人 條의 "또 侏儒國이 그 (여왕국) 남쪽에 있는데, 사람들의 키는 3~4尺이며, 여왕(국; 邪馬臺國)으로부터 4천여 里 떨어져 있다. 또 裸國·黑齒國이 다시금 그 (주유국) 동남쪽에 있는데 船行으로 1년이면 도달할 수 있다"[47]는 기사가 주목된다. 『신당서』南蠻傳에도 "群小 蠻夷의 종류는 많아서 기록할 수 없는데, 黑齒·金齒·銀齒 세 종류가 있다. 사람을 만날 때는 漆 및 鏤金·銀飾으로써 치아를 장식하였지만 취침시나 식사 때는 이것을 떼어 내었다"[48]고 하여 보인다. 후자의 '黑齒'는 풍속과 연관지어 등장하고 있다. 실제 鄭夢周의 詩에 의하면 南越의 풍속으로 黑齒 습속이 보인다.[49] 어쨌든 '黑齒'가 남만전에 수록되어 있는 관계로 대략의 그 위치를 가늠하게 한다. 이러한 기사를 토대로 중국의 梁嘉彬은 일찍이 黑齒의 위치를 지금의 필리핀 群島로 비정했다.[50] 즉, 앞서 소개한 『삼국지』왜인 조에 따르면 지금의 琉球인 侏儒國에서 동남쪽으로 나가면 太平洋이 된다. 그러므로 裸國과 흑치국은 반드시 琉球의 西南쪽으로 지목해야 마땅하다. 게다가 『삼국지』와 『양서』의 同 條를 비교하면 裸國과 흑치국은 모두 주유국(琉球)의 남쪽에 소재하였다. 그리고 흑치국은 裸國의 東南에 소재한 것이다. 그

---

46) 『管子』권 8, 第二十 小匡, "黑齒, 皆南夷之國號也"
47) 『三國志』권 30, 倭人 條. "又有侏儒國 在其南 人長三四尺 去女王四千餘里 又有裸國·黑齒國 復在其東南 船行一年可至"
48) 『新唐書』권 222, 南蠻下. "群蠻種類多 不可記 有黑齒·金齒·銀齒三種 見人以漆 及鏤金銀飾齒 寢食則去之"
49) 『圃隱集』권 1, (洪武 丁巳) 奉使日本作(其七).
50) 梁嘉彬, 「魏志朱儒國(今琉球) 裸國(今台灣)黑齒國(今菲律賓)考」 『大陸雜誌』特刊 第2輯, 1962, 337~344쪽.
    梁嘉彬, 앞의 책, 278~279쪽.

런데 呂宋(필리핀)에 관한 중국과 일본 관련 기록을 놓고 볼 때 呂宋은 臺灣의 東南方에 소재하였다. 따라서 裸國은 臺灣이고, 그 東南에 소재한 흑치국은 명백하게 필리핀임을 입증했다.

이와 더불어 『梁書』倭 條는 裸國과 黑齒國 外의 세계에 대한 기사를 덧 붙였다. 즉 "(이곳에서) 또 西南으로 萬里에는 海人이 있는데, 몸은 검고 눈은 하얀데, 벗고 있으나 醜하다. 그들은 살찐 것을 좋아하는데, 지나가는 者를 혹은 쏘아서 그를 잡아 먹는다"[51]고 했다. '海人'은 대만과 필리핀 群島의 서남방 萬里 海中에 있으며 唐·宋時代에는 이들을 '崑崙奴'라고 통칭하였다. 훗날 西洋人들이 南海 중에 散居한 이들을 '小黑人'이라고 불렀다. 이들은 漆黑人種으로서 흑치국인들과 비교하면 더욱 새카맣고 形貌는 醜怪한데, 활을 쏘아 사람을 잡아 먹었다는 것이다.[52] 요컨대 이러한 '海人' 기록들 역시 梁代의 중국인들이 대만이나 필리핀 보다 훨씬 멀리 있는 東南아시아 세계에 대해 희미하나마 정보를 접했음을 뜻한다. 이 사실은 逆으로 당시 중국인들이 나국과 흑치국을 대만과 필리핀으로 분명히 인식했음을 방증하는 지표가 될 수 있다.

실제 이와 관련해 梁의 昭明太子(501~531)가 지은 『文選』에 보면 "…於是舟人漁子 徂南極東 或屑沒於黿鼉之穴 或挂眗於岑巘之峯 或掣挈洩洩於裸人之國 或汎汎悠悠於黑齒之邦…徒識觀怪之多駭 乃不悟所歷之近遠 爾其爲大量也…"라는 기록이 주목된다. 이 기록을 통해 梁代에는 중국인 漁夫들이 臺灣[裸人之國]과 필리핀 群島[黑齒之邦]에 도달했음을 알 수 있다. 閩浙에서 出航하면 여름에는 西南信風을 타는 까닭에 "易極東"이라 하였고, 回航은 겨울철에 東北信風을 탔고, 겨울철에는 또 매번 北風이 갑자기 불기 때문에 "易徂南"

---

51) 『梁書』권 54, 倭 條.
52) 梁嘉彬, 앞의 책, 279쪽.

이라고 했다. 중국의 華北人이 연안을 이용하고 또 섬을 따라서 항해를 할 때
는 반드시 먼저 한반도와 일본열도 및 琉球[侏儒國]를 지나 대만[裸國]에 이른
다. 대만에서 필리핀간의 항로는 지극히 순조로워서 臺灣 동남으로부터 항해
한 즉 필리핀 群島[黑齒國]에 이를 수 있다. 아울러 대만인들이 나체 생활했음
을 부차적으로 입증했다.[53] 따라서 흑치의 소재지는 동남아시아 지역임이 분
명해진다.

　여기서 백제 왕실이 흑치상지의 祖先을 黑齒에 封했다고 한다. 이러한 分封
은 領域的 개념이 수반된 것이므로 백제의 海外 거점과 연결 지을 수 있는 사
안이다. 아울러 백제 왕족인 黑齒常之의 祖先들이 黑齒에 分封될 수 있는 토
대가 구축되었다고 본다. 黑齒의 위치는 명백히 지금의 필리핀 群島임은 숱한
문헌 자료를 통해 입증된다. 필리핀 북부 지역에서 확인된 蒙古斑點의 존재
가 무엇을 말하겠는가?[54] 그럼에도 黑齒의 소재지를 필리핀으로 지목하는 견
해에 반대하는 주장이 있다. 즉 黑齒의 소재지를 禮山으로 지목한 견해가 있
지만 고증상의 문제점은 너무도 많았다.[55] 흑치=예산설의 핵심 근거는 지금
의 예산군 예산읍을 백제 때 烏山이라고 한 사실에 두고 있다. 즉 烏山은 '검은
山'이므로 黑齒와 연관이 있다는 것이다. 이 문제를 보완해서 검증해 본다. 백
제 때 烏山은 통일신라 경덕왕대를 전후해서 孤山으로 지명이 바뀌었다. 그
리고 고려 초에는 현재의 禮山 지명이 생겨났다. 여기서 경덕왕대를 전후해서
행정지명을 바꿀 때는 종전에 사용한 지명의 音을 漢譯하는 형식이 많다. 그

---

53) 梁嘉彬, 위의 책, 280쪽.
54) 2012년 11월 6일에 서울에서 만난 필리핀 Santo Tomas 대학 교수 박정현이 그러한 사
　　실을 제보해 주었다.
55) 이에 대해서는 李道學, 앞의 책, 2010, 274~275쪽에서 詳論하였다.

러니 '烏山'을 '외山'으로 읽었기에 '외로울 孤'字를 넣어서 孤山으로 지명을 바꾼 것임을 알 수 있다. 혹자의 주장처럼 결코 烏山을 '검은 山'과 관련 짓지 않았음을 알게 된다. 烏山을 '검은 山'과 관련지었다면 '黑山'으로 고쳤어야 마땅하다.[56] 실제 경상북도 안동의 군자 마을에 소재한 烏川을 '검은 내'가 아니라 '외내'로 읽고 있다. 이것만 보더라도 烏山은 '외山'으로 읽었기에 孤山으로 바뀐 사실이 다시금 확인된다. 따라서 烏山=黑山이라는 心證에 근거한 막연한 黑齒=禮山說은 근거를 완전히 상실했다. 그랬기에 앞으로는 이 件을 재론해서는 안될 것 같다.

필자는 최근에 필리핀 국립박물관에 소장된 우리나라 삼국시대 토기들을 확인할 수 있었다. 게다가 푸켓박물관 타와치이 학예관이 "비록 작은 수이지만 태국 일부 지역에서는 한국식 도자기가 발견되고 있습니다"[57]라는 증언까지 제기되었다. 그러니 이제는 누구라도 백제의 필리핀 진출을 확신하게 될 것 같다.

2. 백제의 扶南國 및 印度, 그리고 崑崙과의 交渉

백제는 다시금 항로를 확장시켜 인도차이나 반도까지 이르렀다. 다음의 기사에서 보듯이 백제는 지금의 캄보디아를 가리키는 扶南國과 교역하였다.

j. 가을 9월에 백제 聖明王이 前部 奈率 眞牟貴文과 護德 己州己婁와 더불어 物

---

56) 李道學, 위의 책, 274쪽.
57) 註 82를 참조하기 바란다.

部 施德 麻奇牟 등을 보내어 와서 扶南 財物과 奴 2口를 바쳤다.[58]

　543년(성왕 21)에 백제가 扶南 곧 메콩강 하류 유역과 그 삼각주를 거점으로 한 지금의 캄보디아 지역의 財物과 노비 2口를 倭에 보냈다. 『晉書』南蠻傳에 보면 "扶南은 林邑에서 서쪽으로 3천여 里 떨어져 있다. 바다의 大灣 중에 있는데, 그 땅의 넓이는 가로 세로가 3千里이다"[59]고 하였다. 여기서 임읍은 지금의 중부 베트남을 가리킨다. 그런데 혹자는 이때 백제가 중국을 경유해서 부남의 재물을 확보하지 않았을까 추측한다. 그러면 이 주장을 검토해 보자. 그 이전부터 간헐적으로 조공을 해 오던 부남국이 梁에 마지막으로 조공한 시점이 539년이었다. 539년에 부남국이 梁에 진상한 물품은 기록에는 보이지 않지만 토산물이나 불교 관련 물품이었을 가능성은 있다. 그러나 부남국이 梁에 奴 즉 生口를 진상한 기록은 어디에도 없다.

　백제는 534년과 541년에 梁에 조공하였다. 이때 梁은 백제측이 요구한 열반경을 비롯한 經典과 毛詩博士 및 工匠과 畵工 등을 내려주었다. 그런데 백제가 扶南의 財物이라고 할 수 있는 물품을 梁에서 얻었다는 증거는 없다. 또 그러한 물품이나 奴를 백제가 梁에 요구하지도 않았다. 중국과 무관한 이국산 물품을, 그것도 자국에서도 희귀하여 조공받은 것을 梁이 다시금 백제에 내려줬다는 근거는 어디에도 없다. 백제가 倭에 보내줄 정도였다면 부남의 재물과 奴를 일정하게 확보한 선상에서 그 잉여물을 보냈다고 보아야 맞다. 그러나 백제가 그러한 물품을 梁에 요구하지도 않았고, 받은 바도 없다.

---

58) 『日本書紀』권 19, 欽明 4년 조. "秋九月 百濟聖明王遣前部奈率眞牟貴文·護德己州己婁與物部施德麻奇牟等 來獻扶南財物與奴二口"
59) 『晉書』권 97, 南蠻傳. "扶南 西去林邑三千餘里 在海大灣中 其境廣袤三千里"

539년 이후에 부남국의 梁 朝貢도 끊기고 만 정황에 비추어 볼 때 543년에 백제가 倭에 보내 줄 수 있던 부남의 재물과 奴의 源泉은 드러난다. 곧 이는 백제가 梁에 의존했다면 扶南의 재물이나 奴 등을 확보할 수 없는 상황에 도달했음을 뜻한다. 그런 만큼 扶南의 재물과 奴는 백제인들이 부남국을 직접 찾았을 때 확보가 가능한 資産인 것이다.[60] 이와 관련해 562년에 신라가 점령한 대가야의 王城門인 旃檀梁의 '旃檀'은 扶南에서 '王'을 가리키는 호칭이었다. 따라서 전단량은 '王門'의 뜻으로 밝혀졌다. 이로써 扶南語의 가야 침투를 상정할 수 있다.[61] 그 遠因은 백제와 부남과의 관계에서 찾을 수 있다. 이와 관련지어 512년 4월 梁에 파견된 백제 사신이 처음으로 扶南·林邑과 함께 조공한 다음 기사가 유의된다.

k. 百濟·扶南·林邑國이 함께 사신을 보내어 方物을 바쳤다.[62]

위의 기사는 백제와 부남 및 임읍간의 일종의 연계성을 암시해 준다. 설령 그렇지 않더라도 적어도 512년 4월에는 위의 삼국 사신이 梁의 수도에서 遭遇했음을 뜻한다. 이때 백제와 부남국 등과 교류의 물꼬가 트였을 수 있다. 그리고 554년(성왕 32)에 백제가 왜에 보낸 물품 가운데 羊毛를 주성분으로 하는 페르시아 직물로서 북인도 지방에서 산출되는 氍毹의 존재가[63] 다음에서 확인된다.

---

60) 李道學, 「백제의 동남아시아 交流論은 妄想인가?」 『慶州史學』 30, 2009, 73~75쪽.
61) 李道學, 「百濟의 交易網과 그 體系의 變遷」 『韓國學報』 63, 1991, 79~80쪽.
62) 『梁書』 권 2, 武帝中, 天監 11년 4월 조. "百濟·扶南·林邑國 并遣使獻方物"
63) 李龍範, 「處容說話의 一考察」 『震檀學報』 32, 1969; 『處容研究論叢』 1989, 258쪽.

l. 또 奏上하기를 "臣은 별도로 軍士 萬人을 보내어 任那를 도울 겁니다. 아울러 들은 것을 아뢰기를 지금 일이 바야흐로 급하므로 배 한 척을 奏上합니다. 다만 좋은 비단 2필·氍毹 1領·도끼 300口 및 捕獲한 城民 남자 2명과 여자 5명을 바칩니다…"라고 했다.[64]

위에 보이는 氍毹은 페르시아語의 Taptan·Tapetan의 漢音 표기라고 한다. 氍毹의 産地는 "天竺國; 細布와 좋은 氍毹이 나온다"[65]라고 했듯이 印度에서 품질 좋은 氍毹이 산출되었다. 백제인들의 이 같은 氍毹 수입은 동남아시아 諸國과의 접촉을 뜻한다.

백제는 북인도 지방의 모직물을 재료로 하여 제작한 氍毹과 같은 카페트를 수입하여 倭에 선물하기까지 했다. 모두 6세기 중반에서 7세기 중반 경의 일이었다. 이러한 항해 루트 덕분에 성왕대의 승려인 謙益이 中印度 곧 中天竺에서 佛經을 가져 올 수 있었다. 백제가 동남아시아 諸國과 교류한 흔적은 구체적으로 포착된다. 백제 律宗의 鼻祖인 謙益에 대한 기사가 「彌勒佛光寺事蹟」을 인용한 『조선불교통사』에 다음과 같이 보인다.

m. 丙午 4년(신라 법흥왕 13년, 고구려 안장왕 8년, 梁 보통 7년)에 백제 沙門 겸익이 중인도 상가나대율사에 이르러 梵文을 배우고 律部를 공부하고 梵僧 倍達多三藏과 같이 범문 律文을 가지고 귀국하여 72권을 번역하여 완성하였다. 이것으로 백제 율종의 시작으로 삼는다. 曇旭과 惠仁 두 법사가 律疏 36권

64) 『日本書紀』 권 19, 欽明 15년 12월 조. "又奏 臣別遣軍士萬人 助任那 并以奏聞 今事方急 單 船遣奏 但奉好錦二匹·氍毹一領·斧三百口 及所獲城民 男二女五名"
65) 『兩漢博聞』 西域傳 78. "天竺國 出細布好氍毹"

을 저술하였다.

n. 미륵불광사사적에 이르기를 백제 성왕 4년(526) 丙午에 沙門 謙益이 마음 속
으로 맹세하여 律을 구하기 위해 航海로써 中印度 常伽那大律寺에 이르렀다.
梵語를 5년 동안 배워 깨우치는 한편 律部를 깊이 공부하여 戒體를 장엄하고
梵僧 倍達多三藏과 더불어 범문 阿曇藏과 五部律文을 가지고 귀국하였다. 백제
왕은 羽葆와 鼓吹로 교외에서 맞이하여 興輪寺에 안치하였다. 국내의 명승 28
인을 불러들여 겸익법사와 더불어 율부 72권을 번역하게 하니 이가 곧 백제 율
종의 鼻祖이다. 이에 曇旭과 惠仁 두 법사가 律疏 36권을 지어 왕에게 바쳤다.
왕이 毗曇과 新律에 서문을 써서 台耀殿에 보관하였다. 장차 목판에 글자를 새
겨 널리 펴려고 하였으나 미처 겨를을 내지 못하다가 돌아 가셨다.[66]

위의 인용 가운데 m은 이능화가 n을 요약해 놓은 글에 불과하다. 그러므로
「彌勒佛光寺事蹟」을 인용한 n이 검토 대상이다. 그런데 n은 현재 전하지 않는
「彌勒佛光寺事蹟」을 인용하였다. 미륵불광사는 그 연원이 중인도에서 귀국한
겸익이 주석했던 興輪寺까지 올라 가는 것 같다. n에 보이는 겸익의 사적과 관
련해 다음과 같은 평가가 뒤따랐다.

o. …이 보다 앞서 同王 四年(西紀 五二六)에는 謙益이 印度에 가서 五部律의 梵
本을 갖고 돌아와 二十八人의 名僧과 함께 律部 七十二卷을 飜譯하여 百濟 律
宗의 鼻祖가 되었다. 또 이때 曇旭·惠仁 兩法師는 律疏 三十六卷을 著述하는 등
戒學이 크게 發達하였다.[67]

---

66) 李能和,『朝鮮佛教通史』上篇, 1918, 聖王 31년 조 備考.
67) 李丙燾,『韓國史–古代篇』乙酉文化社, 1959, 578~579쪽.

p. 이 시대에 가장 중요한 종파는 戒律宗이었다. 백제의 謙益이나 신라의 慈藏 등이 그 대표적 인물이지만…[68]

이와 더불어 「彌勒佛光寺事蹟」의 신빙성을 높이 평가하면서 해상 실크로드를 이용하여 겸익이 다녀왔다고 분석했다. 즉 백제에 불교가 전해진지 100년이 지나 불교 교단의 팽창에 따른 새로운 律文의 필요를 느꼈다는 것이다. 무녕왕과 성왕 治世에 백제는 국가 증흥 계획에 따라 새로운 문물 수입에 적극적이었다. 겸익은 국가에서 파견한 유학생이었을 것이다. 「彌勒佛光寺事蹟」이 전하는 당시의 백제 사정은 역사상의 제반 사실과 모순되지 않는다고 했다.[69] 겸익의 이 같은 활약상은 더욱 보강되었다. 겸익이 백제를 출발한 시기를 512년(무녕왕 12)으로, 귀국은 542년(성왕 20)으로 새롭게 설정했다. 사비성 천도 후 백제의 문화적 우위를 견지하기 위해 인도까지 가서 求法이 필요했다는 것이다. 중국의 남조는 계율에 대한 연구나 실천에서 본받을 만한 것이 없었다고 한다. 해서 겸익이 가지고 온 계율은 소승 계통의 논장과 율장이었다.[70] 더욱이 西晉代 이후로 중국과 印度間에는 陸路 외에 海路가 더욱 활발하게 이용되었다고 한다.[71] 겸익은 이러한 기왕의 해상로를 이용한 것이었다. 그 밖에도 백제와 東南아시아와의 교류는 다음의 기사에서도 확인된다.

---

68) 李基白, 『韓國史新論』一潮閣, 1990, 91쪽.

69) 小玉大圓, 「百濟求法僧謙益とその周邊 上·下」 『馬韓百濟文化』 8·10 合集, 1985·1987, 27~53쪽. 167~200쪽.

70) 심경순, 「6세기 전반 謙益의 求法活動과 그 의미」 『梨大史苑』 33·34 合集, 2001, 31~54쪽.

71) 季羡林, 『中印文化交流史』 中國社會科學出版社, 2008, 28쪽.

q. 또 백제 使人이 崑崙 사신을 바다 속에 던져버렸다.[72]

위의 기사만으로는 백제 使人이 곤륜 사신을 水葬시킨 장소는 불확실하다. 그러나 곤륜은 『구당서』南蠻傳에 "林邑 以南부터는 모두 곱슬 머리에 신체는 새카만데 통상적으로 崑崙이라고 부른다"[73]고 하여 보인다. 崑崙은 지금의 남 베트남·캄보디아·타이·미얀마·남부 말레이半島 등을 일괄한 동남아시아 지역에 대한 호칭이었다.[74] 어쨌든 곤륜 사신 水葬 사건은 백제 海域이거나 백제 선박이 미치는 공간에서 발생한 게 분명하다. 더욱이 곤륜 사신들을 수장한 곳을 '바닷속[海裏]'이라고 한 데서 海洋的인 분위기를 느낄 수 있다. 요컨대 이는 백제와 곤륜 즉 동남아시아 諸國과의 교류 없이는 발생할 수 없는 사건인 것이다.

그러면 海難 중에 이방인들은 왜 제거된 것일까? 전통적으로 不淨이나 怪奇한 것은 海難의 原因으로 말해져 왔다.[75] 이러한 맥락에서 본다면 백제 使人들이 崑崙 사신을 海擲시킨 이유가 구명되어 진다. 즉 백제가 동남아시아 諸國과 교섭할 때 崑崙使를 乘船시켜 歸國하다가 遭難당하자 넌큼 '異邦人'들을 水葬시켰을 가능성이다.[76] 이러한 추론은 지금까지의 정황과 결부 지어 본다면 일반인이 아닌 '百濟使人'의 船舶이 동남아시아 諸國에 공식적으로 닿았음을 뜻한다. 水葬 사건은 백제 海域이거나 백제 선박이 미치는 공간에서 발생

---

72) 『日本書紀』권 24, 皇極 원년 2월 조. "去年十一月 大佐平智積卒 百濟使人擲崑崙使 於海裏"
73) 『舊唐書』권 197, 南蠻傳. "自林邑以南 皆卷髮黑身 通號爲崑崙"
74) G.Codes 著·山本智敎 譯, 『東南アジア文化史』大藏出版, 1989, 32~33쪽.
75) 大林太良, 『邪馬臺國』中公新書, 1977, 50~51쪽.
76) 李道學, 「百濟 泗沘都城의 編制와 海外 交流」 『東아시아 古代學』 30, 2013, 254~259쪽.

한 게 분명하다. 더욱이 곤륜 사신들을 수장한 곳을 '바닷속[海裏]'이라고 한 데서 海洋的인 분위기를 느낄 수 있다. 요컨대 이는 백제와 곤륜 즉 동남아시아 諸國과의 교류 없이는 발생할 수 없는 사건이다. 혹은 이 사건을 일본열도 海域에서 백제 사신이 곤륜 사신을 살해한 것으로 추측할 수도 있다. 그러나 이는 전혀 타당하지 않다. 799년에 小船을 타고 漂着한 단 1명의 곤륜인과 그 이듬 해에 綿種을 가져 온 곤륜인에 관한 기록이 일본 史書에서 처음으로 눈에 띈다. 그런 만큼 곤륜 사신 水葬 사건의 공간적 배경은 일본열도와는 무관하다. 799년 이전에는 일본열도에 崑崙人이 얼씬도 하지 않았기 때문이다.[77]

3. 物證이 말하는 백제와 東南아시아와의 교류

백제금동대향로를 통해서도 백제와 동남아시아 세계와의 접촉 사실을 포착할 수 있다.[78] 백제금동대향로에 보이는 코끼리의 존재는 백제인들이 불교를 통한 간접 접촉이 아니라 實見한 것일 수 있다. 이는 백제금동대향로의 코끼리 위에 봇짐을 지고 올라 탄 사내의 모습을 통해 유추가 가능하다. 코끼리를 이 처럼 탈 것, 즉 운송 수단으로 이용한 광경은 동남아시아 지역에 실제로 가 보아야만 재현할 수 있는 모티브이다. 실제 백제금동대향로의 코끼리像은 아프리카産이 아니라 동남아시아産 코끼리로 밝혀졌다. 백제금동대향로의 코끼리는 상상의 작품이 아니라 實景 再現임이 밝혀졌다. 바로 이 점에 의미가 있

---

77) 李道學, 「백제의 동남아시아 交流論은 妄想인가?」『慶州史學』30, 2009,『백제 사비성시대 연구』일지사, 2010, 284~285쪽.

78) 백제금동대향로의 기능과 상징성에 대해서는 李道學, 「百濟의 祭儀와 百濟金銅大香爐」『충청학과 충청문화』17, 2013, 29~49쪽을 참조하기 바란다.

지 않겠는가? 이러한 맥락에서 볼 때 백제금동대향로에 보이는 鰐魚像의 존재도 백제인들의 활동 반경과 무관하지 않겠다.

물론 백제금동대향로의 제작지를 중국으로 지목하는 견해도 있지만 다음과 같은 이유에서 수긍이 어렵다. 첫째 중국의 향로에서 코끼리나 악어 圖像이 확인된 바 없다. 둘째 백제금동대향로와의 유사성을 운위하는 중국의 화상전에 보이는 향로 받침대는 陝西省 興平縣에서 출토된 금동향로처럼 막대기 형태이다. 이에 반해 백제금동대향로는 용을 받침으로 삼았다. 물론 용을 받침으로 하는 예는 중국에도 있다. 그러나 백제금동대향로처럼 향로의 받침을 용이 실제로 역동적인 용트림을 하는 표현을 구사한 작품은 중국에서도 찾기 힘들다. 셋째 백제금동대향로에 보면 5樂師의 머리 모습은 禿頭에다가 오른쪽 귀 언저리에 머리채를 끌어 모아 묶은 형식[兩角髻]에 속한다. 즉 이같은 두발 양식은 剃頭辮髮에 속하는 것으로 유목민족 사회의 두발 형태가 된다. 백제금동대향로가 중국에서 제작되었다면 상상할 수 없는 모티브인 것이다.

그리고 日本 正倉院 北倉에는 의자왕이 倭 朝廷의 실권자인 藤原鎌足에게 선물한 바둑함과 바둑돌 그리고 바둑판이 전한다. 뚜껑에 코끼리 문양이 있는 銀製 바둑함 속에 담긴 白·黑·紅·紺色의 4 종류로 된 총 516개의 바둑돌 가운데 紅色과 紺色은 재료가 象牙이다.[79] 扶蘇山寺址에서 출토된 塑造 코끼리상 양 옆면의 구멍에는 상아를 삽입하였을 것으로 판단된다.[80] 게다가 익산 왕궁평성 탑에 부장되었던 금제 금강경판은 상아로 만든 각필로 새긴 것이라고 한

79) 東京國立博物館, 『特別展 正倉院寶物』1981, 그림 24.
   奈良國立博物館, 『正倉院展』1982, 82~85쪽.
   奈良國立博物館, 『第五十七回 正倉院展』2005, 32쪽.
80) 梁銀景, 「百濟 扶蘇山寺址 出土品의 再檢討와 寺刹의 性格」, 『대백제/ 백제의 숨결을 찾아서』동아시아국제학술포럼, 2009, 367쪽.

다. 이처럼 백제에서는 상아의 사용이 일상화되었고, 그러한 需要에 따라 東南아시아産 물품의 공급이 잇따랐을 것이다. 실제 원산지가 스리랑카인 紫檀木으로 제작된 바둑판의 17개 화점 숫자는 중국 바둑판과는 전혀 다르다. 지금은 사실상 명맥이 끊긴 국산 순장바둑판과 동일한 것으로 밝혀졌다. 따라서 의자왕이 보낸 바둑판은 백제 제작이 명백하다. 백제금동대향로에 보이는 봇짐을 지고 코끼리에 올라탄 사내의 모습은 백제와 東南아시아 諸國間 교류의 一端을 躍如하게 보여주고 있다. 더구나 코끼리상은 아프리카産이 아니라 東南아시아産으로 밝혀졌다. 實景 코끼리상으로 드러난 것이다.

그리고 백제는 '使人'이라는 공식 사절을 동남아시아 諸國의 일원인 崑崙과 접촉시킨 사실이 포착되었다.[81] 이렇듯 백제는 필리핀 群島를 통과해 그 보다 훨씬 원거리에 소재한 인도차이나 半島 諸國들과 교류하였다.[82] 백제가 東南아시아 諸國과 교류한 사실은 물증을 통해서도 밝혀진다. 가령 무녕왕릉에서 출토된 황색의 유리 구슬을 인도-퍼시픽 유리라고 한다. 이 유리의 납 성분은 현지 조사 결과 태국 송토 납광산이 원산지로 밝혀졌다. 그리고 무녕왕릉에서 출토된 소다 유리는 印度나 수마트라를 비롯한 동남아시아 지역에서 확인된다고 한다.[83] 이와 더불어 익산 미륵사지 서탑에 부장되었던 진주조개의 존재도 오키나와 이남 東南아시아 지역과의 교류를 암시해준다.

아울러 백제가 남방 조류인 鸚鵡를 倭에 선물한 바 있다.[84] 혹자는 鸚鵡는

---

81) 『日本書紀』 권 24, 皇極 원년 2월 조.
82) 이와 관련해 TJB TV 백제기획에서 푸켓박물관 타와치이 학예관이 "비록 작은 수이지만 태국 일부 지역에서는 한국식 도자기가 발견되고 있습니다(2012. 11.12. 오후 8시 뉴스)"라는 증언이 중요한 참고 자료가 된다.
83) MBC, 「네트워크 특선, 무령왕의 꿈 갱위강국」 2011. 12.30(오후 2시 5분~3시).
84) 『日本書紀』 권 26, 齊明 2년 조.

중국을 통해 백제로 전해진 것으로 추측하기도 한다. 그러나 세계 최대의 영역을 자랑하는 元帝國의 관리가 14세기 전반에 작성한 견문에서도 "새 가운데 공작과 비취새와 앵무새는 중국에 없는 것이다"[85]고 斷言했다. 그러니 6~7세기 상황에서 백제가 중국을 통해서 앵무를 얻었을 가능성은 없다. 貞元 연간(785~805)에 신라가 당에 孔雀을 바치자 德宗이 邊鸞으로 하여금 그리게 하였다.[86] 중국인들이 궁중에서라도 孔雀을 접하는 일이 있었다면 신라가 조공하지 않았을 것이다. 세계국가의 首長인 唐帝도 名畵家를 동원해 공작을 그리게까지 하지는 않았을 게 분명하다. 따라서 신라의 조공품인 공작은 중국에서 수입한 게 아니었다. 이는 독자적 교역의 산물이라는 사실이 명백해진다. 백제의 남방산 물자의 所持도 중국과는 무관한 경로를 통해 입수했음을 뜻한다. 의자왕이 후지와라노 가마다리에게 선물한 廚子에 들어있는 무소의 뿔[犀角][87]도 동일한 맥락에서 살필 수 있다. 게다가 백제금동대향로에 보이는 猩猩은 적은 숫자이지만 캄보디아에 서식하였다.[88] 캄보디아를 비롯한 東南아시아에서는 백제금동대향로에 보이는 鰐魚의 서식지였다.

이와 더불어 가칭 정림사지에서[89] 출토된 陶俑 가운데 2개의 곱슬머리 頭像이 주목된다.[90] 물론 이러한 陶俑은 북위 낙양 영녕사지에서도 출토된 바 있다. 그랬기에 北魏나 南朝 梁의 기술자가 백제에 와서 제작해 준 것으로 추

---

85) 周達觀 著·전자불전·문화재콘텐츠연구소 篇, 『진랍풍토기』 백산자료원, 2007, 87쪽.

86) 朱景玄, 『唐朝名畵錄』 妙品中 五人 邊鸞.

87) 사카에하라 토와오 著·이병호 譯, 『정창원문서입문』 태학사, 2012, 91쪽.

88) 周達觀 著·전자불전·문화재콘텐츠연구소 篇, 앞의 책, 88쪽.

89) 李道學, 「泗沘城 遷都와 都城 企劃, 그리고 '定林寺'」 『정림사복원 국제학술심포지엄』 부여군문화재보존센터, 2012. 6.13, 183~195쪽; 李道學, 「百濟 泗沘都城과 '定林寺'」 『白山學報』 94, 2012, 107~136쪽.

90) 국립부여박물관, 『백제인의 얼굴, 백제를 만나다』 2012, 160~161쪽.

측하기도 한다. 그러나 가칭 정림사지의 조성 연대는 考古地磁氣 측정 결과 7세기대로 드러났다.[91] 따라서 北魏나 梁의 기술자와 연계시켜서 陶俑의 제작 배경을 云謂할 수 없게 된다. 더구나 영녕사지 등에서 곱슬머리 頭像 陶俑이 출토된 사례가 있던가?「梁職貢圖」에 등장하는 使臣圖와 맞추어 볼 때 곱슬머리 頭像의 주인공은 西域人이기 보다는 동남아시아인이 분명하다. 특히「王會圖」에서 지금의 印度人을 가리키는 中天竺人과 北天竺人은 陶俑처럼 곱슬머리에 수염도 없다.『구당서』南蠻傳에서도 "林邑 以南부터는 모두 곱슬 머리에 신체는 새카만데"[92]라고 하였다. 더욱이 백제 사찰터에서 확인된 도용인 것이다. 그리고 백제가 불경을 얻어 왔던 불교 발상지가 天竺이 아닌가? 그러니 가칭 정림사지 출토 곱슬머리 頭像은 백제와 동남아시아 지역간 교류의 산물일 수 있다.[93]

이와 더불어 백제는 곤륜과의 교류를 통해 綿種을 입수했을 가능성이 농후해졌다. 근래에 부여 능산리 절터에서 확인된 면직물의 유입로는 그간 추측했던 중국이나 중앙아시아와 결부 지을 수 없게 되었다. 중국 본토에는 宋代 이후에야 면화가 印度에서 유입되었기 때문이다.[94] 일본열도에서는 800년에 와서야 곤륜을 통해 綿種을 수입한 사례가 있었다. 그러한 綿種을 확보한 곤륜이나 목면의 원산지인 印度와도 백제는 교류하였다. 따라서 능산리 절터에서 면직물까지 확인된 것을 볼 때 그 기원은 명백해 지는 것이다.

---

91) 國立扶餘文化財研究所,『扶餘 官北里 遺蹟發掘報告 V-2001~2007년 調査區域 統一 新羅時代以後遺蹟篇-』2011, 321쪽.

92)『舊唐書』권 197, 南蠻傳.

93) 백제와 동남아시아와의 교류에 대한 전반적인 골자는 李道學,「百濟의 海上실크로드 探究」『東亞海洋文化國際學術會議 論文集』浙江大學, 2013. 8.20, 173~192쪽에 의하 였다.

94) 李道學,「백제의 해양 활동사」『동북아역사문제』90, 동북아역사재단, 2014, 10쪽.

그 밖에 무녕왕릉에서 출토된 方格規矩神獸文鏡은 베트남과 같은 南方製일 가능성이 제기되었다.[95] 656년에 왜 사신이 백제에서 받아간 선물 가운데 鸚鵡는 열대 아시아 지역에서 서식하는 조류이다. 즉 "앵무는 본래 서역의 靈禽이온데, 저 琉球가 南蠻과 같이 바친 공물이옵니다"[96]고 하였듯이, 백제는 오키나와나 그 이남의 東南아시아 諸國을 통해 입수하였다. 백제의 영향권이었던 대가야의 고령 지산동 44호분에서 출토된 국자의 재료인 夜光貝는 奄美大島 이남의 열대 인도양과 태평양에 분포하는 암초에 서식한다. 백제에서 제작한 木畵紫檀碁局의 재료인 紫檀은 원산지가 스리랑카로 알려져 있다. 이러한 추세에 비추어 볼 때 야광패는 가야와 왜의 교류 보다는 역시 백제와 東南아시아 諸國間 교류의 산물로 보인다. 요컨대 이 같은 물품들을 통해서도 백제와 동남아시아 諸國間의 교류를 확인할 수 있다.

이와 관련해 부여군 구아리에서 출토된 백제 때 塑造 獅子像의 존재가 주목된다.[97] 그리고 5세기 말경에 조성된 신라 고분에서 출토된 土偶의 경우 신라인들도 머나먼 세계에 대한 체험을 했음을 알려준다. 즉 개미핥기나 물소 土偶외에 역시 한반도에서 서식하지 않는 원숭이나 앵무새와 駝鳥까지 묘사되었다.[98] 구세계원숭이는 열대성 삼림에서 수상 생활을 한다. 신라인들이 5세기 말에 이미 체험한 東南아시아 世界는 백제인들에게도 결단코 신기할 수 없음을 반증해 준다. 요컨대 삼국 중 지형적으로 볼 때 해외 체험이 가장 활발했을 백제의 항해 반경은 넉넉히 짐작이 가는 것이다.

---

95) 尹武炳,「百濟武寧王陵と藤ノ木古墳」『古代史國際シンポジウム硏究報告集』6쪽.
96) 『東文選』권 33,「賀琉球國獻鸚鵡箋」.
97) 梁銀景,「百濟 扶蘇山寺址 出土品의 再檢討와 寺刹의 性格」『대백제/ 백제의 숨결을 찾아서』동아시아국제학술포럼, 2009, 371쪽.
98) 국립경주박물관,『신라토우』1997, 73쪽. 84쪽. 125쪽.

훗날의 후백제왕 甄萱은 사신을 고려로 보내어 지난 번과 마찬가지로 孔雀扇과 지리산의 竹箭을 바쳤다.[99] 공작선은 공작의 꼬리털로 만든 부채로서, 후백제인들이 공작을 직접 사육했다 하더라도 교역을 통해서만이 확보할 수 있다. 신라가 조공품으로 唐에 보낸 孔雀이나, 후백제왕이 고려왕에게 선물한 孔雀扇의 존재는 신라가 東南아시아 지역과 연결된 루트를 독자적으로 확보했음을 알려준다. 그러면 시대를 내려와서 살펴 보자.

1030년(天聖 8, 고려 현종 21)에 고려 조정이 宋에 조공한 공물 가운데 硫黃이 보인다. 硫黃은 일본이나 유구국 등을 통해서 입수할 수 있다. 실제 유구국왕이 고려에 유황 300斤을 바친 적이 있었다.[100] 그리고 공민왕이 文殊會를 개경 연복사에서 설치했을 때 사자와 코끼리가 동원된 바 있다.[101] 印度에서 서식하는 獅子와 코끼리가 고려로 매입된 것이다. 백제 이래의 航路가 활용되었음을 뜻한다고 보겠다.

---

99) 『高麗史』 권 1, 太祖 3년 조.
100) 『高麗史』 권 137, 신창 원년 8월 조.
101) 『高麗史』 권 132, 申旽傳.

Ⅳ. 航路와 造船術

백제는 5세기 후반에는 쌍배인 舫이라는 선박을 운용하여 중국 대륙에 사신을 파견하였다. 그리고 왜에서 2척의 선박을 건조하였는데, 이것을 일러 '百濟船'라고 하였을 정도로,[102] 백제 선박은 크고 성능 좋은 선박의 대명사가 되었다. 백제에서 중국 대륙에 이르는 항로는 서해 연안을 끼고서 항진하는 연안 항로와, 山東半島의 登州까지 도달하는 최단 거리인 斜斷航路, 흑산도 방면·을 지나 남중국의 寧波로 가는 항로 등이 있었다.[103] 또 대표적인 항구로서 인천·화성·부안·영암 등을 꼽을 수 있다.

백제에서 인도에 이르는 항로와 조선술은 뒷받침되었을까? 백제가 중국 선박을 이용하여 中天竺과 왕래했으리라는 견해가 제기될 수 있다. 또 백제는 중국에서 진귀한 물산을 수입한 후 왜에 선물했으리라는 막연히 선입견에 기댄 주장도 나온다. 백제의 동남아시아 물산 확보의 매개자로서 중국의 존재를 설정하는 경우가 있다. 이는 백제 교류의 독자성을 부인하는 것이다. 그러나 백제는 중국을 거치지 않고 이미 부남국이나 곤륜과 직접 교류하였다. 그러므로 백제와 동남아시아 諸國 사이에 '中國'을 설정한 견해는 타당성 없음이 드러난다.

이와 관련해 671년 10월에 天智 천황이 法興寺 佛前에 올린 珍財 가운데 象牙와 浸水香·栴檀香과 같은 남방 산물이 보인다.[104] 아울러 675년 정월에 "大

---

102) 李道學, 『새로 쓰는 백제사』 푸른역사, 1997, 62쪽. 577쪽.
103) 윤명철, 『해양사연구 방법론』 학연문화사, 2012, 181~237쪽.
104) 『日本書紀』 권 27, 天智 10年 10月 庚午 條.

學寮·諸學生·陰陽寮·外藥寮 및 舍衛國女·墮羅의 女·백제왕 善光·신라 仕丁 등이 捧藥 및 珍異한 물건을 진상하였다"[105)는 기사가 주목된다. 정월 초하루에 천황의 무병장수를 기원하는 행사에 등장하는 사위국은 인도의 사위국이다. 墮羅는 태국 메남강 하류의 왕국 가운데 하나로 지목하는 데는 이견이 없다. 그런데 이들 나라가 675년 이전에 왜와 교류한 적은 없다. 다만 분명한 것은 당시 인도를 비롯한 인도차이나 諸國이 일본열도에 이를 수 있을 정도의 항해술이 담보되었다는 것이다. 이렇듯 675년에 인도를 비롯한 인도차이나 諸國이 왜에 사신을 보냈다. 바꿔 말해 이 사실은 백제의 동남아시아 교역 체계가 백제 멸망 후 왜에 넘어 간 사실을 암시한다. 나아가 백제가 중국을 통해 남방 문물을 흡수했으리라는 견해가 막연한 추측에 불과했다는 사실이 다시금 드러난 것이다.[106)

그러면 백제의 동남아시아 諸國에 이르는 항로는 어떻게 이어지고 있었을까? 금강에서부터 西海沿岸을 돌아 제주도 내지는 北九州→오키나와琉球를 중간 기항지로 하면서 대만해협을 통과하여, 중국 남부 연안의 福州나 필리핀 群島에서 인도차이나반도를 통과하여 印度에 이르는 거대한 海上실크로드였을 것으로 생각된다. 백제에서 인도로 이어지는 航路는 다음과 같이 설정할 수 있다.

---

105) 『日本書紀』권 29, 天武 4年 正月 丙午朔 條.
106) 李道學,「百濟의 對倭交易의 展開 樣相」『민족발전연구』제13-14호, 2006, 110쪽.

백제→제주도→北九州→오키나와[琉球]→중국 福州

→필리핀군도[黑齒]→인도차이나반도[崑崙·扶南國]→印度[天竺]

　　혹은 남인도→동남 아시아→중국 산동성으로 이어지는 남방 해로 가운데
'靑州 루트'는 한반도까지 연결된다고 한다.[107] 바로 이 루트를 이용해서 백제
가 동남 아시아와 직접 교류했을 가능성도 모색될 수 있다. 백제는 금강에서
남중국 연안→福州→대만해협→필리핀群島→인도차이나반도→印度로 이어
지는 大航路가 되겠다. 이와 더불어 7세기대 신라 불상을 놓고 볼 때 해로를
통해 인도 불상 양식이 직접 전해진 것으로 추정된다. 진흥왕대에 인도 阿育
王이 배에 실어 보낸 황금에 의해 불상을 조성했다는 기록도 해로를 통한 兩
者間의 교류가 생각 보다 활발했음을 알려준다.[108]

---

107) 金春實,「中國 山東省 佛像과 三國時代 佛像」『美術史論壇』19, 2004, 27쪽.
108) 金春實, 위의 논문, 37쪽.

V. 맺음말

백제는 굴곡이 많은 리아시스식 해안이 발달한 지형적 특질을 한껏 활용해서 드넓은 세계를 호흡하였다. 이와 관련해 조선술과 항해술이 자연 뒷받침되었던 것이다. 본고에서는 백제의 해외 활동에 관한 문헌 기록 가운데 진부하다시피한 일본열도와의 관계는 제외하였다. 반면 쟁점이 되고 있는 중국대륙이나 동남아시아 지역과의 교류를 에워싼 기사를 검토해 보았다. 그 결과 다음과 같은 결론을 얻을 수 있었다.

백제의 요서경략 기사는 그간 진출 동기가 석연찮았던 관계로 기록의 명료함에도 불구하고 설득력을 얻지 못하였다. 고구려를 견제하기 위해 출병한 것처럼 적혀 있지만 구태여 그 먼 곳까지 바다를 건너와 고구려와 대결을 벌여야한다는 당위성이 부족하였던 것이다. 그렇지만 사료를 분석하는 과정에 '晉末'이 東晉末인 420년을 하한으로 한다는 점에서 後燕과 백제와의 연계성을 찾을 수 있었다. 후연은 고구려가 400년에 낙동강유역으로 진출한 틈을 타고 기습적으로 그 후방의 700여 里의 땅을 약취하는 데 성공하였다. 그러나 곧 고구려의 반격으로 인해 대릉하 일대까지 빼앗기는 위기적인 상황에서 백제에 지원을 요청하였던 것이다. 이로 인해 백제군이 요서 지역에 진출하였지만 곧 北燕 정권이 등장하여 고구려와 우호 관계를 열었다. 이때 상황이 애매해진 遼西 駐屯 백제군은 주둔지를 實效支配하였는데, 곧 진평군의 설치인 것이다. 진평군의 존속은 488년~490년에 발생한 백제와 북위와의 군사적 격돌과 무관하지 않다는 심증을 안겨주었다.

『신당서』에서 백제의 서쪽 경계를 지금의 절강성 소흥시를 가리키는 越州로 지목한 것은 남중국 세계에도 일정한 연관성을 맺었음을 뜻한다. 백제가 吳越

을 공략하였다는 기록과 무관하지 많은 않을뿐더러 이러한 기사를 부정할 만한 근거도 없기 때문이다. 더욱이 최근에 江蘇省 連雲港 周邊에서 확인된 무려 789基에 달하는 石室墳의 소재지는 백제인들이 居住했던 '長淮'가운데 淮水와 연결되고 있다. 連雲港 石室墳의 조성 주체를 백제와 연관 짓는 게 가능해진다. 그리고 古墳群의 규모가 크다는 점에서 오랜 기간에 걸쳐 조성되었음을 알 수 있다. 이 곳이 백제인들의 대단위 常住 據點이었음을 암시해준다. 나아가 史書에 적힌 백제의 중국 진출 기록이 결코 虛辭가 아니었음을 입증해주는 不動의 물증이 된다.

백제가 동남아시아 諸國과 교류하였음은 고고학적 물증으로서도 방증할 수 있었다. 그러던 터에 문헌 기록의 경우는 크나 큰 힘이 되지 않을 수 없다. 謙益의 중인도 來往이 사실이라면 黑齒의 소재지를 필리핀으로 지목하는 견해가 허황될 리는 없기 때문이다. 더구나 黑齒의 소재지를 충청남도 禮山으로 비정한 견해의 허구성을 낱낱이 밝혔기 때문에 黑齒=禮山說은 더 이상 존립할 수 없게 되었다. 그 밖에 백제와 扶南國인 캄보디아와의 교류도 중국 경유설의 허구성을 밝혔다. 부남국은 539년에 중국의 梁과의 교류가 마지막이었다. 그러나 백제는 543년에 扶南의 財物과 奴를 倭로 보내었다. 이로 보더라도 백제가 梁을 경유해서 부남의 재물을 간접적으로 취득했다는 주장의 허구성이 드러났다.

끝으로 부여군 능산리 절터에서 확인된 면직물의 유입로에 관한 단서도 얻을 수 있었다. 이 면직물의 기원을 중국이나 중앙아시아로 지목하였지만 막연한 추측에 불과하였다. 백제는 綿種을 일본열도에 전래해 준 崑崙이나 목면의 원산지인 印度와 교류한 사실이 확인되었기 때문이다. 백제 면직물의 기원은 동남아시아로 밝혀지게 되었다. 이것보다 더 분명한 사실이 어디 있을까?

지금까지 백제의 해양 활동에 관한 기록을 검증함으로써 전통시대의 한국

역사상 백제야 말로 가장 광활한 영역을 누비고 다녔던 국가로 밝혀졌다. 백제 문화의 국제성과 광대한 세계관이 갖추어진 공간적 범위가 확인된 것이다.

(『충청학과 충청문화』11, 2010)

한국과 동부유라시아와의 상호교류

高句麗의 遼西 진출기도와 突厥

故 이용범(李龍範) 동국대학교 교수

Ⅰ. 序言

『삼국사기』「고구려본기」의 기사는 근본적으로 재검토되어야 할 점이 적지 않으나, 대외관계 기사로서 陽原王 7년 9월의 조에 「突厥來圍新城, 不克, 移攻 白巖城. 王遣將軍高紇, 領兵一萬, 拒克之, 殺獲一千餘級」이라고 하여 突厥이 新城과 白巖城에 來侵한 기사는 매우 이해하기 곤란하다.

『삼국사기』「고구려본기」의 대외관계 기사는 대부분 중국측 정사인 『三國志』,『魏書』,『北史』,『南史』,『隋書』,『新唐書』,『舊唐書』 등에서의 轉載 補綴임은 이를 위의 중국측 여러 사서의 기사와 대비하여 보면 명백한 사실이다. 중국측 사서에는 돌궐의 고구려 침공에 관한 기사가 전혀 없는 것을 보면 돌궐의 신성과 백암성 침공을 전하는 위의 『삼국사기』「고구려본기」의 기사는 그 유례가 희한한 중극측 사료 외의 독립사료에서 수록된 것 같다.

그러나 『삼국사기』「고구려본기」에만 보이는 이 기사가 지극히 신빙할 수 없는 기사임을 돌궐의 발흥연대와 서로 상치되는 점으로도 알 수 있다. 突厥部가 1개의 정치적 단위로서 동양사상에 출현하게 되는 것은 梁武帝 大同 11년(양원왕 원년)이나 돌궐의 전설적인 시조 土門(Bumin Kagan)이 蠕蠕의 阿那瓌를 攻破함으로써 자살게 한 것은 北齊 天保 3년(552년, 양원왕 8년)이고, 다시 蠕蠕을 완전히 멸망시키고 漠北의 새 주인공으로서 興安嶺을 넘어 嫩江 유역에서 遼海까지 진출할 기회를 가지게 된 것은 북제 천보 6년(555년)이었다.[1] 이 때는 실로 고구려 양원왕 11년인 바, 앞에서 기재한 바와 같이 양원왕 7년에

---

1) 『北史』(권 7) 齊文宣 帝紀 天保 3년 2월조 및 『北齊書』(권 4) 같은 帝紀 참조.

돌궐이 고구려의 신성과 백암성을 공격할 수 없었던 것은 충분히 알 수 있을 것이다.[2]

이상과 같이 모처럼 『삼국사기』 「고구려본기」에서만 볼 수 있는 고구려와 돌궐의 분쟁에 관한 기사는 그 연대에 모순이 있을 뿐만 아니라, 이 기사의 이전에는 돌궐에 관한 기사라고는 일언반구도 보이지 않는 이유 불명의 돌발적인 기사인 것으로 보면, 이 기사는 응당 허구 기사로 단정하는 것이 순리인 듯하다.

그러나 돌이켜 재고하여 보면 『삼국사기』의 修撰者가 아무 근거도 없는 돌궐의 내침 기사를 만연히 삽입함으로써 「고구려본기」를 虛飾코자 기도할 리는 만무하지 않을까 한다. 특히 신성은 西川王 7년에 구축된 후 400여 년간의 고구려의 전략 요지로서 그간 後燕의 慕容寶·慕容盛 및 隋唐대의 고구려 침입과 契丹의 入寇 때는 반드시 제일의 공격 대상이 되었으며,[3] 『舊唐書』(권199) 「고구려전」에는 乾封 2년 2월 李世勣이 고구려를 공략함에 앞서

「新城是高麗西境鎭城, 最爲要害. 若不先圖, 餘城未易可下. 遂引兵於新城西南.」

이라 하고, 또 『資治通鑑』에도 거의 같은 기사가 수록되고 있는 점으로 보면 고구려의 邊疆 防護에 있어서[4] 매우 중요한 요충지임을 알 수 있다.

---

2) 『북사』(권 7) 齊文宣 帝紀 天保 5년조 참조.
3) 箭內 亘 「晉代の滿洲」 『滿洲歷史地理』 第1冊 pp.231~235 및 松井 等 「隋唐二朝高句麗 遠征の地理」 『滿洲歷史地理』 第1冊 pp.388~392 참조. 신성의 위치에 대해서는 諸說이 있었으나 津田左右吉 박사의 撫順부근설이 일반적으로 승인되고 있다. 津田左右吉 「安東都護府考」 『滿鮮地理歷史研究報告』 第1冊 pp.91~97 참조.
4) 『자치통감』(권 201) 唐太宗紀 乾封 2년 9월 辛未조.

한편 신성에 이어 돌궐의 공격을 받았던 것으로 되어 있는 백암성도 요동성에서 동남하하여 압록강 유역에 도달되는 요충지로서[5], 이 두 성은 모두 그 지리적 위치로 보아 돌궐이 동남하하는데는 공략 대상이 될 만한 전략적 가치를 지니고 있으므로 앞의「고구려본기」의 기사는 비록 연대의 착오는 있으나 어느 정도의 사실성을 보이고 있을 뿐만 아니라, 다시 고구려와 돌궐의 교섭에 관한 사실이 돌궐측의 금석문에도 전해진 微證이 보이고 있다.

돌궐의 古碑文으로서 Orkhon 河畔 Kosho-Tsaidam에 세워져 있는 闕特勤(Kül-Tegin)碑와 毗伽可汗(Bilgä-Kagan)碑의 東面 제1절에 突厥 開國의 시조로 칭해지고 있는 Bumin(漢籍의 土門)과 Istämi(室點密) 두 可汗이 죽은 후에 그를 弔問한 여러 국명을 刻記함에 있어 그 필두에「前(東)」으로 해뜨는 곳에서 'Bökli Cölüg il'의 1구절에 이어 Tabgač(唐), Tupüt(吐蕃), parpurum(萩林), Qürgïz(點戛斯), Uičuri quan(三姓骨利幹), o(t)uz tatar(三十姓韃靼), Qutay(契丹), T(a)t(a)by(霫 혹은 奚) 등의 여러 국명이 열거 되고 있다.[6]

Orkhon 河의 두 碑文에 보이는 'Bökli'란 1구절은 同碑文에는 前揭文에 이어 다시 聰明勇武한 두 可汗의 사후 돌궐이 쇠약하여 드디어 Tabgač Kagan(唐帝)에게 복종하고「前(東)에는 해돋는 곳으로 Bökli可汗에까지 출정하였다」[7]라고 하는 1구절이 있어 이 해석이 구구하게 전개되고 있으나, 중국의 岑仲勉씨

---

5) 松井 等「隋唐二朝高句麗遠征の地理」『滿洲歷史地理』第1冊 p.396 참조.

6) Orkhon 河畔의 闕特勤 및 毗伽可汗 兩碑에 대한 譯註는 V.Thomsen씨 및 W.Radloff씨에 의하여 수차례 걸쳐 발표되었으나 우리나라에서는 볼 수 없어 부득이 上記 兩氏의 연구에 다시 새로운 견해를 첨가한 小野川秀美씨의「突厥碑文譯註」(『滿蒙史論叢』第4冊 수록)를 사용하였다. 중국에서도 韓儒林씨에 의하여「突厥文苾伽可汗碑譯釋」이 『禹貢』(第6卷 第7期)에 기재되고 있으나, Thomsen 씨의 重譯으로 그리 참고가 되지 않는다.

7) 小野川秀美「突厥碑文譯註」 p.42 참조.

는 돌궐이 당에 복종하여 東征한 사실에 착안하고 『通典』(권 186) 고구려의 조에서 淵蓋蘇文의 官稱인 「莫離支」를 인용하여 투르크어에서 'M'과 'B'음이 상호 변화하는 음운적인 통례에 따라 'Bökli'는 곧 고구려의 「막리지」의 寫音으로 해석을 가한 바 있다.[8]

한편 일본의 岩佐精一郎씨는 'Bökli'에 대한 유럽의 여러 학자의 설을 소개·비판한 후 이 1구절이 Radloff씨나 이를 추종한 Thomsen씨 같이 「강성한」으로 또 Bang씨 같이 「大」로 해석하면 문장 전체의 해석이 매우 곤란하여짐을 지적하고 唐 太宗 貞觀 18년에 있었던 고구려 정벌의 行軍部署 결정 때 서돌궐의 執失思力, 阿思那彌射, 阿思那思摩 등의 돌궐부 출신 여러 酋帥와 鐵勒部의 契苾何力 등이 참가할 사실을 들고, 다시 음운상으로 'Bökli'는 貊句麗(Miak-kjiu-Liëj=Biak-kjiu-Liëj)의 轉音인 것으로 추정하여 앞에서 기재한 돌궐이 Tabgač가한을 위하여 동으로 해뜨는 Bökli 가한을 정벌한 것은 당 태종의 고구려 침입 때 從征한 사실인 것으로 보아 Bökli를 고구려로 비정한 바 있다.[9] 물론 岩佐精一郎씨가 Byzantione의 사가인 Theophylactus Simocatta가 전하는 바와 같이, Avar(蠕蠕族)의 잔당이 망명한 것으로 되어 있는 Moukri까지도 고구려로 비정하는 데는 얼핏 찬동할 수 없으나, 그 방향으로나[10] 또 역사적 사실로 보아 음운상의 문제는 차치하고 Orkhon 비문의 'Bökli'는 돌궐에서 고구려를 지칭한 것으로 보는 것이 가장 온당한 해석으로 보인다.

---

8) 岑仲勉 「跋突厥文闕特勤碑」 『輔仁學報』 第6集 1~2號 合本 pp.250~254 참조.
9) 岩佐精一郎 遺稿 『古突厥碑文の Bökli 及び Par Purumに いて』 pp.51~59 참조.
10) E. Chavannes씨의 *Documents Sur Les Tou Kiue(Turcs) Ocidentanx*에 수록되어 있는 Theophylactus Simocatta의 Moukri에 대한 기사는 Marquart씨의 蒙古説과 Chavannes씨의 勿吉説 등이 있으나, 岩佐精一郎씨는 투르크어에서 'B'가 'M'으로 전화하는 원칙과 匈奴의 宇文逸豆歸 등의 고구려 망명의 예를 들어 Bökli와 동일한 것으로 보고 있다. 岩佐精一郎씨 앞의 논문 p.69 참조.

이상과 같은 설이 용인된다고 하면 고구려와 돌궐의 접촉은 비록 명문은 없어도 의외로 빈번하였던 것으로 억측되며, 상기의 『삼국사기』「고구려본기」의 기사도 無稽한 妄說로만 볼 수 없다.

이상과 같은 막연한 추측에서 출발하여 필자는 주로 後魏 말에서 唐 초까지의 고구려와 돌궐이 접촉하게 된 도화선을 밝히고 또한 접촉을 가지게 된 지역을 더듬어 보는 동시에 한 걸음 더 나아가 이와 같은 양국의 접촉으로 이루어진 문화의 교류에 대한 약간의 의문을 제시하고자 한다.

Ⅱ. 5세기 말~7세기 초 고구려의 西北界

고구려와 돌궐의 양 종족 사이의 접촉을 고찰하는 데 있어 먼저 고려되어야 할 선결 문제는 만주 내의 고구려 영토와 그 정치 세력에 미치게 된 지역을 명확히 하는 한편, 돌궐 세력의 만주 침투와 그가 미친 정치적 세력의 한계점을 분명히 해 두는 것이다. 그러나 만주 지역에 있어서의 고구려 강역에 대해서는 과거부터 비교적 활발한 연구가 계속되어 왔음에도 불구하고 워낙 국한된 사료 범위 내에서의 연구이므로 학설이 구구하여 아직 별로 정설이 없다.

먼저 이 문제에 대한 선학자의 연구로 이루어진 대표적인 학설을 소개하고 다시 卑見을 피력하고자 한다.

(A) 箭內 亘說

후위시대 말까지의 만주 내 고구려 영토는 서는 遼河로써 後魏와 連接하고 북은 魏收의 『위서』(권 100) 「고구려전」에 보이는 李敖의 「北至舊夫餘」의 1句에 의거하여 현재의 邊柵 및 松花江과 佟佳江 두 강의 분수령 산맥에서 夫餘 故地와 인접하고 長白山脈으로 물길과 인접하며, 동으로는 豆滿江口에서 江陵과 三陟 두 성까지의 동해에 임하였던 것이 文咨王 3년 2월 부여의 항복으로 북면은 다시 伯都訥 이남의 松花江 전 지역을 병탄한 것으로 보고 있다.[11]

(B) 松井 等說

수당시대의 고구려 영토는 소위 말갈 7부 중 粟末部와 白山部는 고구려 영

---

11) 箭內 亘 「高句麗境沿革考」 『史學雜誌』 第24篇 pp.581~594 참조.

역으로 되어 있었으며, 비록 그 영토는 아니지만 송화강 주변의 伯咄部, 安車骨部, 號室部와 瑚爾喀河 유역의 拂涅部도 정치적인 지배를 받고 있었다고 한다.[12] 이 설은 그 논거를 명시치 않은 곳에 그 약점이 있다.

(C) 津田左右吉說

백산부 외의 말갈 부족은 고구려 영역 외로 본 듯하며, 『삼국사기』 「고구려본기」의 부여왕 내항 기사는 大國의 내항 기사로는 너무 간략하다는 점을 들어 내항 당시의 부여는 왕년 융성기의 부여같이 長春과 農安 일대까지 확보한 대국이 아니었다는 억측에서 고구려 영토가 부여를 병탄하였다고 해도 그 영토는 오늘날의 開原~昌圖線을 넘지는 못하였을 것으로 보고 있다.[13]

(D) 池內 宏說

수당시대의 고구려 西北境을 輝發河 유역에 국한시키고 북은 松花江과 牧丹江 두 강의 분수령인 牧丹嶺과 哈爾巴嶺에 둔 것을 보면[14] 역시 津田左右吉 박사와 같이 백산부 이외의 靺鞨 諸部는 고구려 영역 외에 둔 듯하다.

(E) 小川裕人說

고구려 영토로 편입된 것이 확실한 백산부가 勝兵 3천 명에 지나지 않음에도 수당의 고구려 원정 때 고구려군 중에는 말갈의 무리 수만 명이 있었고, 당이 고구려를 멸망시킨 후 그 降戶로써 새롭게 설치한 주명 중에 拂涅部와 越喜部와 관계가 있는 拂涅州와 越喜州가 보이며, 또한 후위시대에서 수대까지의 고구려 경역이 동서 2천리, 남북 1천여리였음에도 『구당서』 「고구려전」에는 동서 3,100리, 남북 2,000리로 되어 있음은 수대에서 당대 초기에 걸쳐 그

---

12) 松井 等 「渤海國の疆域」 『滿洲歷史地理』 第1冊 p.431.

13) 津田左右吉 「勿吉考」 『滿洲地理歷史硏究報告』 p.18.

14) 池內 宏 「勿吉考」 『滿洲史硏究』 上世編 pp.506~508.

경역이 확대되었다는 점을 들어 수의 開皇 년간에 속말부의 遺殘, 伯咄部, 安車骨部, 拂涅部, 號室部의 송화강 유역 일대의 말갈부가 고구려의 세력 범위에 들어가 있었던 것으로 추측하고 있다.[15]

위에서 언급한 여러 설 외에 종전 후 일본의 日野開三郎씨에 의하여 고구려 강역을 구명하는데 가장 중요한 隋代의 靺鞨에 대한 여러 연구가 『史淵』에 계속 발표되고 있으나 아직 우리 나라에는 들어오지 않아서 一讀치 못하였음은 유감이다.[16]

이상과 같이 지극히 간략하지만 만주 지역의 고구려 강역에 관한 여러 설을 일람하면 小川裕人씨와 같이 약간의 특수한 사료에서 고찰을 시도한 외는 모두 동일 사료의 해석 방법을 달리한 결과에 지나지 않았으며, 小川裕人씨의 설도 그 설을 뒷받침할 다른 사료가 나타나지 않은 한에는 반드시 鐵眼이라고만 볼 수는 없다. 이와 같은 견지에서 필자는 『수서』(권 84) 「契丹傳」의 南室韋의 조에

「其國無鐵, 取給於高麗. 多貂.」

라 하고, 다시 『신당서』(권 219)의 「室韋傳」에도

---

15) 小川裕人「靺鞨史研究に關する諸問題」『東洋史研究』第2卷 5號 pp.76~78.

16) 戰後 日本九州大學의 日野開三郎씨의 「粟末靺鞨對外關係」(『史淵』36~37집), 「靺鞨部の前身とその屬種」(『史淵』38~39), 「粟末靺鞨對外關係」(『史淵』41, 42, 43집), 「總章元年唐將薛仁貴の攻陷せる夫餘城」(『史淵』44집), 「隋唐に歸屬せる粟末靺鞨人突地稽一黨」(『史淵』45집), 「勿吉考」(『史淵』35집) 등의 주목할 만한 논문이 계속 발표되고 있음을 듣고 一讀하기 위해 적극 노력하였으나 그 뜻을 이루지 못하였다.

「土少金鐵, 率資於高麗. 器有角弓. 楛矢.」

라고 하여 低文化地帶인 南室韋에 고구려의 철기문화가 유입되고 있었던 기
록을 유의하지 않을 수 없다.

후위시대 이래 실위의 부족명으로 알려져 있던 隋代의 실위 여러 부족 중
남실위는 대략 오늘날의 눈강 유역의 齊齊哈爾 부근을 중심으로 서쪽으로는
興安嶺山脈, 북쪽으로는 伊勒呼里山脈까지의 지역에 걸쳐 거주하던 小部族群
의 총칭인 바,[17] 만약 이상과 같은 지역에까지 고구려 철기문화가 전파되었던
것이 사실이라면 당시 고구려의 경제면을 고찰하는 데 의의가 깊을 뿐 아니라
간접적이나마 고구려 세력의 北限點을 고찰하는 데도 좋은 사료로 본다.

즉, 그것은 고구려의 유산과 발해인의 鐵製鍊技術에 의지한 遼朝가 그 말기
에 누차 回鶻이나 外蒙古 켈루렌강 유역의 阻卜[18]에 대한 生鐵 판매를 금지하
고 있는 점으로 보면[19] 『수서』「거란전」이나 『신당서』「실위전」에 보이던 고구

---

17) 실위의 住地에 대해서는 津田左右吉 박사의 송화강 중심설과(「室韋考」 『滿洲地域硏
究報告』 第1冊 pp.35~40) 白鳥庫吉 박사의 송화강 하류와 흑룡강 交流點 以東 유역까
지를 포함한 것으로 보이는 설(「室韋考」 『史學雜誌』 第30卷 4號 pp.368~399)이 있으나
津田 박사와 白鳥 박사의 견해차는 「那河」를 눈강으로 하느냐 또는 하류송화강 전역을
지칭한 것이냐의 해석에 있다. 津田 박사는 별로 지적한 바 없으나 『新唐書』(권 219 실
위전)에 「東至黑水靺鞨」이라 하고 『太平寰宇記』(권 175)에는 흑수말갈 등에서 「西至室
韋」라고 한 것을 보면 당대 흑수말갈의 서쪽이므로 津田씨의 설이 타당한 것으로 보인
다. 실위의 北 또는 西境은 白鳥 박사의 설을 추종하였다.
18) 松井 等 「契丹可敦城考」 『滿洲地域硏究報告』 第1冊 pp.324~327 참조.
19) 『遼史』「食貨志」에는 道宗 淸寧年間에 回鶻에 대한 銅鐵의 수출 금지 기사에 이어 그
말미에 「法益嚴矣」의 一句가 첨부되어 있는 것을 보면 그 이전부터 銅鐵이 계속적으
로 유출한 것을 의미하며, 다시 『遼史』(권 22)「道宗本紀」咸雍 6년 11월 乙卯의 조에도
「禁鬻生鐵于回鶻阻卜等界」라고 한 것을 보면 淸寧 연간의 銅鐵 流出 禁令은 철저히
실시되지 못하고 계속 유출된 듯하다.

려철의 남실위 진출은 매우 확실성 있는 기사라고 볼 수 있다.

한편 별로 계획성 있는 물자 교류 방법이 강구되지 않던 고대 무역 형태에서 남실위의 철이 高句麗産으로 隋代의 한족에게까지 알려졌다고 하면 남실위 일대에까지 고구려 상인의 왕래가 다소라도 있었던가 하면 그렇지 않고, 轉賣形式에 의존하였다고 하면 이는 장구한 기간 동안 다량의 철을 계속적으로 공급한 것을 의미하는 까닭이다.

고구려의 철 생산지는 대부분 요동 지방이며,[20] 또 철 자체가 원래 막대한 수송력을 필요로 하는 물자이므로 상기의 두 가지 물자 교류 형태에서 어느 것을 채택하여도 고구려의 영토는 실위에 접근된 곳에서 비교적 교통이 편리한 지대에까지 진출된 것을 의미한 것이 아닐까 한다.

이상과 같이 고구려 철문화의 남실위 전파 사실을 시인하고 다시 고구려 세력의 北限點을 고찰하는 데 있어서 먼저 고려되어야 할 것은 후위 太和 3년(장수왕 67년)의 사건으로서 蠕蠕과 고구려의 地豆于 爪分謀議와 그 여파로 西刺木倫河 유역의 거란족이 후위에 내부하고 白狼河 동방에 이동한 『魏書』 「契丹傳」의 기사를[21] 재검토하지 않으면 안 되겠다.

거란족이 고구려의 압력으로 백랑하 동방으로 遷徙한 사실은 『隋書』 「契丹傳」에도 『위서』와 별개의 사료에서 수록되고 있으나[22] 고구려와 蠕蠕의 地豆

---

20) 拙稿 「고구려의 성장과 철」 『白山學報』 제1호 pp.63~66, pp.83~88.
21) 『위서』(권 100) 「거란전」에는 「太和三年, 高句麗竊與蠕蠕謀, 欲取地豆於以分之. 契丹懼其侵軼, 其莫弗賀勿於率其部落車三千乘, 衆萬餘口, 驅徒雜畜, 求入內附, 止於白狼水東.」이라고 하여 거란이 지금의 대릉하 동방으로 遷居한 사실을 고구려의 압력으로 보고 있다.
22) 『수서』(권 84) 「거란전」에는 前記의 사실에 대하여 「當後魏時, 爲高麗所侵, 部落萬餘口 求內附, 止於白貔河」라고 하여 『위서』의 「白狼河東」이 「白貔河」로 기술되었으나 역시 고구려의 압력으로 이동한 것으로 되어 있다.

于爪分 문제는 津田左右吉 박사에 의하여 후위대 물길의 거주 지역을 舊夫餘 강역 내에 두고 고구려 영토의 北限點을 開原~昌圖線에 고정시키기 위하여 뚜렷한 논거도 제시하지 않고 부인한 바 있다.[23]

현재 학계의 일반적 동향은 후위 시대 물길의 거주 지역이 구부여의 故地인 長春이나 石頭城子 부근으로 인정하지 않고 있거니와[24] 한편 후위 이래 지두우의 거주 지역이 북은 陶尒河를 極限點으로 하여 남으로 西剌木倫河 유역에서 奚·契丹과 접경되고 홍안령으로 서의 蠕蠕과 이어져 있었다고 하면[25] 앞에서 기재한 契丹民 遷徙를 津田左右吉 박사의 설대로 고구려가 심양~개원 부근에서 압력을 가한 결과라고 하는 무리한 억단을 내리는 것보다[26] 오히려 북류송화강을 제압한 고구려가 서쪽의 蠕蠕과 모의하며 동서 양면에서 지두우를 강압함으로써 그 남쪽의 거란이 두려워서 遷徙한 것으로『위서』「거란전」의 기사를 그대로 살리는 것이 이를 부인할 만한 뚜렷한 논거라도 없는 한 순리가 아닐까 추측된다.

위의 필자의 견해를 일층 명확하게 해주는 것은 동류송화강 유역인 하얼빈 일대에 거주하던 達末屢(『위서』의 豆莫屢)의 遷徙 사실과 속말말갈의 巨酋 突地稽가 부중을 인솔하고 수에 內附하여 요서 지방에 竄走한 사실이라 하겠다. 후위 말기부터 豆莫屢로 알려지던 達末屢는 북부여에서 고구려의 북부여 攻

23) 津田左右吉「勿吉考」『滿洲地理歷史硏究報告』第1冊 pp.8~9 참조.
24) 물길에 대해서는 前記한 池內 宏 박사의「勿吉考」에서 오늘날의 哈爾濱 東 阿城 방면에 擬定한 바 있어 津田 박사설과 대립하고 있었으나 和田 淸 씨는 역시 池內 박사설에 가담하고 발해의 鄭頡部는 곧 물길부에 건치된 것으로 보고 있다. 和田 淸『東亞史硏究』(滿洲編) p.83, p.130 참조.
25) 白鳥庫吉『東胡民族考』第23編 3號 p.118 참조.
26) 津田左右吉「勿吉考」前揭書 pp.8~9.

滅로 那河를 건너 천도한 것으로 자칭한다고 되어 있는 바,[27] 그전에도 부여의 일부가 慕容廆의 공격으로 間島 지방에 망명하여 동부여로 자립한 예도 있는 만큼[28] 達末婁 내에 유포된 遷徙傳說도 반드시 황당한 訛設로만 볼 수도 없다. 설령 達末婁의 이 전승은 역사적 사실이 아니었다고 치더라도 고구려의 위력이 동류송화강 對岸의 주민에게까지 알려져 있었던 것이 인정되며, 고구려의 세력이 동류송화강 유역에서 멀지 않은 지점까지 미치고 있었던 것을 의미한 것이 아닐까 한다.

특히 隋 開皇 초에 고구려의 속말말갈에 대한 압력으로 말미암아 돌지계가 요서 지방으로 竄走하고 수와 고구려의 분규가 발발되자 그 선두에서 고구려에 대항한 것은 사상에 저명한 사실인 만큼[29] 적어도 고구려는 隋 초까지는 북류 송화강인 粟末水 일대를 완전히 장악한 것이 틀림없다. 전기와 같이 地豆于 瓜分謀議로 인한 거란의 遷徙와 부여의 유민으로 자칭하는 동류송화강 대안의 達末婁의 遷徙 및 隋 開皇 연간의 속말말갈 巨酋 突地稽의 竄走 이유가 모두 고구려의 동태와 관계된 것은 부여가 모용외의 일격으로 그 왕 依慮의 자살한 후 (太康 6년, 285년) 비록 그 다음해에 依羅에 의하여 재건되었다고 하더라도 이미 왕년의 盛旺을 만회할 수 없었던 것을 틈타서 夫餘 故地를 잠식하게 되었던 것으로 볼 수도 있을 것이다.

津田左右吉 박사가 대국의 항복으로서는 그 기사가 너무 소홀히 기록되어

---

27) 이에 대해서는 『신당서』(권 220)에 達末婁에 대한 설명에서 「自言北扶餘之裔 高麗滅 其國 遺人度那河 因居之」라고 기록되어 있다.

28) 池內 宏 「夫餘考」『滿鮮地域研究報告』 第13冊 pp.88~91 참조.

29) 속말말갈의 돌지계에 대해서는 日野開三郞씨의 상세한 전론 논문이 『史淵』(45집)에 있으나 一讀할 기회를 얻지 못하였다. 同氏의 「隋の遼西郡に就いて」(『史淵』(55집))에서 그 題言에 上揭論文이 요약되어 있다.

신빙할 수 없는 것으로 단정한 고구려 文咨王 3년 2월의 부여왕 내항에 관한 기사는[30] 고구려에 의하여 점차 잠식되어 부여 고지의 一隅에서 여세를 유지하던 명의상의 정권이 그 명의조차 해소된 것을 의미한 것이 아닐까. 실제로 이행된 것이 아니고 隋軍의 위풍을 과시하고 煬帝의 進軍理想(진군 이상)을 표명한 데 지나지 않았으나, 隋 大業 8년 고구려 제 1차 침입에 앞서 발포한 양제의 군령에 左右 24군 중 左 9군이 夫餘道로 되어 있는 바,[31] 기타의 좌우 24군에 보이는 진군로가 모두 고구려 영토 내의 지명이었던 점으로 보며, 부여도도 응당 고구려 영토로 간주될 뿐 아니라[32]『삼국사기』(권 37)「지리지」에 인용되어 있는 賈耽의『古今郡國志』의 逸文에 발해국의 부여가 고구려의 舊地에 포함되어 있는 것을 보면 고구려의 西北境에는 확실히 부여의 고지 일부를 포함시켜야 한다.

부여국의 故地에 대해서는 일본의 稻葉岩吉씨에 의하여 현 장춘 및 농안 일대의 북류 송화강 서측으로 비정된 후[33] 약 반세기간에 걸쳐 현 阿什河 부근에 비정하는 등의 異說도 있었으나,[34] 최근에 다시 장춘·농안 일대로 비정하

30) 津田左右吉「勿吉考」前揭書 pp.2~3.
31) 『수서』(권 4) 煬帝本紀 大業 8년 正月 壬午의 조.
32) 부여성의 비정에 대해서는 부여국의 중심지를 지금의 農安 부근으로 비정한 바 있던 松井 等도 농안 부근으로 추정한 바 있으나(『滿洲歷史地理』第1冊 pp.401~402), 唐의 총장 원년(668년) 부여성 攻拔에 대한『자치통감』(권 201)과 新舊兩唐書의 기사를 면밀히 검토하면 그 路順에 모순이 보이기에 津田左右吉은 이를 동가강 유역(「勿吉考」『滿洲地理歷史研究報告』第1冊 pp.30~54)으로, 池內宏은 咸南 咸興으로 비정한 바 있다.(「高句麗討滅の役云云」『滿鮮地域研究報告』第16冊 pp.174~199) 그 후 金毓黻은 이를 遼의 通州, 즉 현재의 창도 북쪽 八面城 부근으로 비정하여(『渤海國志長篇』(卷 14) 18~21葉) 諸說이 엇갈리고 있다.
33) 稻葉岩吉「漢代の滿洲」『滿洲歷史地理』第1冊 pp.198~199.
34) 池內 宏「夫餘考」『滿洲地域研究報告』第13冊 pp.84~86.

는 설이 유력하게 되었는 바,[35] 前記한 바와 같이 거란민 및 속말말갈민의 일부의 이동 또는 달말루의 천사 사실 등으로 보면 後魏 末~隋 初까지는 고구려의 세력이 북류 송화강 일대를 석권하고 동류 송화강 유역의 후진 사회인 백돌부와 안거골부 등에도 정치적인 압력을 가할 수 있었던 환경에 있었으며, 다시 이 지점을 기지로 철문화를 그 북의 실위에까지 전파시킨 것이 **아닐까** 한다.

---

35) 和田 淸「魏の東方經略と夫餘城の問題」『東亞史硏究』(滿洲編) pp.34~36 참조.

Ⅲ. 7세기의 고구려와 突厥

앞절에서는 대체로 隋初까지의 고구려 세력은 북류 송화강을 지배하고 이를 기지로 하여 그 북방의 실위에까지 철문화를 전파시켰다는 것을 밝혔으나 다시 주의하여야 할 사실은 당 정관 때까지의 고구려 방비 태세에 대한 『구당서』 「고려전」에 「築長城, 東北自扶余城, 西南至海, 千有餘里」라 하고 『신당서』 「고려전」에 「建武懼乃築長城千里, 東北首扶餘, 西南屬之海」라고 하는 부여성을 기점으로 한 고구려의 장성 구축 사실이라 하겠다.

부여성은 당 고종 乾封 원년(666년)에 고구려의 내분을 틈타서 결행된 대원정 때에 南蘇·木底·蒼巖 3성이 설인귀 등의 당의 선봉군에 의하여 공발된 바 있다. 당시의 당군의 진군에 대한 기록이 명백히 밝혀져 있지 않은 까닭에 이 부여성의 소재에 대해서는 구구한 설이 전개되고 있었으나, 和田淸 박사는 津田左右吉 박사의 부여성의 佟佳江 유역설과 池內宏 박사의 함흥설 등을 재검토하고 金毓黻 씨의 四面城설을 지지하여 논지를 전개시킨 바 있다.

먼저 金毓黻 씨가 사면성을 부여성으로 비정하게 된 논거를 살펴보면, 그전에 松井 等 씨가 농안을 夫餘府로 비정하는데 있어서 그 논거가 고구려의 부여부로 추단되는 발해의 扶餘府는 후일 遼代에 와서는 黃龍府로, 다시 金代에는 隆安府로 개칭되었는 바, 농안은 곧 隆安에서의 轉音으로 보았던 것이다.[36]

그러나 『요사』 「지리지」를 상세히 검토하면 遼代에는 황룡부가 2개소이고 최초의 황룡부는 발해의 부여부가 틀림없으나 발해인 燕頗의 반란 후에 폐지되어 通州로 되고 新黃龍附는 聖宗 때 다시 그 동북에 移置하였으며, 金代의

---

36) 松井 等 「滿洲に於ける遼の疆域」 『滿洲歷史地理』(第2冊) pp.33~42 참조.

隆安府는 발해의 부여부에서 동북으로 移置된 신황룡부라는 것을 언급은 하였으나 경시한 까닭인 것을 지적한 입론이었다.[37]

그러나 김씨의 사면성설도 확고한 논거가 있었던 것이 아니고 상황적 판단에 지나지 않았다는 점에서 김씨 자신도 그 동북의 懷德縣까지는 북상시킬 수 있다는 가능성을 피력한 바 있으며, 이 사면성설을 지지하던 和田淸 박사도 그 후 너무 남쪽으로 비정된 것을 시인한 바 있다.[38]

『요사』에 舊부여부에서 그 동북의 新황룡부 간의 거리가 명기되어 있지 않을 뿐 아니라 舊황룡부인 통주의 행정 구획이 명백치 못한 점으로 보면 발해시대의 부여부를 현 회덕이나 장춘 서남측 등 현 농안에서 그리 멀지 않은 지역으로도 비정할 수 있을 것 같다.

한편 설인귀 등이 부여성을 공격하여 함락시킨 이후 계속하여 그 주변의 여러 성을 함락 시킨 바, 이에 대한『신당서』「고려전」에「拔夫餘城, 它城三十城」이라 하고, 또『구당서』(권 83)「설인귀전」에「夫餘川四十餘城」이라 하며,『자치통감』총장 원년 2월조에는「夫餘川中四十餘城」이라고 하는 기사는 고구려사의 중요한 기사일 뿐 아니라 그 후의 만주사에서도 중요한 기사라고 본다.

고구려는 서천왕 이후 400여 년간 누차 한족과 선비족 등의 침입을 방비하였으며, 당의 명장 李積조차 그 전략적 의의를 갈파한 바 있던 신성 부근에 대하여『자치통감』에는 불과「一十六城」으로 되어 있는 점으로 보면 부여성을 중심으로「它城三十城」[39] 또는「夫餘川四十餘城」으로 표현되어 있는 앞의 기사로는 고구려의 경비 태세가 이 지역에만 편중된 감이 없지도 않다.

37) 金毓黻『渤海國志長篇』(卷 14) 18~21葉.
38) 和田 淸「渤海國地理考」『東亞史研究』(滿洲編) p.69.
39)『자치통감』(권 201) 唐紀 乾封 2년 9월 辛未의 조.

前記한 바와 같이 이 지역의 고구려의 여러 성이 「夫餘川」 또는 「夫餘川中」이라고 한 것을 보면 부여성 근방의 하천 중심으로 구축된 일대 요새지였던 것으로 억측되나 아직 정설은 없다. 和田清 씨에 따르면 上遼河 유역으로 비정되나[40] 그렇다고 하면 이 지역이야말로 서부 만주의 高台地 주민과 동부 만주의 삼림지대 주민과의 갈림길이 되는 것이다. 『신당서』 「발해전」에 부여부는 「常屯勁兵捍契丹」이라고 한 것을 보면 그 전략적인 위치를 충분히 알 수 있을 것이다.

고구려의 장성이 현 농안 서남인 부여성을 기점으로 하고 다시 부여천 연안에 일대 요새지를 구축한 것은 이 지대를 장악함으로써 만주의 동부와 서부를 양단하여 두 부족간의 연결을 저지하였던 것으로 보이며, 수당 양대의 전투에 말갈인이 고구려에 다수 참가하게 된 것은 실로 고구려의 북류송화강을 장악한 소산으로 억측된다. 그러나 당시 이 방면에서 고구려가 만주의 동서를 양분하고 30 혹은 40여 성을 구축하여 엄중한 경비 태세를 갖추게 된 것은 물론 그 주위의 여러 민족의 반란을 방지하는 의미도 있었겠으나, 가장 큰 강적으로서는 역시 후위 天定 초에 蠕蠕을 공멸하여 막북 지방의 새 주인공으로서 동양사의 표면에 나타나 그 세력이 눈강 유역의 남실위까지 침투케 된 돌궐의 동남하 기운을 저지하려는 의도도 있지 않았을까 한다.

돌궐이 흥기하여 6세기 후반부터 동으로 요해(현 西剌木倫河 유역)까지 지배한 것은 『북사』 「돌궐전」에도 명문이 있어 서북만주 일대에 그 정치 세력이 파급된 것은 의심할 수 없는 사실이다. 실위에도 정치적 세력을 부식하고 있던 것은 『수서』(권 84) 「거란전」에서 실위의 설명에 실위 5부의 명칭을 열거하

---

40) 和田 清 「魏の東方經略と夫餘城の問題」 『東亞史研究』(滿洲編) p.48.

고 이어 「突厥以三吐屯總領之」라고 하여 돌궐의 지방관인 토둔이 주재한 것으로 보면 어느 정도의 실제적인 통합을 감행한 듯하다. 그러나 여기에 3吐屯을 두었다고 하는 것은 광대한 실위 전역을 말한 것인지 혹은 남실위에만 3吐屯을 두었는지 지극히 불명확하지만, 일층 의문되는 것은 前記한 突厥古碑文에 Qürgüz, Otüz tatar, Quitay, Tataby, Tupüt 등 돌궐과 다소라도 관계가 있는 여러 부족의 명칭이 기록되고 있는데 반하여 자국이 3吐屯까지 두어 통치하던 실위의 명칭이 전혀 보이지 않는 점이라 하겠다.

이상과 같은 관점에서 필자는 Orkhon 河 두 비의 비문에 'Bökli'에 이어 보이는 'Cölüg il'의 1구절을 재검토하여 보고자 한다. 이 1구절은 유럽 학자 사이에서도 여러 가지로 해석되고 있는 듯하며, 돌궐비문으로서 연대기를 작성하여 동양사학계에 획기적인 공적을 남긴 Marquart씨까지도 'Cöl'은 'Bökli'를 형용하는 어구로 보고 있다.[41] 그러나 고 岩佐精一郎씨는 하등의 비판은 가하지 않았으나 음이 근사하므로 몽고인이 고려를 지칭한 沙良合 및 肅良合이 아닌가 억측을 가한 바 있다.[42]

突厥語文에 전혀 문외한인 필자로서는 이 1구절이 과연 형용사에 속하느냐 또는 명사에 속하느냐 하는 문제는 판연치 않으나 突厥古碑 중에서 毗伽可汗의 명재상인 暾欲谷의 공훈을 刻記한 Selenga 河畔의 暾欲谷碑文을 주석한 Radloff씨는 大碑 동면 24행에 보이는 'Cölig'라는 구절을 毗伽可汗碑의 'Cölüg il'의 경우와 같이 Fand einen Mann von den Steppen-Az… 즉 초원에 속하는 뜻으로 해석하고 있다.[43]

---

41) Marquart : *Dir chronologie der Aettürkischen Inschriften*, Leipzig, 1898, s.21.
42) 岩佐精一郎,「古突厥碑文の Bökli 及び Par Purumに 就いて」『岩佐精一郎 遺稿』, p.64.
43) 「Cölug」는 暾欲谷碑를 해독한 Radloff씨는 Cölgizri로 表音하고 있다. Radloff씨의 표음

그러나 毗伽可汗碑는 너무 간략하여 과거의 여러 학자들이 이를 형용사로 번역하여도 그리 큰 모순은 보이지 않았으나 暾欲谷碑만은 이를 虛心으로 再讀하여 보면 'Cölüg'의 한 단어는 형용사로 해석하는 것보다 오히려 故 岩佐精一郎씨같이 이를 고유명사로 보는 것이 자연스러운 해석인 것 같다.

특히 毗伽可汗碑에서 'Cölüg'의 뒤에 보이는 'il'이 일개의 통일체 또는 동맹체를 표현한 어구로서 말하자면 總部族을 총괄한 유목국가를 호칭한 것으로 해석되고 있는 것[44]을 보면 'Cölüg'은 유목 민족의 부족국가인 것이 일층 확실한 듯하다.

그러나 이 'Cölüg il'을 故 岩佐精一郎 씨가 몽고인이 고려를 지칭한 「沙良合」과 「肅良合」의 對音으로 본 것은 이 비가 8세기에 이루어진 동돌궐의 서사문인 만큼 결과적으로는 고구려나 신라를 지칭한 것으로 보인다. 그러나 8세기경에 투르크 또는 몽고인 사이에 고구려나 신라를 Solongos로 지칭한 다른 명증이 없는 한 이 억단은 그 논거가 박약할 뿐 아니라, 岩佐精一郎씨 자신이 'Bökli'를 맥구려로 비정하고 그에 이어 보이는 'Cölüg'도 고려를 지칭한 것으로 억단한 것은 전후 모순이라고 하겠다.

특히 同氏의 'Cölüg'은 곧 고려설에 치명적인 부당성은 暾欲谷碑文에 'Cölüg'의 민을 발견한 'Kögman'의 소재지점이라 하겠다. 'Cölüg'민을 발견한 Kögman은 Hirth씨에 의하면 『西陽雜俎』에 보이는 曲漫山을 지칭한 것이나

은 러시아문자여서 부득이 여기서는 小野川秀美씨의 「突厥碑文譯註」(『滿蒙史論叢』第4冊 소재)에서의 표음법을 사용하였으나, 同氏는 Rafloff씨의 「Cölgizri」를 Cölgi az äri 로 분리시켰다. 暾欲谷碑의 「Cölgi」는 곧 毗伽可汗碑에서의 「Cölüg」와 동의인 것이 거의 확실하므로 이후의 설명에서는 「Cölüg」로 통일하겠다.

W. Radloff: *Die Altturkishen Inschriten Der mongolei* [(z) folge] St. Peterburg, 1899, ss. 12~13.
44) 小野川秀美 「突厥碑文譯註」(『滿蒙史論叢』 第4輯) pp.237~238.

곡만산은『魏志』「동이전」에서 인용한『魏略』에 보이는 康居 서북인 堅昆國, 즉 Syr-daria 북이 아니고『통전』이나『신당서』에 보이는 貪漫山을 지칭한 것으로 되어 있다.[45] 탐만산은 현 외몽고의 庫倫 남쪽 톨라강 서쪽의「不兒罕山(Burkhan)」의 異名이며 돌궐의 근거지였던 알타이산에서 북으로 키르기즈로 향하는 도중의 명산인바, 일시는 메르키트부에 점거된 바도 있었다.

만약 전기한 岩佐精一郞씨의 억단을 허용한다고 하면 8세기 초에 고구려 유민이나 신라인이 외몽고까지 진출한 것을 용인하게 되는 바, 상황적인 판단으로 보아 이와 같은 억측이 과연 성립될 수 있을 것인가.

몽고어에서 고려를 지칭하는 Solongos란 명칭은『元朝秘史』이후 원에서도 고려로 지칭되고 있었으나 그 어원에 대하여 여러 설이 구구하다.[46] 특히 Shirokogoroff씨는 별로 명증은 제시치 않고 막연한 억설에 지나지 않으나 현 눈강에서 흥안령산맥에까지 이동하며 유목하는 Solon(素倫)족은 그 이동이 빈번하였으나 거란의 발흥 이전에는 동방에서 눈강 지역에 이주한 것이며, 그 부족의 칭호도 고려인을 지칭하는 Solongas에서 기원한 것이라고 보고 있다.[47]

---

45) F. Hirth : *Nachworte zur Inchrift des Tonjukuk*, St. Peterburg, 1899, ss.40~42.

46) 고려를 지칭하는 몽고어 Solongos는『元朝秘史』(葉德輝版 光緖 34년) 續集 권2 제274절에「兀里荅 主兒扯惕莎 (郞)合思一途兒 阿兒剌黑 三……」으로 되어 있어「在先 女眞 高麗一行 征進的」으로 華譯되어 있다. 이 Solongas의 一語는 白鳥庫吉 박사의「新羅國」의 轉音으로 해석한 후 那珂通世 박사의 고려를 지칭한 것이라고 하는 精細한 고증이 있었다.(『成吉思汗實錄』550~555) 그 후 小林高四郞 譯의『蒙古の秘史』(p.298)에도 대략 동일하게 번역되고 있으며, 최근 恩師 이병도 박사는 그 어원에 대하여 白鳥庫吉, 稻葉岩吉, 金澤庄三郞 씨등의 諸說을 犀利한 필치로 비판하고, 고구려의 土音인「소릿골」「솔골」의 와전인 것으로 해석한 바 있다.(「高句麗國號考」『서울대학교논문집』인문·사회과학 제 3집 pp.12~13 참조)

47) S.M Shirokogoroff : *Social Organization of the Northern Tungus*, 1933, Shanghai, pp.63~64.

만약 이 Shirokogoroff씨의 억설이 용인된다고 하면 Solongos에 대한 여러 설 중에서 Solongos=고구려설이 가장 타당성을 띠게 되며, 고구려의 전성시 송화강 및 눈강 유역에까지 진출한 고구려유민으로서의 Solon부의 구성도 억측되어 전기한 岩佐精一郎씨의 억단조차 어느 정도는 용인될 수 있다.

그러나 『원조비사』에 이어 몽고의 和林 부근까지 여행하고 1255년에 귀환하여 2년간의 몽고 여행을 통한 직접 견문담을 기록한 Rubruck의 기행문에는 엄연히 고려를 지칭한 'Caule'와 고려인 이외의 'Solonga'인이 구별되고 있을 뿐아니라[48] 14세기 초에 편찬된 Rashid al-Din의 『年代彙記集(集史)』에도 몽고의 12行省 중 第二行省에는 여진인과 Solankga인 및 第三行省에 고려인을 가리키는 'Koli'또는 'Ukoli'로 엄별되어 있는 점은 현행 몽고어로는 이해할 수 없는 문제이다.[49]

특히 Schmidt씨는 Sagang Sečen의 『蒙古源流』에 Ünegen(烏納根)河 유역에서 Dair Usun의 딸 Khulan Goa를 聖主에게 헌상한 Solongas의 Tsaghan=Chaghan(察罕汗: 漢譯『蒙古源流』에는 「高麗墨格特岱爾烏孫之女和蘭郭幹」로 되어 있음) 전설에서 Solongas는 고려가 아니고 Mergid(蔑兒乞得)이었던 것으로 확언한 바로 보면[50] 소위 Solongas는 13세기뿐 아니라 16~17세기까지도 그 지칭하는 부족이 명확치 못하다.

Sagang Sečen의 『몽고원류』에 보이는 Solongas인은 고려인이 아니고 Mergid를 지칭한 것이라고 단언한 Schmidt씨가 후일에 다시 「北韓人 또는 Solon인」

---

48) W.W Rockhill : *The Journey of William of Rubruck to the Eastern Parts of the World*, London, 1900, pp.200~201.

49) Henry Yule and Cordier : *Cathay and the Way Thither*, Vol. Ⅲ, Paris. 1914, p.125.

50) J. Schmidt : *Geschichte der Ost-mongolen*, St. Peterburg, ss.75~77, n.28.

이라고[51] 한 것은 어떤 명확한 증거가 있어서가 아니라 고대 외몽고 지방의 Solongas로 지칭되는 부족의 존재와 또 현 만주 흥안령산맥 기슭의 Solong부 및 現用 몽고어의 고려를 지칭한 Solongos 등의 칭호를 조화시킨 데 불과한 듯 하며, Rubruck의 기행문을 校註한 Rockhill씨도 13세기에 존재하던 고려와 별 개의 Solonga인을 증명하기 위하여 부득이 Schmidt씨의 견해를 추종한 것으 로 보인다.[52]

이상과 같은 여러 관점으로 미루어 보면 7~13세기의 몽고인 또는 투르크인 이 Solongos를 고구려 또는 신라인을 지칭한 것을 전제로 한 전기의 여러 설은 근본적으로 재검토되어야 하겠으나, 요컨대 Rubruck이나 Rashid al-Din 또는 Sagang Sečen에 의하면 Solongos의 명칭으로 호칭되던 국가 또는 부족이 고려 를 지칭한 이외에 외몽고에서 흥안령 이동의 약간의 부족까지 적용되고 있는 것만은 확실하다.

13세기 초까지도 고려인이 아닌 Solonga인이 북만에서 외몽고 東城까지의 지역에 거주한 여러 부족을 지칭한 微證이 있을 뿐 아니라, 그 거주 지역이 暾 欲谷碑文에 보이던 'Cölüg'와 거의 동일한 부족도 포함되어 있는 것은 주목할 만한 사실이다. 이상의 여러 관점으로 보면 後魏 末 이래 현 눈강을 중심으로 흥안령산맥 일대까지 거주하던 작은 부족 단체를 한민족이 실위 또는 실위로 지칭한 것은 毗伽可汗碑에 보이는 'Cölüg il'로 알려져 있던 부족명의 寫音이 아닐까 한다.

失韋 또는 室韋는 고대 중국음으로는 šad-wei, šit-wei로 발음되나 突厥古碑 文의 돌궐어 寫音例를 살펴보면 šil-wei로도 되며, šil-wei는 곧 'Cölüg'의 寫音

51) J. Schmidt : *Mongolisch-deutsch-russiches Worterbuch*, St. Peterburg, 1835, s.369.
52) W.W. Rockhill : op. cit, pp.152~153. n.5.

으로도 추측될 뿐 아니라[53] 그 住地로 보아 이와 같은 추단도 충분히 성립될
수 있다고 본다.

한편 『수서』「거란전」의 실위조를 상세하게 읽어보면 남실위 외의 4실위는
그 명칭과 대체적인 방향 설명 외에는 모두 남실위의 설명에 그친 것으로 보
이며, 따라서 돌궐이 실위에 3吐屯을 두었다고 하는 기사도 대략 남실위를[54]
의미한 것으로 보이나 전문 학자들의 더 상세한 연구에 맡기겠다.

이상과 같이 철문화 소개를 중심으로 한 수대 초까지의 남실위와 고구려의
관계와 후위 말기에 蠕蠕을 멸망시키고 흥안령을 넘어 눈강 일대의 남실위에
3吐屯을 두게 된 돌궐의 남하 진출 기도는 실위 문제를 중심으로 이 양 세력은
응당 다소의 분규도 있었던 것으로 볼 것이며, 전기한 「夫餘川四十餘城」은 고
구려로서는 上遼河 유역을 굳게 지켜 만주의 동서 양측 주민의 연결을 저지하
는 동시에 남실위까지로 진출한 돌궐의 동남하 진출을 봉쇄할 목적이 아니었
던가 추측된다.

---

53) 室字의 唐韻은 보통 「sit」으로 되며, Orkhon 비문 중에 보이는 突厥官名인 säd에 대하
여 漢籍에서는 設·殺·失·察·煞 등 字로 표음하여 왔을 뿐 아니라 돌궐의 전설적인 祖先
인 istämi를 「室點密」로 표음한 것을 보면 漢籍에서 돌궐의 관명 또는 고유획 등에 失·室
등으로 표음되어 있는 突厥原音은 「šad」「šit」 등의 寫音으로 보이면, 室韋나 失韋도 돌
궐에서의 Cölüg와는 무관한 듯하다. 그러나 突厥古碑文에다 tar:達, tül:突, gir:點, il:詰,
kül:闕, gur:葛, mil:密, bär:發, cur:啜 등의 唐韻으로 되어 있고 終聲이 t,d로 되는 諸漢字
의 音尾가 r,l로 되는 돌궐음을 표음하는데 사용되고 있는 것을 보면 室韋나 失韋도 šil-
wei 또는 šir-wei에서의 寫音으로 보아도 무난한 듯하다.
54) 津田左右吉 「室韋考」 『滿洲地域硏究報告』 第1冊 pp.39~52.

Ⅳ. 5세기말~7세기의 遼西와 주변 제국

앞 절에서 上遼河 유역을 중심으로 고구려의 북진 기도와 돌궐의 동남하 기도에 대한 대략적인 서술을 시도하여 보았으나, 고구려와 돌궐의 관계가 한층 험악하였던 것으로 보이는 지점은 요하 본류의 서쪽 지역을 둘러싼 양국간의 대립이라 하겠다.

『삼국사기』「고구려본기」에는 小獸林王 8년과 廣開土王 원년에 오늘날의 西剌木倫河와 老哈河 유역에 걸쳐 遷徙 생활을 하던 거란과의 분규가 있었던 것으로 기록되고 있으나,[55] 중국측 사료에도『魏書』에 初見되는 거란이 소수림왕 8년(378년)에 요하를 넘어 당시 아직 輝發河 유역과 興京府의 西境을 넘지 못한 고구려에까지 원정하였다고는 보기 어렵다.

고구려는 前秦의 내란을 틈타 故國壤王 2년 6월에 玄菟·遼東의 2郡을 점령한 바 있었으나 5개월도 못 되어 다시 後燕에 탈환된 바 있어[56] 광개토왕 즉위년까지도 아직 현토·요동의 2군조차 확보하지 못한 것으로 보이는 고구려가 역시 요하 서쪽의 거란에까지 원정할 리 없었던 것으로 믿어지므로 상기의 두 기

---

55) 거란 초기의 동태는 지극히 명확치 않으나 중국측 사적에서 단편적 기사를 엮어 그 동태를 대략 설명한 것으로는 송정 등씨의 「거란발흥사」『만선지리역사연구보고』 제1책 pp.137~294)가 있다. 한편 근래 Wittfogel씨는 거란족은 북의 소씨의 회골적 요소를 지닌 일단과 남의 한문화의 영향하에 있던 야율씨의 일단이 분립하여 있던 것이 합쳐서 요제국이 된 것으로 매우 주목할 만한 설을 발표하고 있다.(Wittfogel and Fêng Chia-Shêng: *History of Chinese Society Liao*; Philadelphia, 1949, p.435 참조) 거란의 고구려 침입과 양국의 분규에 대한 기사는 『삼국사기』(권 18)「고구려본기」 소수림왕 8년 9월의 조에 「契丹犯北邊陷八部落」이라 하고, 다시 동서 광개토왕 즉위년 9월에도 「北伐契丹, 虜男女五百口, 又招諭本國陷沒民口一萬而歸」라고 하는 기사가 보인다.

56) 『삼국사기』(권 18)「고구려본기」 고국양왕 2년 5월 및 11월의 조 참조.

사는 모두 그 후의 양족간에 전개된 분규를 연대상 착오 기록한 것으로 볼 수밖에 없다.

그러나 元興 2년(404년, 광개토왕 11년) 고구려의 宿軍城 침입에 이어 북위의 太廷 2년(436년, 長壽王 24년) 요서 지방의 한인 국가인 北燕主 馮弘의 탈출을 원조·보호한 사건 등은[57] 이미 광개토왕 초에 요동·현토 2군을 병탄하고 요하 연안에 확고한 기반을 구성한 후 다시 요서 지방의 정치 문제에까지 개입한 것으로 보인다. 특히 『北史』 「高句麗傳」에 당시 고구려의 노골적인 요서 지방의 정치 문제 개입에 대한 북위 世宗의 보복 기도를 諫止한 樂平王 丕의 「待後擧」라고 한 구절을 보면 당시의 북위는 고구려까지 침입할 정도의 실력이 구비되지 않았던 것으로 보이는 점도 있으며, 그 동기가 북연에 대한 국제 신의 문제 또는 상호 혼인 관계를 맺고 있었다는 점도 있겠으나 한 걸음 더 나아가 후위가 요서 지역을 완전히 확보하기 전의 공허 상태를 틈타 풍홍의 잔존 세력을 이용하여 보려는 의도인 것 같다.

이와 같은 고구려의 의도를 가장 명백히 반영시키고 있는 사건이 후위 말기의 유민 문제를 둘러싼 고구려와 北齊 사이의 교섭에서 북제 사신 崔柳가 陽原王에게 폭행 사건까지 일으킬 정도의 격렬한 대립이라 하겠다.[58]

물론 일개 사신으로서 이와 같은 행동을 감행할 수 있었는지는 지극히 의심되는 바이나, 이 사건이 허위의 기사라고 치더라도 고구려의 요서 정치개입에

---

57) 『위서』 「世祖紀」 太廷 2년 3월 辛未의 조 및 同書 「고구려전」, 『북사』 「고구려전」 참조.
58) 『북사』 「고구려전」에는 이 사건에 대하여 「天保三年 文宣至營州 使博陵崔柳使于高麗 求魏末流人 勅柳曰 若不從者 以便宜從事 及至不見許 柳張目叱之 拳擊成墜於牀下 成左右雀息不敢動 乃謝服 柳以五千戶反命」이라고 되어 있으나 북제는 그 다음해인 天保四年에는 거란에 대한 大征討를 전개하고 있으며, 다시 신흥 돌궐과도 접촉을 개시하고 있는 것을 보면 이 후에 전개되는 중원국가와 돌궐·고구려의 삼파전의 緖戰으로도 볼 수 있다.

대한 북제의 예민한 감정과 증오감만은 이 기사를 통하여 충분히 간취할 수 있을 것이다. 이 교섭의 결과 5천호가 다시 북제에 還付된 사실에 비추어 보면 장수왕 이후 고구려가 요서 지방에 대한 정치 개입으로 얻은 성과의 일면을 엿볼 수 있을 것이다.

이상의 여러 사건은 광개토왕 즉위 이후 장수왕 일대에 걸친 양대간의 요동지역 개척과 이를 기반으로 요서의 정치에까지 개입한 고구려와 요서 정권과의 산발적인 사건에 지나지 않으나, 다시 『수서』「거란전」에 의하면 北周와 隋初간에 걸쳐 현 노합하 동쪽에서부터 營州 북방까지에서 유목하던 거란인의 거주지역을 둘러싼 고구려의 조직적인 활약과 돌궐과의 대립은 일층 심각한 것이 보이고 있다.

장문이나 이해를 돕기 위하여 『수서』「거란전」을 인용하여 보면, 고구려와 蠕蠕의 地豆于瓜分 모의로 거란족이 白狼河(白貔河) 東에 이동한 기록에 이어 당시 거란민의 동태에 대하여

「……(a) 其後爲突厥所逼, 又以萬家寄於高麗. (b) 開皇 四年率諸莫賀弗來謁. 五年, 悉其衆款塞, 高祖納之, 聽居其故地. (c) 六年其諸部相攻擊久不止, 又與突厥相侵, 高祖使使責讓之.…… (d) 其後契丹別部出伏等背高麗率衆內附, 高祖納之, 安置於渴奚那頡之北. (e)開皇末其別部四千餘家背突厥來降, 上方與突厥和好, 重失遠人之心, 悉令給糧還本, 勅突厥撫納之, 固辭不去, 部落漸衆, 逐北徙逐水草, 當遼西正北二百里, 依託紇臣水而居. 東西亘五百里, 南北三百里, 分爲十部.……突厥沙鉢略可汗遣吐屯潘垤統之」

라 하고 있다.

『수서』의 위의 기록은 백랑하 이동에서부터 수대 말기(617년)까지 거란족의

동향을 한족의 견문 범위 내에서 엮어 놓았던 것이다. 그간의 거란족에 관한 대략적인 동태나마 계통적으로 파악하기는 곤란하나 다른 사료라고는 별로 없으며,『北史』나 심지어는『遼史』에까지 이 기사가 거의 그대로 수록되어 있으므로 부득이 이 기사에 의거하여 후위 말기~수대의 거란족을 둘러싼 삼국의 대립을 설명할 수밖에 없다.

먼저『수서』의 기사를 몇 단으로 나누어 원문에 傍記한 로마자기호의 순서에 따라 해석을 시도하여 보면 (a)기사에「其後……」라고 한 것은 막연한 표현이나 전기한 太和 3년(479년)의 고구려와 蠕蠕의 지두우과분모의 사건 후부터 (b) 隋 文帝 開皇 4년(584년)까지의 약 1세기 간에 전개된 고구려 및 돌궐과 거란과의 관계에 관한 것이 추측된다.

그러나 이 사건에 대한『북사』(권 94)「거란전」에는『수서』에 보이는 太和 3년의 사건 이후 西魏를 찬탈한 北齊 文宣帝 天保 4년(553년) 9월 文宣帝의 契丹 大征討 기사가 삽입되어 있고, 이어「其後復爲……」라고 되어 있는 점으로 보면 北齊 文宣帝 天保 4년 이후 돌궐의 세력이 遼海에까지 도달하게 된 서력 555년 이후 隋 文帝 開皇 초까지의 약 30여년간의 관계인 것이 확실하다.

이는 고구려의 陽原王 말에서 대략 平原王 25년까지의 일이나 당시 중원의 북제는 서위를 찬탈한(557년) 宇文覺의 後周와의 대립으로 천보 4년의 대정벌 후는 요하 서쪽의 거란민에게 정치 세력 부식보다 오히려 양국이 모두 돌궐 세력의 이용에 몰두한 시기였다. 그 결과 佗鉢可汗(573~581)으로 하여금 후주 북제를「我在南之兩兒」로까지 조롱케 한 당시에 있어서 광개·장수의 양 英主 이후 一消一長은 있었으나 전기한 바와 같이 요서의 정치에 개입하던 고구려의 강적은 중원국가보다 돌궐이 아니었을까 한다.

특히 앞에서 게재한 기사에 돌궐의 압력으로 거란민이 고구려에 內附한 기사에「又以……」라고 한 문면을 보면 그전에도 고구려에 內附한 거란 집단이 있었던 것을 의미하거니와 이상과 같은 요하 서쪽에 있어서의 고구려의 기반은 앞에서 게재한 기사의 (b)·(c)에 의하면 한족의 통일 국가인 隋의 출현으로 동요가 일어나고 있었던 것이 간취된다.

『수서』「高祖本紀」에는 開皇 5년에 수에 內附한 거란 추장은 多彌로 되어 있으나 이상과 같은 거란인의 동향은 그 전해에 거란과 말갈인을 배경으로 하고 돌궐의 후원을 얻어 이반한 高寶寧의 난을 진압하고 이어 粟末靺鞨의 추장 突地稽가 그 부중을 이끌고 柳城郡(郡治營州)으로 탈출하여 수의 보호를 받게 된 것과 거의 동시인 것으로 보면,[59] 이는 수의 요서 정책 수립과 더불어 거란민 초무에 진력한 결과였던 것 같다. 이상과 같은 수의 요서 정책 수립의 결과로 거란 본거지와 원거리에 있던 그 別部인 出伏部 등이 고구려에서 제일 먼저 이탈하여 수에 항부한 듯하다.

한편 돌궐도 거란민에 대하여 계속적인 압력을 가하고 있었던 것은 (c)항에서 「又與突厥相侵」의 1구절로 추측되거니와 다시 (e)항에서 開皇 말에는 돌궐에 降附한 거란 별부 4천여 家가 수에 항부코자 한 것을 보면 수의 거란에 대한 招撫册은 의외로 활발하였고, 또 괄목할 만한 성과가 있었던 것으로 보인다. 요컨대 『수서』「거란전」을 통관하면 수 開皇 4년 이전까지는 수도 별로 柳城縣 境外의 거란민에까지 관여할 여유는 없어 돌궐과 고구려 두 종족의 쟁탈대로 방임한 듯하나, 고보녕의 진압과 돌지계의 柳城 內附를 계기로 수도 이 쟁탈전에 참가하여 거란의 거주지는 삼국의 치열한 분쟁지로 된 듯하다.

---

59) 속말말갈의 돌지계가 수에 亡走하여 수·당에 걸쳐 고구려에 대하여 반항을 계속한 데 대한 연구로서는 日野開三郎씨의 「隋唐服屬粟末靺鞨人突地稽一黨」(『史淵』45집)이라고 하는 전론이 있으나 一讀할 기회를 갖지 못하였으며, 同氏의 「隋の遼西郡に就いて」(『史淵』55집)에서 전기 논문이 요약된 것을 참고로 하였다.

이와 같이 『수서』 「고구려전」에 開皇 17년에 고구려를 질책한 隋 文帝의 글에 「…而乃驅逼靺鞨 固禁契丹…」의 1구절은 곧 고구려가 북류송화강 유역을 점거함으로써 만주의 동과 서의 주민을 양단하는 동시에 다시 요하 서쪽의 거란민까지도 그 일부를 장악한 데 대한 文帝의 불안감을 여실히 나타내고 있을 뿐 아니라, 그 다음해에는 고구려측에서 말갈병 1만여 騎로써 요서(柳城縣紿 부근을 지칭한 듯함)에 침입하여 문제를 대로케 하고 드디어 대규모의 고구려 정토를 감행케 한 기사는 곧 수의 거란민 招撫에 대한 고구려의 보복으로 볼 수밖에 없다.

그러나 (e) 기사에서 돌궐에 있던 별부 4천 가의 內附 요청을 수가 돌궐과 평화 유지를 표면 이유로 사양하려는 태도는 일찍이 거란민을 둘러싼 삼국의 치열한 분쟁으로 보면 확실히 수의 요서 정책을 명백히 한 것이라 하겠다. 이는 수로서는 이미 대체로 漢代 이래의 요서군의 경계선인 현 古北口를 통과하여 營州 부근에서 약간 북측까지의 帶狀通廊의 확보로써 만족하고, 그 북의 노합하 東畔 松陘山의 좌우에서 북으로 西剌木倫河까지의 유목민 거주 지대는 방임한 듯하며, 동서로 나누어진 후의 동돌궐이 지방관인 吐屯을 두어 이 지역을 통치하게 되었던 것이다.

후일 그 당시 돌궐의 유민들로 억측되는 집단이 『遼史』(권 33) 「營衛志」에는 聖宗 때 개편된 소위 「聖宗 34부」 중에 隗衍突厥部와 奧衍突厥部 등의 집단으로 잔존하고 있을 뿐 아니라, 요대 언어 중에 돌궐어가 많이 혼합된[60] 사실을 보면 돌궐의 거란 통치는 비교적 실질적이었던 것으로 보인다.

한편 수는 돌지계의 세력을 이용하여 제 1회 고구려 침입을 감행한 大業 8년

---

60) Wittfogel and Fêng Chia-Shêng: *History of Chinese Society Liao*; Philadelphia, 1949, p.434.

에 유성군 영역에서 현 義縣 동방 사십리의 大凌河 연안을 치소로 하는 요서현 과[61] 오늘날의 의현을 치소로 하는 瀘河縣 및 營州의 동북인 오늘날의 四角坂城을 치소로 하던 懷遠縣의[62] 3縣으로서 새로 요서군을 建置하여 돌지계를 태수로 임명하였으나, 수의 고구려 원정에 실패한 다음해인 大業 11년에는 고구려의 邊冠 침략을 우려하여 군과 현의 치소를 義州 동쪽에서 營州(현 朝陽)에 寄治케 한 것을 보면 수의 요서군 경영은 그 이전에도 의외로 취약하였던 것으로 보인다.

후위 말~수대의 요하 서면에 있어서의 고구려 정치 세력은 그 명확한 증거가 없어 확실치 않다. 그러나 隋領의 最東部의 요지로서 요하 하류 서안의 懷遠鎭(전기한 요서군의 회원현치와 별개의)과 더불어 저명하던 오늘날의 遼濱塔으로 비정된 通定鎭뿐이었다. 이 煬帝의 고구려 원정에서 유일의 소득이었던 통정진은 고구려의 武烈邏를 개칭한 것이었던 것으로 보면[63] 고구려는 양제 이전에 요하 서면에 기지가 확보되어 있었던 것만은 확실하다.

특히『수서』「거란전」에는 돌궐의 정치 지배하에 있던 거란의 본부가 隋唐 때의 한족국가와 해·거란의 접촉지인 영주의 북 200리로부터 되어 있다고 하면 그 중간의 200리의 공백지는 어떻게 볼 것인가.

요컨대 遼 건국 전의 거란이 요하 동쪽에 거주한 예는 사상에서 쉽게 찾아

---

61) 隋代의 요서통치를 汝羅城 즉 오늘날의 義州 동남에 근접한 지점으로 비정한 松井 等氏設(「隋唐二朝高句麗遠征の地理」『滿洲歷史地理』第1冊 소재)에 대하여 日野開三郎 씨는 여라성의 북서 약 50리, 오늘날의 義縣 동방 40리로 비정한 바 있다(「隋の遼西郡に就いて」).

62) 懷遠縣의 위치에 대해서도 松井 等氏의 隋唐시대의 懷遠鎭 즉 오늘날의 北鎭 부근설이 있으나 日野開三郎 씨는 오늘날의 朝陽 동북인 四角板土城으로 비정하고 있다.(松井 等氏와 日野開三朗 씨의 前揭논문 참조)

63) 松井 等「隋唐二朝高句麗遠征の地理」『滿洲歷史地理』第1冊 pp.388~392

볼 수 없는 점으로 보아 전기한 『수서』「거란전」에 보이던 거란민을 둘러싼 3국 간의 대립 무대는 요하 서쪽인 것이 확실하다. 그렇다고 하면 요하 서쪽의 고 구려 거점이었던 武烈邏의 동북이며 거란 본거지와 영주간의 중간 지대인 200 리의 공백 지대가 그 무대였지 않을까 한다. 이 지대는 수로서 그 북의 유목사 회를 위무하는 접촉지일 뿐 아니라 요동 방면의 교통로였고, 고구려의 이 지역 장악은 그의 요서 경략의 거점인 영주와 燕城(현 義州)이 자주 위태하게 된다. 따라서 開皇 말에는 수의 문제로 하여금 고구려의 불구대천의 적인 돌지계 일 당을 이 부근의 隋領에 거주케 한 것으로 추측된다.

이상과 같은 고구려가 요하 서쪽의 영주 북방과 노합하 양안에 거주하던 거 란 본거와의 중간 지역에 진출하였다고 하는 억단이 용인된다고 하면 비록 사 료에 그 명확한 증거는 그리 없으나 당시 거란 본거를 통어하던 돌궐과 고구 려는 반드시 어떤 형태의 접촉이 추측되는데, 그 희미한 증거가 바로 고구려와 돌궐의 利稽察과의 충돌 사건과 수 煬帝의 巡幸 중 啓民可汗(본명 突利)의 牙營 에서 발견한 고구려사신의 예라 하겠다.

이계찰(察은 殺·設·熬과 동일한 돌궐 官名 'sǎd'의 音寫로 알려지고 있음)과 고구려 의 분규는 『수서』(권 84) 「돌궐전」에

「…往年 利稽察 大爲高麗靺鞨所破……」

라고 하는 간단한 1구절 밖에 보이지 않아서 구체적인 내용은 알 수 없으 나, 이는 수 文帝 開皇 2년의 영주자사 고보녕의 반란에 동돌궐의 沙鉢略可汗 (581~587)이 가담한 데 대한 詔書 중의 1구절이며, 또 「往年」이라고 한 것을 보면 늦어도 北周 말경의 사건인 것은 틀림없다.

특히 煬帝가 啓民可汗 牙營에서 고려 사신을 발견한 사건은 『수서』(권 4) 「煬

帝本紀」에는 大業 3년 8월 乙酉조에 지극히 간단하게 기록되고 있으나 『수서』
(권 81) 「돌궐전」에는

「…先是, 高麗私通使啓民所, 啓民推誠奉國, 不敢隱境外之交.……」

라고 하여 이어 양제의 고구려에 대한 과격한 언조로 기록되어 있다. 수로서는
당시 고구려와 동돌궐의 내분에서 자국이 회유한 오르도스의 啓民可汗과의 평
화적인 접촉은 불쾌하게 여기고 있었던 것은 확실하다.

이상과 같이 북주 말의 이계찰과 고구려의 충돌에 이어 계민가한 때의 양국
의 접촉과 이에 대한 양제의 불만 등의 여러 사실은 요하 서쪽에서 야기된 여
러 문제를 중심으로 혹은 무력으로 혹은 평화적인 교섭으로 고구려와 돌궐의
접촉은 의외로 잦았던 것을 알 수 있을 것이다.

돌궐과 고구려의 단독적 접촉은 앞에서 설명한 바와 같은 정도에 그치나 다
시 양제의 고구려원정에 돌지계·宇文述·斛斯政 등 異族 출신의 여러 장수와
더불어 돌궐의 處羅可汗도 참가하여 그 공으로 수조정에서 曷薩那可汗의 賜
名까지 있었으며,[64] 그 동생인 闕達設 및 大奈特勤도 이 전쟁에 참가한[65] 사
실로 미루어 보면 본 논문의 앞 부분에서 제시한 『삼국사기』 嬰陽王 7년의 新
城과 白巖城에 대한 돌궐의 공격 기사는 비록 연대 기입의 착오는 인정되나
전혀 부인할 수는 없는 기사인 것 같다.

---

64) 『수서』(권 84) 「돌궐전」.
65) 『구당서』(권 194) 「돌궐전(하)」.

V. 結言

이상과 같이 돌궐의 흥기 이후부터 수대 말기까지 약 70년에 걸친 돌궐과 고구려의 접촉을 구명하려고 시도하여 보았으나 중국측 사료는 양자의 접촉이 자국과 직접적인 관계가 없는 것은 자연히 기록치 않고 또 『삼국사기』 「고구려본기」는 대외 관계 기사에 있어서는 거의 중국측 사료에서의 轉載補綴이어서 필자의 견해도 부득이 지극히 상황적인 판단에 그친 것은 유감이다.

그러나 요하 서쪽의 거란민을 둘러싸고 이 양국간에 전개된 교섭에 대한 필자의 추단이 다행히도 용인된다고 하면 필연적으로 다시 문제를 삼아야 하는 것은 양자간에 전개된 교섭의 소산인 문화의 교류라고 하겠다. 그러나 이와 같은 문제를 해결할 만한 사료라고는 전혀 없었으므로 사실상 이 문제를 언급하는 자체가 지극히 상식을 벗어난 느낌이 없지 않다. 다만 다소라도 당시의 고구려의 여러 문물 중에서 우리의 상식으로는 해결하지 못할 몇 가지 기술면 또는 복식상의 의문을 들고 이것을 돌궐의 예와 비교하여 볼 수밖에 없다.

전투에 있어서의 정착민이 유목민에 비해 불리한 경우에 빠지는 것은 유목민의 기마를 위주로 하는 신속한 기동력 때문이며, 이에 대한 대비 여하가 곧 정착민과 유목민의 승부를 결정하는 요결인 바,[66] 북제·북주·수 등의 중원국가가 유목민인 돌궐을 방지하기 위한 노력은 『주서』 「宇文測傳」이나 『수서』 「張孫晟傳」에 충분히 나타나고 있다.

다시 『북사』 「斛律光傳」에도

---

66) Wittfogel and Fêng Chia-Shêng: *History of Chinese Society Liao*; Philadelphia, 1949, pp. 533~534.

「朔州敕勒部人也.…道武時 率戸內附. 善騎射 行兵用匈奴法 望塵知馬步多少 嗅
地知軍度遠近.」

이라고 한 예와 같은 유목 민족의 전법을 도입하여 대항할 수밖에 없으며, 적
을 일시적으로 기만하는 擬裝戰이라든가 또는 유목민의 생명인 하천 상류에
투약하여 살해한다든가[67] 하는 따위의 전법은 필경 영구적인 전법은 못 되며,
전쟁의 금물인 요행만을 기대한다는 것은 正法은 아니었다. 따라서 중원의 여
러 국가 사이에는 항구적이고 안전한 전법이 진지하게 연구되고 있으며, 『수
서』「楊素傳」에

「先是 諸將與虜戰 每慮胡騎奔突 皆以戎車步騎相參 興鹿角為方陣 騎在其內 素謂
人日 此乃自固之道 非取勝之方也 於是悉除舊法 令諸軍為騎陣」

라고 하는 바와 같이 한민족 재래의 戎車 위주의 수비전에 대한 근본적인 재
검토를 감행하고, 기마작전의 유목 민족 전법을 대담하게 참고하여 전법을 전
환시켰던 것이다.

한편 고구려는 『위지』「동이·고구려전」에 「其馬皆小, 便登山.」이라고 한 것을
보면 삼국시대는 물론이거니와 『위서』「동이·고구려전」에도 「凡出三尺馬, 云本
朱蒙所乘, 即果下馬是也」라고 한 것을 보면 남북조시대까지도 왜소한 과하마
로 저문되고 있다. 특히 가축 사용과 기마에 있어서 『삼국사기』에 약간 주목되
는 기사도 있고[68] 『위지』「동이·고구려전」에도 동천왕이 「便鞍馬善騎射」로 되

---

67) 『수서』(권 51) 「張孫晟傳」 참조.
68) 삼국시대의 기마 사용에 대한 『삼국사기』의 기사는 매우 불분명하나 다만 同書(권 39)

어 있으나 그 주변의 沃沮·辰·馬韓의 예를 보면 소와 말이 희소하며, 승마를 모르고[69] 전법에 있어서도 「持矛步戰」 또는 「能步戰」으로 되어 있는 것을 보면 三尺果下馬로 著聞된 고구려도 대략 대동소이한 것으로 보겠다.[70] 그렇다고 하면 고구려 벽화에 보이는 기마 무사는 어떻게 해석할 것인가.

앞에서 설명한 바와 같이 돌궐과 직접 干戈를 겨루었던 명확한 증거가 있을 뿐 아니라 돌궐인이 많이 참가한 수당을 상대로 완강한 저항을 할 수 있었던 고구려의 전투력에는 반드시 보전에서부터 어떤 전술상의 개혁이었다는 것을 억측하지 않을 수 없다.

이상과 같은 점으로 보면 고구려가 馬과 赤玉으로 삼국시대 이래 한민족에게까지 널리 알려진 부여 고지의 일부를 병탄한 것은 확실히 전력 증강에 획기적 전환을 가져온 것이 억측된다. 앞에서 설명한 바와 같이 수 문제 개황 18년 영양왕이 수의 요서 공격에 있어 투입한 「靺鞨之衆 萬餘騎」라고 하는 1구절은 곧 부여의 명마와 더불어 말갈의 기병이 고구려 전력에서 중요한 위치를 차지한 것이 아닐까 억측된다.

잡지 제8(職官 中)에
　白川首霅典 大舍一人史一人
　漢祇首霅典大舍一人史一人
　蚊川首霅典大舍一人史一人
　本彼首霅典大舍一人史一人
이라고 하는 신라의 首霅典의 존재는 곧 신라에서의 기병사용과 개량 마종의 수입 및 사육을 의미하는 것이 아닐까 한다.

69) 『삼국지』 위지 東夷濊傳 및 韓傳 東沃沮傳 참조. 『양서』 諸夷新羅傳에 「…多桑馬 作縑布服 牛乘馬」라고 한 것은 말의 개량과 더불어 기마에 사용된 후의 기사냐 또는 재래의 과하마를 그대로 사용하였느냐는 명백치 않다.

70) 『양서』 諸夷 고구려전에 「其馬皆小, 便登山. 國人尚氣力, 便弓矢刀矛, 有鎧甲習戰鬪, …」라고 되어 있어 말의 矮小와 무기를 설명하면서 기마의 사실을 기록치 않은 것은 역시 기마가 전투에 이용되고 있지 않은 것을 의미하는 것이 아닐까 한다.

이상과 같이 고구려의 전법 개혁이 있었다고 하면 고구려의 기병 사용에 있어서 가장 의문되는 것은 馬鐙의 수입 문제라고 하겠다. 馬鐙이 없는 마구는 일견 매우 기이하나 Gregory Grjaznoff 씨에 의하여 이루어진 알타이 지방의 Pazyrik 고분 槨室外部葬馬의 裝具着裝 복원도를 보면 鞍勒 기타 尾部의 장식까지 세밀히 복원되고 있는데도 유독 鐙具만은 보이지 않고 있는 점으로 보면 71) 한반도에 전파된 사전기의 스키타이 문명에 鐙具 사용 유무는 매우 주목된다.

특히 Wittfogel 씨는 鐙裝은 마상에서 자세를 안정시켜 궁시의 명중률을 증가시키는 동시에 활동의 자유를 주는 까닭에 유목민이 정착민보다 무력적으로 능가하는 비결이었다고 역설하고, 중국의 鐙裝 도래를 한대 이후로 보는 Laufer 씨의 설보다 『남사』 「張敬兒傳」에 의거하여 중국 본토의 鐙裝 착용을 劉宋시대부터라고 추단한 Chavannes와 Hirth 양씨의 설에 찬의를 표한 후 다시 한국의 鐙裝 이용을 7~8세기로 보는 Richard Lefebvred des Noëttes의 설을 소개하고 있다.72)

필자는 불행히도 Richard Lefebvred des Noëttes의 논문을 직접 一讀할 기회를 오늘날까지도 얻지 못한 것이 유감이나, Wittfogel씨의 설명을 보면 이와 같

---

71) 梅原末治「アルタイ地方に於ける考古學の發見」(『古代北方系文物の研究』所收) 참조.

72) Wittfogel and Fêng Chia-Shêng: *History of Chinese Society Liao*; Philadelphia, 1949, pp. 505~507. Chavannes 씨가 중국의 鐙裝사용을 劉宋시대로 주장한 근거는 『남서』(권 45) 「張敬兒傳」에 「敬兒疑攸之, 當因此起兵, 密間攘兵. 所言. 寄敬兒馬鐙一隻, 敬兒乃為備.」라고 한 기사이나 과연 이 기사만으로 중국의 鐙裝 사용 연대를 결정할 수 있는지는 의문이다. 『주서』(권 27) 「梁臺傳」에 「年過六十, 猶能被甲跨馬, 足不躡鐙, 馳射弋獵, 矢不虛發.」이라고 하는 기사를 보면 등장의 효과에 대한 Wittfogel 씨의 견해는 정당한 듯하다.

은 억단의 근거가 漠北 지방의 돌궐과 키르기즈의 유물을 기초로 한 듯하다.

『북사』(권 89) 「蠕蠕傳」에 神龜 2년(519년) 망명중인 阿思那瓌의 蠕蠕의 귀국을 허락하고 明帝께서 그의 귀국 때 사여한 각종 무기·의류·마구 등의 품목 중 「細明光人馬鎧一具 鐵器馬鎧六具」가 그 필두에 기록되고 있는 점이 억측될 뿐 아니라, 또 5~6세기 경의 유물로 추측되는 경주 고분에서 발견된 허다한 馬鎧의 존재나[73] 경주 金鈴塚에서 발견된 陶質騎馬人物形容器 등의 신라의 여러 유물 및 서력 6세기 경의 유물로 추측되는 龕神塚과 雙楹塚 등의 고구려 벽화의 기마무사도에 보이는 鐙具 착용의 여러 예를 보면, 전기한 Richard Lefebvred des Noëttes의 돌궐이나 키르기즈의 유물을 기준으로 한국의 등장 및 전래연대를 추정하는 것은 매우 소홀한 견해라고 본다.

다만 재고할 여지가 있는 문제는 한족에 있어서 鐙裝이 소개되면서도 유목민과 같이 그 효용을 충분히 발휘하지 못한 점이 그 후의 동양사의 운명에 큰 영향이 있었던 것으로 억측된다. 고구려의 기마 사용이 급증한 것은 중원의 여러국가의 미숙한 승마술보다 알타이산 남에서 蠕蠕의 鐵工으로 성장한 유목민인 돌궐과의 대립에서 騎戰과 무기로서의 마구의 효용을 절실히 느끼고 또 그 자극으로 개량된 점이 많지 않았을까 한다.

『신당서』「고구려전」에 泉蓋蘇文의 행동에 대하여

---

73) 1세기의 신라鐙裝은 金鈴塚·飾履塚에서 鐵製輪鐙·木心金銅裝飾附鐙·木心鐵被輪鐙이 발견되고(『大正13年 度古蹟照查報告書』諸1冊), 또 慶州金冠塚(『古蹟照查特別報告』第3冊), 梁山夫婦塚(『古蹟照查特別報告』第5冊), 慶州 皇南里 제 109고분(『昭和 9年度 古蹟照查報告』第1冊), 慶州 皇南里 제86號古墳(『昭和6年度 古蹟照查報告書』), 慶北達成郡達成面古蹟(『大正12年度 古蹟照查報告』) 등에서 각종 鐙裝이 발견되고 있다.

「使貴人伏諸地 踐以乘馬」

의 1구절은 천개소문의 방만한 태도를 비난한 것으로 보는 것이 건전한 해석
이겠으나, 고구려의 여러 벽화 중에서 文官으로 보이는 인물화 중에는 간혹
無鐙裝乘馬의 예로 보이는 점으로 보면[74] 鐙裝의 보급이 일반적으로 지극히
일천한 것으로도 보여진다. 요컨대 기마 사용과 마구의 발달은 장차 연구되어
야 할 문제라고 하겠다.

끝으로 고구려의 복식을 살펴보면 고구려 벽화에 보이는 복식 중 그 관모의
형태가 스키타이식의 Pointed cap과 더불어 Beret식 관모도 간혹 혼합되어 있
어 고구려문화의 형성이 복잡한 것을 억측케 하여 매우 주목되나, 이와 같은
異種의 胡冠의 혼합 예는 漢代 狩獵圖에서도 보이는 만큼[75] 반드시 돌궐의 영
향으로만 추단할 수는 없다.

그러나 가장 특수한 예는 감신총 벽화 중에 예각삼각형 3개가 연결된 관모
를 착용한 여인상인 바,[76] 이 형태의 관만은 다른 곳에서는 그 유례가 없으며,
오로지 S. Rudenko와 A. Grukhov에 의하여 알타이의 고분에서 발견된 唐代畵
石像에서 귀부인으로 보이는 胡坐女人의 角形官帽와 흡사하다.

이 형식의 관모에 대해서는 江上波夫씨에 의하여 『위서』 「嚈噠傳」 및 『수서』
「恒恒國傳」에 유부녀임을 표시하는 관모로서 그 기원이 알타이 부근의 압달·
돌궐 등의 투르크계통 종족의 문물이며 또 이 畵石이 제조 연대가 7~8세기의

---

74) 『通溝』下册 舞踊塚主室左壁面의 文官의 乘馬圖 참고.
75) 江上波夫 「漢代の狩獵圖の動物圖樣につきて」 『市村博士古稀記念東洋史論叢』 所
收).
76) 『朝鮮古蹟圖譜』(諸2册) 龕神冢 壁畵人物(其 2).

것이라고 추정한 바 있다. 이 설이 용인된다고 하면[77] 감신총에서 볼 수 있는 여인의 관은 확실히 後魏 末~唐 初에 걸쳐 돌궐과 고구려의 접촉으로 고구려에 전래된 문물 중의 하나인 것은 틀림없다고 본다.

[후기] 본 논문을 草하고 미심한 점이 약간 발견되어 발표를 주저하던 중에 은사 李弘稙 교수가 近着의 和田 淸 著『東亞史硏究』(滿洲編), 高柄翊 교수가 J. Schmidt의『東蒙古史』에서 본 논문과 관계되는 약간의 자료를 쾌히 敎示·貸與하여 주신 데 대하여 筆末이나마 사의를 표합니다.

(『사학연구』4, 1959;『韓滿交流史 硏究』, 同和出版公社, 1989)

---

77) 江上波夫「蒙古夫人の官帽顧姑について」(『ユウラシヤ北方文化の硏究』) pp.242~246.

'大賀契丹'에 관한 기존 학설의 비판과 새로운 견해

이재성(李在成) 한국전통문화대학교 초빙교수

Ⅰ. 머리말

필자는 이전에 현재 중국 내몽고자치구 동북부에 위치하는 大興安嶺山脈 남부의 이남, 즉 요하 상류 유역인 동몽골에서 펼쳐진 契丹族(Kitan, Kitay, Kitad, 乞塔惕)[1]의 역사[2]에 대하여 시대구분을 시도한 바 있다. 먼저 거란족이 역사 무대에서 활동한 모든 시기의 역사를 ㉮契丹朝(遼朝)[3] 건국 이전인 4세기 말~10세기 초(907년), ㉯거란조(요조)의 10세기 초(907년)~12세기 전반(1125년) 그리고 ㉰거란조(요조)가 멸망한 12세기 전반(1125년) 이후, 3시기로 구분하였다. 그 다음으로 ㉮시기 역시 3시기로 나누었는데, ①君長社會(Jün-chang Society)[4]로 이행해가는 시기로서 4세기 중·후반~7세기 초, ②군장사회

---

1) '契丹'이란 명칭의 유래와 의미에 대해서는 愛宕松男, 「部族名 キタイ=契丹語源考」, 『石濱先生古稀記念東洋學論集』(大坂 關西大學, 1958)을 참조.

2) 契丹史를 종족의 거주 지역과 통치 지역으로 나누면 크게 양분할 수 있다. 하나는 현재 중국 내몽고자치구의 시라무렌하(西喇木倫河, Sira-Muren, 潢水, 遼河의 상류) 유역(동몽골)에서의 역사(약 4세기 후반~13세기 초)와 다른 하나는 지금의 중앙아시아 카자흐스탄공화국 동부의 츄강(Chu R.) 유역의 발라사군(Balasagun, 후스오르다(虎思斡耳朶, Husorda))를 중심으로 한 지역의 카라-키타이(Qara-Qitay, 西遼, 1132~1211년)의 역사가 그것이다.

3) 契丹朝(遼朝, 907~1125년)는 그 국호를 차례로 大契丹→大遼→大契丹→大遼로 변경한다. 그에 따라 본고에서는 이 왕조의 국호가 '大契丹'이었을 때에는 '契丹' 혹은 '契丹朝'로, '大遼'였을 때에는 '遼' 혹은 '遼朝'로, 그리고 이 왕조를 전체적으로 가리킬 때에는 '契丹朝(遼朝)'로 기술하는 것을 원칙으로 한다.

4) 필자가 여기에서 말하는 君長社會(Jun-chang Society)는 Elman R. Service가 그의 저서인 Organization (second edition, New York Random House, 1971)에서 원시사회~고대사회로 진화하는 사회발전과정의 단계로서 주장한 群社會(Bands : 구석기시대)→部族社會(Tribes : 신석기시대)→君長社會(Chiefdoms)에서의 그것과는 개념이 다르다. 필자는 거란사회의 발전단계를 部落社會(개별 部落(氏族), 및 半族(胞族, phratry)으로

가 성립되는 시기인 7세기 초~8세기 전반(730년) 그리고 ③部族制國家(State of Tribal Order)로의 이행되면서 성립되어 지는 시기인 8세기 전반(730년)~10세기 초(907년)가 그것이다.

본고는 필자가 이전에 연구한 바의 ①시기의 거란사 연구[5]에 이은 연속 작업이다. 즉 ②군장사회가 성립되는 시기인 7세기 초부터 730년까지[6], 약 110

구성)이 독립적으로 활동)→部落聯盟社會(부락들의 연맹을 주도하는 부락이나 씨족이 등장하지만, 그것이 고정적인 것이 아니라, 정세의 변동에 따라 주도 부락이나 씨족이 빈번하게 교체되는 사회)→君長社會(기본적으로 각 부락은 평등관계를 이루지만, 部落聯盟(部族)을 주도하는 씨족이 고정되어 그 씨족 성원 중에서 君長(部落聯盟長)이 세습되는 사회이다. 그리하여 유사시에는 君長(部落聯盟長)이 전체 부락들을 통솔하는 사회)→部族制國家(部落聯盟長(君長)의 통치를 보다 효과적으로 보좌하기 위하여 소수이지만 중앙관직이 존재)→國家(律令에 의거하여 국가를 통치하는 행정조직이 존재)로 파악하고 있다. 가장 근래에 중국의 거란사학자인 項春松은 907년 국가 건립 이전의 거란족의 역사를 다음과 같이 시대구분하고 있다. (項春松, 「契丹歷史槪述 -契丹民族發展的四個歷史時期」, 『遼代歷史與考古』, 呼和浩特 內蒙古人民出版社, 1996, pp.5~7.) 그는 이 시기를 크게 거란족의 '第一歷史時期(4~10세기 건국전)'로 규정한 후, 다시 이 시기를 3시기로 구분하고 있다. 1)제일발전단계(4~6세기) ; 父系氏族社會 初期로서 느슨한 部落聯盟이 형성된 契丹民族의 生成期 → 2)제이발전단계(6~7세기) ; 계급사회로 나아가는 과도적인 시기로서 部落聯盟長은 推選制에서 世襲制로 바뀌었고, 奴隸生産과 家奴가 출현하였으며, 각 부락의 추장이 국가 관료의 색채를 띠게 된 시기 → 3)제삼발전단계(7~9세기) ; 遙輦阻午可汗에서 耶律阿保機가 契丹朝를 건국(907년)하기 이전까지의 시기로서 대외적으로 약탈전쟁이 확대되고, 국가의 기구와 기능이 한 단계 발전되었으며, 실제적으로 국가가 형성된 시기.

5) 李在成, 『古代東蒙古史硏究』, 法仁文化社, 1996.
6) 張正明(「原始公社時期(四至九世紀)的契丹」, 『契丹史略』, 北京 中華書局, 1979, p.2.)은 이 시기를 '大賀時期'로 규정하고 그 기간은 628년(貞觀2年)에서 730년(開元18年)까지로 규정하고 있다. 이는 張正明은 거란 부족의 太賀摩會가 당에 항부한 628년을 거란 부족에서 大賀氏 君長의 시대(大賀部落聯盟時期)가 열리는 시기로 보고 있고, 唐의 和蕃公主인 東光公主 陳氏와 혼인한 大賀契丹의 部落聯盟長(君長)인 李邵固가 軍事首長으로서 실권자인 可突于에게 피살되고, 可突于에 의해 世系가 명확하지 않은 屈烈이 거란 부족의 君長으로 추대된 730년을 거란에서 大賀氏 君長이 소멸된 시기로 간주하는 것 같다. 이에 비하여 蔡美彪(「契丹的部落組織和國家的産生」, 歷史硏究編

여 년 동안의 거란사 해명의 단초를 여는 연구이다. 이 시기의 거란사는 大賀 氏 출신의 君長[7]을 중심으로 전개되었기에 대부분의 학자들은 이 시기의 거란 사를 '大賀契丹', '大賀氏契丹', '大賀氏 키타이', '大賀氏部落聯盟' 그리고 '大賀部

輯部 編, 『遼金史論文集』, 瀋陽 遼寧人民出版社, 1985, p.25.(原載, 『歷史研究』 1964年 5~6期))는 大賀氏部落聯盟('大賀契丹')은 唐代 初年에 형성되어 730년에 끝난 것으로 보고 있고, 舒焚(「大賀氏部落聯盟」, 『遼史稿』, 武漢 湖北人民出版社, 1984, p.47.) 역시 『遼史』(이하 '중국정사'는 北京 中華書局), 권63, 「世表-唐」條(p.952.)에 기재되어 있는 거란 부족의 군장인 咄羅가 당에 사자를 파견하여 그 토산물인 名馬와 豊貂를 조공하 는 고조 武德年間(618~626년)을 '大賀氏部落聯盟'의 시작으로 간주하고 있고, 그 시기 가 종료되는 시기는 앞의 張正明과 동일하게 간주하고 있다. 舒焚이 大賀氏部落聯盟 의 개시로 간주하는 시기를 考定하는데 지표로 삼은 『遼史』, 「世表-唐」條에 기재되어 있 는 거란 부족의 군장인 咄羅가 당에 사자를 파견하여 그 토산물인 名馬와 豊貂를 조공 하는 당 고조 武德年間은 『舊唐書』, 「北狄-契丹傳」(p.5349.)의 "(武德)六年, 其君長咄羅 遣使貢名馬·豊貂." 및 『遼史』, 「世表-唐」條의 "(武德)六年, 君長·羅獻名馬·豊貂."에 서 보이는 바, 武德6年(623년)임이 분명할 것이다. 아울러 舒焚이 '大賀契丹(大賀氏部 落聯盟)'이 시작되는 시기를 張正明과 달리 '7세기 초'라고 주장한 것은 그 성립 시기를 거란 부족의 군장인 咄羅가 사신을 파견하여 당에 조공한 623년 보다는 조금 이른 시 기로 간주했기 때문일 것이다.

7) 일본의 田村實造(「唐代に於ける契丹族の研究 -特に開國傳說の成立と八部組織に就 いて-」, 『滿蒙史論叢 (第一)』, 1938, pp.19~22.)는 이 시기의 정치적인 집단세력으로서의 거란 부족에서 세습적으로 군장을 배출한 大賀氏로서 초대 松漠都督인 窟哥는 紇便部 소속이 아닐까라고 조심스럽게 추정하고 있다. 그러나 愛宕松男(「唐代に於けるキタイ 族=大賀氏キタイ -フラトリ-對立の時期-」, 『契丹古代史の研究』, 京都大學東洋史研究 會, 1959, pp.196~234.)은 大賀氏가 직할 통치한 것은 乙失革部(大Sigü部, 羈縻州는 帶 州)와 析紇便部(小Sigü部, 羈縻州는 彈汗州), 2部라고 주장하고 있다. 한편 중국의 蔡 美彪(「契丹的部落組織和國家的産生」, 앞의 책, pp.27~30.)는 大賀氏는 阿大何部 소속 의 일개 씨족이라고 주장하면서 일본학자들의 주장을 비판하였고, 舒焚(앞의 책, p.30.) 은 大賀氏가 部落長인 부락은 達稽部(羈縻州는 峭落州)라고 주장하고 있다. 지금까 지 살펴본 바와 같이, 7세기 초~8세기 초에 '大賀契丹'의 世襲(世選) 부족장을 배출한 大賀氏가 직접 다스린 부락에 관한 주장은 4인4색이다. 앞으로 거란사 연구자들이 해 결해야할 과제 중의 하나이다.

落聯盟'이라 부르고 있다. 동시에 이 기간 중 29년을 제외하고[8], 거란의 대하씨

---

8) 이 기간은 거란의 군장인 太賀(大賀)摩會가 자신의 부락과 그 부중을 거느리고 당에 來降한 628년(貞觀2年) 4월부터(『舊唐書』, 권2,「太宗紀-上」, p.34, 同書, 권199,「北狄-契丹傳」, p.5349. 그리고 『册府元龜』(北京 中華書局 영인본), 권977,「外臣部-降附」門, p.11479를 참조. 그런데 『册府元龜』의 '貞觀4年'은 '貞觀2年'의 誤記) 당이 거란을 內屬하여 그 지역을 통할하는 松漠都督府를 설치하고 그 군장인 窟哥를 松漠都督·左領軍將軍·無極縣男이란 관작을 수여하고 당의 國姓인 李姓을 賜姓하여 공식적으로 거란이 당의 羈縻支配를 받기 시작한 648년(貞觀22年 11月 23日 庚子日)까지(『舊唐書』「太宗紀-下」, p.61, 同書「北狄-契丹傳」, p.5349,『新唐書』,「地理志7-下, 契丹州17-府1」條, p.1127, 그리고 『通典』(北京 中華書局 全5卷 標點本),「邊防16-北狄7-契丹」條, p.5486을 참조하라)의 20년간과 거란의 大賀部落聯盟의 聯盟長(君長)이며 松漠都督인 李盡忠이 '無上可汗'을 자칭하면서 그 妹夫인 歸誠州刺史 孫萬榮과 함께 反周(唐)獨立抗爭을 일으킨 696년(則天武后 萬歲通天元年, 5월)부터 이듬해 결국 항쟁이 실패한 후 돌궐의 지배 하에 들어간 거란이 突厥第二可汗國(682~744년)의 카프칸 카간(Qapqan Qaγan, r.691~716년) 黙啜이 716년 6월에 사망하면서 국세가 쇠약해지자, 돌궐의 가혹한 羈絆에서 벗어나기 위하여 거란의 대하부락연맹의 연맹장(군장)인 李失活이 당에 귀부한 715년(開元3年)까지의 9년간을 합쳐서 29년간이 된다. (舒焚, 앞의 책, pp.32~55. 護雅夫,「遊牧國家の'文明化'」, 護雅夫·神田信夫 編,『北アジア史(新編)』, 東京 山川出版社, 1981, pp.98~103. 그리고 宋基豪,「大祚榮의 出自와 건국 과정」,『渤海政治史研究』, 一潮閣, 1995, pp.45~76을 참조. 그런데 陳述(「汗國性質與社會經濟的發展」,『契丹社會經濟史稿』, 北京 生活·讀書·三知三聯書店, 1978, p.7.), 馮永謙(「唐代契丹都督府地考」,『遼金史論集(第4輯)』, 北京 書目文献出版社, 1991, p.117.), 李錫厚(「契丹興起」,『中國封建王朝興亡史(遼金卷)』, 南寧 廣西人民出版社, 1996, p.6.)와 李錫厚,「遼朝의 建立」, 李錫厚·白濱,『遼金西夏史』, 上海人民出版社, 2004, p.6.) 등은 李失活이 당에 귀부한 시기를 開元2年(714년)으로 주장하고 있다. 그것은 이들이『新唐書』「契丹傳」 및「地理志」와『遼史』「世表-唐」條의 기사를 취신했기 때문이다. 그리고『資治通鑑』(臺北 世界書局 1980년『新校資治通鑑注』)「唐紀27」, p.6720.)에서는 開元4年(716년) 8월 辛未條에 기재되어 있다. 필자는『舊唐書』「契丹傳」의 기사와 突厥史에 관한 세밀한 사료 검증이 이루어진 岑仲勉 撰,『突厥集史(上)』, 北京 中華書局, 1958, pp.393~394에 의거하여 그 시기는 715년(開元3年)이라고 확신한다) 단 제2대 松漠都督인 阿卜固가 659년 12월에서 661년 초까지의 기간에 일으킨 독립항쟁과 대략 680년경에 일어난 거란의 독립항쟁은 당에 의해 비교적 신속하게 진압되었기 때문에 이 기간은 제외하였다. 이에 관해서는「魏晉隋唐史學會 發表會 100回 紀念 國際學術會議(2000.4.29.) 發表要旨」(pp.54~61.)에 수록된 李在成,「唐代 契丹의 獨立抗爭과 그 歷史的 意義」을 참조.

군장이 당왕조의 羈縻支配를 받으면서 그 國姓인 李姓을 賜姓받았기 때문에 '李姓키타이'라고도 칭한다. 필자는 이 시기의 거란을 '大賀契丹' 혹은 '大賀部落聯盟'이라 칭한다.

본고에서는 '大賀'란 말의 뜻을 밝힌다. 그에 따라 먼저 선학들 및 그에 대한 이전의 필자의 비판적인 주장을 다시 되돌아보고, 이어 '大賀'란 말의 뜻을 새롭게 논증하려고 한다. 그리하여 契丹朝(遼朝) 건국 이전, 즉 부족시대의 거란사에서 '大賀契丹' 성립의 역사적 의의를 고찰하려고 한다.

Ⅱ. '大賀(氏)'에 대한 기존 학설의 비판

『舊唐書』「契丹傳」에 "거란은 ······ . 그 君長의 姓은 大賀氏이다"[9]가 기재된 이후, 『新唐書』[10] 『舊五代史』[11] 『新五代史』[12] 그리고 『遼史』[13]등의 '중국정사'는 물론, 기타 많은 한문 사서들[14]에서도 역시 '大賀'는 대체로 7~8세기의 거란 부족의 君長의 姓氏로 기재되어 있다. 그것은 이후 자연스럽게 계승되어 현대의 일본과 중국 등의 거란사 연구자들 대부분도 그 사실에 대해서 별다른 의심을 하지 않고 그대로 받아들이고 있다.[15] 즉 契丹朝(遼朝, 907~1125년)가 건국

9) 『舊唐書』, 권199-下, 「北狄-契丹傳」, p.5349, "契丹, ······ . 其君長姓大賀氏."

10) 『新唐書』, 권219, 「北狄-契丹傳」, p.6167.

11) 『舊五代史』, 권137, 「外國列傳-契丹傳」, pp.1827~1828.

12) 『新五代史』, 권72, 「四夷附錄1-契丹傳」, pp.885~886.

13) 『遼史』, 권63, 「世表-唐」條, p.952.

14) 『唐會要』(이하 臺北 世界書局 1989년), 권96, 「契丹」條, p.1717, 『五代會要』(上海古籍出版社 1978년), 권29, 「契丹」條, p.455, 『契丹國志』(上海古籍出版社 1985), 권23, 「倂合部落」條, p.222, 『玉海』(上海古籍出版社·上海書店 1990), 권153, 「朝貢-外夷來朝-唐契丹入朝」條, p.2802, 『宋會要輯稿』(臺北 新文豐出版公司 1976), 195册, 「蕃夷一契丹」條, p.7659.

15) 王民信, 「契丹古八部與大賀遙輦迭剌的關係」, 『契丹史論叢』, 臺北 學海出版社, 1973, pp.35~44. 張正明, 앞의 책, p.4. 楊樹森, 「十世紀前的契丹社會和遼朝的建立」, 『遼史簡編』, 瀋陽 遼寧人民出版社, 1984, pp.5~10. 舒焚, 앞의 책, pp.1~55. 馮繼欽, 「歷史上的契丹族 -遼朝建立前的契丹族」, 馮繼欽·孟古托力·黃鳳岐, 『契丹族文化史』, 哈爾濱 黑龍江人民出版社, 1994, pp.4~5. 李桂芝, 「大賀氏聯盟時期的契丹」, 『遼金簡史』, 福州, 福建人民出版社, 1996, pp.11~17. 李錫厚, 「八部聯盟時期的契丹」, 李錫厚·白濱, 『遼金西夏史』, 上海人民出版社, 2003, pp.4~6. 松井等, 「契丹勃興史」, 『滿鮮地理歷史研究報告1』, 1915, p.154. 田村實造, 「唐代に於ける契丹族の研究 -特に開國傳說の成立と八部組織に就いて」, 『滿蒙史論叢 (第一)』, 1938, pp.17~44. 田村實造, 「遼朝建國前のキタイ族 -その住地と八部ついて」, 『中國征服王朝の研究』, 京都大學東洋史研究會, 1964,

되기 이전인 7세기 초반 혹은 전반(628년)에서 10세기 초반(907년)까지의 거란의 역사를 8세기 전반(730년)을 분기로 전기와 후기로 양분하여, 전기는 大賀氏를 군장(부족장)으로 하는 '大賀契丹'시기('大賀部落聯盟'시기, 7세기 초기 혹은 628~730년)' 그리고 후기는 遙輦氏를 군장으로 하는 '遙輦契丹'시기('遙輦部落聯盟'시기, 730~907년)'의 2시기로 파악하고 있다.

그런데 일본의 愛宕松男은 '大賀'란 말의 의미를 몽골어에 의거하여 고찰하였다. 즉 그는 "'大賀'란 말은 거란인 스스로의 自稱으로서, 그 語源은 몽골어 '타키후(takihu)'의 形動詞 과거형인 '타키가(takigā)'를 한자로 轉寫한 것으로서, '당왕조의 臣服者'란 의미를 지니고 있으며, 더구나 그들 스스로 그 명칭을 自任하고 自尊하였다"라고 주장하였다. 그 이유로서 그는 "거란의 초대 松漠都督 李窟哥로부터 그 자손들에 이르기까지 당왕실로부터 은혜를 입었기 때문이다"라고 주장하였다[16]. 이후 그는 "당왕실로부터 '李姓을 賜姓받은 牛프라트리(phratry, 半族, 胞族)의 수령 이하가 스스로 '타키가-키타이(Takiga-Kitai, '大賀契丹')'라 자칭하였는데, 이는 '당황제의 扈從者'란 의미를 지니고 있다. 이것은 李姓키타이족이 당왕조로부터 얼마나 후하게 대접받고 있었던가를 잘 가리키고 있지 않은가"[17]라고 하며 이전의 주장을 다소 수정한 것처럼 보이고 있다. 그러나 근본적으로 大賀에 대한 이전과 이후의 그의 해석에는 차이점이 거의 없다고 할 것이다[18].

---

pp.78~79.

16) 愛宕松男, 「古代キタイ社會の歷史的考察」, 앞의 책, pp.238~239. (原載, 「契丹Kitai部族制の研究」『東北大學文學部研究年報』, 1954.)

17) 愛宕松男, 「キタイ征服王朝の登場」, 『アジアの征服王朝』, 東京 河出書房新社, 1989, p.63.

18) 중국 대륙의 거란사 연구의 泰斗인 陳述(「初興傳說的解釋和大賀遙輦迭剌的由來」, 『契丹政治史稿』, 北京 人民出版社, 1986, pp.48~51.)도 '大賀'란 말의 해석은 기본적으

그러나 '大賀(Takiga)'란 말이 '당왕조의 臣服者'를 뜻하든 '당황제의 扈從者'를 뜻하든, 그의 주장들은 설득력이 부족하다. 왜냐하면 동서고금을 막론하고 역사 무대에 존재했던 어떠한 종족 혹은 민족이든 스스로를 자존하고 있지 스스로를 다른 국가, 종족 혹은 왕실의 '臣服者' 혹은 '扈從者'라고까지 비하하는 경우는 없는 줄 안다. 이와 함께 愛宕松男의 이러한 주장을 부인하는 확실한 것으로서, 『遼史』 「地理志」에 기재되어 있는 거란족의 건국(시조)설화[19]를 들 수 있다. 아래의 내용이 그것이다.

"ⓐ木葉山이 있어, 황제는 (이곳에) 契丹始祖廟를 세웠는데, 奇首可汗은 南廟에 있고 可敦은 北廟에 있으며, 二聖과 함께 八子의 神像을 繪塑하였다. 神人이 있어 白馬를 타고 馬盂山에서부터 土河를 타고 동쪽으로 왔고, 天女가 있어 靑牛

로 일본의 愛宕松男의 "'大賀'는 'Takiga'란 몽골어의 음역으로 '服屬'이란 뜻이다"라는 주장을 그대로 따르고 있다. 단 그 나름의 주장은 다음과 같다. 大賀氏의 유래는 『魏書』 「契丹傳」에 기재되어 있는 '古八部' 중의 하나인 '何大何部'(同書 「勿吉傳」에는 '拔大何部'로 기재되어 있음.)→'大賀契丹'의 '大賀八部' 중의 '達稽部'→'遙輦契丹'의 遙輦八部 중의 하나인 '但利皆部'는 서로 깊은 관계가 있다고 주장하고 있다. 아울러 達稽部의 '稽', '皆', '何', '賀', 4자의 어음 관계는 'kh'란 발음에서 起源하는 것 같은데, '稽'와 '皆'는 그 중의 k음을 취하였고, '何'와 '賀'는 h음을 취함으로써 양자 사이에 차별이 생겼고, 따라서 어쩌면 'k'와 'h', 두 음이 서로 轉變하는지 모르겠다고 주장하고 있다. 臺灣의 王民信(앞의 책, pp.41~44.)도 '大賀氏'에 대하여 고찰하였다. 그러나 그는 '大賀'의 뜻에 대해서는 전혀 언급하지 않았고, 다만 '古八部', '大賀氏八部' 그리고 '遙輦氏八部' 사이의 相關關係에 대해서만 언급하였다. 그는 陳述과 마찬가지로 '古八部'의 何大何部를 계승한 것이 大賀氏八部의 芮奚部이고, 芮奚部는 바로 大賀氏의 부족 이름이며, 이 부족이 遙輦八部의 納(內)會鷄部로 계승되었다고 주장하고 있다.

19) 開國傳說(始祖說話)에 대해서는 田村實造, 「唐代에 於ける 契丹族의 硏究 -特に 開國傳說의 成立と 八部組織에 就いて-」, 『滿蒙史論叢(第一)』, 1938, pp.3~7. 田村實造, 「遼朝建國前のキタイ族 -その住地と八部について-」, 『中國征服王朝의 硏究(上)』, 京都大學東洋史硏究會, 1964, pp.62~66, 참조.

車를 타고 平地松林[20]을 거쳐 潢河를 타고 내려왔는데, 목엽산에 이르러 二水가 합류하는데, (여기에서 神人과 天女가) 서로 만나 배우가 되어 八子를 낳았고, 그후 族屬이 점차 번성하여 나뉘어져 八部가 되었다고 전해져 내려오고 있다. 군대를 움직이거나 春秋時祭 때마다 반드시 白馬와 靑牛를 사용하는데, (이것은) 근본을 잊지 말도록 하는데 있다고 한다.[21]"(괄호 안은 필자가 삽입)

위의 기사에서도 알 수 있듯이, 거란족은 그들을 神人과 天女의 자손으로

---

20) 平地松林은 松林沙漠을 의미하는 松漠地方을 가리킨다. 초기의 송막지방에 대해서는 李在成, 「庫莫奚 · 契丹의 種族系統과 初期 居住地」, 『東國史學』第30輯, 1996, pp.463~483. 및 李在成, 앞의 책, pp.72~90을 참조. 그런데 賈敬顔은 「胡嶠《陷遼記》疏證稿」(『五代宋金元人邊疆行記十三種疏證稿』, 北京 中華書局, 2004, pp.21~22.), 즉 북송의 胡嶠가 사신으로서 契丹朝(遼朝)의 수도인 上京臨潢府(지금의 내몽고자치구 巴林左旗 林東縣)로 가는 노정 및 그 과정에서 자신이 본 각지의 풍속을 기록한 것을 疏證하였다. 賈敬顔은 평지송림의 위치를 다음과 같이 疏證하고 있다. "대략 (내몽고자치구) 巴林左旗 · 巴林右旗에서부터 서쪽으로는 克什克騰旗 · 扎魯特旗, 동쪽으로는 烏珠穆沁旗를 지나서 多倫諾爾의 남북에 이르는 지역으로 깊이는 남북으로 수백 里가 모두 평지송림에 해당한다." 《陷遼記》는 1972년에 臺北 廣文書局에서 간행한 『史料四編 契丹交通史料七種』에서는 《陷虜記》로 기재되어 있는 것으로 보아, 원래의 명칭은 《陷虜記》였음이 분명하다. 그리고 청대 仁宗 嘉慶2年(1787년)에 席世臣이 에 校刻한 掃葉山房校刻本 『契丹國志』에서는 《陷北記》로 기재되어 있다. 이러한 명칭의 변경은 각 시대의 정치 상황을 반영한 것이라고 할 수 있다. 賈敬顔이 《陷遼記》로 이름을 붙인 것은 근래 중국 정부의 '中華民族多元一體構造'의 논리에 따른 것이라고 할 수 있다. 이 논리에 관해서는 費孝通, 「中華民族多元一體格局」, 費孝通 等 著, 『中華民族多元一體格局』, 北京 中央民族學院出版社, 1989, pp.1~36을 참조.

21) 『遼史』, 권37, 「地理志1, 上京道-永州 永昌軍」條, pp.445~446, "有木葉山, 上建契丹始祖廟, 奇首可汗在南廟, 可敦在北廟, 繪塑二聖并八子神像. 相傳有神人乘白馬, 自馬盂山浮土河而東, 有天女駕靑牛車由平地松林泛潢河而下, 至木葉山, 二水合流, 相遇爲配偶, 生八子, 其後族屬漸盛, 分爲八部. 每行軍及春秋時祭, 必用白馬靑牛, 示不忘本云."

인식하면서 자부하고 있었다.[22] 아울러 이 건국(시조)설화가 성립된 시기는 8세기 전반(당 玄宗의 치세(712~756년) 초기)으로 추정되고 있다.[23] 그런데 8세기 전반은 愛宕松男이 주장하는 '大賀氏키타이'(大賀契丹)가 존재하던 시기이다. 따라서 愛宕松男이 주장하는 바, "'大賀'란 말은 '당왕조의 臣服者' 혹은 '당황제의 扈從者'를 의미한다"는 주장은 위의 건국설화의 내용과는 물론 설화가 성립된 연대와도 전혀 부합되지 않는다. 그럼에도 불구하고 그는 "'大賀'란 말은 648년(太宗 貞觀22년)에 당왕조가 거란의 부족장인 窟哥를 松漠都督에 임명하고 당의 국성인 李姓을 賜姓함으로써 그 후손들이 그 직위을 세습하게 되어서 당왕실에 은혜를 입었기 때문에 스스로 자칭하였다"고 부연하여, 그의 주장이 정당성을 지니고 있음을 더욱 확신시키려고 하였다.

---

22) 『遼史』, 권32, 「營衛志-部族(上)」, pp.445~446, "契丹之先曰奇首可汗, 生八子, 其後族屬漸盛, 分爲八部, 居松漠之間, 今永州木葉山 有契丹始祖廟, 奇首可汗 · 可敦并八子像在焉. 潢河之西 · 土河之北奇首可汗故壤也."에 의하면, 神人은 奇首可汗, 天女는 可敦(Qatun, Qaɣatun(可賀敦)으로 鮮卑語(突厥語)인 可汗(Qaɣan) 부인의 호칭)으로 묘사되어 있다. 여기에서의 潢河는 西剌木倫河이고 土河는 老哈河이다. 초기의 松漠地方은 지금의 시라무렌하 상류의 남북 지대와 灤河의 상류 지대인 閃電河 유역을 가리킨다(이에 대해서는 李在成, 「庫莫奚 · 契丹의 種族系統과 初期 居住地」, 『東國史學』第30輯, 1996, pp.463~483. 및 李在成, 「種族系統과 居住地에 대한 재검토」, 앞의 책, pp.72~90을 참조). 그리고 遼代의 永州의 치소는 지금의 중국 내몽고자치구 翁牛特旗 白音他拉(Baintara, '풍요한 草地'란 뜻) 蘇木白音諾에 위치한 古城址이고, 永州 지역에 있었다는 木葉山은 고성지에서 서쪽으로 100여리 떨어진 海爾金山을 가리킨다고 한다(項春松, 「方州軍城」, 앞의 책, pp.114~115.) 이에 대하여 金在滿(「契丹始祖傳說與西喇刺木倫河老哈河及木葉山」, 『紀念陳述先生逝世三周年論文集遼金西夏史研究』(宋德金 · 景愛 等 編, 天津古籍出版社, 1997, pp.18~28.)은 "木葉山은 西喇木倫河와 老哈河가 합류하는 구릉지대에 위치하는 몇 곳의 구릉이나 야트막한 산 중에서 가장 높은 산이다"라고 결론을 내려 木葉山은 固有의 地名을 가진 산이 아니라고 주장하고 있다.

23) 田村實造, 「遼朝建國前のキタイ族-その住地と八部について-」, 앞의 책, p.101.

그러나 『册府元龜』에 "太宗 貞觀4年('貞觀2年'(628년)의 誤記) 4月에 거란의 太賀摩會가 그 무리를 거느리고 와서 降附하였다"[24]란 기사가 있다. 이 '太賀'는 앞에서 열거한 『舊唐書』, 『新唐書』, 『舊五代史』 그리고 『新五代史』의 「契丹傳」과 『遼史』에 기재된 '大賀'와 같은 말이란 것은 설명할 필요도 없을 것이다. 따라서 '太賀'='大賀'란 말은 648년(貞觀22年)에 '大賀契丹'이 공식적으로 당의 羈縻支配[25]를 받기 이전인 늦어도 628년(貞觀2年) 4月 이전부터 이미 존재하

---

24) 『册府元龜』, 권977, 「外臣部-降附」門, p.11479, "太宗貞觀四年四月, 契丹太賀摩會率其衆來降." 그런데 이 기사에서의 '貞觀4年'은 '貞觀2年'의 오기이다. 『資治通鑑』, 권192, 「唐紀8-太宗 貞觀2年(628년) 4月 丙申(20일)」條, p.6050.에서는 "거란의 추장이 그 부락을 거느리고 (唐에) 來降하였다"고 기재되어 있다. 이에 관해서는 岑仲勉, 撰, 『突厥集史(上)』, pp.176~177을 참조.

25) 契丹과 奚가 공식적으로 당의 羈縻支配를 받는 648년(貞觀22年) 이전인 644년(貞觀18年)~645년(貞觀19年)에 이미 契丹과 奚의 병사들은 당의 營州都督(都督府의 치소는 지금의 遼寧省 朝陽市) 張儉의 휘하 부대로서 對高句麗戰과 對薛延陀戰에 동원되었다. 644년(고구려 寶藏王3年) 7월 가을이 오기 전에 고구려군 수천 명이 당군을 선제공격하자, 당의 檢校營州都督 겸 護東夷校尉인 張儉이 營州의 鎭兵과 諸蕃(契丹, 奚, 靺鞨)의 首領을 거느리고 반격하여 고구려군을 크게 격파한다. 이 공로로 張儉은 營州都督·行軍總管에 임명된다. 이어 7월에는 당 태종은 將作大監인 閻立德을 洪州·饒州·江州, 3州로 보내 선박 400艘를 만들어 군량을 싣고 營州로 보내도록 하고, 또 營州都督인 張儉으로 하여금 幽州와 營州의 兵士들 및 契丹·奚·靺鞨의 병사를 이끌고 선발로 요동으로 들어가 고구려의 정세를 살피도록 한다.(『册府元龜』, 권357, 「將帥部-立功」門, pp.4238~4239. 『新唐書』, 권2, 「太宗紀」, p.43. 同書, 권111, 「張儉傳」, p.4133. 『資治通鑑』, 권197, 「唐紀13-太宗 貞觀18年 7月」條, p.6209. 및 『三國史記』(李丙燾 校勘, 1977년 乙酉文化史 간행의 原文篇), 권21, 「高句麗本紀9-寶藏王3年」條, p.191를 참조) 그리고 마침내 이해 12월에는 당 태종이 직접 고구려의 親征에 나서는데, 이때 唐軍의 휘하에서 작전에 참가한 契丹軍 사령관은 部落 酋長(蕃長) 출신의 於句折, 奚軍 사령관은 蘇支 그리고 靺鞨軍 사령관은 燕州刺史인 李元正이었다. (『唐大詔令集』(上海 學林出版社 1992년 標點本), 권130, 「蕃夷-討伐-親征高麗詔」條, p.645. 그리고 마침내 645년(貞觀19年) 4월에는 營州都督 張儉이 胡兵(契丹, 奚, 靺鞨兵 등)을 거느리고 요하를 건너서 建安城에 가서 고구려군을 격파하고 數千 級을 참수하였다. 그 공로로 張儉은 皖城郡公의 작위를 받는다.(『新唐書』, 권83, 「張儉傳」, p.2776. 『册府元龜』, 권357,

고 있었다는 사실을 증명해주는 것이다. 따라서 愛宕松男의 위의 주장은 더욱 타당성을 잃게 되었다고 할 것이다.

아울러 초대 松漠都督인 李窟哥를 제외하고, 그 후손인 제2대 송막도독[26]

李阿卜固와 제3대 송막도독 李盡忠[27]이 그 羈縻支配의 종주국인 당에 저항하여 독립운동을 일으켰다[28]는 사실 또한 비록 간접적이지만 '大賀'란 말의 의미

신하거나 또는 당군의 선봉대로서 遼河線를 경계로 고구려군과 대치하고 있었을 것으로 볼 수 있다. 그런데 『舊唐書』, 권83, 「薛仁貴傳」, p.2781에 의하면, "薛仁貴가 顯慶3년(658년)에 辛文陵과 함께 黑山에서 거란군을 격파하고, 契丹王(松漠都督)인 阿卜固를 비롯하여 여러 수령들을 붙잡아 東都(洛陽)으로 보냈다"고 기록되어 있다. (『新唐書』, 권111, 「薛仁貴傳」, p.4140에서는 顯慶4년(659년)으로 기록되어 있음). 반면에 『新唐書』 「契丹傳」, p.6168에서는 단지 연대는 기록되지 않고 "窟哥가 죽자, 契丹이 奚와 연합하여 반란을 일으켰기 때문에 行軍總管 阿史德樞賓이 松漠都督 阿卜固를 붙잡아 東都로 보냈다"고 기록되어 있고, 同書, 권3, 「高宗紀」, pp.60~61에는 '顯慶5년(660년) 12월에 阿史德樞賓이 奚와 契丹과 싸워 이들을 패배시켰다"고 기록되어 있을 뿐이다. 따라서 2대 송막도독 阿卜固가 언제 누구에 의해 붙잡혀 洛陽으로 압송되었지에 대해서 『舊唐書』와 『新唐書』의 기록이 달라 이를 밝히는 것은 커다란 난제라 하지 않을 수 없다. 그런데 『新唐書』 「奚傳」, p.6174를 보면, "顯慶年間(656~660년)에 (초대 饒落都督) 可度者가 죽자, 奚가 마침내 반란을 일으켰다. (顯慶)5년(660년)에 定襄都督 阿史德樞賓, 左武候將軍 延陀梯眞, 居延州都督 李含珠를 冷陘道行軍總管에 임명하고, 다음해(661년)에 尚書右丞 崔餘慶에게 符節을 주고 定襄 등 3도독을 총지휘하여 奚를 토벌하도록 조서를 내렸다. 奚가 두려워하여 항복을 애걸했으나 그 왕인 匹帝를 斬首하였다."라고 기록되어 있다. 이에 필자는 『新唐書』 「高宗紀」와 「契丹傳」 그리고 「奚傳」의 기사를 동일한 사건인 契丹王(松漠都督) 阿卜固와 奚王(饒落都督) 匹帝가 연합하여 당에 叛旗 든 사건을 설명한 것으로서, 『新唐書』의 기록이 보다 정확한 것이 아닐까 생각한다. 결론적으로 거란의 松漠都督 阿卜固가 해의 饒樂都督 匹帝와 연합하여 당에 반기를 든 연대는 唐 高宗 顯慶5년(660년)이고, 이를 진압한 당군의 중심 인물은 突厥系 蕃將인 阿史德樞賓이며, 거란의 阿卜固가 체포된 것은 顯慶5년(660년)이고, 해의 匹帝가 斬首당한 것은 그 이듬해인 顯慶6년(661년)이라고 상정하는 것이 가능하다고 생각한다.

27) 『唐會要』, 권96, 「契丹」條, p.1717에는 "盡忠則窟哥之壻也."라고 되어 있으나, 『新唐書』 「契丹傳」을 비롯한 諸書에서는 모두 李盡忠을 李窟哥의 손자로 기록하고 있다. 따라서 『唐會要』의 오기임이 분명할 것이다.

28) 이에 대해서는 『魏晉隋唐史學會發表會 100回紀念 國際學術會議 (2000. 4. 29.)發表要旨』, pp.54~61에 수록된 필자의 「唐代 契丹의 獨立抗爭과 그 歷史的 意義」에서 상세히 고찰한 바 있으니 참조하라. 이 글은 곧 부족한 부분을 보충하여 논문을 완성하여 학술잡지에 게재할 예정이다.

를 '당왕조의 臣服者'나 '당황실의 扈從者'로 파악하는 것은 합당한 주장이 아님을 증명하는 것이라고 할 것이다.

가장 근본적인 문제는 愛宕松男이 당시의 거란어를 고·중세의 몽골어와 동일한 것으로 알고 있다는 것이다.[29] 그래서 오랫동안 함께 契丹小字를 연구한 淸格爾泰와 劉鳳翥 등 중국의 언어학자 및 사학자들은 일찍이 거란어를 모두 고대몽골어를 이용하여 해독하려는 愛宕松男 등 일본의 거란족의 언어와 역사를 연구하는 학자들의 연구 방법을 비판한 바 있다.[30]

愛宕松男의 이러한 연구 방법은 근본적으로 그가 거란족의 역사를 거란족의 입장에서 고찰하지 않고 고대 중국인의 입장에 서서 고찰하고 있는 데에서 비롯된 것이다. 고대 중국인들은 거란족을 문화가 낮은 오랑캐(北狄)로 인식하는 한편, 때로는 중국인들에게 위협이 되었던 거란족의 동향을 주시하였던 것이다. 그런 경향은 고대 중국인들이 거란족에 관하여 기재해놓은 여러 한문 사료에서 공통적으로 명백하게 잘 나타나고 있다. 이와 연관된 것으로 일찍이 선학은 비록 司馬遷의 『史記』를 비롯한 '중국정사'의 「外夷傳」에 한정한 것이지만, "그 기록은 '외국'의 역사, 지리, 문화 그리고 풍속에 대한 '순수한 객관적

---

29) 거란어의 계통에 관한 연구는 19세기에 들어와서 유럽 학자들에 의해 비로소 이루어졌다. 1826년에 프랑스의 클라프로드(J. Klaproth)는 '거란어는 만주어와 비슷하다'고 하였고, 1880년에 독일의 쇼트(W. Schott)는 '거란어는 퉁구스어계에 속한다'고 추정하였다. 이후 일본의 시라토리(白鳥庫吉)는 '거란어의 어떤 것은 몽골어이고, 그 일부는 퉁구스어이다'라고 하였다. 이에 관해서는 島田正郎, 「7. 契丹文字」, 『契丹國 -遊牧の民キタイの王朝-』, 東京 東方書店, 1993, pp.100~101을 참조.

30) 淸格爾泰·劉鳳翥·陳乃雄·于寶林·邢復禮, 「契丹小字解讀新探」, 『考古學報』 總第50期, 1978.3, p.354. 그리고 李錫厚 역시 1925년부터 거란문자를 연구했던 羽田亨을 비롯하여 그 이후의 山路廣明, 田村實造, 長田夏樹, 村上七郎 그리고 愛宕松男 등 일본학자들의 그런 방법을 비판하였다. 李錫厚, 「契丹文化與社會生活研究」, 李錫厚·白濱·周峰, 『遼西夏金史研究』, 福州 福建人民出版社, 2005, p.98.

기록이 되기 어렵다'는 한계성이 있다"고 주장하고 있다.[31]

한편 위의 愛宕松男과 비슷한 시기에 거란사를 연구한 중국의 華山과 費國慶은 '大賀'란 말에 대하여 고찰한 바 있다. 아래의 글이 바로 그것이다.

ⓑ"大賀氏, 이 명칭은 契丹의 '君'과 각 部의 酋長인 '辱紇主'(『遼史』「世表」에서는 '紇主'라고만 되어 있다)를 함께 칭하고 있다. 이른바 大賀氏가 契丹部落聯盟長이라는 것은 조금도 의문이 없는 것이다. 大賀氏는 거란이 건국한 후 '皇族'으로 높여지게 되었던 것이다. 그런데 왜 '大賀氏'라고 불리는가? 그것은 거란 大酋長의 世系의 이름인가 아니면 稱號의 일종인가? 실재로 분명하게 밝힌다는 것은 쉽지 않다. 우리는 後者에 무게를 두고 있다. '大賀氏'는 바로 '大辱紇主' 혹은 '大紇主'를 다르게 번역한 것일 수 있다. '紇'은 '賀'의 음과 가깝고(北魏시대에는 '莫弗紇' 또는 '莫弗賀'로 불렀다), '氏'는 '主'와 음과 가깝다. 만약 이러한 추측이 잘못되지 않았다면, 이른바 '大賀氏'는 애초에는 결코 『遼史』에서 말하는 바, 하나의 호칭이 절대 아니다. 그러나 후에 이르러 聯盟의 酋長은 늘 동일한 氏族 成員으로 세습되었는데, 그 때문에 하나의 世系의 명칭으로 변하게 되었다."[32]

위의 글에서 알 수 있는 바와 같이, 華山과 費國慶은 '大賀氏'와 '辱紇主'[33]가

31) 全海宗, 「古代 中國人의 韓國觀 -正史 朝鮮傳의 檢討에 의한 試論」, 『震檀學報』46·47 合併號, 1977, p.65.
32) 華山·費國慶, 「阿保機建國前契丹社會試探」, 歷史研究編輯部 編, 『遼金史論文集』, 瀋陽 遼寧人民出版社, 1985, p.4. 原載, 華山·費國慶, 「阿保機建國前契丹社會試探」, 『文史哲』1958年 第6期.
33) '辱紇主'란 말의 뜻에 대한 학자들의 견해는 다음과 같다. 松井等(「契丹勃興史」, 앞의 책)은 퉁구스어 명사인 '長子 nogu'를 가리킨다고 주장하고 있다. 그러나 愛宕氏는 松

동일한 뜻을 지닌 말이란 것을 증명하려고 시도하고 있다. 그러나 한두 개의 글자 정도는 修史者의 실수로 누락될 수도 있고, 修史가 완성되어 책을 편찬하려고 인쇄를 하기 위하여 板刻을 하던 刻手들이 실수로 1~2개 글자를 빠뜨릴 수도 있다.

그러나 '紇主'란 말은 다른 어느 곳에서도 볼 수 없기 때문에, 辱紇主에서 '辱'자가 빠졌을 가능성은 그리 크다고는 말할 수 없다. 게다가 아무런 근거도 없이 임의로 '大'자를 집어넣어서 '大紇主'란 말을 만들어낸 것은 이미 정해놓은 결론에 맞추기 위한 무리한 방법임이 분명하다.

그럼에도 불구하고 두 학자는 '賀(he)'·'紇(he)'와 그리고 '氏(zhi)'·'主(zhu)', 2쌍 모두 발음이 가깝기 때문에, '大賀氏'와 '大紇主'란 말은 비슷한 발음으로 읽히는 것으로서, 결국 같은 의미를 지닌 말이라고 주장하고 있다. 그러나 이와 같이 거의 무단적인 방법을 이용하여 미리 결론을 내어놓은 그들의 주장을 관철하려는 시도를 통해 얻은 두 중국학자의 주장은 무리한 것으로 보인다. 이는 역사 연구에 가정법을 도입하여 논증하려는 대단히 무리한 시도이기 때문에, 역사를 연구하는 많은 학자들의 비판에서 쉽게 벗어날 수 없을 것이다. 따라서 필자는 위의 두 중국역사학자들의 주장 역시 신빙성이 대단히 낮은 것이

井氏의 주장은 몽골어에 의거하여 설명하지 않은 것과 nogu가 辱紇主 全音을 반영하지 않았기 때문에 따를 수 없다고 하였다. (愛宕松男,「北朝期のキタイ族-氏族單位の時代」, 앞의 책, p.191.) 그 대신 그는 '辱紇主'는 고대몽골어의 '親戚인 者'나 '같은 血緣集團의 成員'이란 의미를 지닌 'nügücekü'를 한자로 쓴 것으로, 다시 말해서 '集團의 構成員에 의해 選出된 同族者'란 뜻을 지니고 있다고 주장하고 있다. 그러나 필자는 愛宕氏가 거란족이 종족적으로는 현대 몽골족과 연결되는 증거들이 대단히 많아서, 그가 거란족을 몽골족의 선조로 판단하는 데에는 문제가 있다고 생각하지 않는다. 필자 역시 이전에 거란족은 해족과 함께 현대의 몽골족과 연결된다고 고찰한 바 있다. 李在成,「庫莫奚·契丹의 種族系統과 初期 居住地」,『東國史學』第30輯 , 1996, pp.442~463. 및 李在成, 앞의 책, pp.51~72를 참조.

라고 평가한다.

　한국의 崔益柱도 일찍이 '大賀'에 대하여 언급한 바 있다. 崔益柱는 먼저 愛
宕氏가 "'大賀'는 몽골어 'takiga'를 音譯한 것으로서, 그 뜻은 '唐에의 臣服者'이
고, 遙輦(=阿輦)은 몽골어 uren을 음역한 것으로서, 그 뜻은 '모으다'와 '거두다'
이다"란 주장을 소개하였다. 이어 愛宕松男의 위의 주장을 그 나름으로 평가
하였다. 즉 그는 愛宕松男의 '大賀'와 '遙輦'을 일반명칭으로 이해한 것을 탁견
이라고 찬사를 아끼지 않았다. 그러나 그 역시 '大賀'를 '臣服'으로 해석한 것은
납득하기 어렵다고 주장하고 있다. 아울러 그는 白鳥庫吉이 주장했던 바, 隋
末·唐初의 거란 군장의 칭호였던 '莫賀弗'은 '莫賀'와 '弗'로 나뉘어 지는데, '莫
賀'는 몽골어 bäxö, büxö, bexi(强健者)의 음역이며, '弗'은 突厥官職名의 어미
에 붙는 put의 음역이란 것을 소개하고 있다.[34] 이어서 조사한 사료를 이용하
여 bäxö는 '强健者' 뿐만 아니라 '大者'의 뜻도 함께 가지고 있다고 논증하였다.
그리하여 그는 '大賀'는 '大者'를 의미하고 '大賀'는 '莫賀'를 지칭한다고 주장하
고 있다. 이에 덧붙여서 그는 북방 언어를 한자로 표기할 때 일부는 뜻으로 일
부는 음에 좇아 표기하는 예가 적은 것만은 아니며 '大賀'도 그러한 사례의 하
나라고 볼 수 있다고 주장하였다. 결국 그는 '大賀(莫賀가 옳음)'는 '大者' 혹은
'强健者'에서 전화되어 군장의 의미를 나타냈을 것으로 보인다고 주장하고 있
다. 그리고 결론적으로 그는 '大賀'가 중국인에게는 君長의 칭호가 아니라 姓
氏로 잘못 이해된 것으로 생각된다고 주장하였다.[35]

---

34)　白鳥庫吉,「東胡民族考-6.失韋(室韋)」,『塞外民族史研究(上)』, 東京 岩波書店, 1970,
　　　pp.218~ 221. (原載. 白鳥庫吉,「東胡民族考-6.失韋(室韋)」,『史學雜誌』第23編3號,
　　　1915.)
35)　崔益柱,「遼代의 耶律姓과 蕭姓에 대한 考察」,『震檀學報』第49輯 , 1980, pp.136~137.

그러나 필자는 崔益柱의 마지막 주장에는 전적으로 찬동한다. 그러나 '大賀'란 말의 의미를 도출하기 위한 과정과 그 결론인 '莫何'='大賀'='大耆'란 주장에는 동의하지 않는다. 이에 아래에서 필자의 의견을 밝힌다.

Ⅲ. '大賀'에 대한 필자의 새로운 見解

'大賀'='太賀'란 거란어의 뜻은 무엇이고, 어떠한 구성을 가지며, 혹시 다른 종족의 언어에서 영향을 받았는지는 않았는가? 南宋代 말기에서 元代 초기까지 살아간 葉隆禮가 度宗 咸淳7年(1271년)에 원고를 완성하여 황제에게 올렸다는『契丹國志』[36]에 보이는 아래의 기사가 그 실마리를 제공해주고 있다.

ⓒ ㉮"거란의 시초에 관해서는 중국의 책에서도 기재되지 않은 바이다. ………
그들 風物의 근원을 알아보니 그들 지역에는 두 줄기의 강이 있다. 北乜里沒里라 불리는 것이 있는데, 이것의 다른 이름은 陶猥思沒里란 것으로서, 그 중의하나이다. 그 水源은 中京[37] 서쪽의 馬盂山[38]으로, 거기에서 나와서 동북쪽으로 흐르는데, 中華에서 말하는 이른바 土河가 이것이다. 裊羅箇沒里라 불리는 것이 있는데, (이것은) 또 女古沒里란 이름을 가진 것으로서 그 또 다른 하나이다.

---

36) 余嘉錫(『四庫提要辨證(上)』, 권5,「史部3-別史類-契丹國志27卷」條, 昆明 雲南人民出版社, 2004,pp.231~234.)은『契丹國志』는 남송 말에 葉隆禮가 편찬한 것이 아니라, 원대 중엽에 어떤 사람이 저술한 것으로서, 그 사람이 葉隆禮의 이름을 가짜로 이용하여 간행한 것이라고 주장하고 있다.

37) 遼 5京 중의 하나로서 中京大定府라 칭하였고, 聖宗 統和20年(1004년)에 설치되었다. 지금의 중국 내몽고자치구 赤峰市 寧城縣 大明鎭의 遼中京城址가 바로 그곳이다. 이에 대해서는 項春松,「陪都(中後期首都)中京大定府」, 앞의 책, pp.55~70을 참조.

38) 이 산의 위치에 대해서는 지금까지 2가지의 설이 있었다. 하나는 지금의 내몽고자치구 赤峰市 寧城縣 관내의 老哈河 상류란 설이고, 또 하나는 적봉시 喀喇沁旗의 경내란 설이다. 項春松은 후자가 올바르다고 논증하였다. 項春松,「陪都(中後期首都)中京大定府」, 앞의 책, pp.59~60.

그 水源은 饒州[39]의 서남쪽에 있는 平地松林으로 거기에서 나와서 곧장 동쪽으로 흘러가는데, 중화에서 말하는 潢河가 이것이다. 木葉山에 이르러 강줄기가 합쳐져서 하나의 강이 되었다. 옛날부터 전해져온 전설이 있다. 白馬를 타고 土河를 떠내려간 한 남자가 있었고, 灰色의 소(灰牛)가 끄는 작은 수레(小車)를 타고 潢河를 떠내려간 한 부인이 있었는데, (두 사람은) 나뭇잎이 무성한 산(木葉山)에서 만나서 흐르는 강물이 합쳐지는 것을 되돌아보고는 마음이 합쳐져서 부부가 되기로 하였는데, 이들이 그들의 시조이다. 이들은 八子를 낳았고, 각자는 땅을 나누어 살아갔기 때문에 8部落이라 불리었다. 하나는 祖皆利部[40]라 하

---

39) 饒州(=饒樂州)는 요대의 황제가 이동생활을 마치고 머무르는 宮을 가리키는 '斡魯朶'(원래의 이름은 Orda=Ordu=Ordo)이고, 한자로는 宮衛라고 한다. 이에 비하여 황제는 朝臣들과 친위대(禁軍)인 御帳親軍을 거느리고 -특별한 일이 발생하지 않는 한, 漁獵(田獵, 打魚, 從鷹鶻捕鵝鴈), 避暑消寒 그리고 遊觀 등을 위하여 1년에 계절이 바뀔 때마다 항상 4차례 이동하는데, 이때 이동 중에 있던 宮(行營)은 '捺鉢'이라 칭한다. 이 四時捺鉢, 再生禮, 祭木葉山, 射柳祈雨, 4종의 문화는 다른 어떤 종족에서는 볼 수 없는 거란족만의 고유한 문화이다.(姚從吾,「說契丹的捺鉢文化」,『東北史論叢(下)』, 臺北 正中書局, 1976, p.2.) 四時捺鉢의 장소 등 이에 대한 보다 자세한 사항에 관해서는 傅樂煥,「遼代四時捺鉢考五篇」,『遼史叢考』, 北京 中華書局, 1984, pp.36~172를 참조. 饒州는 斡魯朶에서 관할하는 40여개의 斡魯朶州=宮衛州의 하나이다. 그 治所는 지금의 내몽고자치구 林西縣 小城子鄕 英桃溝에 있는 옛 성터로서, 시라무렌(西剌木倫) 상류 北岸의 계곡 안에 위치한다. 이에 대해서는 項春松,「斡魯朶制度與宮衛州」, 앞의 책, pp.108~118를 참조.

40) 張正明은 앞의 책, p.11의 주①에서『新五代史』와『文獻通考』등의 기록을 대조한 다음, '祖皆利部'는 '但利皆部'의 誤記라고 결론짓고 있다. 그리고 遙輦氏八部에 관해서는『契丹國志』이외에도 등에서 여러 사서에 보이고 있다. 이러한 문헌들을 서로 대조해보면, 위의 '祖皆利部'를 제외한 나머지 7부의 명칭 중에서도 1자 이상 서로 다른 것이 4부나 된다. 이에 관해서는 田村實造,「唐代に於ける契丹族の硏究 -特に開國傳說の成立と八部組織に就いて-」, 앞의 책, 1938, pp.22~23. 및 同,「遼朝建國前のキタイ族 -その住地と八部について-」, 앞의 책, pp.79~80을 참조하고, 遙輦氏八部와 5~6세기의 '古八部' 및 7~8세기 '大賀契丹'의 '大賀氏八部'와의 관계에 대해서는 舒焚, 앞의 책, pp.68~71을 참조.

고, 둘은 乙室活部라고 하며, 셋은 實活部라 하고, 넷은 納尾部라고 하며, 다섯은 頻沒部라 하고, 여섯은 內會鷄部라고 하며, 일곱은 集解部라 하고, 여덟은 奚嗢部라고 한다.[41] 木葉山에 이들의 전해져 내려온 形象(始祖 및 八子)을 세워서 후대 사람들이 그들에게 제사지냈는데, (그 때는 제물로 삼기 위하여) 반드시 白馬를 베고 灰牛를 죽이고 (犧牲으로 삼고) 그들이 처음 왔을 때 가져온 물건을 사용하였다.

㉔ ① 후에 한 군주가 있었는데 迺呵라고 불리었다. 이 군주는 특이하게 한 구의 髑髏였는데, 穹廬 안에 있을 때에는 그것을 毛氈으로 덮어두었기 때문에 사람들은 볼 수가 없었다. 나라에 큰 일이 일어나서 곧 白馬와 灰牛를 죽여서 제사지내니, (이 해골(촉루)은) 비로소 사람의 모습으로 변하여 (궁려에서) 나와서 일을 보고, 일을 본 후에는 곧바로 궁려 안으로 들어가서 髑髏로 변하였다. (후에) 國人이 그를 훔쳐봄으로 말미암아 그가 있는 곳을 알지 못하게 되었다. ② 또 한 군주가 있었는데 喎呵라고 불리었다. (이 군주는) 멧돼지의 머리(豬頭)를 그의 머리 위에 올려놓고 있었고, 돼지가죽으로 된 옷을 입고 있었

---

41) 위의 『契丹國志』에 기재되어 있는 8部는 이른바 '遙輦氏八部'라는 것으로서, 小川裕人 (「遙輦氏傳說成立に關する史的考察」, 『滿蒙史論叢3』, 1940, p.25.)은 이 '遙輦氏八部' ('遙輦契丹')는 당 玄宗 天寶年間(742~756년) 말기 이후에 성립된 것이라고 주장하고 있다. 이에 반하여 張正明(앞의 책, pp.9~12.)은 '遙輦氏八部'('遙輦八部')를 두 시기로 나누고 있다. 즉 '遙輦前八部'와 '遙輦後八部'가 그것이다. '遙輦前八部'는 위의 『契丹國志』에 기재되어 있는 祖皆利部(但(旦)利皆部의 오기) 등 八部이고, 그것이 존속한 시기는 大賀契丹의 마지막 군장인 李昭固(r. 725~730)가 실권자인 可突干(于)에게 피살된 730년부터 遙輦阻午可汗(李懷秀)이 遼代에 황족인 耶律氏의 선조로 추앙받은 涅里에 의해 契丹 可汗(君長)으로 추대되었고, 아울러 당으로부터 松漠都督 겸 崇順王이란 관작을 받았을 뿐만 아니라 당왕실의 和蕃公主로 책봉된 靜樂公主와 혼인도 하였으나, 공주를 죽이고 당에 반기를 든 745년까지이다. '遙輦後八部'는 『遼史』, 권32, 「營衛志·遙輦阻午可汗 二十部」條, p.381에 기재되어 있는 迭剌部, 乙室部, 品部, 楮特部, 烏隗部, 突呂不部, 揑剌部, 突擧部라고 주장하고 있다.

다. (그는) 궁려 안에서만 살았는데, 일이 생기면 곧 나왔고, (일을 마치고) 물러나서는 다시 몰래 궁려 안으로 들어가는 것은 이전의 군주와 같았다. 후에 그의 처가 그의 돼지가죽으로 된 옷을 훔침으로 말미암아 결국 그 지아비를 잃고 말았는데, 그가 간 곳을 알 수 없게 되었다. ③ 그 뒤를 이어 또 한 군주는 晝里昏呵라고 불리었다. 그는 겨우 20마리의 양을 길렀으나, 하루에 19마리를 먹어치우고 1마리만 남겨놓았다. 다음날 다시 20마리가 생겼는데, 매일 매일이 그와 같았다. 이 세 군주란 사람들은 모두 나라를 잘 다스린 능력으로 유명하였으나, 나머지는 충분히 일컬을만한 것이 없다." …… 이때부터 그 후에는 소와 말이 죽거나 손상을 입자, 다툼이 어지러울 정도로 많아졌고, 다시 바람, 비, 눈 그리고 서리에 의한 피해를 받는 가운데 마침내 쇠미해지고 말았다.[42]"

위의 「契丹國初興本末」의 기사는 크게 ㉮'始祖說話'와 ㉯'三呵治國說話', 2부분으로 나눌 수 있는데, 두 기사는 계통이 서로 다른 것임을 쉽게 알 수 있을 것이다. 먼저 ㉮부터 고찰해보기로 하자.

---

42) 『契丹國志』, 「契丹國初興本末」 pp.1~2, "契丹之始也, 中國簡典所不載. …… 本其風物, 地有二水. 曰北乜里沒里, 復名陶猥思沒里者, 是其一也, 其源出自中京西馬盂山, 東北流, 華言所謂土河是也. 曰臚羅箇沒里, 復名女古沒里者, 又其一也, 源出饒州西南平地松林, 直東流, 華言所謂潢河是也. 至木葉山, 合流爲一. 古昔相傳. 有男子乘白馬浮土河而下, 復有一婦人乘小車駕灰色之牛, 浮潢河而下, 遇於木葉之山, 顧合流之水, 與爲夫婦, 此其始祖也. 是生八子, 各居分地, 號八部落. 一曰祖皆利部, 二曰乙室活部, 三曰實活部, 四曰納尾部, 五曰頻沒部, 六曰內會鷄部, 七曰集解部, 八曰奚嗢部. 立遺像(始祖及八子)于木葉山, 後人祭之, 必刑白馬殺灰牛, 用其始來之物也. 後有一主, 號曰迺呵, 此主特一髑髏, 在穹廬中覆之以氈, 人不得見. 國有大事, 則殺白馬灰牛以祭, 始變人形, 出視事, 已, 卽入穹廬, 復爲髑髏. 因國人竊視之, 失其所在. 復有一主, 號曰喎呵, 戴野豬頭, 披豬皮, 居穹廬中, 有事則出, 退復隱入穹廬如故. 後因其妻竊其豬皮, 遂失其夫, 莫知所如. 次復一主, 號曰晝里昏呵, 惟養羊二十口, 日食十九, 留其一焉, 次日復有二十口, 日如之. 是三主者, 皆有治國之能名, 餘無足稱焉."

㉑의 내용을 요약하면 다음과 같다. 한 남자가 白馬를 타고 지금의 遼河의 한 지류인 老哈河(土河=北乜里沒里=陶猥思沒里)의 상류에서 동북방으로 하류로 떠내려갔고, 한 여자는 灰牛가 끄는 작은 수레를 타고 지금의 遼河 및 西遼河의 상류인 西剌木倫河(Sira-Muren=潢河=裊羅箇沒里=女古沒里)에서 하류로 떠내려갔다. 두 사람은 두 강이 합류하는 木葉山에서 만나서 부부가 되었는데, 이들이 거란족의 시조이다. 이들은 8명의 아들을 낳았고, 후에 이 8명의 아들들은 각각 땅을 나누어 살아갔기 때문에 8부락이라 불리었다. 후대에 이들의 후손들이 목엽산[43]에 이들의 形象(부부와 여덟 명의 아들)을 만들어 세우고, 제사지낼 때는 항상 白馬와 灰牛를 희생으로 삼았다.

이 거란족의 '시조설화'는 위에서 인용한 『거란국지』에 기재되어 있는 것이 가장 상세하지만, 다른 사서에서도 『거란국지』의 기사가 요약되어 있지만, 대체로 중심 줄거리는 그대로 전해지고 있었다. 즉 元代 말기(順帝 至正4年 (1344년) 3月)에 脫脫 등이 11개월 만에 졸속으로 편찬한 『遼史』[44]를 비롯하여, 北宋代에 歐陽修가 1053년(仁宗 皇祐5年)경에 편찬한 『新五代史』[45], 같은 북송시대에 司馬光이 찬술하여 1084년(神宗 元豊7年)에 완성하여 『資治通鑑』과 함께 황제에게 올린 『資治通鑑考異』에 인용되어 있는 蘇逢吉 撰 『漢高祖實錄』[46]

---

43) 『遼史』, 권37, 「地理志1, 上京道-永州·永昌軍」條, p.445에 의하면, 거란왕조의 太祖 耶律阿保機가 木葉山이 위치하는 永州에 南樓를 세웠고, 이후 契丹朝(遼朝)의 황제들이 이곳에서 冬捺鉢을 보냈다고 기재되어 있다.

44) 『遼史』, 권37, 「地理志1, 上京道-永州·永昌軍」條, pp.445~446.

45) 『新五代史』, 권72, 「四夷附錄1-契丹傳」, pp.885~886.

46) 契丹族의 始祖說話가 기재되어 있는 蘇逢吉 撰 『漢高祖實錄』은 『資治通鑑考異』(日本原式精印의 四部叢刊正編), 권28, 「後梁紀-上」, '五月契丹阿保機不受代'條, p.195에 인용되어 있는 것이다.

그리고 남송의 王稱 撰『東都事略』[47]등에 실려 있는 것이 그것들이다.

위의 사실을 통해 볼 때, ㉔'시조설화'는 요대의 거란인들 뿐만 아니라, 그 바로 이전의 五代·宋代·金代·元代의 일부 중국인들 사이에서는 어느 정도 알려져 있었다고 보아도 좋을 것이다. 이러한 거란의 '시조설화'가 북송의 한 족에게까지 알려진 것은 북송시대에 원래 漢地에서 태어났으나, 유아기에 한지가 거란에게 점령되자, 어쩔 수 없이 그곳에서 자라나서 그곳 契丹朝(遼朝)에서 관리로 일하다가 나중에 북송으로 귀환한 歸明人 趙志忠(처음 이름은 趙英이었으나 북송에 歸明한 후에 趙志忠으로 바꾸었다) 등이 있었기 때문인 것이다. 趙志忠은 거란조(요조)의 국정을 알고 있는 유력한 정치·전략상의 보고서라고 할 수 있는『虜廷雜記』등을 송 조정에 바침으로써, 여러 차례 포상금으로 금·은 등을 사여받고 있다. 결국 이 책은 북송시대의 거란 사정을 연구하는데 귀중한 사료가 되고 있다. 그러나 이 책은 지금은 散逸되어 여러 책에서 단편적으로 전해져 내려오고 있을 뿐이다.[48] 그리고 혹자는 이 거란의 '시조설화'가 만들어진 시기는 빨라도 당 현종의 치세인 開元~天寶年間(713~756년)을 넘을 수 없고(迭剌部의 비로소 史籍에 출현하는 시기) 耶律阿保機(생몰연대 ; 872~926년)의 시대(r. 907~926년)보다 늦지 않을 것이라고 주장하고 있다.[49]

어쨌든 이러한 거란족의 시조설화에 관한 내용이 요대는 물론 당시의 인접국가인 북송과 그 이후의 금대와 원대에까지 전파된 사실은 이 설화가 요조의

---

47)『東都事略』(欽定文淵閣四庫全書本), 권123,「附錄1-契丹(遼)國」條, p.382-801.
48) 松田光次,「趙志忠と『虜廷雜記』-北宋期 一歸明人の事跡-」,『龍谷史壇』第87號, 1986, pp.18~19.
49) 王民信, 앞의 책, pp.46~47.

지배 계층인 황실과 조정의 대신들로부터 공식적으로 인정되었던 것이란 것을 의미하는 것일 뿐만 아니라 거란의 민간에서도 주로 이 '시조설화'가 그들 자신들의 근원을 가리키는 것으로 알려져 있었다고 보아도 좋을 것이다.

㉯ '三呵治國說話'는 『契丹國志』를 제외하고 다른 어느 서책에서도 볼 수 없는 희귀한 자료이다. 그러나 이 설화에 대하여 『거란국지』의 편찬자인 남송 말기~원대 초기의 葉隆禮 스스로 이 설화를 기재했으면서도,

> ㉠ "奇異하구나! 毛氈(융단)에 덮혀 있는 枯骨이 사람의 모습으로 변하여 일을 처리하고, 멧돼지 머리를 쓰고 돼지가죽으로 된 옷을 입었다니 罔測함이 그지 없다. 그가 몰래 숨어서 穹廬에 들어갔을 때, 그가 누구이기에 君主가 되었는지 알지 못하고, 누가 그를 위하여 보좌하였는가? 荒唐하고 怪誕스럽구나! 그릇된 것은 그것으로 말미암아 그릇되게 전달되고, 마침내 (허물이 잡히는) 구실이 되겠지만, 그 상세한 것은 역시 얻어서 보거나 남에게 물어볼 데도 없구나![50]"
> (괄호 안은 필자가 삽입)

라고 논평하고 있고, 원대 말기에 楊維楨은 中書右丞相 脫脫 등에 의해 宋·遼·金, 3사가 모두 완성된 1345년 11월 이후에 宋은 정통으로 삼아야하지만, 遼·金은 정통으로 삼아서는 안 된다는 요지의 <正統辯>[51]을 써서 順帝에게 올렸

---

50) 『契丹國志』, 「契丹國初興本末」, p.2, "異矣哉! 氈中枯骨, 化形治死. 戴豬服豕, 罔測所終. 當其隱入穹廬之時, 不知其孰爲主也, 孰爲之副貳也, 荒唐怪誕, 訛以傳訛. 遂爲口實, 其祥亦不可得而詰也."

51) 元 順帝 (r.1333~1367) 至正2年(1342년) 3월 14일에 中書右丞相 脫脫 등이 順帝로부터 宋·遼·金, 3史의 편찬의 칙명을 받은 후, 그로부터 약 2년여가 지난 至正4年(1344년) 3월에 『遼史』116권이 가장 먼저 완성되었고, 이해 11월에는 『金史』135권이 다음으로 완성되었으며, 다음해인 1345년에 『宋史』496권이 완성되었다. 이에 양유정이 순제에게

는데, 그 역시

ⓒ"나는 일찍이 거란족이 나라를 세운 것에 대하여 연구한 적이 있다. 灰牛氏의 부락이 커지기 시작한 이후, 그 초기에는 말라빠진 해골이 사람의 모습으로 변하고, 멧돼지를 머리에 이고 돼지가죽으로 옷을 만들어 입었다고 한다. 황당하고 괴이하면서도 믿기 어렵다. 중국 땅에서 살고 있는 사람들이라면 절대로 (그런 사건을) 말하지 않을 것이다.[52]"

라고 논평하였다. 이 ㉯ '三呵治國說話'에 대해서는 선학의 나름대로의 고찰이 있었으나,[53] 필자는 이 설화의 성격을 대체로 다음과 같이 파악하고 있다. ①은 거란족 출신 족장의 신비성을 시사하는 것이고, ②는 거란족의 경제활동에서 수렵의 중요성을 가리키는 것이며,[54] ③은 거란족의 경제적인 富는 羊의 지

「正統辨」을 지어 올렸는데, 그 내용은 遼朝와 金朝는 중국의 '正統王朝'로 삼을 수는 없다는 것이었다. 그 내용이 元代에 陶宗儀가 편찬한 『輟耕錄』, 권3, 「正統辨」에 기재되어 있다.

52) [元] 陶宗儀 撰, 『南村輟耕錄』(北京 中華書局, 元明史料筆記叢刊本), 권3, 「正統辨」, p.34, "吾嘗究契丹之有國矣. 自灰牛氏之部落始廣, 其初, 枯骨化形, 戴豬服豕, 荒唐怪誕. 中國之人不道也."

53) 근래에는 중국 거란사 연구의 선구자이며 대가인 陳述이 '三呵治國說話'를 분석하였다. 그는 ㉯①의 설화는 遼朝 왕실의 陵寢制度, 吉禮의 하나인 蕤節儀 그리고 祭祀 때의 燒飯과 결부시켜서 이해하려고 하였고, ㉯②의 설화는 거란의 遊獵 풍습과 결부시켰으며, ㉯③의 설화는 養畜을 효율적으로 하여 백성들을 가난하지 않게 해야 한다는 뜻을 지니고 있다고 설명하고 있다. 陳述, 「初興傳說的解釋和大賀遙輦迭剌的由來」, 앞의 책, pp.48~51.

54) 『通典』, 권200, 「邊防16-北狄7-契丹傳」, p.5485, "契丹 …… . 父母死 …… . 經三年之後, 乃收其骨而焚之, 因酹酒而祝曰, '冬月時, 向陽食. 夏月時, 向陰食. 若我射獵時, 使我多得豬·鹿.'"(거란인들은 부모가 죽으면 그 뼈를 수습한 후, 술을 붓고 제사지내면서 '겨울에는 양지바른 곳에서 제사지내게 해주시고, 여름에는 그늘진 곳에서 제사지내게 해

속적인 증식에 있다는 것을 나타내는 것으로 판단된다.

그러나 무엇보다 중요한 점은 ④ '三呵治國說話'는 ⑦ '始祖說話'와는 달리 『거란국지』에만 기재되어 있다는 것이다. 위의 ㉠·㉡의 두 인용구의 주인공인 한족 출신의 남송대의 葉隆禮와 원대의 楊維楨이 논평했듯이, 요조의 지배계층, 즉 황족인 耶律氏와 황후족인 蕭氏는 물론 모든 거란족 역시 위의 두 한인 지식인들과 마찬가지로, ④ '三呵治國說話'의 내용이 너무나 荒唐怪誕한 것에

주소서! 만약 내가 射獵할 때에는 나에게 멧돼지와 사슴이 많이 잡히도록 해주소서!'라고 기원한다.) 위에서 인용한 『契丹國志』의 '三呵治國說話' 및 『通典』「契丹傳」의 기사를 통해서, 우리는 거란인들이 射獵(狩獵)을 경제활동으로서 대단히 중시하고 있음을 알 수 있다. 아울러 고대 거란인들은 여러 種의 射獵의 대상이 된 野獸들 중에서 멧돼지(猪)와 사슴(鹿)을 가장 중요시했음을 알 수 있다. 그것은 아마 2종의 야수가 사렵(狩獵)을 통하여 얻을 수 있는 최대의 야수로서, 1번을 포획하더라도 많은 수의 사람들이 먹을 수 있는 食物을 확보할 수 있었기 때문일 것이다. 그리고 위의 『通典』「契丹傳」의 기사에 비교하면, 일부 기사가 빠져있지만, 『隋書』, 권84, 「契丹傳」, p.1881에도 동일한 내용이 기재되어 있다. 이를 통해 볼 때, 거란인들은 늦어도 6세기 초까지는 유목민이자 동시에 수렵민이었음을 가리킨다고 할 수 있다. 그러나 契丹朝 建國期인 늦어도 10세기 초에 이르면 거란인들의 유목을 통한 식량 생산 기술이 이전보다 훨씬 발달하여, 거란인들에게 가장 중요한 생업은 계절에 따라 이동하면서 계획적으로 양과 말을 증식하여 일상생활을 영위하는 것은 물론 그것을 통해서 물질적인 부를 쌓는 것이 중요하게 되었다. 이후 거란조(요조)는 律令에 입각한 국가로서 체제가 안정되면서 정부와 민간에서 모두 말이 가장 중요하게 되었다. 특히 민간에서는 馬匹의 소유수가 부의 척도가 되었다. 이에 관해서는 陳述, 「各種産業的繁榮和區域差別」, 『契丹社會經濟史稿』, pp.30~33을 참조. 수렵물로서 멧돼지와 사슴을 중시한 것은 거란인들 뿐만이 아니었다. 고대에 지금의 내몽고자치구 북부의 大興安嶺山脈 기슭에서 수렵생활을 하고 있던 鮮卑族(拓跋部)도 그러하였고(박한제, 「선비족 발상의 비밀을 간직한 천년 동굴의 신비」, 『박한제 교수의 역사 기행3- 제국으로 가는 긴 여정』, 사계절, 2003, p.29.), 『三國史記』, 권32, 「雜志-祭祀」, p.315, "又云, 高句麗常以三月三日, 會獵樂浪之丘, 獲猪鹿, 祭天及山川."에 의거하면, 고구려인들도 매년 3월 3일에 天神과 地神에게 제사할 때 사냥으로 잡은 멧돼지와 사슴을 그 희생물로 삼았던 것으로 볼 때, 고구려인들에게도 수렵물로서 두 야생동물이 대단히 중시되었음을 알 수 있다.

수치심을 느꼈을 뿐만 아니라, 동시에 자국의 국내 사정이 특히 적국인 송조에 누설되는 것을 방지하기 위하여 하여 그 서책이 요조 밖으로 반출되는 것을 적극적으로 막았기 때문일 것이다.[55]

그런데 필자가 주목하는 것은 ㉰'三呵治國說話'에서 등장하는 바, 여러 거란 부락 중에서 특정 세력 사이에서 전승되어온 그들의 초기 首長(부족장)들로서, ①'廼呵', ② '喝呵' 그리고 ③'晝里昏呵'란 명칭이다. 이 명칭들은 끝에 모두 공통적으로 '呵'가 붙었다는 것이다. 이 사실은 '呵'가 고·중세 거란어에서 '부족장'을 의미한다는 것을 확인시켜준다. 그렇다면 '呵' 앞에 붙은 '廼', '喝', 그리고 '晝里昏'은 모두 '부족장'의 의미를 지닌 고유명사인 '呵'를 설명하거나, 그 성격을 설명하는 형용사이거나 혹은 형용사의 기능을 하는 말이라고 보아야 할 것이다. 그리고 이 3명의 부족장들을 현재 한국어의 어음으로 읽으면, ①'廼呵'는 '내가', ②'喝呵'는 '괘가' 혹은 '와가', ③'晝里昏呵'는 '주리혼가'이다. 그와는 달리 고·중세 한어의 語義와 語音을 수록해놓은 사전인 『廣韻』[56]에 의하면, '呵'는 '虎何切', '呼箇切' 그리고 '呼哥切'로 기재되어 있어서, 당시 한어

---

55) 島田正郎,「新定條制」,『遼制之硏究』, 東京 汲古書院, 1973, p.110. 그리고 이러한 遼朝의 禁書政策은 후대에 滿洲族이 건립한 淸朝(1616~1912년)의 금서정책과 그 목적에서 궤를 같이한다고 할 수 있다. 즉 역사상 중국의 한족과 그들이 세운 왕조들이 고대의 흉노족에서 근세의 만주족까지를 그들보다 문화가 저급한 열등한 종족으로 인식하여 이들 이민족들을 '오랑캐(夷狄)'라 칭하면서 멸시한 것에 대한 적극적인 대항이라고 할 수 있다. 淸代의 禁書政策 및 文字獄에 관한 연구는 黃愛平,「禁書與文字獄」,『四庫全書纂修硏究』, 北京 中國人民大學出版社, 1989, pp.40~100을 참조하라.
56) 완전한 書名은 『大宋重修廣韻』로서 全 5卷으로 이루어져 있다. 북송의 陳彭年과 邱雍 등이 편찬하였다. 眞宗 景德4年(1007년)에 조정에서 舊本에 문제점이 많은 것은 인식하고 새로 편찬할 것을 결정하여 陳·邱 등이 이 사업에 참여하여, 다음해인 眞宗 大中祥符 元年(1008년)에 완성시켰다. 보다 상세한 것은 楊劍橋,「音韻-廣韻」, 胡裕樹 主編, 『中國學術名著提要 -言語文字卷』, 上海 復旦大學出版社, 1999, pp.8~11을 참조하라.

어음으로는 '하(ha)'라는 것을 알 수 있다.[57]

다음으로 '大賀'의 어음을 상세히 고찰해보자. 이에 앞서 한 언어학자의 "외래적 차용 요소가 없는 언어는 없다. 따라서 세계의 모든 언어는 혼합어라고도 할 수 있다. 사실상 언어의 형성은 혼합이며, 혼합어 아닌 언어는 없다. 그러므로 그 혼합된 요소를 식별하는 것이 요망된다[58]"는 주장을 주목할 필요가 있다. 아울러 이전부터 契丹小字를 연구하여 그 연구 성과를 발표[59]한 바 있는 淸格爾泰와 劉鳳翥 등 중국학자들은 契丹語는 근본적으로 알타이어계의 몽골어족에 속하지만, 거란어 안에는 靺鞨語와 女眞語, 突厥語와 回鶻語 그리고 漢語의 단어들이 많이 포함되어 있었다고 발표하였다.[60] '大賀'란 말은 위의 언

---

57) [北宋] 陳彭年 等 奉勅 撰, 『大宋重修廣韻』, 臺北 中文出版社, 1982, p.161, 420. 이하 『廣韻』이라 줄여서 표기한다.

58) 崔鶴根, 「韓國語 系統研究 序說」, 『東亞文化』(서울大學校 人文大學 東亞文化研究所) 第17輯, 1980, p.22.

59) 淸格爾泰·劉鳳翥·陳乃雄·于寶林·邢復禮, 『契丹小字研究』, 北京 中國社會科學出版社, 1985.

60) 淸格爾泰·劉鳳翥·陳乃雄·于寶林·邢復禮, 「契丹文字槪述」, 앞의 책, pp.1~3. 및 劉鳳翥, 「略論契丹語的語系歸屬與特點」, 臺北 『大陸雜誌』84卷·5期, 1992. 아울러 1994년에 출간된 'Cambridge History'에서 제1장을 저술한 Elizabeth Endicott-West 역시 거란어는 몽고어족에 속할 뿐만 아니라 퉁구스어족에도 속한다고 서술하고 있다.([德]傅海波·[英] 崔瑞德 編, 史衛民 등 譯, 『劍橋中國遼西夏金元史』, 北京 中國社會科學出版社, 1998, p.53.(原. Herbert Franke & Denis C. Twitchett, *Alien Regimes and Border States*, Cambridge University Press, 1994)). 더구나 愛宕松男의 대선배인 일본학자 白鳥庫吉은 훨씬 이전인 20세기 초에 이미 『魏書』「契丹傳」을 비롯한 '중국정사'의 「契丹傳」과 『遼史』 곳곳에 보이는, 비록 한자로 기재되어 있지만, 거란어로 간주되는 많은 단어들을 몽골계통 및 퉁구스계통의 언어들을 이용하여 해석을 하고 있어서(白鳥庫吉, 「東胡民族考」, 『塞外民族史研究(上)』, 東京 岩波書店, 1970, pp.241~320. 原載, 同, 「東胡民族考-契丹」, 『史學雜誌』 23編10~12號·24編 1·7號,, 1913.), 그가 거란어를 알타이어계의 언어 중에서 몽골어나 퉁구스어 계통의 언어가 혼합된 것으로 간주하고 있었음을 알 수 있다. 따라서 '辱紇主'에 대한 몽골어를 이용한 愛宕松男의 여러 거란어에 관한 해석들이 정확한 것

어학자와 역사학자가 주장한 예에 해당된다고 할 것이다. 즉 '大賀'는 한어인 '大'에 고·중세 거란어인 '賀'가 붙어서 이루어진 혼합어인 것이다. 『廣韻』에 의하면, 당시 '大'의 한어 어음은 '唐蓋切', 즉 '타이(tai)'이고, '賀'의 어음은 '胡箇切', 즉 '하(ha)'이다.[61]

따라서 『거란국지』 「契丹國初興本末」의 '三呵治國說話'에 보이는 '呵'는 『舊唐書』 「契丹傳」을 비롯하여 『新唐書』 「契丹傳」, 『舊五代史』 「契丹傳」, 『新五代史』 「契丹傳」 및 『遼史』의 곳곳에 기재되어 있는 '大賀'란 말에서의 '賀'와 같은 고·중세 거란 어음인 '하(ha)'란 어음으로서, 같은 어음이 나는 것을 음역을 할 때, 다른 한자를 썼을 뿐이다. 그리고 그 뜻은 '部族長', '氏族長', '部落長' 혹은 '君長'이 된다는 것은 더 설명할 필요가 없을 것이다.

그러면 이제 위의 필자의 주장이 타당성을 지니고 있는지 살펴보기로 하자. 그 방법으로는 당시의 거란어인 '大賀(taiha)'와 같은 혼합어의 예를 같은 계통의 고대알타이어계[62]에서 찾아보는 것이 마땅할 것이다.

(1) 『北史』 「勿吉傳」에 아래의 기사가 있다.

　　"거주하는 곳의 대부분은 산이나 강에 기대어있다. 渠帥는 '大莫弗瞞咄'이라 부른다.[63]"

인지는 아직 단정하기에는 이르다. 이 분야를 연구하는 학자들의 노력이 더욱 필요하다.

61) 『廣韻』, p.419.
62) 古代알타이어계는 ①투르크어 ; 突厥語 · 回鶻語 등, ②몽골어 ; 鮮卑語 · 契丹語 등, ③퉁구스어 ; 勿吉語 · 靺鞨語 · 濊貊語 (夫餘語 · 高句麗語 · 百濟支配層言語) 등으로 구분할 수 있을 것이다.
63) 『北史』, 권94, 「勿吉傳」, p.3124, "所居多依山水. 渠帥曰大莫弗瞞咄."

그리고 『新唐書』「黑水靺鞨傳」에 아래의 기사가 있다.

"그 추장은 '大莫拂瞞咄'이라 부르는데, 세대를 서로 이어서 부족장이 된다.[64]"

위의 두 기사에서의 "大莫弗(拂)瞞咄'은 漢語인 '大'에 고대알타이어계의 하나인 南室韋語로 酋長(部落長)을 의미하는 '莫弗瞞咄'[65]이 붙여져서 '大莫弗瞞咄'이란 말이 성립된 것이다. '莫弗瞞咄'은 '바투르-바투르(batur-batur)'란 음을 한자로 音譯한 것이다. '瞞咄(바투르, batur)'[66]는 몽골어 '바하투르(baɤatur)'에서 전화된 말로서, 알타이어계에 속하는 당시 선비어, 거란어, 물길어로 '勇士' 혹은 '强健'을 의미한다.[67] 따라서 '大莫弗瞞咄'의 당시 勿吉族(퉁구스족)의 어음은 '타이-'바투르-바투르(tai-batur -batur)'이고, 뜻은 '위대한 勇士 중의 勇士'로서, 물길족의 渠帥, 즉 部落聯盟長, 部族長 및 君長을 가리키는 일반명사라고 할 수 있다.

(2) 1977년에 遼寧省 朝陽市에서 북쪽으로 약 2km에 위치하는 新荒地村의 狼山 남쪽의 경사 지역에서 <大都督韓府君之墓誌>가 발견되었다. 墓誌에 다음의 기사가 있다.

---

64) 『新唐書』, 권219, 「北狄-黑水靺鞨傳」, p.6178, "其酋曰大莫拂瞞咄, 世相承爲長."
65) 『隋書』, 권84, 「北狄-室韋傳」, p.1882, "南室韋在契丹北三千里, …… 漸分爲二十五部, 每部有餘莫弗瞞咄, 有酋長也."
66) 『隋書』, 권84, 「北狄-室韋傳」, p.1883, "南室韋北行十一日至北室韋, 分爲九部落, 繞吐紇山而居. 其部落渠帥號乞引莫賀咄, 每部有莫何弗三人以貳之." 이 기사에 의하면, 北室韋에서는 渠帥(部族長)인 乞引莫賀咄 아래에 각 부락마다 莫何弗이 있는데, 그 중에서 3명의 莫何弗이 渠帥(聯盟長)인 乞引莫賀咄을 보좌했음을 알 수 있다. 따라서 당시 北室韋에서는 乞引莫賀咄이 北室韋聯盟長(君長)이라고 보아도 좋을 것이다.
67) 白鳥庫吉, 「東胡民族考-6.室韋」 앞의 책, p.219.

"君과 北平摠管府의 參軍事인 劉季略이 契丹國에 가서 諸部에게 (귀부를) 장려하고 인도하였다. 얼마 지나지 않아서, 都督에 除授한다는 (文帝의) 勅書를 받고, 皇化를 宣揚하니 夷狄이 마음을 기울여서 무릎을 굽히고 이마를 조아리며 모두 朝賀를 희망하였다. (開皇)7년(587년)에 領大將軍인 契丹國의 大莫弗이 入朝하여 醴泉宮에서 客臣으로 인도하여 (문제를) 奉見하였다.[68]" (괄호 안은 필자가 삽입)

이 韓暨 墓誌에서 '契丹國' 다음에 새겨진 '大莫弗'이란 말 역시 한어 '大'에 거란어(=선비어)인 '莫弗'(勇士)을 붙인 것이다. 어음은 '大(tai)'+莫弗(바투르, batur), 즉 '大莫弗'='타이-바투르(tai-batur)'가 된다. 결국 '大莫弗'='타이-바투르(tai-batur)' 바로 앞에 '契丹國'이 붙음으로써, '大莫弗'='타이-바투르(tai-batur)'는 6세기 후반에 거란족의 주력('10部聯盟')을 거느리고 있던 '部族長', '聯盟長' 나아가 '君長'을 가리킨다고 할 것이다.

(3) 알타이어계 중의 하나인 濊貊語에 속하는 부여어와 고구려어에서도 거란어의 '大賀(tai-ha)'와 같은 혼합어, 즉 漢語+夫餘語(혹은 고구려어)로 이루어진 언어가 적지 않다. 『三國志』 「夫餘傳」에 기재되어 있는 바, 부여에서는 가축 이름을 넣은 관직명이 있는데, '馬加', '牛加', '豬加', '狗加'가 바로 그것이다.[69] 아울러 초기 고구려에서도 '大加', '小加', '相加', '古雛加' 등의 관직이 보이고

---

68) 朱子方·孫國平, 「隋<韓暨墓誌>跋」, 『北方文物』 總第5期, 1986, pp.38~42. 및 井上直樹, 「<韓暨墓誌>を通してみた高句麗の對北魏外交の一側面 -六世紀前半を中心に-」, 『朝鮮學報』 第178輯, 2001, pp.3~7.

69) 『三國志』, 권30, 「東夷-夫餘傳」, pp.841~842, "國有君王, 皆以六畜名官, 有馬加·牛加·豬加·狗加·大使·大使者·使者." 『後漢書』, 권85, 「東夷-夫餘傳」, pp.2810~2811에도 같은 내용의 기사가 나온다.

있다.[70] 부여와 고구려의 관직인 '~加'의 '加'의 고대 한어의 어음은 '古牙切'로서 '카(ka)'이고,[71] 원래 연맹왕국시기의 두 나라에 존재했던 '族長' 및 '首長'이란 의미를 가지고 있다.[72]

(4) 이밖에도 위의 것들과 같은 형태의 混合高句麗語로는 순수한 고구려어인 '對盧'에서 한어 '大'를 더하여 혼합고구려어가 된 '大對盧'(고구려 官級 중에서 제1위)란 관직이 있었고, 역시 순수한 고구려어인 '莫離支'에서 한어 '大'를 더하여 혼합고구려어가 된 '大莫離支'란 관직이 있었음은 주지의 사실이다.

여기에서 주목되는 것은 『三國志』「高句麗傳」에 '大加'와 '小加'가 기재되어 있는데, 두 명사는 일반명사로서 큰 세력을 거느리고 있는 加는 '大加'라고 불렀고, 작은 세력을 거느리고 있는 加는 '小加'라고 불렀을 것이다.[73] 同書「夫餘傳」에서도 '大加'가 보이고 있다.[74] 지금까지 필자가 고찰한 바에 따른다면, 거

---

70) 『三國志』, 권30, 「東夷-高句麗傳」, pp.843~846, "其國有王, 其官有相加·對盧·沛者·古雛加·主簿·優台·丞·使者·皁衣·先人尊卑各有等級. …… . 其公會衣服皆錦繡金銀以自飾. 大加·主簿頭著幘, 如冠幘而無後. 其小加著折風, 形如弁. …… 王之宗族, 其大加皆稱古雛加. 涓奴部本國主, 今雖不爲王, 嫡統大人, 得稱古雛加, 亦得立宗廟, 祠靈星·社稷. 絶奴部世與王婚, 加古雛之號. 諸大加亦自置使者. …… 宮(太祖王)死," 이와 함께 『後漢書』「高句驪傳」과 『南史』「高句麗傳」 그리고 『梁書』「高句麗傳」에서도 위의 『三國志』의 기사와 유사한 기사가 기재되어 있다. 단 『後漢書』에서는 '古雛加'는 '古雛大加'로 기재되어 있다. 특히 고구려의 相加 및 古雛加의 性格 및 諸說에 대해서는 노태돈, 「부체제(部體制)의 성립과 그 구조」, 『고구려사연구』, 사계절, 1999, pp.149~156을 참조.

71) 『廣韻』, p.166.

72) 이에 관한 상세한 내용에 대해서는 임기환, 「초기 관등 조직의 성립과 운용」, 『고구려 정치사 연구』, 한나래, 2004, pp.115~147을 참조.

73) 임기환(「국가 형성과 나부 체제」, 앞의 책, p.82.)은 鴨綠江과 渾江 유역에 있던 여러 那國이 高句麗 聯盟體를 형성할 때, 나국의 지배자, 즉 國邑의 首長 계층은 '大加'로 각 邑落(谷 집단)이나 세력이 작은 나국의 수장 계층은 '小加'로 편제되었을 것으로 유추하고 있다.

74) 『三國志』, 권30, 「烏丸鮮卑東夷傳-夫餘條」, p.842, "正始中, 幽州刺史 毋丘儉討高句麗,

란어 '大賀'와 고구려어 '大加' 및 부여어 '大加'는 모두 '강력한 세력을 지니고 있는 族長이나 首長'을 의미하는 동의어라고 해도 틀리지 않을 것이다. 그리고 두 일반명사의 당시의 어음은 '大賀'는 '타이-하(tai-ha)'이고, '大加'는 '타이-카(tai-ka)'에 가깝다. 그렇다면 '大賀(타이하, taiha)'와 '大加(타이카, taika)'는 모두 알타이어계라는 공통점을 지니고 있기 때문에 그 어음의 뿌리는 같다고 보아야 할 것이다.

이와 연관하여 『周書』「百濟傳」의

> "百濟란 나라는 그 先祖는 추측컨대 馬韓의 屬國이고 夫餘의 別種일 것이다. …… 王의 姓은 夫餘氏이고 於羅瑕로 불리지만, 백성들이 부르는 칭호는 鞬吉支인데, 漢語로는 竝王이다. 그 妻는 於陸이라 불리는데, 漢語로는 妃이다.[75] "

란 기사가 주목된다. 위의 기사에서 알 수 있듯이, 백제의 피지배계층인 일반 백성들은 왕을 '鞬吉支'라고 부르지만, 494년에 勿吉의 공격을 받고 그 王都인 農安을 빼앗겨서 왕과 그 일족이 고구려에 망명함으로서 멸망될 때까지[76] 지금의 중국 동북지방의 길림성 중부와 서북부의 吉林市와 農安市를 중심으로 한 일대에서 상당한 세력을 형성[77]하고 있던 부여족의 一支인 백제의 왕족[78]

遣玄兎太守王頎詣夫餘, 位居遣大加郊迎, 供軍糧."

75) 『周書』, 권49, 「異域(上)-百濟傳」, p.886, "百濟者, 其先蓋馬韓之屬國, 夫餘之別種. …… 王姓夫餘氏, 號於羅瑕, 民呼爲鞬吉支, 夏言竝王也. 妻號於陸, 夏言妃也."

76) 日野開三郎, 「夫餘國考」, 『史淵』(九州史學會) 第34輯, 1946, p.64. 同, 『日野開三郎東洋史學論集 -第14卷 東アジアの民族史(上)』, 東京 三一書房, 1988, p.63.

77) 박경철, 「우리에게 부여는 어떤 의미를 가지는가?」, 『고조선·단군·부여』, 고구려연구재단, 2005, pp.124~125.

78) 백제 왕실이 夫餘의 一支란 것을 논증한 것으로는 李道學, 「백제의 기원과 부여 계승

등의 지배 계층은 '왕'을 '於羅瑕'로 불렀는데, 『廣韻』에 의하면 '於羅瑕'의 '於'는 '央居切'로 되어있어서 '어(ə)'로, '羅'는 '魯何切'로 되어있어서 '라(ra)'로, 그리고 '瑕'는 '胡加切'로 되어 있어서 하(ha)로 발음된다.[79] 따라서 3음을 합하면 '어라 하(əraha)'가 되어, 夫餘의 別種인 百濟의 왕족들은 왕을 '어라하'라고 불렀다 고 볼 수 있다. 만약 '於羅瑕(어라하, əraha)'에서 '於羅(어라, əra)'가 현재 한국 어의 '어른(əreun)'의 古語라면,[80] '瑕(하, ha)'는 이미 앞에서 고찰한 바, 고구려 어에서 '族長' 및 '首長'을 의미하는 '加(카, ka)'와 같은 말이라고 할 수 있을 것 이다. 그렇다면 부여어에 뿌리를 둔 백제 왕족 등 지배계층이 왕을 뜻하는 말 로 사용한 '於羅瑕(어라하, əraha)'의 원래의 뜻은 '어른族長' 혹은 '어른首長'이 라고 할 수 있을 것이다. 이와 아울러 부여어에서 '족장' 및 '수장'이란 뜻을 지 닌 말의 어음은 고구려어와 부여어의 '加(카, ka)'이기도 하지만, 백제 왕족의 언어에서의 '瑕(하, ha)'이기도 하다고 볼 수 있을 것이다. 이를 거꾸로 유추하 면, '加(카, ka)'와 '瑕(하, ha)'란 어음의 뿌리는 'kha'란 어음일 것으로 추정된다. 아울러 부여어에서 '족장' 및 '수장'이란 뜻을 지녀서 어음의 뿌리가 같더라도, 위의 '加(카, ka)'와 '瑕(하, ha)'에서 볼 수 있듯이, 그 후에 그 말을 사용하는 사 람들의 환경이 서로 달라지면, 어음도 서로 조금씩 달라진다는 것을 알 수 있 었다.

결론적으로 거란어 '大賀(타이하, taiha)'는 거란계의 여러 세력 중에서 그 동 북방이나 동남방에서 부여 및 고구려에 인접한 세력이 그들과 교섭(戰爭[捕 虜], 公·私交易, 歸附, 遊亡, 逃亡 등을 포함)하면서 그들의 언어의 영향을 받아

의식」, 『백제 고대국가 연구』, 一志社. 1997, pp.52~53을 참조.
79) 『廣韻』, p.69, 161, 167.
80) 白鳥庫吉, 「東胡民族考」, 앞의 책, p.125.

서 파생된 말이라고 할 수 있다. 다시 말해서 거란어 '大賀(타이하, taiha)'는 부여·고구려어인 '~瑕(~하, ~ha)와 '大加(타이카, taika)'를 비롯한 '~加(~카, ~ka)'에서 그 어음을 물론 그 어의인 '族長' 및 '首長'까지를 차용한 말이라고 할 수 있다. 그 뜻은 당연히 '大族長' 및 '大首長', 나아가 '部落聯盟長', 및 '君長'을 의미한다고 보아야 할 것이다.

Ⅳ. 맺는말

지금까지 거란사학계는 7세기 초~8세기 초반까지의 거란족과 그 사회를 大賀氏가 그 君長(聯盟長)을 세습하면서 주도했다고 하여 '大賀氏部落聯盟' 혹은 '大賀契丹' 등으로 명명하였다. 이것은 『舊唐書』「契丹傳」에 "거란 君長의 姓은 大賀氏이다"가 기재된 이후, 『新唐書』, 『舊五代史』, 『新五代史』 그리고 『遼史』 등의 중국정사는 물론, 기타 많은 한문 자료들에서도 역시 大賀가 그 시기의 거란 부족의 君長의 姓氏로 기재되어 있기 때문이었다. 이 사실은 시대가 내려가서도 계속 이어지면서 지금까지 거란사 연구자들에게도 아무런 의심을 받지 않고 그대로 계승되었다.

그러나 한편으로는 일본과 중국의 일부 학자들은 '大賀氏'를 일단 인정하면서, 다만 거란어 '大賀' 혹은 '大賀氏'는 어떤 의미를 지니고 있는 말일까란 의문을 가지고 그 문제를 해결해보려고 하였다. 그 중에서 특히 일본의 愛宕松男은 몽골어를 이용하여 그 문제를 해결하였는데, 그것은 '大賀'란 몽골어음으로는 '타키가(takiga)'이고, 그 뜻은 '당왕조의 臣服者' 또는 '당황제의 屬從者'이라고 주장하였다. 이 주장은 일부를 제외하고,[81] 중국의 거란·여진사학계의 제

---

81) 契丹과 夫餘와의 상호 교섭에 관한 기사는, 필자의 無能 때문인지 알 수 없으나, 아직까지 찾지 못하였다. 그러나 『魏書』, 권100, 「勿吉國傳」, p.2221, "㉠去延興中, 遣使乙力支朝獻. 太和初, 又貢馬五百匹. 乙力支 …… . 自云其國先破高句麗十落, 密共百濟謀從水道并力取高句麗, 遣乙力支奉使大國, 請其可否. ㉡其傍有大莫盧國·覆鍾國·莫多回國·庫婁國·素和國·具弗伏國·匹黎爾國·拔大何國·郁羽陵國·庫伏眞國·魯婁國·羽眞侯國, 前後各遣使朝獻."은 거란과 부여의 교섭을 推察할 수 있는 조그만 가능성을 열어주고 있다. ㉠에 보이는 '太和初(『册府元龜』에 의하면 延興5年으로 475년)에 勿吉이 高句麗 10落을 격파한 사건'은 대략 '太和初',='太和年間 初' 이전에 발생한 사건임이 분

명하다. 그런데 한문사료를 조사해보면, '年號+初'는 거의 대부분의 경우, 그 年號의 元年이나 늦어도 그 2年을 가리킨다. 따라서 '太和初'란 시기는 대략 477~478년 경이라고 볼 수 있다. 그러므로 '물길이 고구려 10落을 격파한 사건'은 477~478년 경 이전에 발생한 사건으로 보는 것이 타당하다고 볼 수 있다. 그런데 日野開三郎(「夫餘國考」, 『史淵』第34輯 , 1946, pp.59~60.)의 주장대로 만약 물길에게 격파당한 것이 고구려의 10落이 아니라 부여의 10落이라면, 당시 지금의 吉林省 서북부에 위치하는 農安이 夫餘國의 중심지였다면, 늦어도 475년 이전에는 당시 西剌木倫河를 중심으로 그 남북에서, 특히 그 동쪽의 東遼河 유역 및 그 서부에서 駐牧하고 있던 거란의 일부 부락과 부여는 교섭했을 가능성이 대단히 높다고 할 것이다. ⓑ은 지금의 중국 東北地方의 東流 松花江(第一松花江) 유역의 阿城(黑龍江省 남부) 일대에 중심을 둔 물길이 발흥한 470년대 중반(실제로 475년(延興5年))경부터 '勿吉'이 '靺鞨'='靺羯'로 명칭을 바꾸는 563년(北齊 武成帝 河淸2年, 고구려 平原王2년)까지(李健才,「勿吉·豆莫婁·烏洛侯·失韋的地理位置和朝貢路線」,『東北史地考略(第三集)』, 長春 吉林文史出版社, 2001, p.186을 참조) 勿吉 주변의 여러 세력에 관한 상황을 알려주는 기사라고 할 수 있다. 이 세력들 가운데 具弗伏國, 匹黎爾國, 拔大何國 그리고 郁羽陵國 (다른 사료에서는 具弗伏國은 伏弗郁部로, 匹黎爾國는 匹黎部로, 拔大何國은 何大何部로 그리고 郁羽陵國은 羽陵部로 기재되어 있기도 하다. 이에 대한 상세한 校勘에 대해서는 王民信, 앞의 책, pp.35~38을 참조하라)는 약 468~479년에 '對北魏交易聯盟'의 성격을 지닌 4세기 말~5세기 초 무렵에 정치적인 집단 세력을 형성한 '契丹部'를 중심으로 한 '契丹古八部聯盟'('契丹八部聯盟')에 소속되어 있던 집단이다. (이에 대해서는 李在成,「契丹 '古八部' 聯盟의 形成과 解體」,『東國史學』第27輯, 1993 및 李在成,「高莫奚部·契丹部의 交易과 契丹 '八部聯盟'」, 앞의 책, pp.155~180을 참조) 비록 高句麗와 柔然의 '地豆于瓜分謀議'의 결과로 야기된 479년에 長壽王이 파견한 고구려군의 공격으로 西剌木倫河를 중심으로 형성된 거란 古八部(八部聯盟)은 해체되고, 그 주력인 '勿于契丹'은 北魏의 보호를 구하려고 白狼水=白貔河(지금의 遼寧省 大陵河 동부 유역)로 남하하였지만(이에 대해서는 李在成, 위의 논문, 1993, pp.79~88, 李在成, 위의 책, pp.164~176, 그리고 李在成,「5~6世紀 '勿于契丹'의 成立·發展과 解體」,『中國學報』第42輯, 2002를 참조), 위에서 인용한 『魏書』「勿吉國傳」에서 물길국의 옆에 있었다고 기재되어 있는 거란 '古八部(八部聯盟) 중의 4세력, 즉 具弗伏國, 匹黎爾國, 拔大何國, 郁羽陵國은 이전부터 494년 부여가 물길의 공격을 받아서 그 중심지인 지금의 吉林省 農安市 일대를 빼앗기고 멸망할 때까지 夫餘와 교섭했다고 보아야 할 것이다. 그리고 거란과 고구려의 교섭에 관해서는 이미 널리 알려진 바이다. 이에 대한 보다 상세한 내용에 대해서는 위에서 인용한 李在成의 논문들과 함께 李在成,「4~5世紀 高句麗와 契丹」,『高句麗研究』(고구려연구회) 第14輯, 2002) 및 李在成,「6세기 후반 突厥의 南進과 高句麗와의 충돌」,『北方史論叢』

1세대로서 오랫동안 해당 학계를 이끌어오다가 1992년에 서거한 故 陳述(생몰연대, 1911~1992년)을 비롯한 상당수의 중국의 거란사 연구자들에게 그대로 받아들여졌다.[82]

그렇지만 필자는 이전부터 愛宕松男의 주장에 의문을 가지고,[83] 나름의 견해를 밝히려고 하였고, 그 결과가 본고이다. 결론적으로 거란어 '大賀(taiha)'는 거란족이 부여와 고구려와의 교섭에 의해 그 문화 및 언어의 영향을 받음으로써 습득한 부여어에서 族長·首長을 의미하는 '하(ha, 瑕)'와 같은 의미를 지닌 고구려어 및 부여어 '타이카(taika, 大加)'와 함께 漢語 '大(tai)'가 더해진 복합어로서 '大族長(大首長)', 나아가 '部落聯盟長(君長)'을 의미할 것이다.[84]

위의 사실을 통하여 우리는 거란사에서 크게 2가지 의미를 간취할 수 있다.

첫째, 거란 사회가 7세기 초에 이르러 그 지배세력이 바뀌었다는 것이다. 즉 이전에 북방 유목세력(鮮卑, 柔然, 突厥)의 영향을 강하게 받아서 그 연맹장의 칭호를 '莫賀弗(莫弗紇, baratur)', 莫弗(batur) 및 '大莫弗(tai-batur)'이라고 쓰는 세력에서 이전부터 그 동방의 부여와 고구려의 영향을 강하게 받은 결과, 그

(고구려연구재단) 제5호, 2005. 6, pp.115~130.)을 참조.

82) 본문 Ⅱ장 참조.

83) 陳述,「初興傳說的解釋和大賀遙輦迭剌的由來」,『契丹政治史稿』, 北京 人民出版社, 1986, pp.48~51. 愛宕松男의 거란사 연구의 결정이라고 할 수 있는『契丹古代史의 研究』는 중국의 邢復禮에 의해 漢語로 번역되었고, 1982년에 그는 서거했지만, 그 6년 후인 1988년에 내몽골자치구 呼和浩特의 內蒙古人民出版社에서 그 번역판인『契丹古代史研究』이 간행되어 中國契丹史學界에 크게 소개되었다. 참고로 邢復禮는 몽골족으로서 일찍이 일본에서 留學하였기 때문에 愛宕松男의 저서를 번역하였을 것이다. 더구나 그는 몽골족이었기 때문에 고대 및 현대 몽골어에 능통하여 몽골족·한족 출신의 史學者·言語學者들과 함께 契丹小字를 해독하는데 크게 공헌하였다. 그 결과물이 淸格爾泰·劉鳳翥·陳乃雄·于寶林·邢復禮,『契丹小字研究』, 北京 中國社會科學出版社, 1985이다.

84) 李在成,「契丹史 研究의 現況과 課題」,『中央아시아研究』제1호, 1996, p.96.

연맹장(군장)의 칭호를 '大賀(tai-ha)'라고 쓰는 세력으로 바뀌었음을 가리키는 것이다. 이는 7세기 초에 이르러 거란 사회가 이전과 다른 새로운 사회로 나아 갔던 것이다.

둘째, 10세기 초에 契丹朝(遼朝)를 건립하기 이전의 부족시대의 거란문화는 鮮卑文化의 전통 위에서 그 북방의 柔然과 突厥 등의 遊牧文化와 그 동방의 부여와 고구려의 濊貊文化 그리고 그 남방의 中國文化, 3요소의 문화들의 영향을 강하게 받은 문화라고 할 수 있을 것이다.[85]

이에 더하여 당대 전기의 거란 君長의 姓氏가 '大賀氏'란 것은 거란인 스스로가 밝힌 것은 아니다. 처음 『舊唐書』 「契丹傳」에서 그렇게 기재된 이후, 그 이후의 사서에서는 모두 그 사실을 아무런 의심도 없이 그대로 답습하였기 때문에, 그것이 상식인 것처럼 되었다. 그러나 『거란국지』 「族姓原始」의

"契丹이란 部族은 본래 姓氏가 없고, 오직 각각 거주하는 地名으로써 사람들을 부르며, 婚姻에는 地區나 洞里에 구애받지 않는다. 耶律阿保機가 家門을 國家로 바꾼 후에 비로소 王族에게 칭호를 붙였는데 橫帳으로 삼았고, 이전과 같이 거주하는 地名으로써 (姓氏를) 世里로 불리어지면서 姓氏가 널리 알려지게 되었다. 世里란 上京에서 동쪽으로 2백 리 떨어진 곳의 지명이다. <지금도 世里沒里가 있는데 漢語로 그 말을 번역하면 耶律氏가 된다.> 이어서 (耶律阿保機는) 后族에게는 蕭氏를 賜姓하였다.[86]" (괄호 안의 필자가 삽입)

---

85) 馮繼欽 (馮繼欽·孟古托力·黃鳳岐, 앞의 책, pp.530~536.)은 遼朝의 契丹文化는 중국의 한족, 만주의 여진족 그리고 한반도의 고려의 문화와 각각 상호 영향을 주었다고 주장하였다.

86) 『契丹國志』, 권23, 「族姓原始」 p.221, "契丹部族, 本無姓氏, 惟各以所居地名呼之, 婚嫁不拘地里. 至阿保機變家爲國之後, 始以王族號爲橫帳, 仍以所居之地名曰世里著

란 기사는 그런 상식이 잘못되었음을 확실히 지적해주고 있다. 즉 거란인은 원래 어느 지역에 살고 있는 지연적 성격이 강함과 동시에 혈연적인 성격도 지닌 同一祖上共同體란 개념은 있었으나, 중국인과 같은 성씨란 개념은 없었던 것이다. 耶律阿保機가 契丹朝(遼朝, 907~1125년)를 세운 후에 비로소 중국적인 성씨란 개념이 생겼고, 그들이 살았던 고향의 地名을 姓氏로 삼았던 것이다. 그렇다고 모든 거란인들이 성씨를 가지게 된 것이 아니다. 907년에 契丹朝(遼朝)가 성립한 이후, 왕족인 耶律氏와 그 시조인 耶律阿保機에 의해 왕비족은 蕭氏로 賜姓되었을 뿐이다. 따라서 唐代 중국인들이 거란 군장의 姓氏는 '大賀氏'라고 생각한 것은 오해에서 비롯된 것이라고 할 수 있다. 그 오해는 다음과 같은 상황에서 생겼을 것이다. 唐初에 契丹 君長, 즉 大賀(太賀)가 스스로 朝貢使가 되어 입조하러 당의 수도인 長安에 들어갔을 때, 당조정의 鴻臚寺 소속의 관리가 거란 군장의 從子로서 通譯使의 역할을 수행하고 있는 사람에게 "저 사람이 누구인가?"라고 묻자, 거란의 통역사가 唐語로 "太賀 ○○입니다"라고 대답하자, 모든 사람은 姓+名이 있다는 지극히 중국적인 의식체계만을 가지고 있던 당조정의 관리는 통역사가 먼저 말한 '大賀(타이하, taiha)'를 姓(氏)으로, 그 뒤에 말한 '○○'는 名(이름)으로 알아들었을 것으로 추정된다. 이것이 당대의 중국인들이 "契丹 君長의 姓氏는 '大賀'이다"라고 기재하여, 이후의 중국의 修史者에게까지 오해를 불러일으킨 所以의 시발이 아니었을까? 따라서 선학들과 일부 학자들에 의해 사용되었던 '大賀氏契丹', '大賀氏키타이' 그리고 '大賀氏部落聯盟'은 용어로서 적절하다고는 할 수 없다고 생각된다. 이에 필자는 그 시대의 거란을 '大賀契丹' 혹은 '大賀部落聯盟'으로 표기하는 것이다.

姓. 世里者, 上京東二百里地名也. 今有世里沒里, 以漢語譯之, 謂之耶律氏. 復賜后族姓蕭氏."

참고문헌

〈史料〉

『三國志』,『後漢書』,『魏書』,『梁書』,『周書』,『隋書』,『南史』,『北史』,

『舊唐書』, 新唐書』,『舊伍代史』,『新伍代史』,『遼史』(이상 '中國正史'는 北京 中華書局)

『通典』(北京 中華書局 全5卷 標點本)

『大宋重修廣韻』(臺北 中文出版社, 1982)

『册府元龜』(北京 中華書局 1982년 영인본),

『資治通鑑』(臺北 世界書局 1980년『新校資治通鑑注』)

『資治通鑑考異』(日本原式精印의 四部叢刊正編)

『唐會要』(臺北 世界書局, 1989년)

『伍代會要』(上海古籍出版社, 1978년)

『契丹國志』(上海古籍出版社 1985년)

『玉海』(上海古籍出版社 · 上海書店, 1990년)

『宋會要輯稿』(臺北 新文豊出版公司, 1976년),

『三國史記』(李丙燾 校勘, 乙酉文化史 原文篇, 1977)

『唐大詔令集』(上海 學林出版社 1992년 標點本)

『東都事略』(欽定文淵閣四庫全書本)

『南村輟耕錄』(北京 中華書局, 元明史料筆記叢刊)

〈著書〉

(한국)

宋基豪,『渤海政治史研究』, 一潮閣, 1995.

李在成,『古代東蒙古史研究』, 法仁文化社, 1996.

李道學,『백제 고대국가 연구』, 一志社, 1997.

노태돈,『고구려사 연구』, 사계절, 1999.

박한제,『박한제 교수의 역사 기행3 -제국으로 가는 긴 여정』, 사계절, 2003

임기환,『고구려 정치사 연구』, 한나래, 2004.

(중국)

岑仲勉,『突厥集史(上)』, 北京 中華書局, 1958.

王民信,『契丹史論叢』, 臺北 學海出版社, 1973.

姚從吳,『東北史論叢(下)』, 臺北 正中書局, 1976.

陳述,『契丹社會經濟史稿』, 北京 生活 · 讀書 · 三知三聯書店, 1978.

張正明,『契丹史略』, 北京 中華書局, 1979.

傅樂煥,『遼史叢考』, 北京 中華書局, 1984.

楊樹森,『遼史簡編』, 瀋陽 遼寧人民出版社, 1984.

舒焚,『遼史稿』, 武漢 湖北人民出版社, 1984.

淸格爾泰 · 劉鳳翥 · 陳乃雄 · 于寶林 · 邢復禮,『契丹小字硏究』, 北京 中國社會科
　　　學出版社. 1985.

陳述,『契丹政治史稿』, 北京 人民出版社, 1986.

愛宕松男,『契丹古代史硏究』, 呼和浩特 內蒙古人民出版社, 1988.

黃愛平,『四庫全書纂修硏究』, 北京 中國人民大學出版社, 1989

馮繼欽 · 孟古托力 · 黃鳳岐,『契丹族文化史』, 哈爾濱 黑龍江人民出版社, 1994.

項春松,『遼代歷史與考古』, 呼和浩特 內蒙古人民出版社, 1996

李錫厚,『中國封建王朝興亡史(遼金卷)』, 南寧 廣西人民出版社, 1996.

李桂芝,『遼金簡史』, 福州, 福建人民出版社, 1996.

(德)傅海波 · (英)崔瑞德 編, 史衛民 등 譯,『劍橋中國遼西夏金元史』, 北京 中國社會科
　　　學出版社, 1998.(原, Herbert Franke & Denis C. Twitchett, *Alien Regimes and Border
　　　States*, Cambridge UniversityPress, 1994)

胡裕樹 主編,『中國學術名著提要 –言語文字卷』, 上海 復旦大學出版社, 1999.

李錫厚 · 白濱,『遼金西夏史』, 上海人民出版社, 2004.

余嘉錫,『四庫提要辨證(上)』, 昆明 雲南人民出版社, 2004.

李錫厚 · 白濱 · 周峰,『遼西夏金史硏究』, 福州 福建人民出版社, 2005.

(일본)

愛宕松男,『契丹古代史の硏究』, 京都大學東洋史硏究會, 1959.

田村實造,『中國征服王朝の硏究』, 京都大學東洋史硏究會, 1964.

白鳥庫吉,『塞外民族史硏究(上)』, 東京 岩波書店, 1970.

島田正郎,『遼制之硏究』, 東京 汲古書院, 1973.

護雅夫 · 神田信夫 編,『北アジア史(新編)』, 東京 山川出版社, 1981.

日野開三郎,『日野開三郎東洋史學論集 -第14卷 東アジアの民族史(上)』, 東京
　　三一書房, 1988.

愛宕松男,『アジアの征服王朝』, 東京 河出書房新社, 1989.

島田正郎,『契丹國 -遊牧の民キタイの王朝-』, 東京 東方書店, 1993.

(미국)

Elman R. Service, *Organization*(second edition), New York Random House, 1971.

〈論文〉

(한국)

全海宗,「古代 中國人의 韓國觀 -正史 朝鮮傳의 檢討에 의한 試論」,『震檀學報』
　　46 · 47合倂號, 1977.

崔益柱,「遼代의 耶律姓과 蕭姓에 대한 考察」,『震檀學報』第49輯 , 1980.

崔鶴根,「韓國語 系統研究 序說」,『東亞文化』(서울大學校人文大學 東亞文化研究所)
　　第17輯, 1980.

李在成,「契丹 ‘古八部’ 聯盟의 形成과 解體」,『東國史學』第27輯, 1993.

金在滿,「契丹始祖傳說與西喇剌木倫河老哈河及木葉山」

宋德金 等 · 編,『紀念陳述先生逝世三周年論文集遼金西夏史研究』, 天津古籍出版社,
　　1997

李在成,「唐代 契丹의 獨立抗爭과 그 歷史的 意義」,『魏晉隋唐史學會 發表會 100回
　　紀念 國際學術會議發表要旨』, 2000. 4. 29.

李在成,「5~6世紀 ‘勿于契丹’의 成立 · 發展과 解體」,『中國學報』第42輯, 2002.

李在成,「4~5世紀 高句麗와 契丹」,『高句麗研究』(高句麗研究會) 第14輯, 2002.

李在成,「6세기 후반 突厥의 南進과 高句麗와의 충돌」,『北方史論叢』(고구려연구재단)
　　제5호, 2005.

박경철,「우리에게 부여는 어떤 의미를 가지는가?」,『고조선 · 단군 · 부여』, 고구려
　　연구재단, 2005.

(중국)

華山 · 費國慶,「阿保機建國前契丹社會試探」,『文史哲』1958-6.

蔡美彪,「契丹的部落組織和國家的産生」,『歷史研究』1964年 5~6期

清格爾泰 · 劉鳳翥 · 陳乃雄 · 于寶林 · 邢復禮,「契丹小字解讀新探」,
『考古學報』總 第50期, 1978.3.

朱子方 · 孫國平,「隋〈韓曁墓誌〉跋」,『北方文物』總第5期, 1986.

馮永謙,「唐代契丹都督府地考」,『遼金史論集(第4輯)』, 北京 書目文獻出版社, 1991.

劉鳳翥,「略論契丹語的語系歸屬與特點」, 臺北『大陸雜誌』84卷-5期, 1992.

李健才,「勿吉 · 豆莫婁 · 烏洛侯 · 失韋的地理位置和朝貢路線」,
『東北史地考略(第三集)』, 長春 吉林文史出版社, 2001.

(일본)

白鳥庫吉,「東胡民族考-契丹」,『史學雜誌』23編10~12號 · 24編 1 · 7號, 1913.

白鳥庫吉,「東胡民族考-6.失韋(室韋)」,『史學雜誌』第23編3號, 1915.

松井等,「契丹勃興史」,『滿鮮地理歷史研究報告1』, 1915.

田村實造,「唐代に於ける契丹族の研究 -特に開國傳說の成立と八部組織に就いて-」,
　　　　『滿蒙史論叢 (第一)』, 1938.

小川裕人,「遙輦氏傳說成立に關する史的考察」,『滿蒙史論叢3』, 1940.

日野開三郎,「夫餘國考」,『史淵』(九州史學會) 第34輯, 1946.

愛宕松男,「契丹Kitai部族制の研究」,『東北大學文學部研究年報』, 1954.

愛宕松男,「部族名 キタイ=契丹語源考」,
『石濱先生古稀記念東洋學論集』, 大坂 關西大學, 1958.

松田光次,「趙志忠と『虜廷雜記』-北宋期 一歸明人の事跡」,『龍谷史壇』第87號, 1986.

井上直樹,「〈韓曁墓誌〉を通してみた高句麗の對北魏外交の一側面 - 六世紀前半を中心
　　　　に-」『朝鮮學報』第178輯, 2001.

(『동양사학연구』95, 2006)

대몽골국 초기 異文化와 宮廷의 外交典禮

김장구(金牂求) 동국대학교 유라시아 실크로드 연구소 연구원

I. 머리말

위구르(Uyiyur, 回鶻) 유목국가(744~840년)가 붕괴되고 나서 북아시아 초원 세계는 오랫동안 분열을 겪었다.[1] 그리고 유목민들은 내분과 약탈 등으로 고통스러운 시간을 보내야만 했다. 키르기스가 잠시 몽골초원의 중서부를 통치하다가는 920년 경 자신들의 고향인 알타이 산맥으로 되돌아갔다. 그 뒤를 이어 이번에는 거란(契丹)이 흥기하여 초원에 대한 철저한 감시와 통제를 단행했다. 거란을 멸망시킨 여진(女眞)은 직접 초원을 통제하지 못하자 몽골계통의 '타타르(Tatar, 韃靼)'부를 앞세워 신흥 유목세력의 대두를 견제하도록 했다.[2]이렇게 오랫동안 주변세력에 의해 견제와 간섭을 받아왔던 유목민들은 점차 몽골부의 '테무진(Temüjin)'에게 새로운 희망을 걸기 시작했다. 아울러 초원의 주변에서도 그런 인물과 세력들이 점차 테무진에게로 다가왔다. 1206년 대몽골국(Yeke Mongyol Ulus, 大蒙古國)의 성립으로 그 영향력이 더욱 커지자 그 주위에 있던 여러 나라들은 향후 세력의 변화에 관심을 기울이지 않을 수 없었다.

초원에서 밀려나 타림 분지와 천산 산맥 부근으로 이산했던 天山(西)위구르 왕국의 통치자가 제일 먼저 신속을 청해왔다. 이에 칭기스 칸은 자신의 딸을 위구르 왕 이둑 쿠트(Iduq qut, 亦都護)에게 시집보내 우호관계를 보증해주었

---

1) 위구르제국에 대해서는 정재훈, 『위구르 유목제국사: 744-840』, 문학과 지성사, 2005를 참조.
2) 외래문화의 수용에 대한 거란과 여진의 다른 태도에 대해서는 이용범, 「回鶻商賈와 金代의 女眞」, 『中世 滿洲蒙古史의 硏究』, 同和出版公社, 1988, 256-259쪽을 참조.

다. 그리고 일찍이 여진족에게 나라를 잃었던 거란의 유민들 중에서도 민족의 부흥을 꾀하려는 이들이 칭기스 칸에게 다가왔다. 어떤 이유에서인지 모르지만, 심지어 여진인도 칭기스 칸의 곁에서 봉사했다.

칭기스 칸 이후 우구데이 카안 시기에는 제국의 영토가 확장되면서 더 다양하고 많은 이방인들이 대몽골국의 중심지인 카라코룸으로 오게 되었다. 이들은 자의든 타의든 간에 몽골의 혹독한 자연환경 속에서 초원의 유목문화에 적응하면서 새로운 삶을 꾸려나가게 되었다. 우구데이의 뒤를 이은 구육과 뭉케 카안의 통치 시기에도 카라코룸을 중심으로 한 몽골초원에는 동아시아와 서아시아 뿐 아니라 멀리 유럽에서 오게 된 수 많은 이들이 살았다. 이에 대해서는 특히 당시 카라코룸을 방문했던 플라노 드 카르피니(Plano de Carpini)와 윌리엄 루브룩(William of Rubruck)이 남긴 여행기에 비교적 정확하고 자세하게 적혀있다.

그러나 염두에 두어야할 것은 대몽골국 초기[3] 몽골초원에 존재했던 이방인들의 역할과 그들의 문화가 아무리 중요하고 다양했다고 해도 몽골인과 그들의 유목문화보다 중요했다거나 압도적인 경향은 결코 아니었다는 점이다. 그리고 쿠빌라이 카안이 대몽골국의 중심을 대도(大都)로 옮기자 카라코룸으로 향하던 발길도 끊어지고, 몽골초원에 존재했던 이방인과 이문화의 흔적과 기억도 급속하게 희미해져버렸다. 그들은 이제 대몽골국의 새로운 중심 칸발릭(Qanbaliγ, 大都)을 향해 움직이기 시작했던 것이다. 그 대표적인 이가 마르코 폴로(Marco Polo)였다[4].

이 글에서는 첫째, 대몽골국 성립 이전과 대몽골국 초기 몽골고원에 유입되

---

3) 대몽골국 초기는 칭기스 칸부터 뭉케 카안의 재위 기간(1206~1259년)을 가리킨다.
4) 김호동 역주, 『마르코 폴로의 동방견문록』, 사계절, 2000.

었던 이문화의 여러 모습을 당시 사료에서 추출하여 분석하고자 한다. 둘째, 대몽골국 초기의 문서행정과 관료제의 초기 모습을 살펴본 다음, 유럽에서 온 사절들이 남긴 여행기에 보이는 몽골 宮廷(ordu)에서 행해진 외교전례의 실상을 고찰하고자 한다. 그리고 아울러 궁정에서 행해진 외교전례에서 일정한 역할을 담당했던 통사(通事)와 역사(譯史)의 활동상황 등을 살펴보고자 한다. 이렇게 함으로써 대몽골국이 정주지대를 정복하고 통치하기 이전부터 '異文化'에 대한 수용태도와 문서행정을 비롯한 관료제의 초기 모습 등을 어느 정도 파악할 수 있으면 다행이겠다.

II. 대몽골국 초기 異文化의 모습

1. 몽골고원으로 유입된 초기 異文化

먼저 대몽골국 성립 이전 몽골초원에 유입되었던 이문화의 모습과 그 배경에 대해서 간략하게나마 살펴보도록 하겠다. 잘 알다시피 칭기스 칸이 이끄는 몽골군은 우수한 군사력으로만 상대를 제압하려했던 것은 아니다. 전쟁에 앞서 미리 상대방의 군사력과 그 지역의 지형과 지리 등 필요한 정보를 파악하고 입수하기 위해 다양한 수단을 이용하였다. 예를 들면 투항자 또는 망명자를 통해 적의 동태를 미리 파악하였으며, 또한 이익을 우선시하는 隊商들을 중요한 정보원으로 활용하였다. 물론 실크로드를 따라 유라시아 대륙을 오가던 상인집단들이 먼저 칭기스 칸에게 다가가 정보를 제공하기도 했다.

그 대표적인 예가 바로 『몽골비사』에 나오는 '사르탁 사람' 아산(Asan←하산 하지 Hasan-Hājī)과[5] '발주나 盟約'에 참가한 자파르 호자(Jafar Khawja) 등이다.[6] 아산은 '옹구드의 영지를 거쳐 흰 낙타를 타고 일천 마리의 거세 양을 몰고, 담비, 다람쥐와 바꾸러 에르구네 강을 따라 내려오다가 발주나 호수로 가축에게 물을 먹이러 들어가는 도중에 칭기스 칸과 조우했던 것'이다.[7] 아산은 후에 칭기스 칸의 중앙아시아 원정에도 참여하여, 오트라르(Utrār) 근처의 시그낙(Sighnāq) 현지인들에게 항복하도록 설득하기 위해 주치가 사신으로 보

---

5) 著者不明, 『몽골비사』182절; 유원수 역주, 『몽골비사(元朝秘史)』, 사계절, 156쪽.
6) 『元史』卷120, 札八兒火者傳, 2960쪽. (中華書局 點校本)
7) 『몽골비사』182절; 유원수 역주, 『몽골비사(元朝秘史)』, 156쪽.

냈으나 살해당했다. 이후 시그낙은 함락되었고 아산의 아들이 현지 통치자로 임명되었다.[8] 무슬림 상인 자파르 호자(Jafar Khawja) 역시 칭기스가 모전천 막에 사는 모든 유목민들의 지도자가 될 가능성을 믿었고 그에게 자신의 운명을 걸었다. 따라서 칭기스 칸이 케레이트의 옹 칸과의 전투에서 패한 후 남은 부하 19명과 흙탕물을 마시며 맹세를 했던 '발주나 盟約'에 참가했던 것이다.[9] 이들 두 명은 칭기스가 아직 순몽골의 칸이 되기 전부터 도움을 주고받고, 충성을 맹세했던 무슬림이었다.

이외에도 거란 황족 출신의 야율아해(耶律阿海)와 야율독화(耶律禿花) 형제, 그리고 금조에서 투항한 석말야선(石抹也先)과 석말명안(石抹明安) 등도 칭기스에게 봉사함으로써 자신들 개인과 아울러 민족의 운명을 보장받으려 노력했다.[10]

칭기스가 이끄는 몽골부의 세력이 점차 강대해지는 것을 두려워한 나이만 (Naiman, 乃蠻)의 타양 칸은 1204년 몽골부를 협공하기 위해 옹구드에 사신을 보냈다. 그러나 옹구드의 수장이었던 알라코시 디기드 코리는 그 제안을 거절하고 사자 '요코난'을 칭기스에게 보내 이 소식을 알렸다. 이에 대해『몽골비사』에는 다음과 같이 적고 있다.

… (옹구드의) 알라코시 디기드 코리가 "나는 그대의 우익이 될 수 없다!"고 해

---

8) Barthold W., *Turkestan down to the Mongol Invasion*, E. J. W. Gibb Memorial Trust, Porcupine Press, 1977, p.414.

9) 『元史』卷120, 札八兒火者傳, 2960쪽; Cleaves F. W., "The Historicity of the Baljuna Covenant", *Harvard Journal of Asiatic Studies*, Vol. 18, no.34, Harvard-Yenching Institute, 1955; 라츠네프스키,『칭기스 칸』(김호동 옮김), 지식산업사, 1992, 69-73쪽.

10) 스기야마 마사아키 지음, 임대희·김장구·양영우 옮김,『몽골 세계제국』, 신서원, 1999, 39 쪽; 라츠네프스키/김호동,『칭기스 칸』1992, 101-104쪽.

서 보내고, 요코난이라는 이름의 사자를 칭기스 카한에게 보내 … 알라코시 디 기드 코리가 보낸 사자 요코난이 이 소식을 갖고 오자…11)

이 때 알라코시 디기드 코리가 칭기스에게 보낸 '요코난(Yohunan, 月忽難)' 이라는 이름은 기독교도 중에 흔한 '요한(Johannes, John)'이라는 이름을 몽골 식으로 적은 것이다.12) 웅구드13) 내에서는 일찍부터, 적어도 唐末 이후 초원 으로 유입된 네스토리우스파 기독교가 신봉되고 있었다. 그들이 남긴 유물과 유적이 오랫동안 잊혔다가 20세기 초부터 네이멍구(內蒙古) 지방에서 발견되 어 학계에 보고되기 시작했다. 그 중에는 청동제 십자가와 비둘기 모양의 목 걸이 그리고 무덤가에 쌓은 석재에 새겨진 시리아 銘文과 십자가 문양 등이 있다.14) 물론 네스토리우스파 기독교도들의 흔적은 네이멍구 지방 뿐 아니라 천주(泉州)를 비롯한 중국 동남부 지역에도 남아 있다.15)

다음으로 1206년 몽골초원 통일 이후 '이문화'의 양상을 살펴보도록 하자. 초원을 통일한 다음, 칭기스 칸은 이어서 주위의 세력을 정복하기 위한 대외 원정을 적극적으로 실행하였다. 이에 따라 다른 언어를 사용하는 부족과 집 단이 차례대로 대몽골국의 통치를 받게 되었다. 통일 이전에는 주로 위구르16)

---

11) 『몽골비사』 190절; 유원수 역주, 『몽골비사(元朝秘史)』, 168쪽.
12) 라시드 앗 딘, 『집사 1: 부족지』(김호동 역주), 사계절, 2002, 228쪽, 주)146.
13) 웅구드 종족에 대해서는 같은 책, 226-232쪽.
14) 牛汝極, 『十字蓮花: 中國元代敍利亞文景敎碑銘文獻硏究』, 上海古籍出版社, 2008.
15) 吳文良 原著, 吳幼雄 增訂, 『泉州宗敎石刻(增訂本)』, 北京, 科學出版社, 2005; 천주에 서 출토된 유물 중 일부는 국내에서도 전시된 바 있다. 특히 시리아문자 기독교도 묘비 석(1289년)과 고려 출신 다루가치 라마단(剌馬丹)의 묘비(1345년)와 파스파문자 가독 교도 묘비석(1324년) 등이 전시되었다. (재)해상왕장보고기념사업회, 『장보고와 해상실 크로드의 관문 천주』, 국립해양유물전시관, 2008, 130-133쪽.
16) 『몽골비사』 238절; 유원수 역주, 『몽골비사(元朝秘史)』, 235-236쪽.

등 투르크 계통과 거란 출신의 인재들이 있었다면, 이후에는 점차 무슬림과 탕구트,[17) 여진인과 북부 중국의 한인들까지도 참여하게 된다. 칭기스 칸이 몽골초원을 통일한 직후 이러한 상황에 대해 『몽골비사』에는 다음과 같이 적고 있다.

그 뒤에 아홉 가지 언어의 사람들(yesün keleten irgen)이 텝 텡게리(Teb Tenggeri)에게로 모여 …18)

여기서 '아홉 가지(yesün)'이라는 표현은 단순하게 '9'라는 숫자를 적은 것이 아니라 몽골어에서 헤아릴 수 없이 아주 많은 수나 종류를 말할 때 쓰는 관용적인 표현이다. 따라서 그 만큼 다양한 지역에서 온 사람들이 몽골초원에 존재했다는 의미이다.

이러한 이문화 유입 현상은 특히 몽골의 중앙아시아 호레즘 원정 이후 본격적으로 전개되었다. 칭기스 칸의 호레즘 원정이 우발적인지 필연적인지에 대해서는 다양한 의견이 있다.19) 물론 『몽골비사』에는 '그 뒤에 칭기스 카한이 사르타굴 사람들에게 오코나(Oqona)를 비롯한 100명의 사절단을 보냈는데, 모두 암살당하였다.'고 기록하고 있다.20) 따라서 전쟁이 일어난 책임을 전적으로 사르타굴(호레즘)에 돌리고 있다. 어쨌든 7년여에 걸친 중앙아시아 원정으로

---

17) 『몽골비사』150, 249, 256절; 유원수 역주, 『몽골비사(元朝秘史)』, 118, 253-254, 268-269 쪽.
18) 『몽골비사』245절; 유원수 역주, 『몽골비사(元朝秘史)』, 243-244쪽.
19) Schwarz H. G., "Otrar", *Olon Ulsyn Mongolchi Erdemtnii Ikh Khural*, Vol. 5(3), Ulaanbaatar, 1992, pp.333-340.
20) 『몽골비사』254절; 유원수 역주, 『몽골비사(元朝秘史)』, 258쪽.

인해 '사르타굴 백성(Sartaɣul irge[n])' 등 다양한 요소가 몽골고원으로 유입된 것은 분명한 사실이다. 특히 칭기스 칸은 그 중에서도 중앙아시아 출신의 장인(匠人)을 비롯한 포로들을 대량으로 끌고 왔다. 이에 대해서는 위구르식 몽골문자로 적은 최고(最古)의 기록이라고 하는 '칭기스 칸 비석'에 다음과 같이 적혀 있다.[21]

> 칭기스 칸이 사르타굴 백성을 항복시키고 내려와 모든 몽골 나라의 왕공들이
> 부카-소치가이에 모였을 때 이숭게가 활을 쏘기를 335알다(≒536m)에 쏘았다.[22]

칭기스 칸이 몽골을 비롯한 유목사회를 통합함으로써 '대몽골국'은 명실상부한 多文化社會가 되었다. 이후 대몽골국이 태풍의 눈으로 부상하자 주변국들은 서로 앞을 다투어 세계사의 새로운 흐름과 방향을 탐지하기 위해 대몽골국의 중심지 카라코룸(Qara Qorum, 和林)으로 사절단을 비롯한 다양한 정보원을 파견하기 시작했다. 특히 1219~1225년에 걸친 칭기스 칸의 중앙아시아 원정 이후, 그리고 우구데이 카안 시기가 되면 심지어 멀리 유럽에서 러시아, 프랑스, 폴란드, 헝가리 출신 사람들도 몽골제국의 수도인 카라코룸으로 오거나 포로로 잡혀왔으며, 송(宋)과 고려(高麗) 조정에서도 여러 차례 사신을 파

---

21) '칭기스 칸 비석'은 '이숭게 기공비'라고도 부르는데, 대체적으로 1225년경에 세운 것으로 본다. 이에 비해 라케빌츠는 1250년대, 혹은 늦으면 1270년대에 세워진 것이라고 본다. de Rachewiltz I., "Some Remarks on the Stele of Yisüngge", Heissig W. et al.(eds.) *Taactata Altaica*, Otto Harrassowitz, 1976, pp.487-508.
22) 니콜라스 뽀뻬, 『몽골문어문법』(유원수 옮김), 민음사, 1992, 21-22쪽. 'Činggis qan-i Sarta ɣul irge daɣuliju baɣuju qamuɣ Mongɣol ulus-un noyad-i Buqa-sočiqai-tur quriɣsan-dur Yisüngge ontudurun ɣurban jaɣud ɣučin tabun aldas-tur ontutulaɣa.'

견하여 몽골의 내부 사정을 정탐하였다.[23] 그 뿐 아니라 야율초재(耶律楚材) 와 점합중산(粘合重山) 등 거란과 여진 출신들은 우구데이 시기에 '서기(書記)'로 봉사했다.[24] 다인종·다문화 제국이 된 대몽골국에는 통치 집단의 언어 인 몽골어 이외에 준 공용어인 투르크어와 페르시아어,[25] 그리고 漢語, 탕구 트어, 거란어, 여진어, 아랍어, 라틴어 등을 사용하는 사람들이 공존하고 있었 다.

2. 카라코룸의 異邦人과 그 文化

칭기스 칸이 생각했던 '세계 정복'은 초원에 사는 '모전(毛氈) 천막의 사람들 (is[e]lgei tuɣuryatan)'이었다.[26] 그에 비해 우구데이 카안은 점차 주변 정주지역 에까지 관심을 확대하게 되었다. 그 주된 요인은 첫째, 아버지의 유업을 이어 서 완수하는 것이었고[27] 둘째, 카안의 주변에 있던 수많은 '異邦人'들, 그 중에 서도 중앙아시아 출신 무슬림 관료들의 충고였다. 그들 무슬림 관료들은 한편 으로 동향 출신의 무슬림 상인들과 깊은 이해관계를 맺고 있었던 것이다.[28]

---

23) [宋]趙珙, 『蒙韃備錄』(王國維, 『蒙古史料四種』, 臺北, 正中書局, 1962); 고려 사신의 몽 골 카라코룸 사행에 대해서는 간략하지만 김장구, 「플라노 드 카르피니의 『몽골인의 역 사』에 보이는 몽골사 인식」, 『동국사학』49, 동국사학회, 2010, 91-95쪽을 보시오.

24) 스기야마 마사아키 지음, 임대희·김장구·양영우 옮김, 『몽골 세계제국』, 신서원, 1999, 39, 65-67쪽.

25) Huang Shijian, "The Persian Language in China during the Yuan Dynasty", *Papers on Far Eastern History*, Vol. 34, Canberra, 1986.

26) 『몽골비사』 203절; 유원수 역주, 『몽골비사(元朝秘史)』, 200쪽.

27) 『몽골비사』 270-277절; 유원수 역주, 『몽골비사(元朝秘史)』, 283-294쪽.

28) 翁獨健, 「斡脫雜考」, 『燕京學報』29, 北平燕京大學, 1941; 宇野伸浩, 「オゴデイ·ハ ンとムスリム商人」, 『東洋學報』70, 1989; Allsen Th. T., "Mongolian Princes and their

이에 우구데이 카안은 대몽골국의 위상에 걸맞은 수도(권)의 필요성을 인식하고 카라코룸을 그 중심 도시로 건설하기 시작했다. 카라코룸 도시 주위에는 성벽을 세우고, 외국사절을 맞을 수 있는 궁궐(Tümen amγalangtu ordon, 萬安宮)[29]과 이방인을 위한 종교시설 등도 세웠다.[30] 아울러 칭기스 칸이 제정해서 반포했던 법률과 관제, 세제 등을 새롭게 정비하여 제국의 안정적인 발전을 꾀했다.[31]

그리고 외국사절의 내왕과 대몽골국의 지방 통치행정, 군사 정보의 전달 등 다양한 편의를 위해 역참(驛站, [jamči, 站赤])을 건설하였다. 역참의 건설에 대해서 우구데이 카안이 얼마나 큰 의미를 두었는지 『몽골비사』에 다음과 같이 기록되었다.

우구데이 카한은 "아버지의 자리에 앉아, 카한 아버지의 뒤에 내가 한 일은 이러하다. 자쿠드(金나라)의 사람들에게 원정하여 자쿠드 사람들을 무찔렀다. 다음에 내가 한 일은 우리 사신들이 빨리 달릴, 그리고 온갖 필수품들을 운반하

Merchant Partners, 1200~1260", *Asia Major*, 3rd ser., Vol. 2(2), 1989; Endicott-West E., "Merchant Associations in Yüan China: The Ortoγ", *Asia Major*, 3rd ser., Vol. 2(2), 1989.

29) Shiraishi N., "Seasonal Migrations of the Mongol Emperors and the Peri-Urban Area of Kharakhorum", *International Journal of Asian Studies*, Vol. 1(1), Cambridge University Press, 2004.

30) Rubruck W., Jackson P.(tr.)·Morgan D.O.(ed.), *The Mission of Friar William of Rubruck: His Journey to the Court of the Great Khan Möngke, 1253-1255*, London, Hakluyt Society, 1990, p.221 [이하 Rubruck/Jackson, 1990으로 표기]. 최근 카라코룸에서 발굴된 유적과 유물에 대해서는 독일 등지에서 열린 몽골전 도록 *Dschingis Khan und Seine Erben: Das Weltreich der Mongolen*, 2005, 특히 pp.128-195를 보시오.

31) 『몽골비사』 278-280절; 유원수 역주, 『몽골비사(元朝秘史)』, 294-301쪽.

기 위한 역참(驛站)을 놓은 것이다.…"[32]

이로써 제국의 행정체계와 수취체계가 보다 효율적으로 운영되었으며, 반란을 미연에 방지하거나 신속하게 진압할 수 있게 되는 등 군사적으로도 큰 효과를 거두게 되었다. 아울러 더 많은 무슬림 상인들이 카라코룸과 대몽골국 영토를 안전하게 왕래하게 되었다.[33]

우구데이 카안이 정비한 역참을 따라 카라코룸을 다녀간 대표적인 인물이 바로 교황 이노켄티우스 4세가 파견한 사절 카르피니[34]와 프랑스의 루이9세가 보낸 비공식 사절 루브룩이었다.[35] 이들은 수많은 난관을 극복하고 추위와 배고픔을 견디면서 '타르타르(Tartar, 몽골)의 실체'를 파악하기 위해 노력했다.[36]

이어서 카라코룸에 대한 기록을 통해 당시 다양한 이문화의 모습을 살펴보도록 하겠다. 루브룩은 카라코룸 도시 전체 규모에 대해서 얄보는 투로 생-드니(Saint Denis)보다 못하다고 기록했다. 그리고 도시는 크게 두 구역으로 나누어져 있는데, 하나는 시장이 있는 사라센 상인들의 구역이고 다른 하나는 키

---

32) 『몽골비사』 281절; 유원수 역주, 『몽골비사(元朝秘史)』, 301-302쪽.

33) 이개석, 「元代의 카라코룸, 그 興起와 盛衰」, 『몽골학』4, 1996; 陸峻嶺, 「哈剌和林考」, 『燕京學報』新四期, 1998; 宇野伸浩, 「オゴデイ·ハンとムスリム商人」, 『東洋學報』70, 1989. 대몽골국 초기 역참의 설치와 변화양상에 대해서는 다음 글을 참조하시오. 심호성, 「몽골帝國期 東部 중앙아시아 驛站교통로의 변천」, 『동양사학연구』118, 2012, 87~151쪽.

34) John of Plano Carpini, 'History of the Mongols' in The Mongol Mission(Dawson C. ed.), London and New York, Sheed and Ward, 1955 [이하 Carpini/Dawson, 1955로 표기]. 플라노 드 카르피니의 몽골사 인식에 대한 기초적인 연구는 김장구, 2010을 참조하시오.

35) Rubruck/Jackson, 1990.

36) Carpini/Dawson, 1955, p.6.

타이(중국) 장인들을 위한 구역이며, 궁전이 있는 구역은 따로 위치하고 있다고 했다. 이를 통해 카라코룸에 거주하는 키타이(중국)인들은 대부분 포로로 잡혀 온 장인들이며, 사라센인들은 대부분 상인이라는 사실을 확인할 수 있다. 그리고 진흙으로 만든 성벽으로 가로막혀 있으며 네 개의 문이 나있다고 한다. 그 네 개의 문밖에는 각각, 동쪽 문에서는 수수와 여러 다른 종류의 곡식을 팔고 서쪽 문에서는 양과 염소가, 남쪽 문에서는 소와 마차가 그리고 북쪽 문에서는 말을 파는 장이 선다고 기록하였다.[37] 물론 궁전의 내부 구조에 대해서도 기록을 남겼다.[38] 그리고 카라코룸의 종교시설에 대해서는 다음과 같이 서술하였다.

> …열두 개의 다른 사람들이 속해있는 우상숭배 사찰이 있고, 마호메트의 종교를 선언하는 두 개의 모스크들이 있으며 마을의 끝에 하나의 크리스트교 교회가 있다.[39]

한편 카르피니는 대칸이 의식을 행할 때 이용하는 대형 게르의 내부에 대해서 자세한 기록을 남겼다.

> 우리는 그곳을 떠나서 중국인들(Kitayans)이 선물로 바친, 붉은 색 천으로 둘러싸인 아름다운 천막(게르)이 있는 곳으로 갔고 그 안으로 들어갔다. … (내부에는) 판자로 만든 높은 단상이 설치되어 있었고, 그 위에는 대칸이 앉는 옥좌가

---

37) Rubruck/Jackson, 1990, p.221.
38) Rubruck/Jackson, 1990, p.210.
39) Rubruck/Jackson, 1990, p.221.

있었다. 상아로 만든 그 옥좌는 훌륭하게 조각되었고 또한 황금과 보석 그리고, 내 생각이 맞는다면, 진주로도 꾸며졌다. … 옥좌를 둘러싸고 의자도 놓여 있었는데, 왼쪽에는 여인들이 제자리에 앉지만 오른쪽에는 누구도 앉지 못한다. … 대칸의 부인들은 각각 하얀 색 펠트로 만든, 아주 크고 아름다운 다른 천막(게르)을 갖고 있다.[40]

(구육의) 즉위식 전에 코스마스(Cosmas)는 우리들에게 그가 만든 대칸의 寶座와 그가 조각한 그의 인장을 보여주었고, 또한 우리에게 그 인장에 새겨진 銘刻(문자)에 대해서도 말해주었다.[41]

이 기록을 통해 우리는 중요한 사실 몇 가지를 알 수 있다. 첫째, 구육 카안 시기에 이미 중국에서 대형 게르를 선물로 바쳤다는 것이다. 둘째, 여인들은 오른쪽(서쪽)에 앉지 않는다는 몽골인들의 오랜 전통이 확인된다는 것이다. 이 사실은 루브룩의 기록을 통해서도 확인할 수 있다.[42] 그리고 대칸이 앉는 보좌와 인장을 러시아에서 온 금세공인 코스마스(Cosmas)가 만들었다는 사실을 적었다. 코스마스는 카르피니가 카라코룸에 머무는 동안 많은 도움을 주었던 사람이다.[43]

이어서 카라코룸에 있던 다양한 異邦人과 그 문화에 대해서 살펴보도록 하

---

40) Carpini/Dawson, 1955, p.64.
41) Carpini/Dawson, 1955, p.66.
42) Rubruck/Jackson, 1990, p.210.
43) Carpini/Dawson, 1955, p.66.

겠다.

고생 끝에 카라코룸에 도착한 카르피니는 구육의 대칸 즉위식에 참가하는 행운을 얻었다. 놀랄 만한 선물을 들고 구육의 즉위식에 참석한 외국사절의 면모에 대해서 카르피니는 자세한 기록을 남겼다.[44]

… 당시에는 짐작이었지만, 나중에 문지기로부터 들은 바로는 러시아 수즈달의 제로즐라우스 공과 몇 명의 키타이와 솔랑기(Solangorum)의 수장들, 그루지아 왕의 두 아들, 바그다드의 칼리프가 보낸 사신인 술탄과 사라센 지역에서 온 열 명도 넘는 술탄들이 막사 난간 밖에 있었다. 거기에는 가져온 공물을 세는 사람들, 선물을 가져온 사람들, 타르타르와 그 지방 통치자들(*바스칵)의 소집에 응해 그(구육)에게 복속을 청하기 위해 온 술탄과 그 밖의 수장들 등 4,000명도 넘는 사람들이 도착해 있었다. 그들은 모두 목책 밖에서 동시에 술을 마시고 있었는데, 우리들과 제로즐라우스 공에게는 항상 가장 좋은 자리가 주어졌다.[45]

카르피니는 세계 각지에서 온 수장들과 구위관리들 뿐 아니라 포로로 잡혀 끌려온 사람들을 만나서도 '타르타르(몽골)'에 관한 정보를 최대한 수집했다. 앞에서 언급한 러시아인 코스마스 이외에도 라틴어와 프랑스어를 아는 많은 러시아인과 전쟁과 다른 일로 인해 타르타르[몽골]인들과 함께 30여 년을 살아온 러시아 성직자와 다른 사람들, 그리고 계속해서 20여 년을 그들과 살면서 언어를 알게 되었기 때문에 그들에 대해서 거의 모든 것을 아는 사람들, 그 외

---

44) Carpini/Dawson, 1955, p.64.
45) Carpini/Dawson, 1955, p.62.

에도 열 명 안팎의 사람들이 있었다.[46]

그리고 루브룩은 '거무스름하고 머리카락이 볼품없는, 표면이 거친 모포가 그의 정강이를 반쯤 덮는 튜닉을 입은' 아르메니아인 수도승을 만났으며, 카라코룸에 있는 몇몇 기독교 요소를 발견하고는 만족스러워하기도 했다.[47]

이외에도 루브룩은 자신의 숙소와 이웃해서 살고 있던 니케아 왕국의 대사,[48] 다마스쿠스에서 온 기독교인, 아크레에서 온 레이몬드(본명은 테오돌루스),[49] 헝가리에서 포로로 잡혀 온 로레인의 메츠 출신인 파샤(Pascha)라는 여인도 만나보았다. 파샤는 그리스도교도였고 러시아인 남편과의 사이에 세 아들을 두고 있었다.[50] 그리고 윌리엄과 함께 로레안 출신으로 헝가리에서 태어난 그의 부인을 만나 그 집에서 저녁을 먹기도 했다. 그리고 '바실'이라는 헝가리에서 태어난 영국인을 만나기도 했다.

그리고 대칸을 위해 아이락(airay, 마유주), 포도주, 검은 쿠미스(정제된 마유주), 보알(蜂蜜酒), 테라키나(쌀술) 등 다섯 가지 음료가 나오는 '銀製 나무(mönggün modu)'를 제작한 파리 출신의 장인 기욤 부시에(Guillaume Buchier)를 만났는데, 그의 양아들 '바실(Basil)'은 루브룩의 통역을 도와주기도 했다.[51]

그녀는 우리에게 카라코룸에 파리토박이이고, 성이 부시에이며, 윌리엄(프. 기

46) Carpini/Dawson, 1955, p.66.
47) Rubruck/Jackson, 1990, p.174.
48) Rubruck/Jackson, 1990, p.175.
49) Rubruck/Jackson, 1990, p.184.
50) Rubruck/Jackson, 1990, p.182.
51) Rubruck/Jackson, 1990, p.212.

욤)이라고 불리는 금세공사가 있다는 것을 덧붙여 말했다. 그의 아버지의 이름이 로렌드 부시에이며, 그는 그가 여전히 그랜드 폰트에 로져 부시에라고 불리는 형제가 있다고 믿었다. 나는 또한 그녀로부터 그가 입양하여 돌보는 통역자이기도 한 아들이 있다는 것을 알게 되었다.[52]

이상의 기록을 살펴보면, 대체적으로 서방에서는 러시아, 그루지아, 사라센 (바그다드), 아르메니아, 그리스(니케아), 시리아(다마스쿠스), 아크레, 헝가리, 영국, 프랑스 등지에서 온 다양한 사람들이 대몽골국 초기 카라코룸에 살고 있었다는 사실을 확인할 수 있다.

다음으로 대몽골국 초기에 카라코룸을 방문했던 동쪽 사람들에 대해 살펴보도록 하자. 몽골과 고려 관계에 대한 『몽골비사』의 기록은 칭기스 칸이 '잘라이르타이 코르치(箭筒士)'의 후속부대로 예수데르 코르치를 보내 주르체드 (Jürčed, 女眞)와 '솔랑가스(Solangyas, 高麗)'를 원정했다는 기록이다.[53]
카라코룸에서 고려 사절을 본 카르피니는 '고려(Solangi)'에 대해 여섯 차례나 기록을 했다.[54] 그리고 루브룩도 고려에 대해 각각 다른 이름(Solanga, Caule)으로 한 차례씩 두 번 언급했다.[55] 특히 루브룩은 고려 사절의 인상과

52) Rubruck/Jackson, 1990, p.183.
53) 『몽골비사』274절; 유원수 역주, 『몽골비사(元朝秘史)』, 290쪽.
54) Carpini/Dawson, 1955, p.5, 15, 40, 41, 62, 63; 김장구, 「플라노 드 카르피니의 『몽골인의 역사』에 보이는 몽골사 인식」, 『동국사학』49, 2010. 특히 91-95쪽을 보시오. 대몽골국 초기 고려의 외교적 노력과 몽골 카라코룸에서 만난 유럽(인)과 고려(인)에 대해서는 별고를 준비 중이다.
55) 루브룩은 고려(Solangi)에 대해서 Rubruck/Jackson, 1990, p.159 'the Longa and the Solanga', p.203 'Caule and Manse'로 적었다.

복장에 대해서 아주 정확하고 자세한 묘사를 했다.

티벳인들 외에도 롱가(Longa)인과 솔랑가(Solanga)인이 있는데, 난 이들의 외교 대사들을 궁중에서 보았다. 그들은 각각의 수레가 여섯 마리의 소에 의해 운반된 열 개의 큰 수레보다 더 많은 것을 가져왔다. 그들은 작았고, 스페인들처럼 피부가 거무스름했으며, 기독교 부제들이 입는 겉옷처럼 생겼으나 조금 좁은 소매가 있는 튜닉을 입었다. 그들은 처음에는 그들의 머리위에 미트레(주교가 의식 때 쓰는 모자)같이 생겼으나 앞부분은 뒤보다 작았고 윗부분이 뾰족하게 한 꼭짓점으로 끝나지 않고 네모처럼 되어있었으며, 검은 니스와 함께 모슬린 천으로 만들어졌고 마치 거울이나 거의 윤택이 나는 투구처럼 햇빛 속에서 희미하게 빛날 정도의 광택을 낸 모자를 썼다.…[56]

나는 그것을 믿을 수 없었음에도 불구하고, 다른 사실을 더 듣게 되었다. 카타이아(Cataia) 너머에 한 나라가 있는데, 몇 살이든 간에 그 나라에 들어가면 그때의 나이를 유지한다는 것이었다. 카타이아는 바다위에 놓여있다. 장인 윌리엄은 그가 어떻게 섬에 살고 있는 카울레(Caule)와 만세(Manse)[57]로 알려진 사람들의 사절단을 보았는지 나에게 설명했다. 그들이 살고 있는 지역 주변의 바다는 겨울에는 얼었다. 그 결과 타르타르는 그들에 맞서 이동할 수 있었다.[58]

---

56) Rubruck/Jackson, 1990, pp.159.
57) 카울레(Caule)는 高麗를 의미하고 만세(Manse)는 만지(Manji, 蠻子), 즉 남중국에 거주하던 이들을 가리킨다. 잘 알다시피 북중국과 그 곳에 거주하던 한인(漢人)에 대해서는 캐세이(Cathay)라고 불렀다. 마르코 폴로는 『동방견문록』에서 고려를 카울리(Cauli)로, 라시드 앗 딘은 『집사』에서 카울리(Kawlī)로 표기했으며, 한반도 북부와 압록강 유역은 솔랑카(Solanqa)로 불렀다. 김호동 역주, 『마르코 폴로의 동방견문록』, 2000, 225쪽.
58) Rubruck/Jackson, 1990, pp.202-203.

그리고 티베트와 탕구트, 위구르, 중국에 대해서도 기록을 남겼다.

더 너머에는 대 카타이아(Great Cataia)가 있는데, 내가 알기에 그 사람들은 고대에 세레스(Seres)라고 알려진 사람들이다. 그 사람들 명칭 때문에 세릭(seric)이라 불리게 된 가장 질 좋은 비단 옷의 공급원이며, 이번에는 비단이 나는 그 도시 이름에 따라 세레스로 알려지게 되었다. 난 이 지역에 은으로 된 성벽과 금으로 된 흉벽으로 이뤄진 도시가 있다는 것을 확실하게 알았다.[59]

카타이아(Cataia)에서 통용되는 화폐는 종이 종류인데, 이것은 손바닥 크기 정도의 너비와 길이이고, 그 위에 망구(Mangu)의 인장이 찍혀져 있다. 그들은 그림을 그릴 때 이용하는 것과 같은 종류의 붓을 사용하여 글을 쓰고, 하나의 글자 안에서 한 단어를 구성하는 몇몇의 글자들을 만들 수 있다. 티베트 인들은 우리가 글 쓰는 것과 같이 쓴다. 그리고 그들의 숫자는 우리의 것과 매우 비슷하다. 탕구트 인들은 아랍인들과 마찬가지로 오른쪽에서 왼쪽으로 글씨를 쓰는데, 그들은 아래에서 위로 선을 더한다. 그리고 내가 이전에도 말했듯이 위구르인들은 위에서부터 아래쪽으로 쓴다.[60]

중국에 대한 루브룩의 기록 중에서 주목할 만한 것은, 특히 '세레스(Seres)'가 '비단의 나라' 중국이라는 사실에 대해서 가장 먼저 정확하게 언급했다는 점이다. 아울러 대칸의 인장이 찍힌 '종이 종류의 돈(紙幣)'이 유통되고, 붓으로 글씨를 쓴다는 사실과 한자(漢字)에 대해서 정확하게 언급한 최초의 서양

---

59) Rubruck/Jackson, 1990, p.161.
60) Rubruck/Jackson, 1990, pp.203-204.

인일 것이다. 또한 루브룩은 고려와 중국 이외에도 티베트, 탕구트, 위구르에 대해서도 언급하고 있다. 물론 둘 다 힘든 사행을 했겠지만, 정식 외교사절이었던 카르피니에 비해 루브룩은 비공식 사절이었고 통역도 제대로 이루어지지 않는 상황에서 훨씬 힘든 여행을 했다. 그러나 카르피니와 루브룩의 여행 기록을 비교해 본다면, 루브룩의 기록이 보다 객관적이며 정확한 서술을 했다고 할 수 있다.

이렇게 카라코룸 현지에서 보고 들은 것을 적은 카르피니와 루브룩의 기록을 통해, 우리는 당시 대몽골국 초기에 동서양을 막론하고 세계 각지에서 찾아온 다양한 군상의 모습과 그들의 문화에 대해 일정한 이해를 할 수 있었다.

Ⅲ. 대몽골국 초기 宮廷의 外交典禮

1. 문서행정과 관료제의 초기 모습

칭기스는 대몽골국 성립 이전부터 통치와 행정체계 등에 대해 관심을 기울였다. 그 첫 번 째 결실이 '위구르식 몽골문자'의 사용이었다. 그는 1204년 봄 나이만(Nayiman, 乃蠻)을 정복하는 과정에서 재상이었던 '타타통가(Tatatongya, 塔塔統阿)'를 포로로 잡았는데, 타타통가는 칭기스에게 문자의 효용성과 문자를 제국의 행정체계에 적용하도록 설명하였다. 이에 칭기스는 그를 장인관(掌印官)으로 임명하고, 나이만족이 사용하던 '위구르 문자'는 그대로 몽골어를 표기하는 문자로 사용되었다.[61] 이러한 몽골 문자에 대해 구육 칸 시기에 몽골을 방문했던 카르피니는 비교적 정확한 기술을 하였다.

> 칭기스는 네스토리우스파 기독교도인 그들(위구르인)을 전투에서 패배시켰고,
> 이전에는 몽골에 공식문자가 없었기 때문에 그들의 문자를 채용했다. 그러나
> 지금 그들은 그것을 몽골 알파벳이라고 부른다.[62]

카르피니보다 늦게 몽골을 방문한 루브룩도 '위구르式 몽골문자'에 대해 기록을 남겼을 뿐 아니라 쓰는 방식에 대해서까지 정확한 묘사를 하였다.

---

61) 『元史』권124, 「塔塔統阿傳」; 라츠네프스키/김호동, 『칭기스 칸』, 1992, 156쪽; 林韻濤, 「蒙古用畏兀字之原因」, 『禹貢』第五卷 第十二期, 北平, 1936.
62) Carpini/Dawson, 1955, pp.20-21; 김장구, 2010, 80쪽.

그들의 문자는 타르타르[몽골]에 의해 채용되었다. 그들은 꼭대기에서 쓰기 시작하여 선을 아래쪽으로 내려 적고 같은 방식으로 읽는데, 그 다음 행들은 왼쪽에서 오른쪽으로 각각 이어진다.[63]

따라서 모알(Mo'al, 몽골)인들이 그들의 문자를 채택함으로써 위구르인들은 그들의 수석 서기(magni scriptores)를 지원해주었다. 거의 모든 네스토리우스 교도는 그 문자에 익숙하다.[64]

칭기스 칸은 문자의 사용과 더불어 군사, 행정, 법률, 조세제도 등을 정비하기 시작했다. 군사제도는 천호제를 새롭게 조직했으며, 행정제도는 중앙에는 대칸 휘하 친가이를 수반으로 하는 군사적 관료제를, 지방에는 '다루가치(daruɣači, 達魯花赤)'를 파견하여 통치하도록 했다. 조세제도는 문자를 알고 회계 능력이 뛰어난 위구르인과 거란인, 무슬림 등을 중용해 중앙 재정의 확보와 더불어 피폐해진 정복지의 재건과 백성의 삶을 안정시키는 데 주력하였다. 그 중에서 법률체계의 정비에 대해 간단하게나마 살펴보도록 하자. 칭기스는 송사를 판결하는 재판관에 시기 쿠투쿠(Šigi Qutuqu)를 임명했다. 그는 칭기스가 옹 칸과 함께 타타르 원정 시 발견한 어린아이였고, 칭기스가 자신의 여섯 번째 아들로 삼고 '시기 쿠투쿠'라는 이름을 주었던 인물이다.[65]

또한 시기 쿠투쿠에게 ……모든 자의 위에서 송사를 처결하도록 맡겼다.

63) Rubruck/Jackson, 1990, pp.154-155.
64) Rubruck/Jackson, 1990, p.157.
65) 『몽골비사』135절; 유원수 역주, 『몽골비사(元朝秘史)』, 100-101쪽.

또한 "모든 백성을 몫을 나눈 것을, 송사를 처결한 것을 푸른 책(kökö debter)에 글로 써서 기록하라. 또한 후손의 후손에 이르기까지 시기 쿠투쿠가 내게 상의하여 법도로 정해 푸른 책(kökö[의] bičig), 흰 종이(čaγa'an ča'alsun)에 기록한 것을 변개하지 마라! 변개하는 사람은 죄인으로 다스리도록 하라"는 분부가 있었다.[66]

다시 분부가 있기를, "시기 쿠투쿠와 함께 재판을, 숙위 가운데서 누가 재판을 같이 듣도록 하라!"고 했다.[67]

이 법률은 몽골문자로 기록되었다. 후에 몽골을 방문한 카르피니는 몽골에는 변호사가 없는데, 그 이유는 '모든 문제는 법적인 혼란 없이 대칸의 결정에 따라 해결되기 때문이다.'라고 날카롭게 지적하였다.[68] 이러한 문서행정과 관료제는 정복지에도 그대로 적용되었다. 예를 들면, 칭기스 칸은 중앙아시아 호레즘을 정복한 후 그 지역에 몽골 '다루가치'와 함께 현지 출신인 '마흐무드 얄라와치'의 아들 '마수드 벡'을 다루가치(daruγači, 鎭守官)로 임명하였다. 그리고 마흐무드 얄라와치는 원정 후 귀환하면서 데리고 와서 '키타드(金國)'의 중도(中都)성을 통치하도록 했다.[69]

이렇게 살펴본 결과, 대몽골국 성립을 전후한 시기부터 이미 케레이트, 타타르, 나이만 등 주변 부족 출신 뿐 아니라 위구르, 거란, 호레즘(사르타굴), 여

---

66) 『몽골비사』203절; 유원수 역주, 『몽골비사(元朝秘史)』, 200-201쪽.
67) 『몽골비사』234절; 유원수 역주, 『몽골비사(元朝秘史)』, 234쪽.
68) Carpini/Dawson, 1955, p.67.
69) 『몽골비사』263절; 유원수 역주, 『몽골비사(元朝秘史)』, 274-275쪽.

진, 북중국의 漢人 등 다양한 이방인들이 칭기스 칸과 대몽골국을 위해 봉사하고 있었던 것을 알 수 있었다.

2. 궁정 외교전례의 실상

먼저 출발 직후의 상황을 살펴보자. 유럽에서 몽골 궁정으로 찾아가는 사절은 먼저 사르탁의 진영을 지나 바투의 궁정에 도착했다. 사절단은 바투에게 의례를 갖추도록 강요받았다. 의례를 갖추라는 명령에 따르지 않는 경우에는 심지어 죽임을 당하기도 했다.[70] 의례를 마친 후에는 바투에게 몽골 궁정으로 가라는 허락을 받고, 충분하지는 않을지라도 역참을 따라 안내를 받고 숙식과 탈 것 등 다양한 편의를 제공받았다.

> 이와 같이 우리의 여정에서 봉인을 한 바티(바투)의 편지와 명령을 받은 모든 러시아인들은 우리에게 말과 식량을 제공했고, 그렇지 않으면 죽음에 처해진다고 말했다.[71]

그러나 루브룩은 정식사절이 아니었음에도 불구하고 현지인들이나 상인들의 충고에 따를 수밖에 없었다. 즉 루브룩 자신이 사절단이 아니라고 하면 몽골로 가는 도중에 안전을 보장받을 수 없다는 사실을 깨닫게 되었던 것이다.[72] 그렇게 해서 루브룩은 사르탁의 진영에서 탈 것과 도중에 필요한 물자

---

70) Carpini/Dawson, 1955, p.10.
71) Carpini/Dawson, 1955, p.71.
72) Rubruck/Jackson, 1990, pp.66-67.

등을 공급받고 출발 준비를 하였다. 그 중에는 나중에 카라코룸에서 통역자로서 거의 역할을 하지 못한 호모 데이(Homo Dei)도 있었다.[73]

아울러 루브룩이 가지고 있던 편지를 코이악(Coiac, 몽골어 Quyay '갑옷')이 대신들과 함께 번역해주었다.[74] 그리고 중요한 사실을 하나 알게 된다. 그것은 사르탁을 '기독교인'이라고 말하지 말고 '모알(Mo'al, 몽골)'이라고 불러야하며, 또한 타타르라고 불리는 것을 원치 않는다는 사실이다.[75] 바투의 진영에 도착한 루브룩은 그 위엄과 질서정연함에 대해 놀랐고, 이에 대해 다음과 같이 기록했다.

> 바투의 캠프를 봤을 때 나는 그 위엄에 눌렸다. 그의 자택은 그 길이가 옆으로 길게 펴진 것이 커다란 도시 같고, 거주자들은 바투의 집 기준으로 약 9~12마일의 범위 내에서 사방에 퍼져 살 고 있었다. 이스라엘 사람들처럼 성막(聖幕)을 기준으로 어느 쪽에 텐트를 쳐야 할 지 알고 있었기 때문에 어느 방향에 거주지를 마련해야 되는지를 알았다. 이런 이유로 바투의 궁중은 '중앙'이라는 뜻을 갖고 있는 그 들의 언어인 '오르다(Orda[o])'로 불린다. 궁중은 항상 그의 부하들의 중앙에 위치하고 있으므로 아무도 궁중의 문이 열리는 방향인 정남쪽에 천막을 지으려 하지 않는다. 부하들은 궁중의 맞은편에 직접 사는 것을 삼간다는 규정이 있기 때문이다. 그러나 오른쪽과 왼쪽으로 지형의 한계 내에서

---

73) Rubruck/Jackson, 1990, pp.68-69.
74) Rubruck/Jackson, 1990, p.118.
75) Rubruck/Jackson, 1990, p.120. 뭉케 카안도 루브룩에게 '우리 모알(Mo'al, 몽골)은 오로지 하나의 신이 있다고 믿으며, 그를 통해서 우리는 생을 살고 그를 통해서 우리는 죽으며, 그를 향해 우리는 마음을 기울인다.'고 말했다. Rubruck/Jackson, 1990, p.236.

부하들은 마음에 드는 위치에 그들의 천막을 지어 분산하여 생활했다.[76]

그리고 그 곳에서 라틴어를 아는 코만(Coman, 킵차크) 사람을 만났는데, 이들은 헝가리에서 루브룩이 속한 프란체스코파 교단의 수도사에게 세례를 받은 이였다.[77] 마지막으로 아버지가 몽골 천호장으로 매우 큰 부자인 사람을 만났는데, 바로 이 사람이 루브룩 일행을 보호하여 망구(Manggu, 뭉케) 칸에게 데려다 줄 사람이었다.[78]

이제부터 카라코룸에 도착 후의 상황에 대해 몇 가지 살펴보도록 하겠다. 먼저 카르피니 일행이 도착하자 구육은 그들의 관습대로 막사와 양식을 제공해주었으며, 그들에게 특별히 더 잘 대해 주었다고 한다. 그리고 구육은 이미 바투가 보낸 사신을 통해 교황이 보낸 편지 번역본과 카르피니가 바투에게 구두로 말했던 내용을 전달받은 상태였다. 그런 다음 구육은 카르피니 일행을 자신의 어머니에게 보냈다. 그 이유에 대해 카르피니는 '구육 칸이 서방세계에 대한 전면전의 기치를 올릴 날을 생각하고 있었기 때문에, 그는 우리가 모르기를 원했기 때문이었다.'라고 기록했다.[79] 그 곳에는 2,000명도 더 들어갈 수 있는 대형 막사가 세워져 있었다.[80] 대칸을 선출하는 장소에 대해 카르피니는 '시라 오르두(Sira orda, 黃帳)'라고 정확하게 적었으며,[81] 그 곳에서 벌어진 대

---

76) Rubruck/Jackson, 1990, p.131.

77) Rubruck/Jackson, 1990, pp.135-136.

78) Rubruck/Jackson, 1990, p.136.

79) Carpini/Dawson, 1955, p.65.

80) Carpini/Dawson, 1955, p.61.

81) Carpini/Dawson, 1955, p.62.

칸의 즉위 광경에 대해 놀라움을 금치 못했으며, 그 과정에 대해 자세한 기록을 남겼다.

> 첫째 날 그들은 하얀 벨벳 옷을 입었고, 구육이 오는 날인 둘째 날에는 모두 빨간색 옷을 입었다. 셋째 날에는 파란 벨벳으로 된 옷을, 넷째 날에는 화려하고 아름다운 옷을 입었다. 대형 막사에는 두 개의 큰 문이 있다. 하나는 열려있지만 누구도 드나들지 않는 경비병이 없는 문과 다른 문, 다른 하나는 무장한 호위군사가 있고 허락을 받고 들어가는 문이다. 만약 누군가 이 규칙을 어긴다면, 그는 잡혀서 죽임을 당한다.[82]

몽골 궁정에 도착한 사절(단)은 우선 궁정 밖 수백 미터 전에 말에서 내린 다음,[83] 수석 서기가 호명을 하면 궁정 앞으로 나아간다. 카르피니가 몽골을 방문했을 때는 친가이가 수석 서기였고, 루브룩이 방문했을 때는 불가이가 최고의 대신이었다.[84] 그런 다음 문지방을 밟지 말라는 등 금기 사항을 듣고 칼이나 무기를 숨기지 않았는지 철저한 몸수색을 받고 동쪽 문으로 들어가게 된다.[85]

그런 다음 카르피니는 다시 한 번 호출되었는데, 이번에는 교황의 서신에 대한 대칸의 답신을 작성하기 위해서였다. 구육 카안의 답신을 번역하고 적는 과정에 대해 카르피니는 마치 눈앞에 벌어지는 상황처럼 자세하게 묘사했다.

---

82) Carpini/Dawson, 1955, p.61.
83) Rubruck/Jackson, 1990, p.173.
84) Carpini/Dawson, 1955, pp.63-64; Rubruck/Jackson, 1990, p.192.
85) Carpini/Dawson, 1955, pp.63-64; Rubruck/Jackson, 1990, p.196; pp.221-222.

이 때 몽골어 원본과 함께 한 통의 페르시아 번역본이 만들어졌고, 게다가 카르피니는 다시 라틴어로 적었다. 이전에는 라틴어 본만 알려졌었는데, 1920년 바티칸 공문서보관소에서 페르시아어본이 우연히 발견되었다. 그런데 바로 이 페르시아어 판본에도 구육 카안의 인장이 찍혀있다. 그렇다면 아직 알려지지 않은 몽골어본과 함께 페르시아어본도 '구육 카안의 국서'원본이라고 할 수 있는 것이다.[86]

성 마틴(St. Martin)의 날에 우리는 다시 호출되었고 카닥, 친가이, 발라와 앞에서 언급했던 신하들이 와서 우리를 위해 서신을 한 단어 한 구절씩 번역하였다. 우리가 그것을 라틴어로 받아 적고 나자 그들은 그것을 다시 번역했다. 그리고 그들은 한 구절씩 읽었는데, 왜냐하면 혹시라도 우리가 어떤 단어 하나라도 실수했는지 알기 원했기 때문이다. 두 통의 서신을 다 쓰자, 어떤 사항 하나라도 빠뜨렸는지 살피기 위해 다시 한 번, 어떤 때는 두 번 읽게 했는데, 다 읽고 나자 그들은 우리에게 "여러분이 모든 것을 올바르게 이해하였는지 잘 살펴보아야 한다. 만약에 모든 것을 제대로 이해하지 못한다면 그렇게 먼 길을 또 여행해야 하기 때문이다."라고 말했다. 이에 대해 우리가 "모든 내용을 잘 이해했다."고 대답하자 그들은 다시 사라센(여기서는 페르시아-필자) 문자로 서신을 작성했는데, 그 이유는 만약에 교황이 아무리 원해도 그 지역에서 [몽골문]서신을 읽을 수 있는 사람을 찾지 못했을 때를 대비한 것이다.[87]

그러나 대칸은 외국사절과 직접 대화하지 않는 것이 몽골 궁정의 불문율이

---

86) 스기야마 마사아키/임대희 외, 『몽골세계제국』, 1999, 105-108쪽.
87) Carpini/Dawson, 1955, p.67.

었다. 따라서 중개자를 통해서 대답하고 물을 수 있었는데, 그 동안 무릎을 꿇고 기다려야 했다. 한편 어떤 사건에 대해서 한 번 대칸이 결정을 내린 후에는 어느 누구라도 그 문제를 다시 언급하지 않는 것이 몽골의 관습이었다.[88] 이런 상황은 대몽골국 중앙 뿐 아니라 왕자들이 관할하는 지방에서도 동일하게 적용되었다.[89]

한편 몽골 대칸은 공식 석상인 궁정에서는 근엄한 태도로 사절을 대했지만, 개인적으로는 사절에 관한 세세한 문제까지도 관심을 기울였다. 루브룩 일행은 카라코룸에 한겨울인 12월 말에 도착했기 때문에 추위를 견딜 수 없었다. 이에 뭉케는 루브룩 일행에게 모피 옷 세 벌을 하사하고 음식이 부족하지 않은지에 대해서도 물었다.

추위가 매우 극심해지고 있었던 때였다. 몽케 칸은 우리에게 스라소니의 가죽으로 만들어진 세 벌의 모피코트를 보냈다. 그들은 가죽을 뒤집어 입는다. 우리는 이것들에 대해 감사를 표시했다. 그들은 게다가 우리가 필요로 하는 음식을 모두 가지고 있는지 물었다. 나는 그들에게 우리가 적은 음식만으로도 지내기는 충분하지만 몽케 칸을 위해 기도할 장소가 없다고 말했다. …그때부터 우리는 거주지 앞에서 그 수도사와 함께 묵는 더 나은 숙소를 제공받았다.[90]

---

88) Carpini/Dawson, 1955, p.67; Rubruck/Jackson, 1990, pp.179-181.
89) Carpini/Dawson, 1955, p.68.
90) Rubruck/Jackson, 1990, p.188.

3. 궁정에서 通事 · 譯史의 역할

정주 세계에도 다양한 이방인이 일시적으로 체류하거나 혹은 귀화해서 살았듯이, 유목 세계에도 다양한 문화를 배경으로 하는 사람들이 공존했다. 이들 중에는 공식 외교사절이나 종교인, 상인, 군인, 망명자 등 자진해서 온 사람도 있었고, 혹은 전쟁 포로 등 타의에 의해 끌려온 이들도 있었다. 이런 상황에서 '이문화에 대한 이해와 오해'를 조정하고 극복하는데 가장 큰 역할을 담당했던 이들이 양측의 언어와 문화를 잘 알고 있던 통사(通事)와 역사(譯史)였다. 그리고 그 중에는 通譯을 담당하는 공식 관리뿐 아니라 외국어에 능통했던 상인과 포로, 망명자집단도 있었는데, 이들은 필요시 주로 번역보다는 통역을 담당했다.[91]

카르피니가 사절단을 이끌고 몽골로 출발할 때 통역으로 데리고 온 사람은 베네딕트(Benedict)였다. 그러나 몽골 궁정에 도착했을 때 베네딕트는 제 역할을 하지 못했다. 왜냐하면 몽골어, 투르크어, 페르시아어를 몰랐던 것이다. 몽골 궁정에서 카르피니가 대칸이나 친가이(Činγai), 카닥(Qadac), 발라(Bala) 등 고위 관료와 대화할 때 베네딕트를 대신해서 통역을 주로 담당했던 이는 오랫동안 카라코룸에 살고 있던 제로즐라우스(Jerozlaus)의 기사 테메르(Temer)였다. 테메르는 또한 교황에게 보내는 구육 카안의 서신을 번역하기도 했다. 이런 상황을 감안할 때, 테메르는 몽골어, 페르시아어, 라틴어에 능통한 인물이었다고 할 수 있다.

---

91) 이에 대한 기초적인 연구는 다음 논문을 보시오. 舒健, 「蒙元初期來蒙古汗廷傳敎士的飜譯人員硏究」, 特木勒 編, 『多元族群與中西文化交流 : 基于中西文獻的新硏究』, 上海人民出版社, 2010, 149-161쪽.

이 일 이후에 황제는 자신의 수석 서기(Protonotarium)인 친가이(Činγai)를 우리에게 보내 우리가 말하고자 하는 것과 우리의 임무에 대해 적어오라고 했고, 우리는 적은 것을 그에게 주었다. 우리는 앞에서 말했던 것처럼, 예전에 바티(바투)에게 말했던 내용을 적어주었다. 며칠이 지나서 그는 우리를 다시 불러 제국 전체의 행정을 책임지고 있는 카닥(Kadac)과 그의 수석 서기인 발라(Bala)와 친가이 그리고 몇 명의 서기들이 모두 출석한 자리에서 우리가 하고 싶은 말을 하게 하였고, 우리는 기꺼이 기쁘게 말했다. 이번에도 우리의 통역은 지난번과 마찬가지로 제로즐라우스(Jerozlaus, Ierozlai)의 기사였던 테메르(Temer)였으며 그와 함께 한 명의 성직자가 있었으며, 칸의 옆에도 다른 성직자 한 명이 더 있었다.[92]

타르타르 황제(대칸)의 궁정에서 우리는 그곳에서 죽은 제로슬라우스(Jerozlaus) 공과 그의 기사들 중 한 명인 테메르(Temer)를 만났다. 테메르는 타르타르의 황제인 구육 칸과의 대화에서 우리의 통역을 담당했고, 또한 교황에게 보내는 대칸의 서신을 번역하였으며 질문과 대답을 통역하였다. 거기에는 또 앞에서 말했던 제로즐라우스의 성직자인 두부즐라우스(Dubuzlaus)와 그의 하인 제임스(James), 미카엘(Michael), 그리고 또 다른 제임스(James)도 있었다.[93]

카르피니는 다행히 테메르라는 훌륭한 통역을 만나 큰 어려움을 겪지 않았

---

92) Carpini/Dawson, 1955, pp.66-67.
93) Carpini/Dawson, 1955, p.70.

지만, 루브룩은 제대로 된 통역을 구하지 못해 큰 어려움을 겪게 된다.[94] 루브룩이 복음을 전파하기 위해 설교를 하려고 할 때면 통역인 호모 데이(Homo Dei)는 '나는 이러한 것들을 어떻게 표현할 줄 모르니 나에게 설교(내용을 통역)하게 하지마세요!'라고까지 강변하기도 했다. 카안의 부인에게 몽골어를 배우기도 했던 루브룩이 나중에 어느 정도 초보적인 몽골어를 이해하게 되었을 때[95] 그는 자신의 통역가가 얼마나 엉터리였는지 '그를 통해 말하는 것에 대한 위험성을 알아차린 후, 나는 차라리 아무것도 말하지 않는 것을 택했다.'고 고백했다.[96] 심지어 뭉케와 대화할 때 한 번은 술에 취해 한 문장도 이해할 수 없는 통역을 하기도 했다.[97] 그래서 루브룩은 '좋은 통역'이 얼마나 중요한 지에 대해 몇 차례나 기록을 남겼다.[98]

내가 만약 더 좋은 통역을 데리고 있었다면 복음을 보다 잘 전할 기회를 가질 수 있었을 것이다.[99]

루브룩은 얼마 후 카라코룸에 살고 있는 파리 출신의 세공인 기욤 부시에를 만났으며 그의 양아들 바실이 그들의 언어(몽골어)를 아는 훌륭한 통역자라는 사실을 알게 되었다.[100] 기욤 부시에의 양아들 바실은 뭉케 카안이 궁정에서 각 종교의 우위 논쟁을 공개적으로 토론하도록 했을 때 루브룩의 조력자 역할

---

94) Rubruck/Jackson, 1990, p.167; p.227.
95) Rubruck/Jackson, 1990, p.198.
96) Rubruck/Jackson, 1990, p.108.
97) Rubruck/Jackson, 1990, pp.179-181.
98) Rubruck/Jackson, 1990, pp.141-142, p.167, p.227.
99) Rubruck/Jackson, 1990, pp.141-142.
100) 앞의 주)48 참조; Rubruck/Jackson, 1990, p.183, p.212.

을 해주었다.101) 그리고 아르메니아 출신의 수도사 세르기우스(Sergius)도 루브룩에게 일정한 도움을 주었다.102)

한편 루브룩이 바투의 궁정을 떠나올 때 그를 위해 사라센인을 증오하는 '대 아르메니아(Greater Armenia)'인들이 마치 자신의 일인 것처럼 앞장서서 설득력 있는 번역을 해주기도 했다. 이 기록을 통해 대칸의 궁정 뿐 아니라 지방 정권의 궁정에도 그 곳에 알맞은 통역이 배치되어 있었다는 사실을 확인할 수 있다.103)

그리고 루브룩은, 아마도 현지인들이나 통역자를 통해 들었던 중요한 내용을 기록했다. 그것은 뭉케 카안의 전대 카안이었던 구육과 대몽골국 서방의 실질적인 지배자인 바투와의 불화에 대한 내용이었다.104) 물론 이 내용이 역사적 사실은 아닐지라도 당시에는 이러한 소문이 널리 퍼져있었다는 것을 확인해주는 중요한 기록이다.105)

구육 칸이 죽었을 때, 바투(Baatu)는 뭉케(Mangu)가 칸이 되기를 원했다. 구육의 죽음과 관련하여 나는 어떤 것도 명확히 알 수 없었다. 수도사 앤드류(Andrew)는 구육이 받은 어떤 약의 결과로 죽었다고 단언했고 바투가 책임이 있다고 의심했다. 반면에 나는 다른 이야기를 들었다. 구육은 [자신에게] 와서 경의를 표하라고 바투를 소환했고, 바투는 위엄 있는 태도로 [구육을 향해]

---

101) Rubruck/Jackson, 1990, p.229, p.231.
102) Rubruck/Jackson, 1990, p.187.
103) Rubruck/Jackson, 1990, p.171.
104) Rubruck/Jackson, 1990, pp.167-169.
105) 김호동, 「구육(定宗)과 그의 時代」, 『近世 東아시아의 國家와 社會』, 1998.

출발했다.[106)]

아울러 사르탁, 그리고 뭉케와 구육 등 몽골 대칸들이 기독교도라는 소문에 대해서도 냉정하게 판단하여 사실이 아니라고 판단하였다.[107)] 그리고 바투와 뭉케의 세력 균형에 대해서도 날카로운 지적을 했는데, 뭉케를 대칸으로 추대 하는 데 결정적인 역할을 했던 바투 측의 사신들이 조금 더 거만한 태도를 취했고 행동거지도 조심스럽지 않다고 기록했다.[108)]

루브룩은 마지막으로 뭉케가 루이9세에게 보내는 서신의 내용을 통역자의 말을 듣고 기록했는데, 모두에 "영원한 하늘의 힘에 의해(möngke tngri-yin küčün-dür)"로 시작하는 대몽골국의 전형적인 '명령문'형식을 취하고 있다는 점을 알 수 있다. 아울러 몽골의 '세계정복 선언'의 일면을 엿볼 수 있다.[109)]

'이것은 영원한 하늘(möngke tngri)의 명령이다. "천상에는 오직 단 하나 영원한 하늘만이 계시며, 지상에는 오직 단 한 명의 통치자, 즉 칭기스 칸이 계신다. 너희에게 하는 이 말은 신의 아들이 하신 말씀이다. … 그들이 내 명령을 듣는 그 순간부터 (내 말을) 믿지 않거나 우리에게 대항하여 전쟁을 하고자 한다면, 너희들은 그들이 '눈이 있어도 볼 수 없을 것이며, 무언가 잡으려 해도 잡을 손이 없을 것이며, 걸으려 해도 발이 없게 될 것이다.'라는 사실을 듣고 보게 될

---

106) Rubruck/Jackson, 1990, p.167.
107) Rubruck/Jackson, 1990, p.122.
108) Rubruck/Jackson, 1990, p.146.
109) Voegelin E., "The Mongol Orders of Submission to European Powers, 1245-1255", *Byzantion* 15, Boston, 1940-1941.

것이다. "이것은 영원한 하늘(möngke tngri)의 명령이다.'[110]

'우리 위대한 몽골(Mo'al) 민족을 통해, 영원한 하늘의 힘에 의해: 뭉케(Mangu) 칸이 프랑스의 통치자 루이 왕과 다른 통치자들, 성직자들 그리고 위대한 프랑크 사람들에게 내리는 명령이다. 따라서 너희들은 우리가 하는 말을 알아들어야 할 것이다. …'

---

110) Rubruck/Jackson, 1990, pp.248-249.

Ⅳ. 맺음말

이상으로 살펴본 바를 간략하게 정리하는 것으로 맺음말을 대신하고자 한다. 이 글에서는 대몽골국 초기에 몽골초원에 존재했던 다양한 이방인과 이문화의 흔적과 궁정에서 행해진 외교전례의 실상을 살펴보았다. 쿠빌라이 카안이 제국의 중심을 칸발릭(Qanbaliy)으로 옮긴 후에는 더욱 다양한 이방인들이 대몽골국을 방문하거나 몽골의 통치에 협력했다. 그러나 이런 현상이 갑자기 발생한 것이 아니라 대몽골국 성립을 전후한 시기에 이미 다양한 이방인들이 존재하였다는 점을 밝혀낼 수 있었다. 그들 중에는 상인, 전사, 종교인, 사신, 서기, 通事와 譯史, 포로(장인, 농민) 등이 있었다. 특히 러시아 출신의 코스마스는 구육의 즉위식에 쓰인 보좌와 인장 등을 만들었다. 그리고 프랑스 출신의 기욤 부시에는 다섯 가지 음료가 나오는 '은 나무'를 만들기도 했다.

대몽골국이 성립되면서 문서행정의 필요성이 더욱 커졌고, 타타통가, 시기 쿠투쿠, 친가이, 카닥, 발라 등 다양한 출신의 인재들이 그 기초를 닦았다. 이어서 몽골을 방문한 중세 서양의 수도사들이 남긴 기록을 통해 몽골 궁정의 외교전례의 실상에 대해서도 살펴보았다. 외교사절은 궁정에서 수 백 미터 떨어진 곳에서 말에서 내리고, 수석 서기가 호출할 때까지 기다렸다. 이후 호출을 받고는 숨긴 무기나 유해한 것을 지니지 않았는지 몸수색을 받고 궁정 안으로 들어갔다. 특히, 궁정으로 들어갈 때는 문지방을 밟지 않도록 단단히 주의를 받았다. 대칸 앞에서는 무릎을 꿇고 관리와 통역을 통해 간접적으로 대화를 나누었다. 카르피니는 훌륭한 통역을 만났지만, 루브룩이 방문했을 때는 좋은 통역이 없어 많은 불편을 겪었다. 이것은 당시 몽골에게 유럽이 그리 중요한 상대가 아니었다는 사실을 보여주는 것이라고 할 수 있다.

마지막으로 뭉케 카안이 루이9세에게 보낸 문서를 통해, 대몽골국의 카안이 발행하는 명령문의 정형구인 "영원한 하늘의 힘에 의해(möngke tngri-yin küčün-dür)"로 시작하는 형식을 취하고 있음을 보았다. 아울러 몽골의 '세계정복 선언'의 일면도 살펴 볼 수 있었다.

참고문헌

1. 사료

저자불명, 『몽골비사(元朝秘史)』(유원수 역주), 사계절, 2004.

[明]宋濂 等 撰, 『元史』, 北京, 中華書局, 1997.

[宋]趙珙, 『蒙韃備錄』(王國維, 『蒙古史料四種』, 臺北, 正中書局, 1962)

John of Plano Carpini, 'History of the Mongols' in The Mongol Mission(Dawson C. ed.), London and New York, Sheed and Ward, 1955.

Marco Polo, 『마르코 폴로의 동방견문록』(김호동 역주), 사계절, 2000.

Rubruck W., Jackson P.(tr.) · Morgan D.O.(ed.), The Mission of Friar William of Rubruck: His Journey to the Court of the Great Khan Möngke, 1253-1255, London, Hakluyt Society, 1990.

라시드 앗 딘, 『집사 1: 부족지』(김호동 역주), 사계절, 2002.

2. 단행본

니콜라스 뽀뻬, 『몽골문어문법』(유원수 옮김), 민음사, 1992.

라츠네프스키, 『칭기스 칸』(김호동 옮김), 지식산업사, 1992.

스기야마 마사아키, 『몽골 세계제국』(임대희 · 김장구 · 양영우 옮김), 신서원, 1999.

(재)해상왕장보고기념사업회, 『장보고와 해상실크로드의 관문 천주』, 국립해양유물전시관, 2008.

정재훈, 『위구르 유목제국사: 744-840』, 문학과 지성사, 2005.

吳文良 原著, 吳幼雄 增訂, 『泉州宗教石刻(增訂本)』, 北京, 科學出版社, 2005.

牛汝極, 『十字蓮花: 中國元代敍利亞文景敎碑銘文獻硏究』, 上海古籍出版社, 2008.

Barthold W., Turkestan down to the Mongol Invasion, E.J.W. Gibb Memorial Trust, Porcupine Press, 1977. [4th ed.]

Dschingis Khan und Seine Erben: Das Weltreich der Mongolen, 2005.

3. 논문

김장구, 「플라노 드 카르피니의 『몽골인의 역사』에 보이는 몽골사 인식」, 『동국사학』 49, 2010.

김호동, 「구육(定宗)과 그의 時代」, 서울大學校東洋史學硏究室 編 『近世 東아시아의
　　國家와 社會』, 지식산업사, 1998.

심호성, 「몽골帝國期 東部 중앙아시아 驛站교통로의 변천」, 『동양사학연구』118, 2012.

이개석, 「元代의 카라코룸, 그 興起와 盛衰」, 『몽골학』4, 1996.

이용범, 「回鶻商賈와 金代의 女眞」, 『中世 滿洲 · 蒙古史의 硏究』, 同和出版公社, 1988.

翁獨健, 「斡脫雜考」, 『燕京學報』29, 北平燕京大學, 1941

陸峻嶺, 「哈剌和林考」, 『燕京學報』新四期, 北京, 1998.

林韻濤, 「蒙古用畏兀字之原因」, 『禹貢』第五卷 第十二期, 北平, 1936.

宇野伸浩, 「オゴデイ · ハンとムスリム商人」, 『東洋學報』70, 東京, 1989.

Allsen Th. T., "Mongolian Princes and their Merchant Partners, 1200~1260", *Asia
　　Major*, 3rd ser., 2(2), 1989.

Cleaves F. W., "The Historicity of the Baljuna Covenant", *Harvard Journal of Asiatic
　　Studies* · 18(3~4), Harvard-Yenching Institute, 1955.

de Rachewiltz I., "Some Remarks on the Stele of Yisüngge", Heissig W. et al.(eds.)
　　Tractata Altaica, Wiesbaden, Otto Harrassowitz, 1976.

Endicott-West E., "Merchant Associations in Yüan China: The Ortoγ", *Asia Major*,
　　3rd ser., 2(2), 1989.

Huang Shijian, "The Persian Language in China during the Yuan Dynasty", *Papers　on
　　Far Eastern History*, Vol. 34, 1986.

Schwarz H. G., "Otrar", *Olon Ulsyn Mongolchi Erdemtnii Ikh Khural*, Vol. 5(3),
　　Ulaanbaatar, 1992.

Shiraishi N., "Seasonal Migrations of the Mongol Emperors and the Peri-Urban
　　Area of Kharakhorum", *International Journal of Asian Studies* · 1(1), Cambridge
　　University Press, 2004.

Voegelin E., "The Mongol Orders of Submission to European Powers, 1245-1255",
　　Byzantion · 15, Boston, 1940-1941.

(『東國史學』53, 2012)

조선 使行의 海路朝貢路와 海神信仰

서인범(徐仁範) 동국대학교 교수

Ⅰ. 머리말

　근년 한국을 포함한 중국과 일본에서는 역사를 自國史, 다시 말하면 一國史의 입장에서만 파악하려던 관점에서 탈피하여 동아시아 삼국, 혹은 다른 아시아 국가들과의 교류와 소통 속에서 파악하고 이해하려는 움직임이 활발하게 진행되고 있다. 그 중의 한 분야가 海域史라고 할 수 있다.

　일찍부터 중국과 일본은 바다에 눈을 돌려 동아시아를 다양한 각도에서 파악하여 이 지역에서 생성되었던 국제질서의 단면들을 도출해내고 있다. 반면 한국은 조선시대의 해역사 분야 연구가 상당히 뒤떨어져 있다. 연구자들은 그 요인의 하나로 조선시대에 倭寇 등의 화를 피하기 위해 엄격히 실시한 海禁政策의 시행을 들고 있다. 그 결과 조선 관리들의 정책 순위에 있어서도 바다는 멀어졌다는 것이다. 또 하나는 육로로 明·淸 왕조와의 朝貢冊封 관계를 우선시하는 정책을 펼친데 반해, 바다를 사이에 둔 일본·유구와는 적당한 거리를 두고 교류한다고 하는 交隣政策을 시행한데도 요인이 있다는 것이다. 아울러 이들 국가 간에 행해진 인적교류나 무역 등 경제적 교류에 관한 사료의 부족으로 연구가 더디게 진행된 면도 부정할 수는 없지만, 연구자들 사이에 암묵적으로 고착화된 논리가 바다는 물론 한국을 둘러싼 해역의 실상을 규명하는 작업을 소홀히 하게 된 주원인이라 생각된다.

　삼면이 바다로 둘러싸인 한국의 역사를 거슬러 올라가면 삼국시대부터 활발하게 해로를 이용하여 중국·일본과 통교하였음을 알 수 있다. 唐代 淸海鎭에 해상왕국을 건설하였던 張保皐가 그 한 예이다. 그는 山東地域에 거점을 두고 동아시아 무역에 활발히 참여하였다. 신라의 뒤를 이은 고려는 본래 해상세력이었으나, 이 고려를 멸하고 들어선 조선은 明朝의 冊封을 받기위해 사행을 정기적으로 1년에 4차례 이상 파견하였다. 태종 9년(1409) 이후 使行들은 수도인 한양을 출발하여 평양을 거친 후 압록강을 건너 遼陽·廣寧·山海關을 지나 北京으로 들어갔다. 이 루트는 명조가 여진에게 요동지역을 점령당하여 차단당하는 광해군 13년(1621)까지 약 212년간 지속되었다. 조공로인 陸路가 막혔음에도 불구하고 임란 시에 명조의 도움을 받아 일본을 격퇴한 조선은 '再造之恩'이라는 명분 하에 해로를 이용하여 지성으로 명조에 조공을 계속하였다.

　이 시기 해로를 이용하여 북경에 들어간 조선 사행들의 작품이 『燕行錄全集』[1]에 일부 남아있다. 광해군 13년부터 인조 15년(1637)까지의 17년이라는 짧고도 급박한 시기에 행해졌기에 해로 사행에 대해서는 알려진 사실이 거의 없다고 해도 과언이 아니다. 이에 본고에서는 사행의 船團 편성부터 시작하여, 해로 루트, 즉 平安道 宣沙浦를 출항하여 서해 북단인 長山列島와 廟島列島를 경유하여 登州(현, 蓬萊市)에 도착하는 서해북단항로와,[2] 旅順(현, 大連市)에서 해로로 남쪽 40리 정도 떨어져 있는 鐵山嘴에서 방향을 틀어 渤海를 지나 覺華島에 도착하여 寧遠衛로 건너가는 발해항로의 다양한 모습을 재현하

---

1) 고려 말부터 조선에 이르는 700년 동안 사행이 元·明·淸의 수도인 北京 등을 다녀와서 보고 들은 사실을 기록한 使行錄은 570여 건에 달한다(林基中, 『燕行錄全集』 v1~v100(東國大學校出版部, 2001 및 林基中·夫馬進 編, 『燕行錄全集日本所藏編』 v1~v3, 東國大學校韓國文學研究所, 2001). 이 중 해로에 관한 연행록은 27건이다(林基中, ,「水路燕行錄과 水路燕行圖」『韓國語文學研究』43, 2004). 명대에 관련된 연행록에 대해서는 徐仁範의 논문을 참조하기 바란다(「朝鮮前期 燕行錄 史料의 價値와 그 活用」, 『明淸史研究』30, 2008).
2) 해로를 이용하여 등주로 건너가는 루트는 이 시기에 새로이 개척한 루트는 아니다. 고대 한반도에서 중국으로 항해하는 루트의 하나로 서해 서쪽인 浙江省 해안에서 출발하여 山東半島를 거쳐 遼東반도로 북상한 다음 압록강 유역에 진입하는 環黃海沿近海航路가 있었다, 尹明喆, 『한민족의 해양 활동과 東亞地中海』『학연문화사, 2002 참조.

고자 한다. 아울러 이 두 해역을 항해하는데 필수불가결한 기상조건과 해풍에 대해서도 살펴보고자 한다. 주지하다시피 배를 항해하는데 있어 중요한 요소의 하나가 바람이기 때문이다. 이 두 해역의 바람이 항해에 미친 영향을 고찰하는 동시에, 유교적 소양을 바탕으로 미신을 섬기는 것을 陰祀라고 거부하던 조선 관리들이 바다를 건너면서 보여주었던 海神信仰에 대해서도 언급하기로 한다.

Ⅱ. 使行船團의 편성

『연행록전집』과 『國學古典燕行錄解題』에 실려 있는 사료 중에서 해로를 이용하여 북경으로 들어간 사행과 그 작품, 평안도 선사포 출발일시, 등주 도착일시 등을 정리한 것이 표1이다. 본 장에서는 이 『연행록』을 주로 분석하였다.

표 1 해로를 이용한 『연행록』

저자명	작품명	출발 · 도착지 및 일시				『연행록전집』권수
		入路		歸路		
		출발지	도착지	출발지	도착지	
安璥	駕海朝天錄	광해군13.5.20 淸天江	광해군13.6.20 등주		光海君 13.12.?	『국학고전연행록해제』2권
吳允謙	楸灘朝天日錄	광해군14.5.12 선사포	광해군14.5.25 등주	광해군14.9.26 등주	광해군 14.10.15 선사포	『국학고전연행록해제』1권
李民宬	朝天錄	인조.1.5.24 선사포	인조1.6.13 등주	인조2.3.25 등주	인조2.4.6 선사포	14책
趙濈	燕行錄	인조1.9.2 선사포	인조1.9.27 등주	인조2.3.25 등주	인조2.4.6 선사포	12책
尹暄	白沙公航海路程記			인조2.3.25 등주		15책
未詳	竹泉行錄	인조2.		인조3.3.20 등주	인조3.4.2 선사포	『국학고전연행록해제』2책
閔上舍	朝天錄(一云航海日記)	인조2.7.24 선사포	인조2.8.23 등주	인조3.3.20 등주	인조3.4.2 선사포	〃

金德承	天槎大觀	인조2.7			인조3.4	〃
洪翼漢	朝天航海錄	인조2.7.6 선사포	인조2.8.23 등주	인조3.3.20 등주	인조3.4.2 선사포	17책
全湜	槎行錄	인조3.9.4 선사포	인조3.9.30 등주	인조4.4.1 등주	인조4.4.9 선사포	10책
南以雄	路程記	인조4.8.3 선사포	인조4.8.15 등주		인조5.5	『국학고전연행록해제』1책
申悅道	朝天時聞見事件啓	인조6.7.29 청천강	인조6.9.10 등주	인조7.윤4.7 등주	인조7.4.18 석다산	『국학고전연행록해제』2책
李忔	朝天日記	인조7.8.1 석다산	인조7.9.21 영원위	인조8.8.1 영원위	인조8.10.18 석다산	13책
洪鎬	朝天日記	인조10.7.13 석다산	인조10.9.6 영원위	?	인조11.4.12 증산	17책
李安訥	朝天後錄	인조10.7.16 석다산	인조10.9.8 영원위	인조11.3.30 영원위	인조11.4.12 증산	v15
李晚榮	崇禎丙子朝天錄	인조14.7	인조14.8.28 영원위	인조15.4.23 통주	인조15.5.12 증산	『국학고전연행록해제』v1
金堉	朝京日記	인조14.7.19 석다산	인조14.8.28 영원위	인조15.4.22 영원위	인조15.5.11 석다산	16책

※1. 日記體 형식으로 된 작품만을 정리하였으며 詩 형식은 제외하였다.
　2. 『國學古典燕行錄解題』(韓國文學硏究所燕行錄解題팀,韓國文學硏究所, 2003)는 林基中이 추가로 수집한 총 106건의 『연행록』을 해제하여 2권의 책으로 편찬하였다. 이 중에 해로를 이용한 작품이 7건 있음을 밝혔다. 요약된 내용을 참고로 하였다.
　3. 같은 목적으로 북경에 들어간 사행들의 작품에 출발 일시 등 날짜가 다른 경우가 있다

육로를 이용하여 명조에 들어가는 경우의 사행은 정사·부사·서장관 등을 포함하여 대략 40여 명 전후의 인원으로 편성되었다.[3] 그렇다면 여진이 육로는 물론 해로도 위협하는 상황에서 조선 사행의 선단과 그 인원은 어떻게 편성되었을까? 육로의 경우에는 사행 편성에 대한 자세한 규정이 있었던데 반해, 해로 사행에 대해서는 불분명하다. 이 부분을 『연행록』 사료를 통해 재구성해 보기로 한다. 먼저 『通文館志』권3, 「航海路程」을 살펴보자.

우리 조선 왕조는 永樂 己丑年부터 육로를 통해 朝天하였으나, 天啓 辛酉年에 이르러 遼陽·瀋陽의 길이 막혀 다시 해로를 따라 갔다. 한 차례 가는 사행은 정사·부사·서장관·堂上軍官·大通官·次通官·跟隨通官·管廚通官·前站通官·方物押領通官·군관·의원·寫字官 및 데리고 가는 奴子 등 통틀어 모두 30여 員이었다. 한 차례 보내는 船隻은 5척으로 제한하였고, 배마다 水手 30명이었으며, 또 여러 工手가 있어 손상되고 파괴된 곳을 보수하는 데에 대비하였다. 싣고 가는 해당 物件으로 表文·咨文의 문서와 進獻하는 方物, 상하 員役의 口糧·盤纏·의복 등의 물건이 있었다. 대개 세 사신은 각기 배를 하나씩 타고 표문·자문·방물을 가지고 갔다. 기타 員役은 別船에 나누어 타고 갔다고 한다.

永樂 己丑年, 즉 태종 9년(1409)부터 육로로 북경에 들어갔으나, 天啓 辛酉年, 즉 광해군 13년(1621)에 누르하치가 요양·심양을 점거하면서 육로의 통행이 불가능하자 해로를 이용하여 조공하게 되었던 것이다. 朝貢船은 5척까지로

---

3) 『通文館志』권3, 事大 上 ,「赴京使行」 冬至使·謝恩使·陳慰使·告訃使·問安使의 행차 시의 인원 편성이 자세하게 기록되어 있다. 다만 이는 육로로 가는 점에 주의할 필요가 있다.

제한하였고, 선원인 水手는 선척 당 30명이었다. 그 외에 배가 망가지거나 손상되면 이를 수리하거나 보수하는 임무를 맡은 工手가 있었다. 배에 싣고 가는 물건으로는 황제에게 바치는 표문과 예부에 바치는 자문, 그리고 방물 외에 상하 원역, 즉 통사·군관 등의 구량·반전·의복 등이었다.[4] 삼사, 즉 정사·부사·서장관은 각각 다른 배에 타며 표문과 자문, 그리고 방물을 지참하였고, 그밖의 역관 등의 원역도 배에 나누어 승선한 사실을 알 수 있다. 후에 서술하겠지만 삼사가 제각기 다른 배에 승선한 이유는 해로가 험난하여 이들 문서와 물품 분실을 방지하기 위한 조치였던 것으로 보인다.

선단 편성을 보면, 인조 원년(1623) 동지 겸 사은사 趙濈의 사행은 4척, 인조 2년 성절 겸 동지사 洪翼漢은 6척,[5] 인조 3년(1625)의 성절사 全湜,[6] 인조 5년의 동지사 邊應璧,[7] 인조 10년의 주청사 洪鎬는 6척,[8] 인조 14년(1636) 동지사 金堉은 4척으로 편성되었다.[9]

조즙의 4척 편성의 경우, 제1선은 상사, 제2선은 서장관, 제3선은 통사, 제4선은 단련사가 탔다.[10] 그런데 인조 7년(1629) 7월에 진하사 겸 사은사 李忔이 북경으로 출발하였을 때는 上船(정사)·次船(부사)·書狀船(서장관)·書狀上船 등 4척으로 편성되었다.[11] 書狀船에도 역관, 각 軍營의 旗牌官, 火器를 담당하

---

4) 『통문관지』에는 戶曹에서 하사하는 衣資가 자세하게 기록되어 있다. 육로가 米 5石이었던데 반해 해로는 10石이었다(권3, 事大 上, 「京外路費」).
5) 洪翼漢, 『朝天航海錄』인조 2년 8월 15일.
6) 全湜, 『槎行錄』인조 3년 9월 15일.
7) 『承政院日記』인조 5년 12월 6일(己亥).
8) 洪鎬, 『朝天日記』인조 11년 7월 13일.
9) 金堉, 『潛谷遺稿』권8, 書狀, 「到泊寧遠偵報賊情啓」.
10) 趙濈, 『燕行錄』(一云 『朝天錄』, 이하 『朝天錄』으로 칭함) 9월 12일.
11) 李忔 『朝天日記』인조 7년 8월 12일에는 3척으로 되어 있다.

는 別破陣이, 書狀上船에는 역관·군관 등이 승선한 것으로 보아 이 두 배의 차이점을 명확히 할 수 없다. 다만 이 달에 동지사 尹安國도 石多山에서 배편으로 북경에 들어간 사실에서 사은사 선편 3척에 동지사 1척을 더한 결과가 아닐까?[12] 그런데 앞에서도 언급했듯이 『통문관지』는 배는 5척으로 제한하고 있었는데, 6척으로 편성된 경우도 몇 번인가 있다는 사실이다. 즉 인조 원년의 奏聞使 서장관 李民宬이 북경에 들어갈 때가 그러한 경우에 해당한다. 인조는 韓平君 李慶全을 정사, 同知中樞府事 尹暄을 부사로, 李民宬을 서장관으로 삼아 북경에 파견하였다. 아마도 인조의 册封을 奏請하는 중대사라 배의 편성 규모가 커졌던 것으로 보인다.[13]

표 2 사행 선단의 편성

第1船		第2船		第3船		第4船		第5船		第6船	
正使	1	副使	1	書狀官	1	團練使	1	團練使	1		
堂上譯官 譯官	1 1	堂上譯官 譯官	1 1	堂上譯官 譯官	1 2	堂上譯官 譯官	2 3	堂上譯官	1	堂上譯官 譯官	1 2
		學官	1								
軍官	5	軍官	7	軍官	2	軍官	3	軍官	4		
寫字官	1	醫員	1	別破陣	1			醫員	1		
				司憲府書吏	1						
北京奴	3	北京奴	3	北京奴 奴	1 1						
						堂上譯官奴	1	堂上譯官奴	3	堂上軍官奴	3
廚子	2										

---

12) 『仁祖實錄』권20, 7년 6월 2일(乙卯). 李忔, 『朝天日記』인조 7년 9월 22일 일기에 "自大同乘船之後, 三船或先或後, 至停宿處, 則列泊一處相會舒懷"이라는 기록에서 추측할 수 있다.
13) 『仁祖實錄』권1, 1년 4월 27일(丙戌).

梢工	5	梢工	5	梢工	5	梢工	2			梢工	2
格軍	47	格軍	46	格軍	38	格軍	30	格軍	37	格軍	36
炮手	4	炮手	9			炮手	9	炮射手	7	炮射手	5
	70		75		53		51		54		49

※典據: 李民宬,『朝天錄』上 仁祖1년 5월 22일.
1. 숫자는 인원수를 가리킴
2. 총 참가 인원수는 352명임.

표2에서 알 수 있듯이, 6척의 배는 第1船 정사, 第2船 부사, 第3船 서장관, 第4·5船 단련사, 第6船 역관이 승선하였다. 현 단계에서 사행선의 규모에 대해 확실하게 이야기 할 수 없다. 다만 李民宬은 '上船은 크고, 부사와 단련사가 타는 第5船이 가장 크며, 서장관과 第6船선이 작다. 그 나머지 배는 비교적 크다'고 하였다. 조선 후기 일본에 파견된 通信使들이 타고 갔던 배는 大船이 71.25m, 中船이 67.5m, 小船이 60.75m인 사실을 통해 사행이 탔던 배의 크기를 추정할 수밖에 없다.[14]

사행의 배는 특별히 건조된 것은 아니었다. 광해군 14년(1622)의 성절사 李顯英은 해로의 성패는 전적으로 배에 달려 있다며, 국가의 위급 시에 사용하기 위해 정치하고 단단하게 만든 舟師廳의 배 중 2,3척을 평안도에 정박시켜 자신들이 타고 갈 배와 교체해 줄 것을 요구하여 광해군의 허락을 받는다.[15] 이 전함이 사행선으로 이용되었던 것이다.

주사청에서 건조한 배외에도 다양한 종류의 배가 사행선으로 이용되었다.

---

14) 조선 通信使의 使行船의 규모에 대해서는 金在瑾,『韓國의 배』, 서울大學校出版部, 1994 참조.

15)『光海君日記』권177, 14년 5월 14일(己酉). 조선은 임란 이후 전함이 부족하자 광해군 7년에는 巡檢使를 三南지방에 파견하여 함선의 건조양식과 水軍制度를 정비했다. 동 10년(1618년)에는 舟師廳을 설치하여 전함을 각 道에 분담시켜 건조케 하였다(김효철 외,『한국의 배』지성사, 2007).

조즙이 승선한 배는 한강을 무대로 운수·상업·군사에 사용되던 官船 및 私船인 京船(혹은 京江船),[16] 湖西水營船,[17] 선사포에 체류하고 있던 배, 황해도 載糧船 등으로 편성되었다.[18] 그리고 洪翼漢이 북경에서 임무를 마치고 등주에 도착했을 때는 貿穀船과 白牌船을 이용하였다.[19] 무곡선은 한강변을 중심으로 大同米 運輸業 및 각종 상업 활동에 종사했던 상인인 京江商人이 지방의 생산지에서 상품을 구입하여 한강 연변으로 운반해, 시전 상인에게 매도하거나 직접 수요자에게 판매할 때 이용한 배였다. 이외에도 全羅兵營의 羽字船[20]이 사행의 배로 이용되었는데, 견고하고 치밀하게 건조되었기 때문에 사행선으로 사용된 것 같다.

해로 사행의 인원 구성에 대해 앞에서 제시한 『통문관지』의 규정을 보면, 삼사 외에 당상통관·대통관·차통관·근수통관·관주통관·전참통관·방물압령통관·군관·의원·사자관 및 데리고 가는 노자를 포함해 모두 30여 명이었다. 실제로 조즙 일행은 당상역관 1명, 상통사 1명, 次堂上 1명, 사신 일행의 물건을 운송하는 관원인 押物 7명, 문서를 精寫하는 일을 맡은 寫字官 1명, 의원 2명, 별파진 2명, 포수 2명, 군관 14명, 노자 2명, 서장관의 奴 1명 등 34명이었다.[21] 다음

---

16) 최완기, 「朝鮮後期 京江船의 機能과 力量」, 『향토서울』 45, 1988.
17) 『朝天日乘』에 '湖西水營'은 '忠清水營'으로, '載糧船'은 '황해도 군량을 실어 온 배'로 기록되어있다(인조 1년 8월 24일). 水營의 軍船을 이용한 것으로 추측된다.
18) 趙濈, 『燕行錄』 인조 元年 8월 24일.
19) 洪翼漢, 『朝天航海錄』 인조 3년 3월 15일, 21일. 白牌船이 정확히 어떠한 배였는지 알 수 없다. 조선 전기의 小型戰鬪船인 防牌船의 명칭은 보인다. 방상현, 『朝鮮初期 水軍制度』 民族文化社, 1991.
20) 李民宬, 『朝天錄』 인조 원년 6월 1일. 조선시대에 선박을 관리하는 提檢員이 선박에 烙印을 찍고 字號를 새겼다고 하는데서, 羽字船은 관리 번호 羽字에 해당하는 배인 것 같다. 방상현, 『朝鮮後期 水軍制度』, 民族文化社, 1991. p.111 참조.
21) 趙濈, 『燕行錄』 인조 元年 9월 1일.

해의 성절 겸 동지사 權啓의 일행은 40여 명이었다.[22] 육로의 사행 시와 많은 차이가 나지 않는 것을 알 수 있다. 다만 표2에서도 알 수 있듯이, 이민성 일행은 총 347명에 달했다. 특히 水軍으로 노를 젓는 格軍이 대다수를 차지하고 있었고, 각각의 배에 총을 다루는 포수가 4~9명까지 편성되어 있었다.

사행 인원은 약간의 차이가 난다. 인조 2년 동지사와 주청사 등 두 사행이 바다를 건널 때 양곡이 거의 1,000석이나 되었으며 격군도 자그마치 400명에 이르렀다고 한다.[23] 인조10년의 洪鎬 일행은 264명이었고,[24] 인조 14년(1636)에 김육은 해변에서 소를 잡고 술을 걸러 원역과 배를 부리는 梢工, 격군들에게 음식을 주어 위로하였는데 모두 160명이었다고 한다.[25]

그런데 문제는 해로로 赴京하면서부터 물품을 운반하기가 육로보다 매우 편리해지자 사행과 원역들이 시정의 모리배들을 대거 동반하고 북경으로 들어갔다는 점이다. 인조 2년에 사은 겸 주청사 權啓·李德泂·吳翻은 뇌물을 받고 시정의 모리배들을 무려 25명씩이나 데리고 갔다.[26] 그렇다고 한다면 배에는 공적인 인원 이외에 사적으로 많은 상인들이 타고 있었다는 이야기가 된다.

---

22) 洪翼漢,『朝天航海錄』권1, 인조 2년 7월 4일.
23) 『仁祖實錄』권7, 2년 9월 15일(丙寅).
24) 洪鎬,『朝天日記』인조 10년 7월 16일.
25) 金堉,『朝京日錄』인조 14년 7월 15일.
26) 『仁祖實錄』권6, 2년 5월 16일(기사).

Ⅲ. 명 말의 조공로, 서해북단항로

1. 등주 루트

고대 한반도에서 중국으로 항해하는 루트의 하나로 서해 서쪽인 浙江省 해안에서 출발하여 산동반도를 거쳐 요동반도로 북상한 다음 압록강 유역의 西韓灣에 진입하는 環黃海沿近海航路가 있다. 이 지역은 수심이 얕고 섬들 간의 거리가 매우 짧아 초보적인 항해술과 조선 능력을 갖추면 항해가 가능하다고 한다.[27] 이 항로가 明淸交替期에 재등장하게 된 것이다.

중국 지도를 펼쳐놓고 보면 산동 등주에서 요동반도의 旅順口까지는 소위 廟島列島가, 그 이후는 長山列島가 계속 이어지고 있다. 사행들이 거쳐 간 이 루트의 실상에 대해 알아보기로 하자.

먼저 가장 일찍 해로를 이용했던 安璥은 평안북도와 평안남도의 경계선상을 흐르는 淸川江에서 배를 타고 西韓灣으로 나와 등주로 들어갔다. 광해군 12년(1620)에 泰昌帝가 죽자 이듬해 조선은 陳慰使·進香使를 동시에 파견하였는데, 당시 그는 서장관으로 북경에 들어갔다. 출발지가 정확히 어디인지 기록되어 있지 않으나, 표3을 통해 평안도 선천군 동쪽에 위치한 선사포 등지였음을 알 수 있다. 이 표는 선사포를 출발해서 등주에 이르기까지 거쳐 가는 도서와 거리를 나타낸 것이다.

---

27) 尹明喆, 앞의 책, pp.185~188.

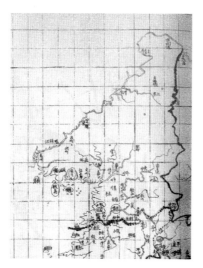

그림 1 金正浩, 「靑邱圖」

그림 2 譚其驤 主編 『中國歷史地圖集』元 · 明時期

표 3 평안도 선사포에서 산동 등주까지의 거리

지점	거리			비고
	1.赴京道路	2.李民宬	3.金堉	
發船地: 宣川 宣沙浦				咸從 或 安州 老江鎭도 出發地
鐵山椵島	60里	100里		
車牛島	140里	200里		
鹿島	500里	500里	300里	이곳부터 遼東所屬
石城島	600里	500里	400里	
長山島	300里	300里	100里	
廣鹿島	200里(300里)	250里		『槐院謄錄』은 300里
三山島	280里	300里		
平島	200里			
皇城島	1000里	900里		
鼉磯島	200里	160里		
廟島	200里	150里		
登州	80里	80里		
總 距離數	3,760里	3,450里		

※ 典據
1. 『통문관지』 事大 上 「航海路程」
2. 李民宬, 『朝天錄』上
3. 金堉, 『朝京日記』
4. 표를 보는 방법은 위 지명에서 아래 지명까지의 거리를 나타낸다. 예를 들면 1의 경우, 선사포에서 철산 가도까지는 60里, 철산 가도에서 車牛島까지는 140里이다.

평안도 선사포에서 등주까지를 『통문관지』는 3,760里로, 이민성은 3,450里로 기록하였다. 이민성은 거우도에서 장산도까지의 거리를 더 짧게 기록하였다. 김육의 경우는 더 거리를 짧게 적고 있음을 알 수 있다. 실측이 아니라 추정치였기에 차이가 나는 것으로 보인다. 金堉, 『朝京日錄』인조 14년 9월 30일 일기에 해로를 측정하는 기준이 나온다.

맑고 따뜻하였다. 남풍이 조금 불었다. 서장관과 함께 覺華寺와 朝陽寺에 가서

구경하고 돌아왔다. 조양사는 해안의 높은 곳에 있으니, 시야가 넓게 트여 관망하기에 매우 좋았다. 寺僧이 말하기를, "일기가 청명하면 南汛口의 여러 산을 볼 수 있습니다"

"여기서 남신구가 얼마나 되오?"

"800리이고, 皇城島까지는 1,200리입니다"

"水路의 원근을 어떻게 아시오?"

"한 번 노를 젓는 것이 1步가 되니 이것으로 따져서 압니다"

이 또한 일리가 있었다.

당시 해로의 거리를 측정하는 기준이 한 번 노를 젓는 것을 1보로 계산하고 있음을 알 수 있다. 조선 초에는 중국의 里 수에 준하여 周尺 6尺을 1步로, 360步를 一里(약 562m)로 정하였다.[28] 그렇다면 해로로 이동한 거리 3,760리는 약 2,113㎞가 된다. 여기에 육로로 북경까지가 1,900여 리(약 1,058㎞)이니까, 이를 더하면 편도로만 3,171㎞, 왕복으로는 총 6,342㎞가 되는 셈이다.[29]

조선 사행의 출발지는 본래 순풍을 기다리는 곳인 선사포였으나 지체되는 경우에는 평안도 平壤府 甑山縣이나, 또 그 남쪽으로 25리 떨어진 咸從縣이나 安州 서쪽 60리 靑川江 입구에 위치한 老江鎭을 이용하는 경우도 있었다.[30]

---

28) 『太宗實錄』권30, 15년 12월 14일(丁丑). 다만 중국 승려의 계산 방식으로 하면 차이가 난다. 明代의 1步는 1.555m, 1里가 559.8m이기 때문이다.

29) 집을 떠나 배로 中國에 들어갔다 오는데 7,000餘里나 걸려, 妻나 妾·子女·누이·조카가 있는 자는 언제 다시 만날지 몰라 불평하였다(趙濈, 『朝天錄』인조 1년 7월 27일).

30) 李肯翊, 『礰練黎室記述』권5, 別集, 事大典故『赴京道路』. 使行들이 宣川·鐵山 사이에서 지체하며 순풍을 기다리다가 출항하게 되자, 배에 짐을 싣는 인부와 말을 공급해야 하는 폐단 등이 발생하였다. 피폐한 평안도의 사정을 고려하여 安州에서 출발하게 된 것이다(『仁祖實錄』권6, 2년 5월 15일(戊辰).

이 선사포에서 毛文龍이 주둔하고 있던 椵島까지는 60리였으나, 인조 5년 (1627) 1월 後金 阿敏이 3만의 군사를 거느리고 조선을 공략하여 형제국이라 는 조약을 맺고 물러난 사건, 소위 정묘호란 이후 전란의 피해를 입은 關西의 驛路를 피해 甑山·石多山에서 출발하게 되었다.[31] 그 결과 가도까지의 거리가 300리로 늘어났다.

석다산에서 배를 탄 구체적인 경위를 살펴보자. 인조 6년(1628) 사행은 대동강에서 배를 타게 되자 동지사 宋克訒은 대동강에서 승선하여 바다로 향하는 것은 멀고 험하니 석다산으로 변경해 줄 것을 요청하였다. 이 제안을 인조는 불허하였다.[32] 그러나 다음해 사은사 李忔과 동지사 尹安國이 육로로 평양에서 증산까지는 80리로 하루 만에 갈 수 있는 거리인데 반해, 수로로 대동강에서 석다산까지 가려면 수로가 얕아 8, 9일이나 걸린다며 석다산을 출발지로 해 줄 것을 청하여 허락을 받는다.[33]

이 부경 항로 중에 특히 주목해야 할 섬이 가도이다. 이 섬은 철산에서 동남으로 불과 4㎞밖에 떨어지지 않은 비교적 큰 섬으로 중국은 皮島라 불렀다. 가도는 東江이라고도 하는데, 둘레가 80리로 초목이 자라지 않았다. 광해군 13년(1621. 천계 1)에 모문룡이 總兵으로 가도에 軍鎭인 東江鎭을 설치하고 요동에서 도망한 民을 모아 병사로 삼았다. 모문룡의 가도 주둔은 요동반도 일대의 對後金 저항세력을 구원하는 한편, 후금에 대항하는 세력을 재편하고 조선과 연계하여 군량과 필수품을 공급받으면서 요동 회복의 근거지로 삼기 위한 책략이기도 하였다. 한편 인조정권에 있어 가도는 광해군을 폐위시킨 인조반

---

31) 『仁祖實錄』권18, 인조 7년 6월 2일(乙卯).
32) 『仁祖實錄』권18, 인조 6년 6월 22일(辛亥).
33) 『仁祖實錄』권20, 인조 7년 6월 2일(乙卯). 석다산은 平壤府에서 서북쪽으로 120리에 있다. 산에 암석이 많다(『大東地志』권21, 平壤府).

정에 대한 명조의 승인을 받아야 하는 외교적 취약성, 그리고 해로 사행의 위험 때문에 명조 사신의 조선 파견 빈도가 현격히 줄어드는 상황에서 명조와의 외교 교섭에 매우 중요한 거점으로 간주되었다.[34]

가도 다음의 정박지인 거우도는 명조와 조선의 경계가 되는 섬이었다. 이 섬은 평안도 철산부에 속해 있고 조선 영토의 끝이었다.[35] 그 섬의 서는 大海이고, 북은 도서인데 모두 요동도사의 관할 하에 있었다. 명조의 영해로 들어간 조선 사행은 石城島로 향하였다. 도중의 녹도 같은 곳은 여진에 포로가 되었다가 도망해 들어간 조선 백성들이 거주하기도 하였고,[36] 아울러 요동지역 漢人들이 피난해 거주하기도 하였는데 그 숫자가 토착민의 두 배에 달하기도 하였다.[37]

광록도에서 遼岸을 따라 가다보면 明礁가 나타난다. 明礁는 石嶼가 바다 가운데서 굴기한 것으로, 횡으로 10리 정도를 뻗어있어 장관을 이루고 있었다.[38] 홍익한, 『조천항해록』인조 2년 8월 22일 일기에서 그 사실을 확인할 수 있다.

광록도 이후는 바다 빛이 붉기도 하고 누르기도 하며, 혹은 검푸르기도 하고 짙푸르기도 하였다. 뱃사람을 시켜 100여 자쯤 되는 줄로 시험해 보았으나 끝내 측량할 수 없었다. 도서는 칼처럼 뾰족하기도 하고, 쇠기둥처럼 깎아지른

34) 鄭炳喆,「明末 遼東一帶의 海上勢力」,『明淸史硏究』23, 2005.
35) 金堉,『朝京日錄』인조 14년 7월 24일에 "移船住島東牛毛淵, 我國地方止島西薪島云"이라고 보이고, 洪翼漢,『朝天航海錄』권2, 인조 2년 8월 11일에 "車牛島竹島大小獐子島薪島以後, 非我國地"이라고 보여, 薪島까지가 조선 영토였다.
36) 『仁祖實錄』권18, 6년 2월 11일(癸卯).
37) 李民宬,『癸亥朝天錄』上, 인조 1년 6월 2일 및 洪翼漢,『朝天航海錄』권1, 인조 2년 7월 12일. 가도의 모문룡 軍鎭에서 파견된 參將이 이곳을 지키고 있었다.
38) 趙濈,『燕行錄』인조 1년 9월 23일.

듯 하기도 하며, 혹은 병풍처럼 둘러 있기도 하고, 혹은 문처럼 마주 서 있기도 하였다. 蛟龍은 춤을 추고, 악어와 고래가 장난질하는 형상으로 그 괴상한 모습은 참으로 각양각색이었다.

즉, 광록도를 지난 후부터는 바다색이 紫色·黃色, 혹은 黝黑色·深青色으로 변하고 있는 모습을 알 수 있다. 바다 깊이도 100여 尺쯤 되는 줄로 시험해 보았으나 측량할 수 없을 정도였으며,[39] 島嶼의 모습도 험악하고 다양한 형상을 띠고 있었음을 알 수 있다.

녹도부터 삼산도까지는 金州衛의 관할로, 삼산도는 여순의 동쪽 300리 되는 곳에 있다. 이 섬은 登州·萊州, 조선을 잇는 수로의 긴요한 지점이었다.[40] 섬의 서남쪽은 대양이 끝없이 펼쳐졌다. 여순의 남, 黃城의 동에 해당되는 곳으로 본래 항해하기 어려운 곳이었다.[41]

평도에서 황성도까지는 1,000여 리였다. 광대한 해안이 펼쳐졌고, 봉우리 정상은 煙墩이 설치되어 있었다.[42] 황성도 앞 바다의 항해도 대단히 곤란하였다. 광해군 14년(1622)에 진하사 吳允謙이 이곳에 이르러 배가 몇 번이나 뒤집힐 뻔하였고,[43] 洪翼漢도 빠른 물결과 거센 바람 때문에 사경을 헤맨 적이 있다.[44] 조선 사행이 귀국길에 廟島 근방 來山에서 배가 부서져 서장관 鄭應斗 및 원역 27명이 물에 빠져 죽었으며, 진향사 劉諫이 탄 배의 행방도 알 수 없었

39) 洪翼漢,『朝天航海錄』권1, 인조 2년 8월 22일.
40)『讀史方輿紀要』권37,「山東」8.
41) 趙濈,『燕行錄』仁祖1년 9월 23일.
42) 李民宬,『癸亥朝天錄』上, 인조 元年 6월 9일.
43) 李肯翊,『燃藜室記述』권28,「仁祖朝故事本末」.
44) 洪翼漢,『朝天航海錄』권1, 인조 2년 8월 22일 및 인조 3년 3월 25일.

다.[45]

배가 파손되고 사행들이 표류하다 죽었어도 등주 루트는 도서들이 산재해 있어 조선에서 선호하는 루트였다.

2. 항로의 변경—登州에서 寧遠衛로

광해군 13년부터 9년간 이용되던 등주 루트는 인조 7년(1629)에 이르러 平島에서 渤海를 경유하여 覺華島에 도착한 후 寧遠衛로 올라가는 노선으로 변경되었다. 그 경위에 대해 알아보자.

인조 7년(1629) 大司憲을 역임한 張維의 문집인 『谿谷集』권22, 「辨誣奏本」에 그 속사정을 알 수 있는 기록이 보인다.

조선 국왕 臣 姓 某는 '억울하게 무함당한 것을 진달하여 깨끗이 씻어 주시기를 바라는 일'로 삼가 주본을 올립니다. 숭정 2년 5월 3일에 禮部의 咨文을 받았는데, 그 대체적인 내용은 貢道를 바꿔서 걱정거리를 막겠다는 것이었습니다. 欽命督師薊遼都御史 袁崇煥이 앞의 일로 올린 題本 안에 '조선이 倭와 화친 관계를 맺더니, 지금은 또 예전과 같지 못하면서 奴에게 정성을 바치고 있다'는 등의 말이 들어 있다는 내용이었습니다. 이 문제와 관련하여 의정부에서 장계를 올렸는데, 그 내용은 다음과 같습니다. "신들이 조용히 살펴보건대, 본국의 공도는 옛날부터 요동을 통하였습니다. 누르하치의 세력이 커져 惡을 행하는 탓에 육로가 단절이 되자, 조정에서 海道의 통행을 허가하여 朝聘하는 일을 편하

---

45) 『光海君日記』권164, 13년 4월 13일(甲申) 및 박정현, 『凝川日錄』권2, 광해군 9년.

게 해 주어 흠잡을게 없었습니다. 이미 십 년 가까이 되었습니다. 지금 갑자기 海禁을 엄격하게 할 것을 상신하여 등주를 이용하는 길을 막고 覺華를 경유하도록 하셨습니다. 外藩이 행해야 할 이치로는 단지 成命을 준수하고 따르는 것이 합당할 따름일 뿐입니다. 바람과 파도의 위험, 여정은 멀어 진실로 감히 말씀 드릴 것이 못됩니다."

인조 7년 5월 3일 예부의 자문을 받아보니, 명조는 조선의 공도를 바꿔 걱정거리를 막겠다는 내용이었다. 즉 欽命督師薊遼都御史 원숭환의 제본 내용은 '조선이 왜와 사귀고 여진에게는 관대하다'는 것이었다. 이를 빌미로 공도를 등주에서 각화도로 변경한 것이다. 원숭환이 요동을 진무한 후 '등주와 내주는 내지이니, 통행을 금지해야 한다'라고 하여, 각화도로 가는 길로 변경되었다.[46] 이 당시 登萊巡撫 孫國楨도 '조선과 왜가 화친하여 만일 왜노가 몰래 조선의 조공 사신 편에 들어오기라도 하면, 국가의 환란이 山海關에 있지 않고 등주와 내주에 있게 되며, 奴酋, 즉 누르하치에게 있지 않고 조선의 조공 사신 편에 있게 될 것이다'는 상주문을 올렸다.[47]

張維는 원숭환이 조공로의 개정을 건의한 근본적인 목적은 모문룡을 견제하면서 그의 이권을 빼앗으려한데 있다고 보았다.[48] 조선은 험난한 각화도를 경유하는 대신에 등주를 이용하게 해달라고 누차에 걸쳐 崇禎帝에게 주청하였다. 발해를 경유하여 영원위로 들어가는 해로는 파도가 험하여 이전에도 조선 사행들의 배가 침몰당한 곳이었다. 이에 조선은 호조판서 鄭斗源을 파견하

---

46) 朴世堂, 『西溪集』권9, 誌銘『江原道觀察使尹公墓誌銘』. 원숭환이 조선에 移咨한 내용이 『仁祖實錄』권21, 7년 7월 28일(辛亥)에 나온다.

47) 『仁祖實錄』권19, 6년 7월 10일(己巳).

48) 張維, 『谿谷先生集』권22, , 「貢路奏本」壬申年(인조 10).

여 등주의 撫院 孫元化에게 서신을 전달하였다. 조선의 요청을 받은 손원화는 등주 루트를 이용하게 해달라고 숭정제에게 상주하였으나,[49] 황제는 허락하지 않았다.[50] 당시 조선으로부터 막대한 재정지원을 받고 있던 모문룡도 조선을 위해 상소를 올렸다. 『崇禎長編』권22, 숭정 2년 5월 경자조를 보자.

> 總兵 모문룡이 상소하여 말하기를, "조선은 요동의 길이 끊겨 登州로부터 海運으로 조공합니다. 지금 만약 鐵山嘴를 따라 길을 취하여 조공하게 하시면, 海島는 험악하고, 바람과 돛도 예측할 없습니다. 청하건대 이전처럼 등주를 이용하여 조공하게 해주십시오."

모문룡은 조선 사행의 조공로로 해로가 험악한 철산취(혹은 鐵山觜로 표기) 대신에 등주를 경유하게 해달고 상소하였던 것이다.

조공로의 변경이 결정된 이후에도 조선은 각화도를 경유하는 해로가 등주를 경유하는 것보다 배나 멀 뿐 아니라, 사행이 이용하는 배가 큰데 반해 해로의 수심이 얕아 낭패를 당하는 경우가 많다고 우려하였다. 결과적으로 이 루트를 이용하다 많은 사행과 수행원이 죽음을 당하였다.

평도에서 영원위까지의 거리를 나타낸 표4에서 보듯이 그 총거리는 1,820리(1,023㎞)였다. 물론 선사포나 석다산에서 출발하는 거리까지를 더하면 4,160리(2,338㎞)나 되어, 등주 루트보다도 400여 리(225㎞)가 더 먼 셈이다.

조선은 원숭환이 '조선이 왜와 사귀고 여진에게는 관대하다'는 부분을 우려하여 곧바로 조선의 입장을 밝히기 위해 辨誣使 李忔을 파견하였다. 그는 처음으로 변경된 해로를 이용하여 영원위로 들어갔다.

---

49) 『仁祖實錄』권20, 7년 4월 6일(辛卯).
50) 『明史』권320, , 「朝鮮列傳」. 이 해 6월 원숭환은 모문룡을 雙島에서 살해하였다.

표 4 平島에서 寧遠衛까지의 거리

地點	距離	備考
分岐點: 平島		
旅順口	40里	
鐵山觜	40里	
羊島	80里	
雙島	40里	
南汛口	500里	
北汛口	170里(110里)	李肯翊, 『燃藜室記述』 別集권5, 事大典故 「赴京道路」에서는 110里.
覺華島	1000里	
寧遠衛	10里	東南20里(『大明一統志』, 卷25, 「遼東都指揮使司」)
총계	1,820里(4,160里, 2022㎞)	陸路로 北京까지는 911里(443㎞)

※전거: 韓致奫, 『海東繹史』권40, 交聘志8 「海道」

인조 7년 이후 등주 루트가 단절되고 발해를 거슬러 올라가 영원위로 향하게 되는데, 그 분기점이 되는 곳이 바로 평도이다. 이 섬은 遼左의 勝地였다.[51] 李安訥의 경우에는 석다산에서 출발하여 평도까지 한 달이 넘게 걸렸다. 바람의 방해를 받아 앞으로 나아갈 수 없었기 때문이었다.[52] 이곳에서부터 멀리 떨어져 있지 않은 여순구는 金州衛에 속하였는데, 동서로 왕래하는 배들이 머물 수 있는 곳이었다.[53] 섬에 인가가 즐비하여 700~800戶에 달하였다.[54] 여순

51) 李忔, 『朝天錄』인조 7년 9월 2일.
52) 李安訥, 『朝天後錄』인조 10년 8월 20일
53) 李民宬, 『朝天錄』인조 1년 6월 9일. 金州衛 경계에 72개의 섬이 해변에 늘어서 있었다. 거주민이 이곳에 어업을 하거나 토지를 일구며 살고 있었다. 명대에는 遼左의 유민들이 많이 거주하였다(『讀史方輿紀要』권37, , 「山東」8).
54) 李忔, 『朝天錄』인조 7년 9월 7일.

구부터 남신구까지는 여진이 순시하면서 망을 보는 곳이어서 사행들은 바람에 막혀 해안에 정박하였다가 혹시라도 이들과 조우할 것을 대단히 우려하였다.[55] 실제로 광해군 13년에 명조 사신의 배와 조선 진위사의 배 등 9척의 배가 침몰하여 익사한 자가 많은 상황에 처했을 때 여진인이 포와 활을 쏘아댔다.[56]

사행이 그 이름만 들어도 공포에 떨었던 곳이 바로 鐵山嘴이다. 여순구 서남쪽 40리 정도 떨어진 곳으로 해로가 극히 험난한 곳이었다.[57] 申悅道, 『懶齋集』권4, 「呈禮部請勿改貢路文」에 철산취를 묘사하고 있다.

이른바 철산취는 곧 해류가 모이는 곳입니다. 하나는 天津으로부터 동쪽으로, 하나는 平島로부터 서쪽으로, 하나는 皇城으로부터 북쪽으로 흐르다 모두 이 곳에 모여듭니다. 거센 파도와 물결의 험악함은 이에 비할 곳이 없습니다. 게다가 蛟龍의 소굴이 있어, 구불구불 휘감아 돌아 颶風이 일어남을 기다리지 않아도 항상 배가 전복될 걱정이 많습니다.

철산취는 해류가 모이는 곳으로 파도가 험하게 치는 곳이었다. 張維, 『谿谷先生集』권22, 「貢路奏本」에도 다음과 같이 보인다.

---

55) 金堉, 『潛谷遺稿』권8, , 「貢路硝黃事呈禮部」丙子 12월 7일. 실제로 陳慰使 일행 중에서 通事의 배가 女眞에게 捕虜가 되었다(李民宬『朝天錄』仁祖1년 6월 9일).

56) 安璥, 『駕海朝天錄』광해군 13년 6월 4일(『國學古典燕行錄解題』v2, p.98) 및 『光海君日記』권166, 13년 6월 25일(乙未)

57) 李安訥, 『朝天後錄』仁祖10년 8월 20일에 "鐵山觜, 乃海路極險之處, 山如口角, 故以觜爲名云"이라고 보인다.

경유하는 철산취 등의 지역은 暗礁가 많이 숨어 있어 험악하기가 그지없습니다. 무릇 오직 중국의 水手만이 물의 속성을 잘 알고 있어 잘 피할 수 있습니다. 게다가 船體가 가벼워 암초와 부딪치는 경우가 매우 드뭅니다. 그런데 小邦의 배의 제도는 둔중한데다 水手들도 바닷길에 생소하여 배를 뜻대로 부리지 못해 암초에 부딪쳐 배가 부서지면서 물에 빠져 죽는 사례가 전후로 잇따르고 있습니다. 또한 철산 일대는 거대한 바다가 하늘과 잇닿아 있고, 도서는 하나도 없기 때문에, 갑자기 폭풍이라도 만나게 되면 임시로 정박할 곳이 없어서 번번이 표류하며 침몰 당하곤 합니다. 辛酉年 이래로 물에 빠져 죽은 陪臣만도 5인이나 되고 員役까지 통틀어 계산하면 줄잡아 500~600인을 밑돌지 않습니다.

철산취 등지는 암초가 숨어 있어 대단히 험악한 곳으로 오직 중국의 水手만이 바다의 성질을 잘 알고 있어 암초를 피해 갈 수 있었다. 게다가 중국 배는 가벼운데 반해 조선의 배는 둔중하여 마음대로 운항할 수 없었다. 암초에 부딪쳐 배가 부서지면서 물에 빠져 죽는 사례가 잇따랐다. 이 일대는 하늘과 잇닿은 거대한 바다만 펼쳐져 있을 뿐 섬이라곤 하나도 찾아볼 수 없었다. 갑자기 폭풍이라도 치면 임시로 정박할 곳이 없어서 사행들의 배는 번번이 표류하며 침몰 당하곤 하였다.

북신구 지역은 광활하고 사면이 산이어서 배를 대기에 알맞은 곳이었다. 이전에는 1萬여 家가 거주하였으나 여진에게 탈취당하여 空島로 변하였다.[58] 북신구에서 大洋으로 나와 1,000여 里를 항해하면 각화도에 도착한다. 이곳에서부터 영원위까지는 10리에서 20리 정도거리였다. 항해가 끝을 맺는 순간이다.

---

58) 李忔, 『朝天錄』인조 7년 9월 14일.

하지만 각화도 앞바다도 水勢가 험악한 곳으로 신경을 써야만 했다.

이처럼 영원위 루트는 등주와 내주 루트보다 멀고 열 배나 험한 곳이었다. 특히 수심이 얕은 지역을 조선의 둔중한 배가 항해하다 낭패를 당하기 일쑤였다. 광해군 13년 이후 물에 빠져 죽은 배신은 5명, 원역까지 합하면 줄잡아 500~600명에 달하였다.[59] 인조 7년에 진하사 李忔이 동지사 尹安國 등과 함께 선사포를 출발하여 각화도 앞바다에 이르러 태풍을 만나 윤안국은 물에 빠져 죽고, 배는 모두 뿔뿔이 흩어졌다.[60] 이 사건이 발생한 다음해 領事 李廷龜는 해로를 등주로 다시 변경해줄 것을 요구하였다. 그래야만 사행길이 어렵지 않을 뿐만 아니라 중국 상인의 왕래도 끊어지지 않을 것이라는 것이었다. 그는 명조에 주청하거나 혹 예부에 移咨할 것을 제안하여 인조의 허락을 받는다.[61] 그러나 이 제안은 받아들여지지 않았다. 원숭환이 죽은 후 인조 10년(1632)에 재차 등주 루트를 허용해 줄 것을 명조에 주청하였으나,[62] 숭정제는 허락하지 않았다. 이듬해 주청사 洪靈·李安訥 등의 보고에 의하면, 등주로 변경해 달라는 조선의 요청에 대해 숭정제는 "해안 방어를 엄중히 하고 있는 중이므로 그대의 나라를 위해 길을 열어 다른 걱정거리를 만들지 모른다"며 불허하였다.[63] 이 루트는 淸朝가 들어설 때까지 변경되지 않았다.

---

59) 鄭經世, 『愚伏先生文集』卷三, 「請復登州舊路奏文」에, "辛酉以後, 陪臣柳澗朴彝敍鄭應斗尹昌立等, 相繼淪沒. 皆由於遇風漂淌, 誤入此路. 今又尹安國到此覆敗, 水路之險, 委難形言"이라고 보인다.

60) 李肯翊, 「燃藜室記述」별집 권5, 事大典故, 「使臣」.

61) 『仁祖實錄』권22, 인조 8년 1월27일 (정미).

62) 李肯翊, 「燃藜室記述」별집 권5, 事大典故「赴京道路」.

63) 『仁祖實錄』권28, 11년 4월 12일(계유).

Ⅳ. 서해 · 발해 해역의 海風

바다를 항해하는데 있어 배를 조종하는 沙工이나 배의 견고함과 항해술, 그리고 해류·조류 외에 바람이 대단히 중요한 하나의 요소로 작용한다. 홍익한은 祈風祭를 지내는 글 중에 '바다를 항해하려면 배가 필요하고, 배를 타려면 바람이 필요하다. 가는 방향 각기 다른데 혹은 東風 혹은 西風이 부네. 오는 자의 順風은 가는 자의 逆風이다'[64]라고 하여, 항해하는데 있어 바람의 중요성을 서술하였다.

표1에서 알 수 있듯이 선사포에서 출항하여 등주 혹은 영원위로 향하는 조선 사행은 5월부터 9월 사이, 그 중에서도 7월 출항이 많은 사실을 알 수 있다. 귀로의 경우, 등주는 3월, 영원위도 3, 4월 무렵이다. 선사포에서 등주까지는 빠르면 30~40일, 늦으면 50~60일 걸렸다. 이는 오로지 바람의 영향에 달려있다. 趙濈, 『燕行錄』 인조 원년 9월 12일에 바람에 대한 이야기가 서술되어 있다.

스스로 무료함을 탄식하는 중에 事知沙工과 서로 의논하였다. 7, 8월에 동풍이 계속 불면 이는 정말로 바다에 배를 띄워 朝天할 시기이다. 9월 이후 西風이 불지 않는 날이 없거나 혹은 東風이 있어도 그 바람은 믿지 못한다. 혹은 아침 일찍 바람이 불다 오후에 그치거나, 오후에 불다 저녁에 그친다. 봄과 여름 사이는 西風·南風이 연속해서 4, 5일간 불어, 바다로의 항행은 반드시 7,8월에 赴京

---

64) 洪翼漢, 『朝天航海錄』 권1, 인조 3년 3월 24일(임신)

하고, 4,5월에 돌아오는 것이 괜찮다. 그만둘 수 없다면 2월에 돌아오는 것도 가능하다. 3월의 꽃소식은 바람을 질투하니 花風은 모두 불리하다. 5월은 물고기가 출몰하는 때로 으레 北風이 분다. 돌아올 때 이 바람을 만나면 반드시 지체하게 된다. 이른바 魚出이라는 것은 평안도 石首魚가 4월 보름에 포구로 들어왔다 5월에 바다로 들어간다. 이 때문에 魚出이라고 하는 것이다. 운운.

사행이 해로를 이용하여 등주로 가는 시기는 동풍이 부는 7, 8월이고, 서남풍이 부는 4, 5월이 귀국하는 적기임을 알 수 있다.[65] 어쩔 수 없는 경우에는 2월에 귀국해도 무방하였다. 9월 이후는 서풍이 계속 불거나 혹은 동풍이 부는데 일정치가 않았다. 봄과 여름 사이에는 서풍과 남풍이 4, 5일간 연속해서 불었다. 3월 꽃소식이 있는 때는 항해하기에 불리하였다. 평안도에서 石首魚, 즉 조기가 잡힐 무렵인 4월과 5월 사이에는 북풍이 불어 배가 지체되었다.

인조 3년 6월 초에 인조 책봉 문제로 조선에 들어온 명조의 太監들이 귀국하려고 하였다. 그러자 인조는 지금은 季夏(음력 6월)라 바다에 안개가 피고 萬里에 바람이 불어 파도가 일어 걱정된다며 만류하였다. 그러나 태감 일행은 9, 10월 이전에 바다를 건너면 파도가 흉흉하지 않다고 답변하였다.[66] 그러나 9월에 선사포를 출발한 조즙은 가도에 정박하였을 때 서풍이 크게 불어 배를 띄우지 못하다 동풍이 겨우 불어 출발할 수 있었다. 그러나 3일 정도 항해하다 남풍을 만나 항해의 곤란을 겪는다. 9월 6일 자 일기에 다음과 같은 기록이 보인다.

---

65) 인조 5년의 동지사 邊應璧은 5월에 등주로 향했고, 다음해 5월에 조선으로 돌아왔다. 바람이 가장 좋은 시기에 귀국한 것이다.
66) 『승정원일기』인조 3년 6월 12일 (戊子).

정오부터 밤중에 이르기까지 南風이 크게 일었다. 산 같은 파도는 하늘에 잇닿았고, 夜半에 천둥 번개와 장대비가 내려 창졸간의 일이라 경황이 없었다. 뱃사람들은 서로 돌아보며 얼굴색이 변해 어찌할 줄 몰랐다. 비록 事知沙工이라 할지라도 배를 통제할 수 없었다. 어떤 자는 눈을 감고 드러누워 인사불성이었고 어떤 자는 음식이 막혀 머리를 내두르며, 끊임없이 구토하였다.

남풍이 불어 산채만한 파도가 하늘에 닿을 듯하자 책임자였던 事知沙工 조차도 배를 조종할 수 없었음을 알 수 있다. 다음날에는 서풍이 일어 배를 띄우지 못했다. 그 다음날에는 서북과 동남 방향이 칠흑같이 어두워지자 갑자기 서풍이 불고 찬비가 내렸다. 파도가 산을 무너뜨릴 것 같은 기세였다. 사행의 배들이 서로 부딪히고 뱃사공인 篙工과 格卒도 속수무책이었다. 9일은 重陽節로 이날은 배를 띄우지 말라는 禁言이 있었는데 이를 따르지 않아 자책하였다.

인조 5년 9월 13일에 동지사 邊應璧은 광록도에 머무른 후 다음날 동풍이 불자 삼산도로 향하였다. 70리를 가지 못했을 때 북풍이 크게 일어 배는 흔들렸고 사람은 배 위에 서있지 못할 정도였다. 이날 밤 二更(오후 10시 전후)즈음에 서장관이 탄 배 등이 碇을 예인하여 바다로 나아갔는데 飄風 때문에 어디로 향하는지 알 수 없었다.[67] 9월 18일에도 조즙은 서남풍을 그치고 동북풍을 불어달라고 하늘에 빌었다. 장산도에서 광록도로 항해해야 하는데 서남풍이 그의 앞길을 방해하였던 것이다. 바람이 반대로 분 것이다. 이틀 후인 20일에도 남풍이 그치지 않아 출항이 불가능하였다. 조즙, 『燕行錄』인조 원년 9월 20

---

67) 『승정원일기』인조 5년 12월 6일 (己亥).

일에는 水休日의 정체를 알 수 있는 내용이 있다.

나비 모양의 구름은 조각조각 남쪽으로부터 일어나니 이는 남풍이 일 조짐이
다. 검고 사나운 구름은 이를 猪雲이라 한다. 희고 조각조각 난 구름을 蝶雲이
라 한다. 바람은 남쪽에서 불어온다. 동서 하늘 끝으로 구름발이 드리워지면
바람은 서쪽에서 불어온다. 남북 하늘 끝으로 구름발이 모두 동쪽으로 향한
다. 생각해보니 구름은 바람을 따라 없어지기 때문이다. 上弦과 下弦의 다음날
을 水休日이라고 하며, 9일과 24일을 가리킨다. 그 사이 10번의 바람은 반드시
수휴일을 따르는 바람이다. 대개 수휴일에는 동풍이 부는데, 그 사이의 10일의
바람은 모두 동풍이다. 수휴일에 서풍이 있으면 그사이의 10일의 바람은 모두
서풍과 같은 종류이다. 또한 가을과 겨울에 바람은 對電하여 발생하고, 봄과 여
름에 바람은 전기를 따라 발생한다. 최근 보니 동풍에 연이어 번갯불이 번쩍이
고, 서남풍이 連日 그치지 않으니, 이는 과연 그 사실과 들어맞았다.

구름의 모양과 색깔, 그리고 구름의 이동 방향의 상관관계를 통해 어떠한
바람이 부는지를 서술하였다. 상현달, 하현달 다음날은 水休日로 9일과 24일
이 이에 해당한다. 일행이 직접 체험한 바람은 동풍으로 번갯불이 번쩍이는
현상이 발생하면 남풍이 그치지 않았다.[68] 조즙이 남풍으로 곤란을 겪고 있을
무렵에 해에 테두리가 생겨났다. 그는 날씨가 따뜻해져 비바람이 발생할 징조
로 인식하였다. 과연 이틀 후에 북풍이 점차로 강해져 배는 질주하여 黑水海
에 도달하였다. 흑수해는 발해를 가리키는데 바람이 없어도 물결이 일어 건너

---

[68] 李安訥, 『朝天後錄』(인조 10년)

기 어려운 곳이었다. 파도가 한번 치면 하늘에 닿을 듯하고 파도가 지나가면 땅으로 꺼지는 듯했다. 마침 9월이라 북풍이 불면 배를 조종하는 水手들도 어찌할 바를 몰랐다. 엎어지고 토하는 지가 대부분이었다. 하물며 평일에 배를 탄 적이 없는 사람은 어떠했겠는가? 동풍이나 동북풍이 불어줘야 순조롭게 항해가 가능한데 남풍이나 서풍이 불면 극한 상황에 처하였던 것이다.

등주보다 더 험난한 항로였던 발해항로의 바람도 위세를 부렸다. 평도에서 각화도로 향하는 경우의 바람은 서남풍이어야 했다. 진하사 李忔의 경우 8월 21일 남신구로 향할 때 배는 종횡으로 흔들렸다. 이때의 바람을 和唱이라고 하는데, 남풍이 7주일간이나 불어와 배가 멀리 항해할 수 없었다.[69] 李安訥은 7월 16일에 평양 석다산을 출발하여 9월 5일에 각화도에 도착하여 8일에 영원위로 들어갔다. 한 달 23일의 긴 여정이었다.[70] 그가 장산도에서 광록도로 향할 때 동남풍 혹은 동북풍이 불어주어야 했으나, 서북풍·서남풍이 연일 크게 불어 항해할 수가 없었던 것이다.

표5는 월별로 폭풍이 발생하는 날짜를 정리한 것인데, 8월 18일·21일, 9월 9일·27일에 폭풍이 분다는 것이다. 李肯翊은 해로로 중국에 入朝하였을 때, 중국 사람들에게서 안 사실로, 조선의 경험에서 보더라도 맞는 것이 많았다고 서술하였다.

李民宬은 6월 1일에 석성도에 머물렀는데 밤에 颶風[71]을 만났다. 본래 南海에 여름과 가을에 많이 부는 무서운 바람을 구풍이라고 하는데, 이 때 무지개

---

69) 李忔,『朝天日記』권3,「續錄」인조 8년 8월 21일.
70) 李安訥,『朝天後錄』,「覺華島舟中書事」
71) 劉恂,『嶺表錄異』권 上 및 李肇,『唐國史補』卷 下.

가 많이 나타난다고 한다.[72] 구풍을 만난 李民宬은 석성도 주변이 물이 얕아 배를 움직일 수 없자 상앗대(篙)를 사용하여 물 흐름에 따라 항해하였다. 이틀은 남신구로 향할 때 소위 화창이라고 하는 바람을 만난다. 표5에서 알 수 있듯이 폭풍이 일어나는 날과 일치한다. 화창은 폭풍이었던 것이다.

표 5 폭풍이 발생하는 날짜(李肯翊, 『燃藜室記述』別集 5권, 事大典故 「赴京道路」)

월별	날짜(음력)
1月	9, 29
2月	7, 21, 29
3月	3, 7, 15, 23, 28
4月	1, 8, 23, 25
5月	5, 13, 21
6月	12, 24
7月	18
8月	18, 21
9月	9, 27
10月	5, 20
11月	14, 29
12月	24(전후 2일)

金堉도 8월에 평도에 도착하였을 때 밤중에 남풍이 매우 세차게 불어 파도가 치솟아 올랐으므로, 배를 돌려 羚角灣으로 들어갔다.[73] 그는 9월 8일 새벽에 동풍을 맞아 항해를 시작하여 철산취에 도착할 무렵에 북풍이 갑자기 크게 불었다. 마치 하늘을 뒤흔들고 바다를 요동치는 기세로 산더미 같은 파도가

---

72) 李民宬, 『癸亥朝天錄』上, 인조 元年 6월 1일.
73) 金堉, 「朝京日錄」인조 14년 8월 6일. 羚角灣을 뱃사람들은 「海城島」라고 하였다.

밀려왔다. 당시 동승했던 동지사 서장관 鄭之羽는 9월 17일에 "북신구에서 각화도로 향하는 도중에 서남풍이 크게 일어 파도가 하늘에 닿을 정도여서 帆布와 돛대가 거꾸로 엎어지니 배에 있던 사람이 모두 살아날 생각을 잃었다"며, 그 쓰라린 경험을 적었다.[74] 광해군 13년 4월 天啓帝가 등극하자 登極詔使의 임무를 띠고 조선에 온 劉鴻訓과 副使 楊道寅이 6월에 해로를 이용하여 돌아갈 때 여순 지방에서 괴이한 바람을 만나 배는 파손되고 조선에서 받은 선물 중 10분의 9를 잃고 말았다.[75]

남풍은 중국에서 조선으로 향하는 경우에는 유리하였다. 宋 元豊 연간(1078~1085) 이후 중국 조정에서 고려에 사신을 파견하는 경우에 이용되었다. 明州 定海에서 출항하여 바다를 가로질러 북쪽으로 항해하는데, 배의 운행은 모두 하지 뒤에 남풍을 이용하였다.[76] 마찬가지로 조선시대에도 등주에서 선사포로 향하는 경우에는 동북풍이 연속 불면 항해에 지장을 초래하였다. 반면에 남풍이 불어야 순조롭게 항해가 가능하였다. 남풍이 불면 배의 빠르기가 나는 듯 하다 하였다.

조즙이 임무를 완수하고 등주에서 광록도로 향하는 도중에 바람이 불순하여 櫓를 사용하였으나 배가 앞으로 나아가지 않았다. 『朝天錄』인조 2년 4월 1일 일기에 島遊, 즉 신기루에 대한 현상을 기록하였다.

바다 가운데 우뚝 솟은 봉우리는 혹은 모자를 세운 듯한 형상이거나, 혹은 손

---

74) 趙慶男, 「續雜錄」3, 인조 7년. 동지사 윤안국이 침몰한 곳은 北汛口에서 각화도로 가는 도중인 9월 17일 무렵이었다. 이때도 颱風이 불어 배를 침몰시킨 것이다(李肯翊, 『燃藜室記述』別集 권5, 事大典故, 「使臣」).

75) 『光海君日記』권166, 13년 6월 26일(丙申).

76) 徐兢, 『宣和奉使高麗圖經』권3, 城邑「封境」.

바닥처럼 평탄하거나, 혹은 마당처럼 넓어 그 변하는 모습이 똑같지 않았다. 뱃사람이 島遊라고 하는데 이와 같은 현상이 나타나면 반드시 바람이 불고 비가 내렸다고 한다.

바다 가운데에 있는 섬이 여러 가지 형태로 변화하면 반드시 바람과 비가 온다는 것이다. 또한 가슴에 노란 색이 있는 怒乙鳥라는 작은 새가 자주 배에 왕래하면서 날기도 하고 돛에 앉기도 하였다. 이러한 현상은 바람이 불거나 비가 크게 내릴 징조였다. 表5에서 알 수 있듯이 暴風이 부는 날이었다.

바람이 使行의 삶과 죽음에 크게 영향을 끼치자 조선 朝廷에서는 항해를 서두르지 말고 순풍을 기다렸다 배를 타도록 유시하였다.

V. 사행들의 海洋信仰

바다에 익숙하지도 배를 타 본 경험도 없는 상태에서 망망대해를 건너는 사행들에게 있어 해로로 등주로 가거나 혹은 철산취를 지나 발해를 건너 영원위로 향하는 것은 마치 죽음의 길을 가는 것처럼 인식되었다. 자연히 이들이 의지할 수 있는 것은 神, 특히 海神에게 기도하는 것뿐이었다. 管見이지만, 조선시대의 해신신앙의 문제를 역사적으로 접근한 연구는 거의 없다. 다만 安東俊이 처음으로 天妃信仰을 연구하였다. 그는 사행이 祀典에 실리지 않은 귀신을 섬기는 일은 유학자의 본분을 저버리는 일이었으나, 성공적인 외교 임무의 수행은 儒家의 본분을 다하는 길이었기에 천비를 신앙할 수밖에 없었다고 논하였다.[77]

본 장에서는 천비신앙을 보다 더 구체적으로 고찰하는 동시에, 조선 관리들이 항해의 안전을 기원했던 다양한 해신들과 그 역할에 대해 살펴보고자 한다.[78]

사행들은 바다로 나아가기도 전에 신에게 제사를 지냈다. 이틀은 서장관과 함께 평양 練光亭에 올라가 조선 四瀆의 하나인 大同江의 神과 바람을 다스리는 風伯에게 제사를 지냈다.[79] 洪翼漢 일행은 평안도 安州 북쪽에 위치한 百

---

77) 安東俊,「海洋 使行文學과 天妃信仰」,『도남학보』16, 1997.
78) 藤田明郎은 媽祖를 중심으로 하는 동북아시아의 航海神을 소개하였지만 朝鮮에 대해서는 언급이 없다(제23章,「航海神」媽祖を中心とする東北アジアの神々〔桃木至郎編,『海域アジア史研究入門』, 岩波書店, 2008). 또한 山内晉次도 朝鮮의 航海神으로 觀音信仰을 소개하는데 그치고 있다(「航海守護神としての觀音信仰」,『古代中世の社會と國家』, 清文堂, 1998).
79) 李忔,『朝天日記』인조 7년 8월 1일.

祥樓에서 海神祭를 지냈다. 李德炯도 처음으로 배를 탄 탓으로 마음이 편치 못하였다. 병이 나서 식음을 전폐하고 날로 위독해지자 향을 피우며 해신에게 빌고 집에서 가지고 온 향과 幣를 바다에 던졌다. 그러자 물결이 잠시 그쳤다고 한다.[80] 김육은 새벽에 석다산 해변에 설치한 단상에서 해신에게 제사지냈다. 서장관이 亞獻을, 역관 韓瑗이 終獻을 하였으며 寫字官인 劉義立이 축문을 읽었다. 제사를 지낸 뒤에 배에 타자 풍세가 매우 순조로웠다고 한다.[81] 홍익한이 가도에 다다랐을 때 새벽 날씨가 음침하고 바닷바람이 험악하였다. 갑자기 우레가 치고 비가 억수같이 퍼부었다. 운무가 끼고 파도가 산더미같이 일어났다. 풍랑에 휩쓸려 배가 거의 뒤집힐 뻔하였다. 배에 탄 사람들은 구토하고는 퍼져 누웠다. 일찍이 沙工들도 경험하지 못한 풍랑이었다. 이에 그는 酒饌과 幣帛을 갖추어 해신에게 제사를 올렸다.[82]

그렇다면 사행들이 제사를 지낸 해신의 실상은 무엇이었을까? 인조 원년의 서장관인 李民宬도 선사포에서 출항하기 직전에 제단에 가서 大海神에게 임무를 완수할 수 있도록 바람의 신인 屛翳와 飛廉을 없애거나 숨겨주고, 파도를 일으켜 배를 전복시키는 신인 陽侯와 海若을 모두 묶어두어 무사히 항해할 수 있도록 축원하였다.[83] 같은 해 조즙도 승선 일시를 정한 후 대해신과 여러 해신에게 제사를 지냈다.[84]

인조 10년의 주청사 서장관 洪鎬는 烏絲帽에 黑衣團領으로 갖추고 약간의

---

80) 未詳, 『甲子水路朝天錄』인조 2년 7월 4일.
81) 金堉, 『朝京日錄』인조 14년 7월 16일.
82) 洪翼漢, 『朝天航海錄』권1, 인조 2년 8월 6일.
83) 『朝天錄』인조 元年 5월 20일. 당시 正使도 모두 참여하였다.
84) 趙濈, 『燕行錄』인조 1년 8월 24일.

일행을 동반하여 三神에게 제사지냈다.[85] 사행들은 바람이 불어 배를 항해하지 못하는 경우 수시로 三神祭를 지냈는데, 李忔은 삼신을 大海神·龍王神·風伯으로 지칭하였다.[86] 그런데 삼신의 주체가 다른 경우도 있다. 즉 李安訥의 경우가 그것인데, 그는 새벽에 상사·서장관·員役과 함께 삼신제를 행하였다. 『朝天後錄』 인조 10년 7월 16일에 삼신이 무엇인가에 대한 설명이 보인다.

> 평양 석다산 아래 해안의 높은 언덕 위에 땅을 깎아 壇을 만들었다. 즉 大海·龍
> 王·小星의 三神을 제사지내는 곳이다. 赴京使臣이 배를 타고 바다로 나아가는
> 날 관례대로 반드시 몸소 제사를 지내는데 정성으로 기도한다고 한다.

석다산 해안에는 삼신, 즉 大海神·龍王神·小星神을 제사지내기 위한 제단이 설치되어 있었다고 한다. 여기서 風伯 대신에 小星이 들어가 있는 사실도 알 수 있다.

인조 2년의 사행 洪翼漢의 『朝天航海錄』에도 삼신이 등장한다. 여기서는 大海神 대신에 天妃를 넣고 있다. 대해신과 천비가 같은 시기에 혼재하여 등장하고 있는 점에 유의할 필요가 있다. 홍익한 일행은 풍랑을 만나 각 배의 사람들이 구토 설사로 신음하였다. 상사와 부사가 더욱 심하여 식음을 전폐하였으므로 광록도로 옮겨 방을 빌려 휴식을 취하였다. 이 때 한 승려가 찾아와 섬에 새로이 사찰을 창건하니 시주하면 바닷길에 평온을 빌어 주겠다고 간청하였다. 이 말을 들은 사행은 쌀을 희사하였는데, 이들의 對話가 『朝天航海錄』 인조

---

85) 洪浩, 『朝天日記』 인조 10년 7월 16일. 이 때 大海神·龍王神·小星神의 제문을 따로따로 만들었다.
86) 李忔, 『朝天日記』 인조 7년 8월 8일.

2년 8月 19日에 보인다.

　　상사가 이에 "바다에 제사 지내는 것은 어떻게 하는 것인가?"승려가 말하기를,
"바다에 제사 지내는 데는 天妃娘娘의 神보다 중한 것은 없습니다. 그 다음은
龍王의 신이요, 또 그 다음은 小聖의 신입니다."상사가 말하기를, "이른바 三神
은 어떤 신인가?"(승려가) 답하기를, "천비는 玉皇의 따님으로 四海를 주관하
고, 용왕은 천비를 보좌하며, 소성은 곧 용왕의 半子, 즉 사위입니다. 삼신이 기
뻐하면 모든 일이 길하고, 노하면 모든 일이 흉합니다. 그 때문에 항해하는 자
들은 (그들을) 기쁘게 하고자 하고 노하지 않게 하려고 공경을 다하고 예를 극
진히 합니다. 상사와 부사가 곧 그 말에 따라 紅緞과 小軸에 泥金으로 신의 이
름을 써서 位次를 정하여 櫃에 넣어 자리 구석에 안치하고 酒饌과 향과 폐백을
갖추어 삼신에게 제사를 올렸다.

　　승려의 말에 의하면 바다에 제사를 지냄에 있어서 天妃娘娘 神이 가장 소중
하고, 다음은 용왕 신이요, 그 다음은 小聖 신이라는 것이다. 이른바 삼신인데,
천비는 玉皇의 따님으로 四海를 주관하고, 용왕은 천비를 보좌하며, 소성은 곧
용왕의 半子, 즉 사위라는 것이다. 이들 삼신이 기뻐하면 모든 일이 吉하고, 怒
하면 모든 일이 凶하므로, 항해하는 자들은 그들을 기쁘게 하기 위하여 정성
을 다하여야 한다는 것이었다. 이 말을 들은 사행들은 紅緞과 小軸에 泥金으
로 신의 이름을 써서 位次를 정하여 櫃에 넣어 구석에 안치하고, 酒饌과 香과
幣帛을 갖추어 삼신에게 제사를 올렸다.[87]

---

87) 그는 귀국길에도 天妃를 찾았다. 洪翼漢은 첫닭이 울 때 上使·副使와 함께 船所에 나
　　아가 天妃·風神·龍王·小聖에게 제사를 지냈다(洪翼漢, 『朝天航海錄』권1, 인조 3년 3월

조선 사행이 육로 혹은 해로를 이용하여 조공하던 요동의 내지와 해안지역에 天妃廟가 설치되어 있었다. 요동의 三汉河 南岸에 천비묘가 있어 육로로 북경으로 들어가던 사행들이 이곳을 지나면서 반드시 둘러보고 그 감상을 시로 읊었다. 해로는 錦州城 觀音寺 서쪽, 廟島,[88] 영원위에도 天妃聖母廟가 있었다.[89] 사행들은 항해의 안전 혹은 난파된 배를 구원해 주는 신으로 처음에는 大海神을 중시하였으나, 점차적으로 천비를 숭상하게 된 것으로 보인다. 사행들은 천비에 제사지낸 후 항해하면 도움을 많이 받았다는 사실을 알고는 밥과 떡을 만들고 과일을 바쳐 정성껏 제사지냈다. 인조 4년의 冬至聖節使 金尙憲은 장산도에서 항해에 곤란을 겪자 천비에게 제사를 지냈다. 그의 祭文 내용을 옮겨보자.

모년 모월 모일에 천비 신에게 공경스러운 마음으로 제사를 올립니다……공손하게 생각건대, 존귀하신 신령께서는 太陰의 元精으로서 純陽의 大界를 주재하십니다. 神靈은 오래도록 역대에 칭해졌고, 총애를 받음은 드디어 盛世에 융숭하였습니다. 坤으로써 乾을 이어받음은 이치에 있어서 하나로 됨에 어긋나지 않는 것이고, 하늘과 더불어 짝이 되니, 존귀함은 모든 신령들이 상대가 될 수 없습니다. 밝게 떠받드는 의식은 실로 멀고 가까운 차이가 없습니다.

김상헌은 제문에서 천비의 존귀함은 모든 신령들이 상대가 될 수 없다고 칭

19일.

88) 李民宬은 天妃를 漢 林蘊의 딸로 죽어서 水神이 되었다 勅封으로 天妃가 되었다고 기록하였다(『朝天錄』仁祖1년 6월 11일). 반면에 申悅道는 東海 廣德王의 제7龍女라고 기록하였다(『朝天時聞見事件啓』인조 6년 9월 9일).

89) 金景善, 『燕轅直指』권2, 出疆錄 純祖 32년 12월 7일, 「錦州衛記」.

예하였다.[90] 인조 14년 동지사 김육은 임무를 마치고 귀국할 때 목욕재계하고 여러 신들께 항해의 안전을 기원하는 祝文을 지었다. 그는 천비를 '모든 배의 어머니'로 표현하였다.[91] 張維도 검푸른 발해를 건너가면서 '천비도 왕의 사신 보호하니 교룡과 악어들도 물속 깊이 숨으리라'고 표현하여, 사행을 보호하는 역할을 하는 존재가 천비라고 여겼다.[92]

천비가 女性神이라는 점은 잘 알려진 사실인데, 조선에서도 음으로 항해를 도와주는 신으로 여성이 등장한다. 한 예로 조즙이 평도에 머물렀을 때 한 여인이 술과 음식을 가지고 오는 꿈을 꾸자 이를 길조로 받아들였던 사실을 들 수 있다. 조선의 뱃사람들은 '항해 시에 꿈에 여인을 보는 것은 上吉이다'라고 하는 풍조가 있었는데, 그가 이 꿈을 꾸고 난 후 바람도 파도도 조용하였다고 한다.[93] 인조 2년에 북경으로 향한 사행들도 여성에 관한 꿈을 꾼다. 즉 사행이 8월 15일에 석성도에 이르렀을 때 정사는 한 늙은 할머니가 나타나는 꿈을, 부사는 선사포를 출발하면서 매일 밤마다 한 선녀가 하늘에서 내려오는 꿈을 꾸었다. 사공들이 그 이야기를 듣고는, '이 배의 城隍神은 바로 옛날 충청도 內浦(牙山地域)가 제일 신령합니다. 그 신의 이름은 牧丹이라고 하는데 뱃사람들의 꿈에 나타나면 길하다 하였습니다'라고 하자, 부사는 음식을 차려놓고 제사를 지냈다.[94] 하지만 선녀나 여인이 천비라고 단정할 수는 없다. 왜냐하면 조선 백성들에게 신봉된 觀音信仰도 여성이기 때문이다. 또한 민간에서 숭상하던 무당인지도 모른다. 즉 조즙이 귀국길에 광록도에서 동풍을 만나 고생하

---

90) 金尙憲, 『淸陰先生集』권9, 朝天錄 「長山島天妃祭文」.
91) 金堉, 『潛谷遺稿』권9, 「石多山開洋祭文」丙子 7월 16일.
92) 張維, 『谿谷集』권25, 「送登極賀使韓知樞」.
93) 趙濈, 『燕行錄』인조 2년 3월 28일 및 29일.
94) 洪翼漢, 『朝天航海錄』인조 3년 3월 29일 및 미상, 『甲子水路朝天錄』인조 2년 8월 15일.

고 있을 때 京畿道 楊根郡 迷原地域의 무당인 艾福이 나타난 꿈을 꾸었다.[95] 이 부분에 대해서는 앞으로 연구가 더 진행되어야 할 것이다.

천비 다음으로 항해에 영향을 끼친 신이 용왕이다. 사행들이 정박하던 석성 도·해성도와 삼산도에 용왕당이, 산해관 성내 永佑寺라는 곳에도 동해 용왕 신을 받들고 있었다.[96] 사행들은 이곳에 들러 항해의 안전을 기원하였다. 全湜 일행이 황성도 海潮寺에서 숙박할 때 군관들에게 용왕당에서 제사지내게 한 사례가 있다. 당시 풍랑이 더욱 험해지자 사람들이 魂을 빼앗긴 것 같았고, 배 고픈 자도 먹지 못하고, 병든 자는 일어나지 못하자 용왕당에서 기원하게 된 것이다.[97] 김육이 장산도로 향하는 도중인 8월 3일자 일기를 보면 "未時(오후 2시)에 남쪽 바다와 하늘 사이에 검은 구름이 갑자기 모여들더니 빗줄기가 거세게 쏟아졌는데, 공중에 용 한 마리가 솟구쳐 날아서 하늘로 올라갔다"는 기록이 있다. 그러자 그는 용이 승천하는 모습이라고 해석하고 용왕당에 제사를 지낸다. 용이 올라가는 그 장소를 珠宮, 즉 龍宮이라고 생각하였다.[98] 홍익한 도 임무를 마치고 귀국하는 길에 용왕당에 들른다. 바다에 안개가 모두 사라지고 북풍이 크게 불어 석성도에서 배를 출항하였으나, 10여 리를 갔을 무렵 홀연히 역풍이 불자, 할 수 없이 석성도 내항으로 들어가 섬 위에 있는 용왕당에서 순풍을 보내달라는 祈風祭를 지냈다.[99]

그렇다면 용왕의 역할은 무엇이었을까? 김육은 석다산에서 바다로 나아가기 전에 제사를 지냈다. 그 제문에 "왕은 水府에 거처하니 그 덕은 바르고 치

---

95) 趙濈, 『朝天錄』인조 2년 4월 2일. 하지만 이 무당이 보였어도 물결은 더 거세었다.

96) 이해응, 『薊山紀程』권4, 「復路」甲子 2月 11일.

97) 全湜, 『槎行錄』天啓 乙丑(인조3) 9월 24, 25일.

98) 金堉, 『潛谷遺稿』권9, 祭文 , 「龍王堂祭文」

99) 洪翼漢, 『朝天航海錄』권1, 인조 3월 3월 29일.

우치지 않아, 이무기와 고래를 단단히 묶고, 우레 바람 거두어서 그치게 하네. 드넓어서 끝이 없어, 똑같은 어짊으로 모두를 보매"라는 글귀가 보인다. 여기서 왕은 용왕을 가리키는 것으로 보이며, 이무기와 고래를 묶고, 번개와 바람을 그치게 하는 역할을 하고 있음을 알 수 있다.[100] 그는 후에 각화도에서 배를 띄우기 전에 재차 해신에게 제사를 지내는데 그 제문에, 용왕을 "구만리 길을 가면서 험난한 곳을 쉽사리 건넜음에 오직 용왕을 우러르며"라고 하여, 아주 먼 길을 가는데 있어서 험난한 곳을 쉽사리 건너게 해준 것이 용왕의 덕택이었다고 하였다.[101]

한국의 민간사회에서 하천이나 바다를 주재하는 水神인 용은 용왕 또는 용신 등의 형태로 친숙하게 등장한다.[102] 바다에 용왕이 있어 나라의 네 경계를 지키고 水府를 통솔한다. 용왕은 비도 내리게 하고 바람도 일으키며 파도를 일으키게 하는 능력이 있어 각 寺院에서도 떠받들고 있었다. 특히 해변에 거주하는 사람들은 龍王祭를 지냈다. 용왕은 바다의 지배자이면서 풍어를 좌우하는 신이었기 때문이다.[103]

용왕의 존재를 믿고 신봉하던 사례들을 소개하기로 한다. 성종 19년(1488. 홍치1)에 최부는 敬差給事中이라는 직함을 띠고 제주도에 파견되어 도적을 체포하는 등의 일을 수행하고 있었는데, 부친상을 당해 급거 귀향하다 도중에 폭풍우를 만나 표류하게 된다. 밤이 되자 바람과 물결이 강해져 배가 빠르게

---

100) 金堉, 『潛谷遺稿』권9, 祭文, 「石多山開洋祭文」丙子 7월 16일.
101) 金堉, 『潛谷遺稿』권9, 祭文, 「覺華島開洋祭文」丁丑 윤4월.
102) 서영대·송화섭 엮음, 『龍, 그 神話와 文化』, 民俗苑, 2002.
103) 權相老, 「韓國古代 信仰의 一別-미리(龍)信仰과 彌勒信仰에 대하여-」, 『佛教學報』1. 1982 및 徐榮大, 「世界의 海洋神靈과 分類試論」(『韓國海洋信仰과 說話의 正體性研究』財團法人 海上王張寶皐記念事業會, 2009).

나아갔다. 그러자 제주목사가 파견한 鎭撫 安義라는 자가 바다에는 탐욕스러운 용신이 있으니 소지하고 있는 行李를 던져 구원을 얻기를 청하였다.[104] 조선 후기의 사례이긴 하지만 영조46년(1769. 건륭 35) 12월에 제주도 鄕試에서 장원을 한 張漢喆이라는 유생이 한양으로 과거를 보러 가다 표류하게 되는 사건이 있었다. 그는 전라도 강진군 200리 남쪽에 위치한 靑山島라는 곳에 표착하였다. 수백 호가 거주하고 있었고 용왕당도 설치되어 있었다. 섬사람들은 이곳에 가서 빌면 곧 영험이 있다고 믿고 있었다. 사람들이 장한철에게 목숨을 부지하고 있는 것은 용신이 도와준 것이라며 사당에서 정성을 다해 절할 것을 권유하였다.[105] 이처럼 조선시대 어촌에는 항해의 안전을 기원하는 용왕당이 설치되어 있었고, 어부들이 용왕을 믿고 있음을 알 수 있다.

다음은 삼신의 하나인 風伯이다. 金堉, 『潛谷遺稿』권9, 祭文 「石多山開洋祭文」에 그 영험이 적혀 있다.

내가 가고 옴에 있어, 실로 風伯에 의지하였네. 빠르지도 늦지도 않게 하시고, 순풍만 있고 역풍 없게 하시니, 새가 나는 것처럼 빠르게 하여, 눈 깜짝할 사이에 천 리 가도록 하시니, 은혜 내려 바람 불어 주셨네. 이 제사를 올리오니 흠향하소서.

사행이 중국을 왕래하는데 있어 빠르지도 늦지도 않은 순풍을 불어준 風伯에게 고마움을 표시하고 있다.

安東俊은 이들 삼신에 대한 불신으로 五神으로 이행하고 있다고 보았으

---

104) 崔溥, 『漂海錄』윤1월 6일.
105) 張漢喆, 『표해록』영조 47년 1월 9일.

나,[106] 유독 金堉의『朝京日錄』에서만 五神에게 제사지냈다는 기록이 빈출한다.[107] 그의 문집인『潛谷遺稿』권9, 祭文「覺華島開洋祭文」丁丑(인조 15) 윤4월 기록을 소개하기로 한다.

(임금의) 명을 받들고 서쪽 (중국)으로 와서 이미 萬壽節과 千秋節 행사를 끝냈고, 일을 마치고 동쪽(조선)으로 돌아갑니다. 또다시 삼산도와 쌍도로 가는 길을 떠나게 되어, 이에 뭇사람들의 목숨을 위해 몸을 깨끗이 재계하고 우러러 뭇 신령들께 재삼 고합니다. 삼가 생각하건대, 천비 성모께서는 이미 자애로운 어짊을 드러내시었습니다. 존귀하신 신 海若께서는 또 관용의 덕을 품으셨습니다. 구만리 길을 가면서 험난한 곳을 쉽사리 건넜음에, 오직 용왕을 우러르며, 삼천리를 박차고 날아오름에 순조롭게 도움 주시니, 실로 풍백에 힘입은 것입니다. 하물며 이 小星이 보우하시어 역시 大功을 보전할 수 있었다고 하겠습니다. 어찌 바다 속에 누워 있는 저 고래를 겁내겠으며, 그 누가 바다를 가로지르는 송골매인 저를 모욕하겠습니까.

聖母로 慈愛의 仁을 드러낸 천비, 尊神으로 관용의 덕을 지닌 海若, 대단히 먼 길을 항해하면서 험난한 곳을 쉽사리 건너게 해준 용왕, 삼천리를 나는 듯이 항해할 수 있게 해준 풍백, 사행을 보호하고 도와주어 대공을 이루게 해준 소성을 五神으로 보고 있는 듯하다.[108] 항해의 안전을 기원하는 사행들의 염원이 다양한 해신으로 확대되어 표출된 것은 아닐까?

---

106) 安東俊, 앞의 논문, p.337.
107) 金堉,『朝京日錄』인조 14년 8월 10일 및 21일.
108) 五神이 이들 神들을 가리키는지, 아니면 五方神을 가리키는 것인지에 대해서도 더 考證할 필요가 있다.

이 외에 船神이라는 것이 존재하는 것을 알 수 있다. 선박에 신령이 깃들어 있다는 것인데, 이 선신에게도 사행들이 제사를 지냈다는데 특색이 있다. 金堉,『潛谷遺稿』권9, 祭文「祭船神文」에서 확인할 수 있다.

> 사람은 배에 의지하고, 배는 사람에 의지합니다. 사람은 본래 배를 아끼고, 배
> 도 마땅히 사람을 아낍니다. 배에도 역시 신이 있으니, 신 있기는 사람과 같습
> 니다. 신께서는 사람의 뜻을 헤아려, 이 사람을 구제하소서.

사람들이 항해하는데 사람은 배에, 배는 사람에 의존하였기 때문에 선신에게 제사를 지낸다는 것이다. 선신은 사람의 뜻을 알아 사람을 구제하는 역할을 담당하였다. 조즙도 7월에 동풍이 크게 불자 4更(오전 2,3시 경)에 五方神 및 선신에게 1시간가량 제사를 지냈다.[109] 홍익한도 자정에 항해를 시작하기 전에 바닷가 언덕 제일 높은 곳에 제단을 쌓고 제문을 지어 선신에게 제사를 지냈다. 그 제문에, "지난해 내가 東에서 올 적에 오직 신을 의지하였네. 나를 도와 바다를 평안히 건네주었으니 그 공적 가장 크도다"라고 하여 선신의 공적을 치하하였다.[110]

이상에서 조선 사행들은 기본적으로는 대해신과 백성들에게 친숙한 이미지로 다가선 용왕을 신봉하고 있었으나, 점차적으로 중국의 천비를 第一의 海神으로 인정하고 항해 시에 제사를 지냈던 것으로 보인다. 흥미로운 점은 陰祀의 대표적인 존재라고 인정해도 무방할 선신을 믿고 제사를 지냈다는 것이다. 그 이유는 검푸른 대해를 건너 王事를 완수하는 한편, 개인적으로는 무사히

---

109) 金堉,『潛谷遺稿』권14,「朝京日錄」인조 14년 8월 21일.
110) 洪翼漢,『朝天航海錄』인조 3년 3월 20일.

귀국하여 집안 식구들을 대면할 수 있게 해주는 陰의 존재로서 신봉할 가치가
있다고 여겼던 데 있는 것 같다.

Ⅵ. 맺음말

明末 여진의 遼東 점령으로 인해 조선은 永樂帝 이후 육로로 북경으로 들어가던 사행길이 차단당하자 해로를 이용하여 조공을 계속 행한다. 명조를 지성으로 섬긴다고 하는 명분 하에 거친 파도의 위험 속에서도 조공을 폐지하지 않고 행한 것이다. 조선 사행의 선단은 4~6척으로 편성되었으며, 대략 160명에서 350명 정도의 인원이 승선하였다. 이 외에 사행들이 교역의 이익을 얻기 위해 사적으로 데리고 가는 상인들도 있었다.

사행들은 처음에는 서해 북단의 長山列島와 廟島列島를 잇는 루트를 이용하여 산동 등주로 들어간 후 육로로 북경에 이르렀다. 이 루트는 조선에서 평도까지는 도서가 서로 바라다 보여 정박하기에 편리하였다. 평도부터 皇城島까지 도서는 없지만 배가 항해하는데 큰 문제는 없었다. 그러나 인조 7년(1629) 5월 모문룡을 견제하려는 督師 袁崇煥이 "조선이 倭와 사귀고 女眞에게는 관대하다"는 구실을 들어 공로의 개정 건의가 받아들여져 발해를 경유하여 영원위로 들어가는 루트로 변경되었다.

발해루트는 서해 북단 루트보다 몇 배나 더 험난하고 고된 항로였다. 사행들이 등주로 향하는 시기는 동풍이 부는 7, 8월이고, 귀국하는 적기는 4, 5월이었다. 9월 이후는 서풍이 계속 불거나 혹은 동풍이 부는데 바람이 일정치 않았다. 서해 북단 루트를 이용할 때 역풍인 남풍의 방해로 날짜가 지연되기도 하였다. 특히 해류가 합류하는 지점인 철산취라는 곳은 사행들에게 공포의 장소였다. 이곳에서 많은 배가 파손되거나 사행들이 죽음을 당하였다. 李安訥은 해로를 이용한 자 중의 2/10-3/10이 돌아오지 못했다고 하였다.[111] 그러다 보니 '士와 庶人이 산천에 제사를 지낸 것은 禮가 아니고, 禮에 해당되지 않는 제사를 지내는 것은 곧 陰祀'라는 인식을 가지고 있던 조선 관리들도 왕명을 완수함은 물론, 자신의 안전을 기원하기 위해 海神을 찾았다. 그들은 오직 해신의 음덕만이 자신들의 험난한 항해를 보호해 줄 것이라고 믿고 제사를 지냈다. 한국에서는 大海神이나 용왕이 해신의 대표적인 존재였으나, 점차적으로 항해의 효험이 있다고 알려진 천비를 신봉하게 되었다. 중국을 위시해 일본·琉球에 항해신으로 보편화된 天妃信仰이 한국에는 존재하지 않은 것으로 인식되었으나, 『燕行錄』의 기록을 통해 본 결과, 천비가 해신의 하나로 신봉되었음을 확인할 수 있었다. 특히 유교적 소양을 쌓은 조선 사행들이 陰祀의 대상이 되는 船神, 즉 배에도 신령이 깃들어 있다는 인식을 하고 제사를 지냈다는 점은 조선 관리의 이면성을 알 수 있는 부분이었다고 할 수 있겠다.

끝으로 해로를 이용하게 되면서 朝鮮의 정치·사회에 다양한 문제가 대두되었다. 즉 사행들이 뱃길에 익숙하지 않아 배가 침몰되거나 많은 사상자를 내자 사행길은 곧 죽음의 길이라는 인식이 팽배해지면서 반대파의 인물을 사행으로 추천하여 앙갚음을 하는 기회로 삼기도 한 것이다. 또한 권세 있는 자에게 뇌물을 바쳐 사행의 임무를 회피하려는 현상이 발생하기도 하였다.

(「朝鮮使節の海路朝貢路と海神信仰-『燕行錄』の分析を通して-」, 吉尾寬 編,
『海域世界の環境と文化』, 東アジア海域叢書 4, 汲古書院, 2011)

---

111) 李安訥, 『朝天後錄』, 「贈別咸興驛子林德生」.

한중일 삼국의 근대화 좌절과 성공의 사상적 배경에 관한 비교 연구

-儒佛思想의 調和와 葛藤이 미친 영향을 중심으로-

김승일(金勝一) 동아미래연구원 원장

Ⅰ. 머리말

유교사상은 '倫理道德'과 '祖上崇拜'를 핵심으로 하여 이루어진 가치관으로서, 바로 인간의 절대적인 *存在性*을 어떻게 인정해주며 살아야 할 것인가에 그 원초적인 목적을 두고 있다. 이러한 존재성을 인정해 주는 가장 중요한 가치관으로서 孝라는 개념을 정립했다. 그리고 공자는 이러한 가족적인 관계를 지켜주는 家族倫理를 忠이라는 개념으로 승화시켜 社會倫理와 政治論까지 끌어올렸던 것이다.[1] 이후 많은 儒家들은 이러한 논리를 더욱 발전시켜 정치이론과 경제이론으로 발전시켜 나갔다. 그리하여 유교는 사회세력을 확대시켜 나가게 되었고, 훗날에 이르면 유교는 국가의 統治理論이 되고,[2] 國策의 立案이 이에 의해 이루어졌으며, 儒家의 학식을 완벽하게 습득한 관료들에 의해 이들 국책이 행해짐으로써 수천 년 간의 專制王朝를 계승시켜 오는 작용을 하게 하였던 것이다.

이에 비해 불교는 현실적 측면에서의 작용보다는 내세에 대한 불안감을 해소시켜주고, 이를 바탕으로 현실에서의 어려운 문제점을 죽음이라는 궁극적 한계에 대비시키면서 이겨내게 하는 내면적 심리작용을 받쳐주는 차원에서의 역할을 담당해 왔다.

이러한 유불사상이 어우러져 내재화 되어진 가운데 하나의 문화적 공동체를 이룩해 온 지역이 바로 동아시아지역이었고, 그 중에서도 두드러지게 유불사상을 조화시켜 역사발전의 원동력으로 삼았던 지역이 한중일 삼국이었다.

---

1) 本田濟,「孔子 - 儒敎の創始者」,(日原利國編,『中國思想史』, ぺりかん社, 14쪽.
2) 西嶋定生, 李成市 編,『古代東アジア世界と日本』, 岩波現代文庫, 2000. 15~19쪽.

이것이 타 지역 국가와 달리 삼국만이 수천 년 동안의 역사를 이어올 수 있게 했고, 동시에 오늘날 세계가 주목하는 지역으로 발전할 수 있는 모토가 되었던 것이다. 다시 말해 유불사상의 유기적인 작용에 의해 삼국민의 내면에 정립되어진 절대적 가치관, 즉 포용성, 창의성, 대응능력 등의 덕목이 내재됨으로 해서 이를 바탕으로 정치적·경제적 발전을 이룩하여 이제 현실적으로 동아시아시대가 열리는 출발점에 서 있게 되었다고 해도 과언이 아닐 것이다.

이러한 사실은 역사의 전개 과정 속에서 정치적 혹은 외세적(북방민족) 충격에 의해 이들 양자가 충돌할 경우 동아시아 사회에 미치는 악영향이 매우 컸었고, 반대로 서로 어우러지며 내면세계를 떠받쳐 줄 때는 매우 안정적으로 교류가 이루어지고 경제 및 문화가 발전하는데 좋은 영향을 주었던 사실을 잘 기억하고 있을 것이다.[3]

그러나 이러한 유불의 전통적 역사적 작용은 근대에 이르러 새로운 형태의 충격인 웨스턴 임팩트에 의해서 전통적 가치관 및 사회적 대응능력에 혼란이 생김으로 말미암아, 어떤 충격에도 대처할 수 있었던 동아시아세계의 유기적 시스템이 붕괴되고 말았다.[4] 환언하면 이러한 비전통적인 시대적 격변에 대해서 유불에 의해 만들어진 전통적 가치관을 토대로 잘 적응해 갔던 나라는 근대화를 이루는데 성공했고, 그렇지 못했던 나라는 근대화의 문턱에서 좌절하거나 아예 접근조차 못하는 국면을 맞이해야 했던 것이니, 곧 전자의 경우는 일본이었고, 후자의 경우는 중국과 조선이었다.

부연한다면, 일본의 경우는 늦게 조선의 성리학을 받아들였지만 이것이 가

---

3) 賀耀民, 『中國經濟史』, 集屋齋, 2010. 김승일, 『한민족과 동아시아세계』, 도서출판, 경혜, 2010. 堀敏一, 『中國と東アジア世界』, 岩波書店, 1993 等 참조
4) 浜下武志, 『近代中國の國際的契機』, 東京大學出版會, 25-37쪽.

지고 있는 통치이념으로서의 작용을 적절히 잘 활용하였고, 나아가 자신들 사회에 걸 맞는 유불사상의 조화와 결합을 통해 서구의 충격을 소화할 수 있는 인식구조를 정립시킴으로써 근대화를 이룰 수 있었던 것이다.[5]

이에 비해 중국의 경우는 청말 이후 서구세력의 침략에 대응하기 위해 불교의 혁신사상을 救世思想의 배경으로 전환시키려고 노력은 했지만, 자신들의 몸에 배어 있는 尊王攘夷라는 유교적 인식의 테두리를 벗어나지 못함으로써 근대화의 길로 들어서게 하는 길잡이 역할을 하지 못했던 것이다. 다시 말해서 비록 유불사상의 통합에 의해 시대변화에 대처하려고 노력은 했지만, 서구적 근대문물의 가치를 제대로 인식하지 못했고, 자신들의 행동양식의 모순으로 말미암아 서구 열강의 침략을 바라보고 있어야만 했던 것이다.

그러나 이러한 시기에 무엇보다도 가장 심각한 위기를 초래했던 것은 조선이었다. 유교의 유심적 논리에만 집착하고 있던 조선의 지식인들은 중국의 대처 방법을 모방하려고도 했지만, 그들보다도 더 심각하게 서구 문물에 대해 배타적인 생각과 태도를 지니고 있었고, 조선왕조에서 배척하고 있었던 불학에 대해서는 관심조차 보이지를 않은 가운데, 소위 小中華主義를 사수하고자 하는 데만 집착과 긍지를 보였을 뿐이었다. 그러다 보니 유불사상의 조화를 통한 위기상황에 대처하기 위해 중국과 일본처럼 대안을 찾으려는 노력을 하기는커녕, 주관적 매너리즘에 빠져 세상의 변화와 선진문화에 대한 평가를 소홀히 하는 바람에, 결과적으로 언제나 역사적으로 우위적 지위를 점하고 있던 일본에게 식민통치를 당해야 하는 처지로 전락하고 말았던 것이다.

본고에서는 이러한 한중일 삼국의 유불사상의 조화와 갈등이 근대화의 성

---

5) 山本七平 저, 김승일 역, 『일본 자본주의 정신』, 범우사, 1998, 참조

공과 실패에 미친 영향을 분석하여, 이러한 전개과정에서 핵심적인 역할을 한 삼국 지식인들의 시대적 인식의 차이가 얼마나 큰 결과의 차이를 가져오게 했는지를 비교 검토하려는 것이다.

Ⅱ. 에도시기 유불사상의 조화적 작용

일본은 동아시아세계에서 유일하게 근대화에 성공한 나라였다. 이들이 이러한 결과를 달성했던 것은 중국이나 한국보다 정신적·물질적 면에서 우수했기에 그런 것은 아니었다. 다만 그것이 가능했던 원인에는 늦게나마 받아들인 조선의 성리학을 통치이념으로 하여 막부체제 하에서 실시해왔던 봉건통치를 지양하고 중앙집권적 통치를 지향할 수 있게 되었던 것인데, 이는 檀家組織 등 불교의 기능과 융합되어 활용됨으로써 가능할 수 있었던 것이고, 그렇게 됨으로써 정권의 안정을 기할 수 있게 되었던 것이다.

한편 전란으로 인해 오랫동안 불안정한 생활을 해왔던 백성들에게는 정신적 안정을 가져오게 할 수 있는 사회적 심리구조의 정립이 요구되고 있었다. 이러한 점에 주목하고 있던 지식인들 가운데서 막부정권의 유교적 통치이념에 맞춰 사회적 안정을 도모할 수 있는 이념을 만들고자 전통적으로 일본인들의 의식세계에 자리 잡고 있던 불교이념을 접목시키는 작업이 진행되었으니, 곧 유불사상의 조화를 통한 새로운 사회이념의 건립이었다. 이러한 작업의 결과로써 오늘날 일본인들의 의식 속에 여전히 건재하고 있는 "선종적 자본윤리사상"[6]이 정립되게 되었고, 이러한 의식의 내재화는 웨스턴 충격 하에서 들어오기 시작한 서구적 문물을 받아들일 수 있는 바탕이 됨으로써 근대화에 성공할 수 있게 되었던 것이다.

---

6) 山本七平 저, 김승일 역, 앞의 책, 참조.

1. 중앙집권적 통치와 성리학의 역할

조선의 성리학은 상하간의 신분질서를 명백히 하였고, 주종간의 의리를 중시하였다. 이처럼 奉公精神을 함양시키는 데에 '충효의 덕'을 근본으로 삼았던 조선의 성리학은 도쿠가와 막부의 통치를 합리화시키는 이론으로써는 안성맞춤이었던 것이다. 즉 100여 년에 걸친 戰國時代를 통해 창과 칼 하나로 입신한 大名들은 "修身齊家治國平天下"라고 하는 단계를 밟아 온 것이 아니었기에, 항상 下剋上에 대한 두려움을 지니고 있어야 했다. 이러한 상황에게 성리학에 바탕을 둔 유학자들의 새로운 정치적 해석이 그들 정권에 대해 합리적인 해석을 해주었으니, 그것은 곧 더 이상 하극상의 풍조가 일어나지 않도록 중앙집권을 정당화시키고 강화시키는 일이었다.[7]

이러한 일을 주도적으로 해 간 인물이 하야시 라잔(林羅山)이었다. 그는 姜沆[8]에게 조선의 性理學을 배웠고, 조선통신사의 접대와 外交文書를 起草하는 일을 家康-家忠-家光-家網 등 4대 장군을 보필하면서 담당하였기에, 그러는 과정에서 조선 성리학의 진수를 거의 섭렵했던 인물이었다.

이러한 라잔이 惺窩 등 그 이전의 유학자와 달랐던 것은 유학의 가르침을

---

7) 김승일, 「도쿠가와(德川)막부시기, 일본의 조선성리학 수용과 그 의의에 대한 일 시각」, (韓國史學會, 『史學研究』 第100號, 2010, 12, 637-679쪽)

8) 1597년 정유재란이 일어나자 남원에서 이광정(李光庭)의 종사관으로 군량 보급에 힘썼다. 남원이 함락 당하자 고향인 영광에서 金尙寓과 함께 의병 수백 명을 모집하여 싸웠다. 영광이 함락되자 가족을 거느리고 해로로 탈출하려다 포로가 되어 일본 오츠성(大津城)에 유폐되었다. 이곳에서 이즈시사(出石寺)의 승려 요시히토(好仁)와 친교를 맺고 그로부터 일본의 역사·지리·관제 등을 알아내어 우리나라로 보냈다. 1598년 오사카(大阪)를 거쳐 교토(京都)의 후시미성(伏見城)으로 이송되어, 후지와라(藤原醒窩)·아카마쓰(赤松廣通) 등과 교유하면서 그들에게 학문적 영향을 주었다.

실제로 사회에 응용하여 적응하려고 했다는 데 있었다. 그것의 대표적인 예가 바로 성리학을 일본의 官學으로 공인케 하여 『大學』의 "修身齊家治國平天下" 사상을 주축으로 가르침을 폈다는 것이다. 그는,

"사람들은 모두가 天下國家라고들 말하는데, 천하의 근본은 國에 있고, 國의 근본은 家에 있으며, 家의 근본은 體에 있다. 그러므로 『大學』의 '修身齊家治國平天下'의 도리를 알아야 한다"[9]

고 했다. 이러한 라잔의 사상을 존중한 도쿠가와 막부의 장군들은 성리학으로써 文治를 실시했고, 그에 따라 예절을 중시하게 되었다. 이러한 막부의 움직임은 지방의 藩(大名의 領地)에게까지 영향을 미쳐, 그들이 등용하는 학자들도 성리학자가 주축이 되었다. 그러는 가운데 木下順庵(1621-1698)과 그의 문하인 新井白石(1657-1725), 室鳩巢(1658-1734) 등의 성리학자가 배출되었던 것이다.[10]

당시 라잔은 江戶幕藩 체제하에서 將軍과 大名, 大名과 武士 사이에는 封土賞賜와 盡忠保護 관계로 이루어졌기 때문에, 중국보다도 훨씬 강하게 封臣이 主君에 대한 忠을 강조하지 않으면 안 된다고 생각했다. 이렇게 해야 만이 幕藩體制에서 통치자의 내부관계가 안정될 수 있었기 때문이었다. 그리하여 '忠孝'를 대할 때, '忠'을 더 중시했던 그의 관념은 중국의 전통적인 관점과는 다를 수밖에 없었다.[11] 즉 라잔은 "夫家의 私事"보다 "君國大事"를 훨씬 더 중시했

---

9) 『林羅山文集』 卷第68, 隨筆4.
10) 靑木美智男外, 『日本史』, 三省堂, 1993, 참조.
11) "二者不可得而謙也, 舍輕而取重也", 朱謙之, 『日本的朱子學』, 人民出版社, 2000, 164쪽.

던 것이다.

이런 라잔의 생각은 물론 막부의 요구에 맞추기 위함이었다. 그리하여 그는 에도시대 무사계급의 수많은 문제를 모두 성리학적 태도로써 해결하고자 했고, 또한 惺窩시기에는 修身齊家的 차원에 머물렀던 성리학을 治國平天下를 사상적 무기로 하는 차원으로까지 끌어올렸다.[12] 이러한 논리를 세상에 알리기 위해 그는 君臣父子의 上下尊卑 관계를 "天地道理"라고 설명했다. 즉

"날개가 있는 것은 날아오르기 위함이고, 비늘이 있는 것은 헤엄을 치기 위한 까닭인데, 이는 왜 그러한가? 천지지간의 도리는 아주 밝고 훤하다. 그런 고로 하늘은 존귀한 것이고 땅은 비천한 것이다. 상하에는 그러한 존귀함의 순서가 있으니, 임금은 임금다워야 하고, 신하는 신하다워야 하며, 부친은 부친다워야 하고, 자식은 자식다워야 함이니 그 나머지 또한 그렇다."[13]

라고 했다. 또한 그는

"道가 있으면 文이 있고, 道가 없으면 文도 없다. 文과 道는 이치를 같이 하여 表裏가 같다. 道는 文의 근본이고, 文은 道의 末이다. 끝은 작게 하고 근본을 크게 두어야 함이니, 이에 힘쓰고 잘 가꿔야 할 것이다"[14]

---

12) 王家驊, 『儒家思想與日本文化』, 浙江人民出版社, 1990, 87쪽.
13) "有羽者之所以飛翔, 有鱗者之所以泳跌, 是何故乎? 天地之間, 道理炳然. 故天尊地卑. 上下尊位, 君君, 臣臣, 父父, 子子, 其餘亦然"朱謙之, 『日本的朱子學』, 同前, 162쪽
14) 『林羅山文集』卷第68, 隨筆4.

라고 하여, 인륜을 행하는 이치로서의 道, 즉 도덕을 강조했던 것이고, 文은 博學을 의미한다고 하며 도덕 아래에 두었던 것이다.

이러한 사상의 보급을 위해 에도시대 중기부터는 조선식 서당인 寺子屋가 등장하기 시작했다. 이곳은 일종의 아동교육기관으로서 町人 등 도시민 자녀 뿐만이 아니라 농민 자녀들에게까지도 교육했다.[15] 이 또한 조선통신사들과의 접촉을 통해 알게 되면서 이루어진 것이며, 조선의 초등교육 영향을 받아 설립되었던 것이다.

이처럼 도쿠가와 정부는 독자적인 일본의 중세적 질서를 근세적으로 재편성하기 위해 학문을 권장하고 조선에서 들어온 성리학을 관학으로 수용하여 이를 크게 융성토록 했기에, 성리학은 도쿠가와막부 초기부터 말기까지 "제일의 학문"으로서 幕府治世의 근간이 될 수 있었던 것이다.

2. 자본주의 윤리의식과 불교의 역할

에도막부가 官學으로써 승인한 성리학은 정치적인 안정을 꾀하는 데만 이용했던 것이 아니라 사회제도와 사회인식을 바꾸고 정착시키는 데도 활용되었다. 즉

"林羅山은 사변철학인 새로운 높은 차원의 주자학을 널리 전파하는데 힘을 쏟음으로써, 일본민족에 대한 이성적 사유 수준을 높이는데 유익한 작용을 발휘하였다."[16]

---

15) 高永子,『日本的近世將軍時代』, 撑字出版社, 2004, 140쪽.
16) "林羅山把思辨哲學達到新高度的朱子學推廣開來, 對提高日本民族的理性思惟水平

고 평가되었다. 이러한 사유하는 수준을 높이고 널리 확대시킨 데에는 물론 막부의 통치행위에 무조건 따르게 하려는 정치적 의도가 깔려 있었던 것이지만, 반드시 강압적으로 이러한 것을 관철시키려 했던 것은 아니었다. 막부 장군의 절대권위를 인정받으려면 '武力'보다는 '仁政'을 통해 백성들의 생활을 안정시키는 것이 더 유리하다는 것을 그들도 잘 알고 있었기 때문이었다. 그리하여 전통 유학의 王化思想[17]을 지배사상으로 정착시키려는 노력을 했던 것이다. 그것이 바로 앞에서 말한 성리학의 원리를 이용하여 장군 중심의 가부장제를 모형으로 하는 主從關係를 정립시키는 것과 사회질서를 고정화시키기 위한 세습적 신분제도를 확립시키는 일이었다. 즉.

"하늘은 존귀하고 땅은 비천하며, 하늘은 높고 땅은 낮은 것이다. 이처럼 상하에는 차별이 있는 것이니, 사람도 또한 군주는 존귀한 것이고 신하된 자는 비천한 것이다. 이처럼 상하로 나뉨에 따르는 것을 소위 예의법도라고 한다."[18]

라고 하여 "存天理"사상을 확립시켜 강력한 신분질서를 고정시켰던 것이다. 에도시대에 성리학을 관학으로 승인한 것은 우연하게 실행된 것이 아니라

也發揮了有益作用"王家驊, 同前, 87쪽.

17) 王化思想이란 중국의 君主는 德이 있는 聖人으로서 그 德力을 지방 및 주변 국가들에 미치게 하여, 힘으로써의 지배하는 것이 아니라 德으로써 지배력을 넓히려는 논리로서, 이를 통해 禮를 모르는 주변국가가 禮를 갖추게 되고, 夷狄民族이 중국에 귀화토록 하는 結合의 논리로써 작용했던 사상인데, 德川幕府는 이러한 논리를 주자학을 통해 습득하여 실시했던 것이다.

18) "天尊地卑, 天高地低. 如有上下差別, 人亦君尊臣卑, 分其上下次第, 謂禮儀法度"林羅山, 『春減抄』

바로 이러한 사회질서를 확립하고자 하기 위함이었다.[19]

이를 위해서 德川家康 및 그의 계승자들은 士(武士), 農, 工, 商 등의 등급제를 실행하여 신분의 유동을 엄격히 제한했다. 방법상으로는 무사계급의 경우 大名封國制와 엄격한 세습제를 실행하여 봉건 통치질서를 확립시켰고, 이를 유지하려는 차원에서 많은 禮儀와 法度를 반포하였다. 예를 들면, 왕실과 公家에 대해서는 '禁中竝公家法度'를, 大名에 대해서는 '武家法制度'를, 사찰에 대해서는 '諸宗寺院法度'를, 농촌에 대해서는 '礦人組制度'를, 상인에 대해서는 영업세를 통해 통제하였던 것이다.[20]

그러나 여기서 주목해야 할 것은 이러한 주종관계의 확립과 신분등급제를 통한 통제책이 초기에는 정치적인 의도 하에서 추진되었으나 점차 사회가 안정되면서, 각 藩들간의 경쟁이 경제적인 구도 하에서 이루어지게 되었다는 점이다.[21] 이러한 경제적 경쟁으로의 체제변화는 일본인들로 하여금 세계적인 흐름에 쉽게 동참할 수 있는 사회구조를 구축해 나가는 계기를 마련해 주었고, 나아가 근대화로 나아갈 수 있는 의식기반을 형성케 하였다. 그렇게 될 수 있었던 것은 철저한 신분등급제 하에서 살아남기 위해 각 신분 내에서의 단결과 협조가 중요시 되게 되었고, 이러한 흐름은 '擬制的 血緣關係'[22]로 이어졌

---

19) 王家驊, 同前, 91쪽.

20) 이상의 제도는 신분질서의 유동을 엄격히 제한하기 위해 각 계층을 통제하는데 이용한 법도임. 歷史學研究會, 日本史研究會 編集,『講座日本歷史 5(近世1)』東京大學出版會, 1989, 참조,

21) 이를 실천한 대표적인 大名으로는 米澤의 上杉鷹山, 長州의 毛利重就, 肥後의 細川重賢, 紀州의 德川治貞 등을 들 수 있다. 山本七平 저, 김승일 역, 앞의 책, 177-201쪽 참조.

22) 실질적으로 피를 나눈 혈연관계는 아니지만, 그러한 혈연관계 못지 않은 徒弟關係로 맺어져 미래에 대한 자신의 담보가 없음에도 회사 등 자신의 소속 단체를 위해 희생하던 관계를 말함.

다. 이것이 사회질서로 체계화 되어 갔고, 일본인의 자본주의정신으로 성장해 갔던 것이다.

이러한 자본주의 윤리정신을 체계화한 사람이 바로 스즈키 쇼산(鈴木正三)과 이시다 바이간(石田梅岩)이었다. 승려였던 쇼산은 우주의 본질을 '一佛'이라고 했다. 그리고 그 '본질로서의 일불'은 보는 것도 아는 것도 불가능하지만, 이 佛에는 세 가지의 德用이 있어 그것이 인간에게 작용해 온 까닭에 인간은 이 존재를 알 수 있다고 생각했다. 그 덕용을 그는 '月'과 '내심의 부처'와 '大醫王'으로 표현하였다. 이 표현은 크리스트교의 삼위일체론을 본 딴 것으로 '聖父, 聖子, 聖靈'을 쇼산은 '달의 불(月佛)''마음의 불(心佛)''의왕의 불(醫王佛)'이라고 응용했던 것이다. 이 '달'이라고 하는 것은 '우주'즉 '자연의 질서'를 의미하는 것이었다. '달'의 마음이 한 방울의 물에도 그 빛을 드리우는 것처럼, 개인의 마음도 이 달 즉 자연의 질서를 간직하고 있으니, 이것을 '佛心'이라고 했다. 말하자면 인간도 우주 질서에 포함 되어 있어서 그 내심의 질서도 당연히 우주의 질서에 적응하고 있으며, 인간은 이를 따르면 된다고 하는 것이 그의 인간관·우주관의 기본이었던 것이다.[23]

그런데 인간들은 이러한 불심을 깨닫지 못하고 있는데, 쇼산은 이것을 마음이 병들었기 때문이라고 생각했다. 인간의 몸이 병든 것처럼 마음도 병이 드는데, 병들고 시달리는 것은 병독 때문이고, 그것은 탐욕·분노·푸념이라는 三毒 즉 "貪瞋癡"때문이라고 하였다. 그러면서 이 병을 다스릴 수 있는 것 또한 '佛'이라고 했으니, 이 불이 곧 '의왕불'이라는 것으로, 이 부처님에게 다스림을 바라는 것이 인간의 종교심이라고 했던 것이다. 그리고 인간이 다스려져 불심

---

23) 山本七平 저, 김승일 역, 앞의 책, 119-121쪽.

대로 살게 되면 전란도 일어나지 않고 사회의 제 문제도 해결되어, 인간의 집합인 중생도 또한 부처가 되어 이상적인 사회를 도래케 할 수 있다고 생각했던 것이다.[24]

그는 '불법으로 세상을 다스리고 싶다'고 했으니, 이는 바로 정치적, 사회적인 면에서도 항상 관심을 가지고 있었음을 의미하는 것이다. 그는 이러한 관심을 통해 "禪宗의 사회적 논리"라는 것을 정립하였다. 그것이 바로 '四民日用'이라는 것인데,[25] 이는 후에 다시 '三寶德用'과 합쳐져 '萬民德用'으로 표현되었다. '만민덕용'의 핵심적 내용은 이 세상의 모든 사람들은 모두가 살아가는 방법이 있는데, 자신이 하는 일을 충실히 하면 그것으로써 성불할 수 있게 된다는 것으로, 그렇게 하기 위해서는 '정직'해야만 한다는 것이 핵심적인 가르침이었다.

이러한 의식을 좀 더 확실하게 일본사회에 내재화시킨 사람이 곧 이시다 바이간으로, 그는 "형태에 의한 心", 즉 "形態=心"이라는 공식과 "自制와 秩序"라고 하는 두 가지 발상으로써 이를 설명했다. 즉

'自我는 만물의 하나다. 만물은 天으로부터 생긴 것이다. 네가 만물을 대하지 않고 무엇에 의해 마음을 일으킬 것인가? 만물은 마음이라는 것이다'라고 하며 '형태가 있는 자는 형태가 마음이라는 것도 알아야 한다……水中에 있는 모기의 유충은 사람을 물지 않지만, 모기가 되면 순식간에 사람을 문다. 이것이 형태에 의한 마음이다. 이것이 자연의 이치로서 성인은 그러한 이치를 안다'. 그

---

24) 위의 책.
25) '사민일용'은 문답체로 되어 있는데, 사민인 사농공상이 각각 어떻게 하면 성불할 수 있는지를 질문하고, 쇼산이 이에 대답하는 형태로 되어 있다.

리고 이 원칙은 인간에게도 동일하여 인간이 사회질서의 기초가 되는 것이 인간의 형태이고, 이것이 곧 마음인 것이다"[26]

라고 하였다. 다시 말해서 '마음'은 곧 '內心의 질서'이고 '우주'는 곧 '天然(自然)의 질서'인데, 이 둘은 동일한 것이고, 이 두 가지를 연결하고 있는 것이 '형태'이며, 이 '형태'를 따르는 것이 '자연'인 것처럼 사람도 사회와 연결되는 것이 '형태'이고 이 '형태'를 따르려는 마음이 '자연'이며, 그것을 좇는 것이 '道'이고, 그 이치를 알고자 연마하여 깨달은 자가 '聖人'이라는 것이었다.[27]

이러한 사상을 현실사회에서 활동하는 士農工商 각 계층에 흡수시켜 소위 일본인들의 '자본윤리'를 형성시켰던 것이다. 도쿠가와 시대는 諸侯에서 서민에 이르기까지 경제를 가르치고 "자본의 논리"를 따르지 않는 자는 파멸될 수밖에 없다는 것을 교육한 시대였지만,[28] 동시에 이 "자본의 논리"위에다가 "자본윤리"가 수립되지 않으면, "자본의 논리"자체가 붕괴된다는 것을 가르쳤다. 다시 말해서 "우주의 질서"와 "내심의 질서"와 "사회의 질서"는 일치하고 있고, 또한 일치시키지 않으면 안 된다는 것으로, 그 표현이 주자학적이기는 하

---

26) 石田梅岩,『都鄙問答』, 岩波書店, 昭和 45年, 참조
27) 동물은 모두 그 형태에 적응하는 마음을 가지고 있으므로 대자연 내의 질서에 편성되어 살아가는 셈인데, 인간도 그러한 질서에서 예외일 수 없다는 말이다.
28) 「資本만이 利潤을 낳는다」라고 하는 원칙을 자주 쓰기 시작한 것은, 元祿時代의 隨筆이나 小說을 보면 어디서나 볼 수 있다. 이들의 기록에는 당시의 현실을 두 가지 태도로 보고 있는데, 하나는 「資本倫理와 武士倫理」는 절대적으로 상반된다는 것으로 보고, 「자본의 윤리」를 惡으로 규정짓고 있으며, 이 윤리에 입각해서 행동하는 자를 경멸하고, 그 인격을 인정하지 않는다는 발상이다. 다른 하나는 어떻게 하면 일반사회에 이익을 가져다 줄 수 있겠는가를 탐구하려는 발상이다. 곧 현재의 입장에서 말하자면 「市民倫理」를 확립하고, 그것을 기초로 한 「資本主義倫理」를 확립하자고 하는 방식이다. 前者는 武士階級들이 주로 代辯했고, 後者는 一般 商人들의 資本倫理였다.

지만, 그의 세계관은 쇼산과 같은 禪宗的 倫理觀이었던 것이다.

이러한 인식의 논리 구조, 즉 성리학적 의식의 바탕 위에 불교의 종교적 요소가 가미된 유불사상의 조화적 인식이 일본사회에 널리 흡수되면서 서구의 근대적 자본논리를 받아들일 수 있는 심리적 여유가 잉태되게 되었고, 이를 바탕으로 근대화를 이룩할 수 있게 되었던 것이다.

Ⅲ. 청말 관념론적 유불사상의 비현실론

이에 비해 수천 년간의 유학적 의식구조에 의해 통치되어 온 중국은 서구의 충격에 의해 그러한 전통이 무너질 수 있다는 위기의식과 함께 그러한 충격으로부터 벗어날 수 있는 방법으로써 불교의 혁신사상을 통해 시대적 변혁을 도모할 수 있는 이론적 근거를 수립하고자 했지만, 이러한 의식을 바탕으로 세상을 구하겠다는 救世思想을 현실화 시키는 데에는 여러 가지 한계와 모순이 있었으니, 본 장에서는 이러한 이론의 형성과 실천에 있어서의 문제점을 지적하여 중국에서의 근대화가 실현될 수 없었던 한계성을 검토해 보고자 한다.

1. 구세사상의 형성과 이론적 근거

불교의 인생가치관이나 생존가치를 추구하고 창조하는 관념 등은 어느 방면에서 말하더라도 인류가 이미 갖추고 있는 입장에 대해서는 부정하는 입장을 취하고 있다. 이는 곧 인류가 처해 있는 현실세계에 대한 부정이라고 할 수 있다. 이러한 것은 바로 사회적 계급의 차이에 의해서 압박을 받아야 하는 과정에서 조성된 고통스러울 수밖에 없는 상황을 반영하는 차원에서 나타난 결과라고 할 수 있다.

특히 외세의 침략에 의해서 국가적 차원의 위기를 맞이하고 있음은 물론이거니와 이러한 가운데서 더욱 처절한 고통을 느끼며 살아야 하는 대중들에 대한 중국의 근대 지식인들의 생각은 자신이 세상을 구해야 하는 의무를 가져야 한다고 생각했고, 그러는 가운데 마치 자신이 구세주라도 된다는 유혹을 떨쳐내지 못하고 있었다.

이러한 생각이 청말 지식인들 사이에 공통적으로 생성됐고, 그러한 사명을 다하기 위한 새로운 이론을 찾는 방편으로서 불학에 대해 연구하는 상황으로 전개되었으니, 당시의 지식인들이 이들 불학이론을 가지고 정치적 개혁을 구상했던 중요한 원인이 여기에 있었던 것이다.

중국 지식인들의 전통적인 憂患意識과 사명감은 이미 어릴 때부터 잠재의식적으로 뇌리에 박히게 되는 교육과 전통관습 속에서 성장해왔다.[29] 특히 청말의 지식인들은 公羊學과 佛典에 관해 학습하는 것이 하나의 관행으로 되어 있었다. 공양학은 經世致用이 그 학문의 宗旨였고, 佛典이 救國과 救民의 宗旨를 버린다면 불법은 아무런 의미를 갖지 못한다고 인식하고 있었다. 이와 같은 治世의 종지를 가진 공양학과 구국구민의 깊은 뜻을 어릴 때부터 몸에 익히고 배워온 청말 지식인들에게는 청말의 현실을 접하면서 이상적인 구세사상을 품게 되기에 충분했던 것이다.[30]

이처럼 어릴 때부터 배어온 우환사상은 성장하는 과정에서 접하게 되는 유불사상이 계속 집적되면서 날로 성장해 가게 되었던 것이고, 나아가 구세사상도 그들의 내심에 근본적으로 뿌리를 내리게 되었던 것이다.[31] 그러한 대표적인 인물들이 구세사상을 계몽하던 康有爲, 그의 제자로써 구세사상을 완성한 梁啓超, 宗風을 강연하거나 저술하던 吳雁舟, 經世佛學을 유발시킨 譚嗣同 등은 모두가 당시의 지식인들에게 구세사상을 형성시키는데 촉진작용을 하게 했던 인물들이었다.

---

29) 梁啓超『三十自述』(『飮氷室文集』, 廣智書局, 1097, 이하 양계초의 글은 이 책에 수록되어 있는 글을 참조함)
30) 『中國近代史資料叢書』"戊戌變法", 上海書店, 2006.
31) 金谷治『中國思想を考える』中公新書, 1993, 73-76쪽.

이중에서 가장 대표적인 인물이 康有爲였다. 그는 불교구제주의자로서의 이론을 체계화했고, 이러한 불교의 인생가치관을 기초해서 大同思想[32]을 만들어 냈던 데서 알 수 있다. 그러한 강유위를 스승으로 둔 양계초는 그로부터 불학을 전수받았고, 대동사상의 종지를 들은 후 불교의 경세적 작용을 완전히 흡수했던 것이고, 강유위의 사상을 앞장서서 발전시키는데 총력을 기울였던 것이다.[33] 그는 국가를 위해 작은 나를 희생시켜 큰 내가 된다면 나의 희생은 하나도 애석할 것이 없고, 국민을 위해 자아를 봉헌하여 성인인 내가 되는 것을 원하기에 이르렀던 것이다.[34]

담사동의 經世佛學은 양계초와는 달리 한편으로는 사회비판의식을 강화시켰고, 다른 한편으로는 사회를 개혁하는 주체가 된다는 의식으로 무장하여 사회활동을 통해 구체적으로 실시했던 것이다.[35] 이러한 그의 행동과 의식은 양계초에게 큰 영향을 주었다.[36] 이것이 곧 양계초가 말한 "悲智雙修(수행정진하는 것과, 일체 중생을 이익 되게 하는 것은 결코 두 가지 일이 아니다)"였다. 곧 유학 중의 仁智의 대의를 불학으로 승화시켜 入世는 곧 出世이고, 淨土는 바로 世間에 있으며, 다른 사람도 곧 나와 같은 것으로 중생과 자신을 하나라고 여기는 사상을 주장했던 것이다. 그러한 주장의 중심은 바로 彼岸의 세계를 此岸의 세계로 되돌려야 한다는 것으로서 중생이 버려지면 나도 없다는 것이었고, 그 목적은 바로 자신이 살고 있는 현 세상의 사회를 개조하여 중생을

---

32) 淸末의 정치 개혁론자인 강유위가 정치의 이상으로서 대동의 세상을 목표로 해야 함을 주장한 사상으로,『禮記』에 의하면 無差別·自由로운 평화사회를 대동이라고 했다.
33) 『汪穰卿先生師友手札』 "復頌兄書"
34) 梁啓超『論佛敎與羣治的關係』
35) 이명수,『소통과 변통의 대동사상가, 담사동』, 성균관대학교 출판부, 1911 참조.
36) 梁啓超,『譚嗣同傳』

구원하고자 하는데 있었던 것이다. 이러한 의지는 그가 무술변법운동을 진행하는 중에 병을 얻어 상해로 돌아가는 배 안에서 동료들과 약속하는 말 가운데서도 충분히 엿볼 수가 있다. 곧 "가정을 파탄시키지 않고는 나라를 구할 수가 없고, 나 자신을 殺身하지 않고서는 成仁할 수 없다"고 하였으니, 그가 말한 살신성인과 구국구민은 그가 평생 활동하는데 있어서의 준칙이었던 것이다.[37]

이러한 양계초의 구국구민사상은 불교의 "有漏皆苦(有는 현재의 惑과 業으로 미래의 생과 老死의 苦果를 초래한다)"라는 인생가치관에 그 바탕을 두고 있고, 그의 이론적 근거는 "無明緣起(무명에 의해서 생사가 있는 것이지 생사가 본래부터 있는 것이 아니다)"에 있음을 알 수 있다.[38]

강유위의 대동사상은 당연히 유불사상의 융합이고, 중서사상을 합치시켜 놓은 것이었다. 즉 중국의 전통사상인 인본주의가 포함되어 있고, 또한 서방의 空想社會主義的 색채를 갖추고 있는 것이다.[39] 결국 이러한 사상이란 종교정신을 근본으로 삼아 사회를 개조하는 표준으로 삼는 구세방침이었던 것이니, 이러한 것이 바로 유불사상의 조화를 통해 정립된 구세사상이었던 것이다.

2. 구세사상을 실천하는 방법상의 모순

그러나 문제는 이들 청말 사상가들의 실천력에 있었다. 진정으로 그들이 구상하고 있던 구세사상을 자신의 희생을 무릅쓰고 실천했더라면, 중국이 반식

---

37) 荻保賢, 『論任公先生事略』
38) 麻天祥, 『晚晴佛學與近代社會思潮』, 臺北, 文津出版社, 民國81年, 230쪽.
39) 梁啓超, 『康有爲傳』

민지국으로 전락하지 않고, 근대화 국가로 나아갈 수 있는 토대가 마련되었지 않았겠느냐 하는 생각을 점쳐 볼 수도 있었다는 말이다.

이러한 청말 지식인들의 개혁사상에는 두 가지 측면이 있었다. 하나는 사상가의 叡智로써 적극적으로 정치와 사회 개량운동을 진행하여 국가와 민족의 발전을 진흥시켜야 겠다고 하는 의지와 종교가로서의 열정을 가지고 게으름을 피우지 않고 문화학술면에 힘을 기울여, 民智와 新民德을 개척하여 인류의 죄악을 생산하고 사회를 부패시키는 원인을 소멸시키겠다고 하는 의지였다.

그러나 불행하게도 그들의 구세사상은 그들이 처하는 상황에 따라서 표현되는 방법이 달라졌던 것이다. 그것은 그들이 가지고 있는 우환의식과 사명감이 "천하에 '도'가 있을 때는 '도'가 몸에 따라오게 하고, 천하에 '도'가 없을 때는 몸이 '도'에 따라가게 하라(天下有道, 以道殉身, 天下無道, 以身殉道)"[40]고 하는 관념 때문이었다. 이러한 관념이란 곧 그 뜻하는 바가 비록 모두 '도'를 이루는 형식이긴 했지만, 그 실천방법에 있어서 "兼善(나 뿐만이 아니라 다른 사람도 感化시켜서 착하게 함)"과 "獨善(자기 혼자만이 옳다고 믿고 객관성을 생각지 아니하고 행동하는 일)"을 통해 달리 행동했다는데 문제가 있었다. 이러한 특징이 청말의 지식사상가들에서 잘 나타났고, 특히 불법에 대한 생각은 그러한 특징이 아주 명확하게 나타났던 것이다. 부연한다면, 그들은 중생을 계도한다는 마음으로 救國救民을 하기 위해서는 불법에 의지해야 만이 가능하다고 생각했으나, 그러다가 뜻한 바대로 상황이 달라지거나 제대로 실행이 되지 않게 되면 그저 "보리수에서 일어나 열반에 드는 일"정도로 불법을 대했던 것이다. 그렇기 때문에 그들이 구국구민의 뜻을 두게 되는 전기에는 세상

---

40) 『孟子』盡心章句上, 第42章.

에 뛰어들어 동분서주하며 維新하는 일에 전력을 기울여 청 정부의 積弊를 개혁하려 하지만, 어려운 시기에 처하게 되는 후기에 이르면 마음을 '道'와 '藝'에 두고 '民氣'를 진작하여 국가의 기초를 공고히 하는 것으로써 자신들의 책임과 이상을 실천했다는 식으로 자신들의 처지를 대변했던 것이다. 물론 그 내면으로는 自我完善의 인격을 추구하고 있다는 바를 표현코자 한 것이지만, 청 왕조의 적폐를 개혁하고 외세에 대해 저항하고자 했던 초기의 능력을 상실하고 말았던 것이다.

한편 전기에 품고 있던 구세사상도 자신들 본인이 실행하고자 하지 않고 "시종일관 기득권을 갖고 있는 구세력에 의지해서 국가를 개량하고자 하였다"는 점에서도 그들의 구세사상에는 문제가 있었던 것이다.[41] 다시 말해서 변법유신과 입헌을 통해서 구국하려는 정치적 방침을 사회적, 정치적으로 지위가 높은 구세력의 손을 빌려 실행하고자 기도했다는 점이다. 公車上書,[42] 百日維新(戊戌變法), 원세개의 손을 빌려 폐정개혁을 시도하고자 했던 것 등 모든 일이 이와 같은 방식에 의해 진행되었던 것이다.[43]

또한 그들은 정치의 기초가 사회에 있고, 사회의 기초가 국민에 있으며, 국민의 우열강약이 국민성에 있다고 보아, 정치의 청탁, 사회의 흥쇠, 국가의 영욕 등이 모두 국민성에 의해 결정된다고 믿었으니,[44] 위정자인 군주 및 기존세력에 대한 정치적 의무성이 너무나 강고하여 모든 잘못을 국민들에게 돌리

---

41) 梁啓超, 『外交敗內政敗』
42) 康有爲가 작성한 1만7,8천자에 이르는 상소문에 과거에 응시하고자 북경에 온 1천3백여 명이 연서하여 집단으로 상소문을 제출한 사건을 말하며, 무술변법운동의 시발점이 되었다.
43) 梁啓超, 『論支那宗敎改革』
44) 梁啓超, 『東南大學課畢告別辭』

는 모순된 사상을 몸에 지니고 있었던 것도 개혁을 이루지 못한 원인 중의 하나였다.

　이러한 사상을 가지고 있었기에 그들은 정치적으로 곤란한 상황에 처하게 되면 현실에 부딪치지 않고 국민성을 계도하고 民氣를 높인다는 취지하에서 교육과 학술연구에 주력하였던 것이다. 그러한 대표적인 처신을 한 사람이 양계초였다. 그는 초기에는 적극적으로 정치에 참여하려 했으나, 자신이 원하는 품계를 받지 못하거나, 자신의 의견에 반대하는 상대방이 있으면 자신의 본분인 정치를 멀리하고 그 직위를 고사하거나, 저술 혹은 사회교육 방면에 전념하는 식으로 자신의 처신방향을 바꾸었던 것이다.[45] 이러한 처세는 결국 높은 지위에 올라 자신의 개혁의지를 펴 보일 수 있는 기회를 잃게 되었고, 훌륭한 군주와 더불어 정사를 논할 수 있는 기회조차 얻지 못하는 결과로 이어졌던 것이다. 이러한 처신은 비단 양계초 뿐만이 아니라 몇몇의 지식인을 제외하고는 대부분의 지식인들이 거의 같은 형태를 보였던 것이니, 이들은 말로써만 정치와 사회생활에 개입하려 했던 것이지, 애초부터 자신들의 개혁의지를 실현할 수 없었다는 태도를 지니고 있었다고 비판받지 않을 수 없는 것이다.[46]

　그러나 이보다 더 큰 문제는 이러한 국내 상황에 대한 처신보다도 해외에 대한 견문을 가진데다가 그들에 관한 서적을 많이 연구한 그들이 서구의 우월한 점이나, 그들의 신학문 등에 대해 저평가하고 자신들의 본래 사상에 머무르거나 합리화시키는 수준에 머무르고 있었다는 점이다. 그들은 국민의 "정신적 기아"를 구제할 수 있는 방법으로써 동방의 것, 즉 중국과 인도의 것이 좋

---

45) 麻天祥, 앞의 책, 236쪽.
46) 위의 책, 240쪽.

다고 평가했고,[47] 국민성을 개조하고 국민도덕을 증진시키는 가장 좋은 무기는 유학과 국학의 제2 원천인 불학이라고 보았으며, 이들 동방의 학문만이 오로지 民意를 진작시키고 배양시켜 국가의 기초를 굳게 한다고 주장하였던 것이다.[48] 이러한 청말 지식인들의 中體西用 사상은 중국의 현실을 정확히 판단하지 못한 것이었고, 따라서 그에 대한 대처방안도 제대로 찾지 못하고 있었다는 사실을 대변해 준다고 하겠다.

이상에서 살펴본 바와 같이 그들이 유불의 조화를 통해 구세하려는 자세에 대해서까지 비판할 필요는 없겠지만, 자신의 안위의 필요성에 따라 행동하고 세계의 흐름에 대한 판단에 안이했다고 하는 것은, 그들의 활동과 연구가 그저 청나라의 무능과 적폐에 대한 비판의 무기로써만 사용되었지, 사회를 개혁하는 무기로써는 작용하지 못했었음을 대변해 주는 것이라고 하겠다.

그렇기 때문에 이들의 구세의지는 애초부터 실패로 끝날 것이라는 결과를 지니고 있었던 것이고, 그럼으로써 청말 지식인들의 비극은 예고되고 있었음을 알 수가 있는 것이다. 결국 이러한 점들은 중국을 서구 열강의 반식민지로 전락시키는 결과를 가져왔고, 근대화의 꿈을 스스로 접게 하는 결과로써 나타났음을 알 수 있는 증거라고 하겠다.

---

47) 梁啓超,『東南大學課畢告別辭』
48) 梁啓超,『治國家的兩條大路』,『論支那獨立之實力與日本的東方政策』

Ⅳ. 韓末 독선적 소중화주의의 비극

　　조선의 경우는 적폐 개혁 및 근대화에 대한 양상이 중국과 일본과는 또한 전연 다르게 나타났다. 그것은 지식계층의 사상과 행동 양식이 중일 두 나라의 지식인들과 전혀 달랐다는 점이다. 예를 들면 유교사상에 바탕을 두고 정치에 참여하던 지식계층 중에, 불학이 가지고 있는 혁신사상에 눈을 돌린 사람이 없었다는 점과 중국 지식인들의 의식성향을 추종하거나　의존하려는 자세만을 취해 서구적인 근대화가 아닌 중국식 개혁을 따르고자 했다는 점이었다.

　　다만 일부 지식인, 예를 들면 劉大癡, 崔漢綺, 吳慶錫, 朴珪壽 등이 불교에 대해 관심을 보이기는 했지만, 적극적으로 그 정신을 취하려 하지 않았고, 오로지 유교적 관념 수준에만 머물러 있었다는 점을 간과할 수가 없는 것이다. 또한 이들은 대체로 역관 혹은 중인 출신들이거나, 진사가 됐어도 관직에 나가지 않았던 인물들이었기에, 이들이 사상적으로나 실천적으로 사회개혁이나 근대화를 이끌기 위해 앞장설 수 있는 입장도 못 되었다. 물론 이들이 중국과 일본을 통해 들어온 서적을 통해 신지식의 필요성을 느끼고 후일 개혁세력의 주체가 되는 지식인들에게 교훈을 주는 정도의 역할은 했지만, 시대를 변혁시키는 데까지 앞장설 수는 없었던 것이다. 그런 점에서 조선 말기 지식인들의 역할은 중일 양국의 지식인들에게 훨씬 못 미치는 작용을 함으로써, 결국 조선을 멸망케 하고 근대화의 길로는 접근조차 못하는 한계성을 보여주었던 것이다.

　　이들 지식인들의 주자학 一尊主義의 사상적 근거는 '道統'이었다. 도통이라는 것은 유교의 道를 전한 聖賢의 계통을 말하는 것이다. 한말의 사상계를 장악하고 있던 華西學派가 지니고 있던 도통은 孔子·孟子·朱子·宋子(宋時烈)였다. 이러한 화서학파의 淵叢이라 할 수 있는 李恒老는 反洋夷的 攘夷論을 주장했는데, 그것은 송시열의 反淸的 攘夷論, 주자의 反金的 攘夷論과 직결하는 것이었다. 송시열 이래 小中華라고 자부해 온 조선에 대해 무력으로 도전해 온 서양은 곧 '洋夷'가 되었고, 交隣國이었던 江戶幕府를 무너뜨리고 倭洋一體化가 된 메이지정부는 '倭夷'로 전락하게 되었던 것이다.

이러한 衛正斥邪思想의 근저에 있었던 것이 '尊華攘夷'라는 名分論이었다. 이러한 명분론에 바탕을 두고 있던 화서학파는 大中華인 중국이 여진족에게 夷狄 화된 상황에서 小中華를 지킨다는 것은 조선만의 문제가 아니라 인류의 보편적인 사명으로까지 의식이 확대되어 있었던 것이다. 이항로의 문인이던 金平默, 柳重敎, 崔益鉉, 柳麟錫 등은 이 소중화라는 孤壘를 지키기 위해 죽음을 돌보지 않고 지켜야 하는 反侵略, 反近代를 주장하면서 반일의병의 선구에 서게 되었던 것이다. 이렇게 하는 것이 그들에게 있어서는 殺身成仁[49]하는 일이었다.

그러나 이러한 살신성인의 자세는 양계초가 말한 살신성인과는 전연 다른 개념이었다. 앞 장에서 지적한 바처럼 양계초를 위시한 청말 지식인들의 살신성인 자세는 그래도 구세구민을 위한 것이었지만, 한말 지식인들의 그것은 洋夷로부터 중화주의를 지켜내야 한다는 명분론에 지나지 않았던 것이다.

비록 인류의 마지막 남은 보루인 "소중화=조선"을 사수하겠다고 무기를 든 그 사명감은 비장했지만, 이러한 비극은 세계와 현실의 변화를 있는 그대로 직시하지 못했음을 말해주는 것이고, 송대의 주자학이라는 필터를 통해서만 세상 밖을 보았다는 것이 됨으로써, 세상물정에는 전혀 어두웠다는 것을 대변해주는 것에 지나지 않았다고 볼 수 있다. 한마디로 말해서 외세의 침략을 막아내고자 하는 데는 일조했는지는 몰라도 조선의 미래에 대해서는 전혀 도움이

---

49) 『論語』'衛靈公篇'

되지 않는 행동이었음을 알 수 있는 것이다.

웨스턴 임팩트라고 하는 것에 대한 조선의 대응책이 청국·일본과 전연 달랐다고 하는 점은, 병인양요와 신미양요 등 서양인에 의한 소요사건을 두 번이나 겪었으면서도 '武'의 근대화라는 문제가 최우선 과제로써 전혀 제기 되지 않았다는 점이었다. 물론 두 번의 양요를 기적적으로 이겨내기는 했지만, 그들이 가지고 온 '器'와 '武'에 대해 자세히 관찰하지 않은 채 서양의 과학과 병법 등에 대해 주의를 기울여 그에 대한 연구의 필요성을 제기한 사람이 하나도 없었다는 점은 중일 양국의 지식인들과 크게 차별되는 현상이었다.

단지 박규수 문하의 일개 서생이던 金允植이 친구에게 보내는 편지[50]에서 "다수의 병력보다도, 정교한 대포 하나를 구함이 낫다(不務兵多, 而惟求礮精)"[51]고 한 魏源의 말을 인용했던 점만이 유일한 지식인의 서구문물에 대한 시각이었다. 이러한 상황은 당시의 지식인들이 여전히 儒者로서의 사고방식에 젖어 구태의연하게 '器'보다는 '道'가 위이고, '武'보다는 '文'이 위라는 '尙文賤武'의 소중화 의식에 빠져 있었음을 말해준다고 하겠다. 이러한 의식 속에서 근대화라는 개념이 세워질 리 없다는 것은 당연한 이치였다. 특히 두 번의 양요를 극복하면서 이들의 침략을 발본색원해야 한다면서 '洋物根絶論'을 주장했던 사실은 이를 충분히 뒷받침해주고도 남음이 있는 일이었다.

역시 이러한 생각의 원천은 이항로에서 시작 되었던 것이다. 이항로는 理氣論에 대해서, '理'는 "氣를 통솔하는 주인(統氣之主)"이고, '氣'는 "理를 담는 그릇이다(載理之氣)"라고 보았다.[52] 조선의 理氣論에 놓여 져 있는 입장은 '理主

50) 金允植,『雲養集』卷之一一 '洋擾時答某人書'
51) 魏源,『海國圖志』'籌海篇'
52) 李恒老,『華西集』雅言卷3, '臨川'

客氣'였다. 이러한 理와 氣를 어떻게 위치시켜 놓느냐 하는 것이 천하의 어지러움을 다스리는 것과 직결된다고 보았던 것이다. 이러한 의식을 바탕으로 '道'와 '器'의 상관관계를 위치시켜 놓은 것이 또한 서양을 보는 그들의 기본 시각이었던 것이다.[53] 다시 말해서 '道(形而上學)'와 '器(形而下學)'의 관계도 그 尊卑와 大小를 명확히 하지 않으면 안 된다고 보았던 것이다.

이러한 관념 하에서 서양의 상품(공업품)은 일상생활에 어떠한 도움도 되지 않는다고 하든가, 오히려 미풍양속을 어지럽히게 된다고 하는 식의 의식이 생겨나게 된 것은 어쩌면 당연한 일이었는지도 모른다. 곧 서양의 기교는 '奇(괴상한 것)'이고, '淫(음란한 것)'한 것으로서 正道에 반하는 것이라고 인식했던 것이니, 이것이 바로 위정척사파가 주장했던 '淸貧의 사상'[54]이었다. 이러한 청빈이 의미하는 것은 바로 洋夷의 물건을 사용하지 않는다는 의미였던 것이다.

이런 점에서 조선말의 지식인들은 淸淨함을 지키고, 소중화를 死守하는 것을 긍지로 삼는 가운데 다른 나라의 종교 문화가 들어오는 것을 막고, 그들 나라와의 통상을 반대하며. 그들 나라의 선진기술에 눈을 돌리지 않았던 것이니, 근대화를 이루기는커녕 오히려 근대화의 길을 막는 우를 범했던 것이기에, 조선이 식민지국으로 전락되는 것은 당연한 역사의 수순이었다고 할 수밖에 없을 것이다.

또한 이러한 관념에 파묻혀 있던 이들이 조선왕조에서 줄곧 지켜져 내려온 억불숭유정책 하에서 자신들의 신념과는 배치되는 佛學에 관심을 기울이지 않았던 것도 당연한 결과였다고 하겠다.

---

53) 위의 책, 卷之十 '尊中華'
54) 위의 책.

V. 맺음말

동아시아세계를 구성하는 요소였던 유교와 불교는 한중일 삼국에서 특히 발달했고, 그것이 삼국의 발전에 미친 영향은 대단했음을 우리는 역사를 통해서 알 수가 있다. 그러나 그러한 요소들이 각국에 전해지면서 자연스럽게 각자의 생활환경과 정치적 상황 등의 변화에 따라 독특한 성격을 갖게 됐고, 나아가 독자적 문화로써 자리를 잡게 되었다. 그러나 그 본질까지 변화되었던 것은 아니었다. 그렇지만 19세기 중엽 이래 서구의 새로운 문물이 전해지면서 그러한 공통적인 요소들이 질적으로 변화되기 시작했는데, 그러한 변화를 자국의 상황에 맞게 변화시킨 나라는 근대화를 이룩했던 것이고, 그렇지 못한 나라는 그러한 태도 변화의 정도에 따라 기존의 판도를 뒤엎는 반식민지 혹은 식민지국으로 전락해 갔던 것이다. 그 전자의 대표적인 나라가 일본이었고, 그 후자가 중국과 한국이었다는 사실은 모두에서 밝힌 바 있다.

이렇게 변화되어 가는 과정 속에서 각국의 지식인들은 그러한 변화의 문제점을 해소하고 나름대로 부국강병을 추구하기 위해 노력했던 것이니, 그러한 상황을 견디어 내고 이겨내기 위한 이념으로써 유교와 불교의 사상을 조화 내지 접목시키려고 노력했던 것이다. 그런 점에서 일본은 조선의 성리학을 받아들여 통치이념화 시키고, 기존의 불교시스템을 활용하여 중앙집권적 통치를 해냈으며, 동시에 유불사상의 조화를 통해 서구의 충격을 흡수할 수 있는 내적인 역량을 강화시켰고, 나아가 그러는 가운데 생성된 선종사회의 논리를 바탕으로 자본주의 윤리체계를 정립시킴으로서 세계의 문물을 받아들이고 근대화를 이룰 수 있는 바탕을 마련하고 있었다.

그에 비해 중국에서는 유교적 사상과 행동양식이 몸에 배어 있던 지식인들이 유교적 소양만으로는 서구의 침략에 대응할 수 없음을 알고 불교의 혁신적 이론과 유교의 전통성을 조화시켜 이를 통해 국민성을 진작시키고 자체적인 개혁을 통해 부국강병을 도모하면서 서구세력의 침략에 대비하고자 진력했다. 그러나 이들 지식인들은 실천적인 면에서 초기에는 적극적으로 참여하다가도 상대방과의 의견 충돌로 자신이 추구하는 바대로 나아가지 못하거나, 혹은 자신이 생각하는 만큼의 위치에 놓여 지지 않았다고 생각할 때는 개혁에 직접적으로 참여하지를 않고, 간접적인 교육이나 저술 등의 방법을 택함으로써 결국 시대의 변화로부터 회피하는 경향을 띠게 되어, 중국을 반식민지 상황으로 몰아넣는 우를 범했던 것이다.

이들에 비해 유교적 도통을 지켜 중화주의를 사수하겠다고 하는 소중화주의적 자긍심에 도취되어 현실을 직시하지 못하고 세계정세의 변화 혹은 서구의 문물에 대한 무관심으로만 일관함으로써 나라를 멸망시키고 식민지국으로 전락시키고 마는 비극을 연출해 냈던 것이 조선의 지식인들이었다. 특히 유교적 관념론에만 빠져 불교가 갖고 있는 혁신적 이론을 도외시함으로써 시대에 맞는 사상과 이념을 창출해 내지 못함으로 말미암아, 제대로 된 개혁조차 시도해 보지도 못한 채 멸망하고 말았던 것이고, 근대화라는 당시대의 세계적 사명에 눈을 돌린 지식인들을 하나도 배출해 내지 못한 채 식민지국으로 전락하는 전철을 밟아야 만 했던 것이다.

(『불학논총』, 원각사상연구원, 2011)

영 문

국문

ㅅ